*Rich*致富 337

大局觀

真實世界中的經濟學思維

何帆◎著

高寶書版集團

目錄
Contents

第三章　政府與市場

第四章　經濟成長的迷霧

第五章　創新的來源

目錄
Contents

第十章　地緣政治

前言
海拔三千公尺的經濟學

　　世界上最繁榮的地方，大多都在接近海平面的陸地上。這裡有港口、沙灘，也有城市、村莊，平疇千里，阡陌縱橫，人們安居樂業，社會井然有序。正是因為大部分人都生活在接近海平面的地方，所以我們習慣了這裡的氣壓。如果離開海平面，向海拔更高的地方攀登，大概到了海拔兩三千公尺的地方，我們就會隱隱感到不適，出現高原反應。

　　海拔三千公尺處大概是怎麼樣的地方呢？這裡並不是地球上最高的地方，距離世界的峰頂還很遠。這裡甚至和聖母峰山腳下的大本營比都還差了一大截。聖母峰南側的大本營在海拔五千多公尺處，而北側的大本營則在海拔六千多公尺處。不過，這裡距離海平面附近的繁華世界也已經很遠了。極目四望，土薄風大，你很難看到茂密的森林，只能找到緊貼著地面生長的雜草，稀稀疏疏的灌木，以及一塊一塊的苔蘚。這裡也沒有什麼讓人驚豔不已的美麗風光，反而會讓人感到一種不可言狀的壓抑與寂寞。

　　大多數經濟學科普讀物為你介紹的是海平面的經濟學。你能夠領略到經濟學的多姿多彩、光怪陸離，也很快體會到經濟學的舒適方便、服務周到。正如靠近海平面的世界裡，繁榮是真實存在的，我們也不懷疑海平面的經濟學在大部分情況下都是適用的。但是，這個世界並不只局限於海平面附近，如果我們一直停留在平地上，就無法居高臨下，看到

不一樣的景色。

2016 年 9 月至 2017 年 9 月，我在「得到」App 開設了專欄《何帆大局觀》。總體而言，我在這個專欄裡為大家介紹的也是經濟學科普知識，但是不同的是，我帶著大家來到了海拔三千公尺的地方，讓你有更開闊的視野，往上看能看到聳立雲外的雪峰，往下看能看到星羅棋佈的城鎮和村莊。我不敢妄言，到達海拔三千公尺，就到了經濟學的頂峰，這裡距離經濟學的峰頂還遠得很呢。但這也不是你熟悉的世界，這裡更加荒涼、枯燥，很容易讓你感到不適，就像在高原上缺氧一樣。從這一年的專欄文章裡面，我選出一部分集結出版，就是你手中的這本書。

你不一定想過要攀登經濟學的聖母峰，你也不需要紮根於高原，放棄海平面世界的繁華。但是，來到海拔三千公尺的高原，走出自己的心理舒適圈，感受一些不一樣的思想，是一種值得擁有的經歷。

牛頓力學對不對？在我們日常所能接觸到的世界裡，牛頓力學大多是適用的。但是，牛頓力學的適用範圍並沒有窮盡整個宇宙，你應該知道還有相對論和量子力學的世界。同樣，你也不能僅僅滿足於對教科書經濟學的了解。這個世界在變化，經濟學也在變化。尤其是在全球金融危機之後，很多經濟學家對自己的學科產生越來越多的不滿。這是一件好事。當經濟學家志得意滿地到處開疆拓土，擴張經濟學帝國主義勢力範圍的時候，反而應該引起人們的警惕；當經濟學家開始更常反思和自我批評之後，這個學科進步的速度才會更快。

我不會斬釘截鐵地告訴大家，什麼才是完全正確的答案。在我看來，所有的經濟學問題都只有一個答案，那就是：It depends（視具體情況而定）。這是一種典型的狐狸型學者的風格：處處留意，事事好奇，左右互搏，前後遊移。我不是來滿足大家的好奇心的，而是來激發大家的好奇心的。

引言
不上經濟學家的當

　　我最崇拜的女性經濟學家是瓊・羅賓遜（Joan Robinson）夫人。她是凱因斯（John Maynard Keynes）的學生，開創了壟斷競爭理論，曾經和美國著名經濟學家薩繆森（Paul Samuelson）有過一場關於「資本是什麼」的大辯論。她思路敏捷，辯才無礙。要不是當時的諾貝爾評獎委員會有性別歧視和政治偏見，瓊・羅賓遜夫人應該是當之無愧的第一位獲得諾貝爾經濟學獎的女性。

　　瓊・羅賓遜夫人曾經說過一句非常有名的話，她說：「學習經濟學不是為了知道關於經濟問題的一堆現成的答案，而是為了避免被經濟學家欺騙。」以我在經濟學界潛伏多年的經驗，我可以負責任地告訴大家，經濟學家經常會欺騙大家。

　　前段時間在日本調查研究的時候，有個朋友跟我聊天。他說，騙子的境界也有高低之分：低級的騙子是非要誘騙你相信他說的，其實他自己都不相信自己說的；高級一點的騙子是先騙自己再騙別人，騙得自己都相信了，再來說服大家，往往極具說服力。

　　有很多「江湖經濟學家」是第一種低級騙子。他們中的大部分人並沒有學過經濟學，不知道什麼是經濟學，或是學過經濟學，但不關心經濟學的邏輯，他們唯一關心的是你想知道什麼，然後就好對症下藥，請君入甕。這一類騙子，我就不再提了，只要你們稍微動動腦子，有一點

點經濟學的常識，就能識破這種騙術。

我們要提防的是第二種騙術。這些經濟學家發自內心地相信自己的觀念。為什麼說這些經濟學家會「騙」大家呢？他們不是真的想騙大家，而是堅信只有自己的理念才是對的，別人的都是錯的，他們要「啟蒙」大家。真理再往前走一步就是謬誤，何況經濟學家已經往前走了不只一步。

經濟學家形成了一個紀律嚴明的「部落」，在「部落」的內部嚴懲任何離經叛道的觀點，對外則不斷地「侵略」。有人說這是「經濟學帝國主義」，即經濟學認為自己能夠提供所有社會現象唯一正確的解釋。這有點像美國在全球推銷自己的民主、自由理念。

我最早接觸經濟學的時候，經濟學是靈動而機智、好奇而天真、友善而幽默、質樸而上進的。現在的經濟學變得越來越自以為是、傲慢輕狂、拘謹冷漠、乏味世故。這不是我起初熱戀的經濟學。

當然，跟其他的學科相比，經濟學有著非常強的自我批判精神。你能夠蒐集到一大堆關於經濟學家的笑話，這些笑話大多是經濟學家自己杜撰的。能夠自嘲，說明經濟學還是心理健康的。很多經濟學家也對傳統的理論不滿意，有各式各樣的研究試圖修正原有的理論，或是探索新的方法和領域。地火正在燃燒，遺憾的是，這些創新在經濟學部落內部仍然受到排擠，而在經濟學部落外部則並不為人所知。

我要做的就是把這些反思和叛逆介紹給大家，讓大家接觸一種更有生機和活力的經濟學，一種有趣也有溫度的經濟學。

你可能會說：「我又不學經濟學，你跟我講這麼多經濟學做什麼？」要是你不學經濟學，避開經濟學家，是不是就不會上當了呢？不是的，你會更容易上當。

　　瓊‧羅賓遜夫人的老師凱因斯說過：「無論是對是錯，經濟學家與政治哲學家的觀念都比常人所理解的更有力量。一般注重實務、自以為不受知識份子影響的人，往往都是某個已故經濟學家的奴隸。只聆聽來自心中妄想的掌權狂人，正是從多年前的某個三流學者的學說中提煉其狂想。」

　　所以，為己為人，你都要多學些經濟學，提防上當受騙。

第一章

人是理性的嗎？

導讀

你在海平面看到的經濟學

　　經濟學告訴你，人都是理性人，每個人根據自己能夠掌握的資訊和資源，尋找能夠讓自己利益最大化的方法。物競天擇，適者生存，那些不按照最大化原則行事的企業和個體，都將在市場經濟的洪流中被淘汰。由於每個人都能夠理性地找到實現自己利益最大化的方法，所以政府沒有必要干預個人的行為。每個人看起來都是在追求自己的私利，但在冥冥之中，彷彿有一隻「看不見的手」在指揮，追求私利的個人行為反而能帶來互利共贏的和諧結果。

你在高海拔看到的經濟學

　　人的感知器官和認知模式是不完美的。在大部分日常決策中，我們是靠直覺而非理性做出判斷。事實上，如果我們真的是按照經濟學所說的那樣，一切決策都要追求最優化，反而會更容易感到後悔、沮喪。人確實有自私自利的一面，但人性遠比經濟學所設想的更為複雜，更為豐富多彩。我們需要更了解自己，學會和狡猾的感情共存；我們還需要共

同建立一種社會機制，能夠盡可能地把人的良善釋放出來，同時遏制每個人僅僅追求自我利益的衝動。如果我們把人性想得最壞，就會得到最壞的結果。

▍本章簡介

《理性：陷我們於無知的，是我們的所知》談到，經濟學中的理性人假設原本是為了建模更為方便，因為這一假設背後的數學模型就是約束條件下的最大化。但是，當理性人假設變成一種信仰之後，我們會產生偏執的傲慢，這種傲慢反而會陷我們於無知。

《理性人假設：經濟學家說我們是理性人，我們就是嗎？》談到，經濟學內部正在出現一場靜悄悄的革命。行為經濟學承認人並非完全理性，這就像哥白尼發現地球並非是宇宙的中心一樣。行為經濟學和其他學科告訴我們，我們有很多與生俱來的缺陷，我們容易衝動，難以控制自己，時常懊悔，有時也會欺騙。市場經濟也不是完美的。承認這一點，不會讓我們變得自暴自棄，而是會讓我們變得更加謙卑和誠實。

《直覺：為什麼我們不用推理也能決策？》談到，我們的認知系統分為系統 1 和系統 2。系統 1 依靠直覺和本能，反應速度快，但有時會出錯。系統 2 依靠邏輯和推理，反應速度慢，但準確率更高。但這不意味著我們要嫌棄系統 1。相反地，在大多數情況下，我們要相信和尊重自己的直覺。系統 1 在漫長的進化過程中已經運轉了數百萬年，而系統 2 是最近才開發出來的。

《知足常樂：做個知足者，不要做最優化者》談到，有些人一定要

尋找最優的結果，有些人則選擇差不多就好。常言道，知足常樂，和知足者相比，最優化者往往事後更容易後悔，生活滿意度更低，更容易有抑鬱傾向。

《助推：自由主義的溫和專制主義》談到，我們不能對個人的選擇橫加干涉，要給予他們足夠的自由，但同時，透過稍微做些調整，我們就能影響人們做決策的過程，並引導他們做出對自己更有利的選擇，這種做法被稱為「助推」，這是在自由主義和專制主義之間找到的一種微妙平衡。

《人非聖賢：不要輕易考驗人性》談到，人的行為不是由其所謂的本質決定的，在很大程度上，環境會影響人的行為。我們往往律己很寬，待人很嚴，不妨多做些換位思考。想要設局去考驗別人的做法是非常愚蠢的。

《隨波逐流：坦然地面對狡猾的情感》談到，我們的情感可以控制，卻無法根除。比較現實的做法是坦然接受各種狡猾的感情，了解情感和理性之間的相互作用機制，這樣才能減少可能出現的負面影響。

《樂觀的偏見：最高的境界是自我欺騙》談到，我們往往會盲目樂觀，但有趣的是，人類常常是靠著這種自我欺騙不斷進步。這是一種「自我實現預言」，你覺得自己行，就能更好地發揮自己的潛力，最後可能真的成功了。所以，要想成功，首先要做出已經成功的樣子。

《贏家的詛咒：娶走校花的兄弟，你過得還好嗎？》談到，在競拍的時候出價最高的人往往得不償失。這看起來是因為資訊不對稱，競拍者不知道標的物的真實價值，然而最根本的原因其實是贏家過於自負。如果抱著志在必得的心態，最終結果反而會不如人意。

《隨機性：如何在考試中猜對答案？》談到，隨機性到處都是，而且看似簡單，但很難掌握真正的隨機性。我們越是想表現得隨機，就越

不像隨機。比如，出題老師就常常露出破綻。掌握隨機性的祕密，可以幫助你在考試中有更高的機率猜對題目。

《小集團思維：城堡在被攻破之前都是堅不可摧的》談到，假如我們是一群人決策，會更難做到理性，因為我們會相互影響。如果一個團隊裡允許不同的聲音，時刻保持警醒，集體的智慧會大於個人；但如果一個團隊裡不允許異見，那麼，團結起來只能犯一個更大的錯誤。

《移情力：讀小說到底有什麼用？》談到，嚴肅小說往往會「懸置」道德判斷，帶你體察人性在幽明之間的微妙和複雜，幫你學會換位思考，體會別人的內心感受。移情力是建立成熟的人際關係、培養領導力的必修技能。

理性：陷我們於無知的，是我們的所知

理性人假設也就是最優化決策

老子說：「知不知，尚矣；不知知，病也。」也就是說，知道自己有所不知，這是很高明的，不知道卻自以為是，這是有病，藥不能停。老子說得多好啊。不過，兩千多年前能看清的道理，到了最近兩百年，我們卻看不清楚了。

17 至 18 世紀在歐洲發跡的啟蒙運動深刻地改變了人類的思想，啟蒙運動讓一些當時看來是異端的觀念變得深入人心。理性、進步、民主、科學、平等、自由，都變成了不證自明的真理。這場運動啟發了民智，喚起了民眾的覺醒，其積極意義自然不容低估；但過猶不及，啟蒙運動推崇的這些理念，如果不再經歷推敲和批判，就會變成新的迷信、新的桎梏。

經濟學是啟蒙運動的產物，很自然地，經濟學會推崇理性。經濟學最基本的假設，即經濟人假設，又經常被稱為理性人假設。這種理性人假設，本來不過是一種研究方法，說白了就是最優化方法。經濟學家不是唯一用最優化方法的人，工程師們更早就學會了這種方法。經濟學家是跟著工程師依樣畫葫蘆，學會最優化方法。所謂的最優化方法，無非就是在約束條件下追求極值。企業怎麼算出利潤最大化，或是成本最小化，消費者怎麼算出效用最大化，都是用這種方法。

　　這種方法從直覺上看很簡單，從數學上看也很簡潔，因此經濟學家很喜歡，而經濟學愛好者也會覺得很合理。如果是簡單的日常決策，比如到餐廳點餐，不就是先看看自己的錢包有多鼓，再想想自己愛吃什麼，然後做出最優決策嗎？

▌傳奇學者賽門的「啟發法」

　　但是，人真的是這樣決策的嗎？很多決策過於複雜，超過了我們的認知和計算能力，非要去求出最優解，是會把我們自己折磨死的。學術界的傳奇人物賀伯‧賽門（Herbert Simon）很早就說，人是有限理性的，而有限理性的個體在決策的時候，會更常使用「啟發法」（heuristics），追求的也不是最優解，而是差不多就行的結果。賽門的洞見在經濟學界沒有引起太多的回應，經濟學家給他發了個諾貝爾獎，然後把自己的模型稍微修改了之後，就說賽門擔心的問題我們都已經在更複雜的模型裡解決了。倒是在其他領域，比如管理學、認知科學和人工智慧領域，賽門的觀點啟發了後來無數人的思想。賽門是卡內基美隆大學電腦科學學院的創始人之一。如今，在電腦科學領域，卡內基美隆大學已經成為一個聖地。賽門的經歷告訴我們，如果你對經濟學家提出批評意見，多半情況下，他們是不會聽得進去的。與其跟經濟學家爭論，不如自己再去開創一個新的領域。

　　我推薦大家多了解一下賽門教授提出的「啟發法」。所謂的「啟發法」，就是當我們無法求出最優解，或是求出最優解太費時費力時，解決問題的方法。經濟學的最優化理論追求的是康莊大道，但「啟發法」走的卻是認知的幽徑，康莊大道看起來更加筆直，但先到達終點的可能是

迂迴曲折的林中小道。

什麼是「啟發法」？舉幾個簡單的例子。我們經常說的「試錯法」就是一種「啟發法」。先不管不問，摸著石頭過河，遇到障礙就繞過去，犯了錯誤就改正。在經濟學的最優化模型中，決策者需要把所有的資訊都考慮進來，才能計算出最優解；而在「啟發法」裡，如果你有意地忽略一部分資訊，反而有可能做出更準確的判斷。我們在日常生活中說的「經驗法則」，即簡單地憑經驗來做出判斷，經常是一種更有效率的決策方法。

從賽門的有限理性和「啟發法」出發，可以到達另一個遼闊的新天地，即行為經濟學。行為經濟學的鼻祖特沃斯基（Amos Tversky）和康納曼（Daniel Kahneman）接過「啟發法」的衣缽，更深入地探討了人在面對複雜情況時的決策模式。

當我們知道地球不是宇宙中心之後

從賽門到特沃斯基和康納曼，經濟學家為我們開啟了一扇門，讓我們看到更為廣闊的世界。但這種體驗不是所有人都喜歡。

打個比方來說，在哥白尼之前，人們一直相信「地心說」。「地心說」符合人們的常識，接受起來更容易。「地心說」不僅是一種天文學的理論，也是一種信仰，它讓人們感到自己很重要，滿足了人類的虛榮心。還有一個微妙之處在於，「地心說」其實很複雜、很精妙。到了西元一世紀和二世紀的時候，「地心說」在托勒密手裡形成了一個嚴密的體系。行星在一個小的圓形軌道上運動（即所謂的本輪），而本輪的中心又

在一個被稱為「偏心均輪」的大圓形軌道上運動。地球並不是在均輪的中心，而是在略微偏離中心的一個點上。有很長的一段時間，托勒密的「地心說」體系預測能力很強，當然，也有出現偏差的時候。每當出現了偏差，「地心說」的支持者們就把模型搞得更複雜一些，加進去更多的「本輪」。哥白尼的「日心說」也不像我們想像中的那麼革命，哥白尼用的術語跟托勒密差不多，也是本輪、均輪什麼的，他也相信天體的運行軌道是圓形，後來人們才發現，天體的運行軌道其實是橢圓形的。

理性人假說符合我們的直覺，也能滿足我們的虛榮心，它讓我們相信，自己的所有決策都是經過理性的選擇做出的。所以，我們是不會錯的，我們自己的事情自己搞定，不需要別人插手。從知識上來說，理性人假設發展出了一套精妙的模型，而且可以搞得越來越複雜；實際上，很多主流經濟學家確實自認為已經把賽門的批評都解決了，凡是賽門擔心的，經濟學家都能在最優化模型中搞定：不就是再增加一些小的「本輪」嗎？

陷我們於無知的，是我們的所知。正如美國作家阿特彌斯・伍德（Artemus Ward）說的：「令我們深陷困境的不是那些我們不懂的事情，而是那些我們自以為理解的事情。」

▶ 延伸閱讀：賀伯・賽門，《*Reason in Human Affairs*》。

理性人假設：經濟學家說我們是理性人，我們就是嗎？

▌特沃斯基，你沒有搞清楚

在一次學術研討會上，支持理性人假說的經濟學家邁克‧詹森（Michael Jensen）遇到了支持行為經濟學的心理學家特沃斯基。開完會，大家坐在一起聊天。詹森教授很會講笑話。他先講了一個關於他太太的笑話。詹森說，她太太買了一輛昂貴的汽車，卻因為擔心會有刮痕，從來都不開。大家哈哈大笑。詹森又講了自己學生的故事。在課堂上，他們連最基礎的經濟學概念都無法理解，鬧了很多蠢笑話。大家又哈哈大笑。

特沃斯基趁機問詹森：「如果你覺得身邊的人都無法正確地做出哪怕是最簡單的經濟決策，為什麼在研究中要假設他們都是完全理性的天才呢？」

特沃斯基覺得自己將了詹森一軍。但詹森面不改色，不慌不忙地說：「特沃斯基，你還是沒有搞清楚。」

讓我先為大家介紹一下背景。主流經濟學假設人們都是理性人。如果你是個消費者，就不會亂花一毛錢。廣告、推銷員、「雙 11」，對你一點影響都沒有。如果你是個生產者，每一分利潤你都要賺。決策失誤、

一時衝動、錯失良機，對你而言根本不可能發生。你是天才，你是神。由於每個人都是理性人，他們在市場經濟中的決策一定會導致所有的資源都得到最優的配置，因此，市場經濟是完美的。

行為經濟學是一門新興的經濟學分支。大家熟知的《快思慢想》（*Thinking, Fast and Slow*）的作者康納曼就是行為經濟學的代表人物。康納曼作為一名心理學家獲得了諾貝爾經濟學獎，這是極為罕見的。特沃斯基是康納曼的合作者，他去世得早，要不然他也能一起獲獎。特沃斯基的聰明是出了名的。學術圈裡有個笑話說，你越早意識到特沃斯基比你聰明，你就越聰明。行為經濟學的想法和理性人假設背道而馳。他們證明了，在很多情況下，人的行為並不是理性的。

撞球選手不需要知道空氣動力學

詹森會如何反駁特沃斯基呢？

我猜，他首先會搬出來米爾頓·傅利曼（Milton Friedman）。傅利曼是貨幣主義大師，也是公認最令人生畏的辯論對手。他思維敏捷如電，言辭咄咄逼人。傅利曼在很長時間內，是主流經濟學，尤其是經濟自由主義的大祭司，也是自由放任資本主義的辯護人。

傅利曼曾經舉過職業撞球選手的例子。他說，人們之所以是理性人，不是因為他們真的理解複雜的經濟學理論，而是因為他們本能地會按照經濟學理論的邏輯行事。撞球職業選手在擊球的時候，並不需要把計算進球路線的數學公式在頭腦中都演算一遍。棒球投手在投球的時候，也不需要知道空氣動力學的知識。同樣，你在購物的時候，並不需

要知道「預算約束」或「斯拉斯基方程式」這些玩意兒。你在經營企業的時候，也不需要為「規模報酬」或「古諾模型」這些東西操心。

傅利曼成功地說服了他的同行。經濟學家都認為自己智商很高，所以就認為別人的智商也應該和他們的智商一樣高，這是典型情商低的表現。在現實中，不是每個人都像職業撞球選手一樣揮灑自如，我們更像是剛剛站在撞球桌旁邊的菜鳥，動作笨拙、毫無頭緒。

馬有幾顆牙齒？

1940 年代，有個美國經濟學家做了一件讓同行很驚訝的事情，他居然寫信給製造業企業的經理，詢問他們是如何管理企業的。按照經濟學教科書上的說法，一個追求利潤最大化的企業，要按照邊際成本等於邊際收益的原則定價。所謂邊際成本，就是再多生產一個產品新增加的成本，而所謂邊際收益，就是再多生產一個產品新增加的收益。要是按照這樣的原則，企業必須不停地改動產品的定價，但事實上，企業在日常經營中大部分時間考慮的並不是產品的價格變化，而是能賣出多少產品、如何開發出新產品。

有個笑話可以送給經濟學家。一群德高望重的教士在討論馬有幾顆牙齒。他們引經據典，爭論不休。突然，有個年輕人提議：要不，找一匹馬來，把牠的嘴掰開，數數有幾顆牙？他的建議激怒了所有的教士。怎麼能想出如此粗俗不堪的辦法！大家把這個年輕人趕出了教堂，繼續討論。討論的最後結果是：這個問題暫時無法得到圓滿的解答，只能尊重各家有各家的觀點。（馬到底有幾顆牙齒呢？本篇結束時告訴大家答案。）

詹森也可以搬出另一位經濟學家阿門・阿爾奇安（Armen Alchian）的解釋。經濟學家張五常把阿爾奇安翻譯成艾智仁。張五常經常誇獎阿爾奇安有眼光，能慧眼識天才，證據是阿爾奇安總是極力誇獎他。阿爾奇安有篇論文《不確定性、演化與經濟理論》（*Uncertainty, Evolution and Economic Theory*），這是經濟學論文中被引用次數最多的論文之一。

阿爾奇安的觀點是，價格是一種「優勝劣汰」的自然選擇機制。是的，我們在生活中能夠看到很多懵懵懂懂的消費者、毛毛躁躁的生產者，他們未必按照經濟學的教導行事。但是，不按經濟學的教導，消費者不能得到效用的最大化，企業不能實現利潤最大化。這些人在經濟生活中都是「輸家」，很快就會被嚴酷的競爭淘汰。所以，不必去數馬的牙齒，因為你可能會數到一匹多長或少長牙的馬。只有一兩個反例動搖不了經濟學家對經濟學理論的信仰。

我就是一個懵懵懂懂的消費者，為什麼市場競爭還是沒有把我淘汰掉呢？如果不按邊際定價的企業都會被淘汰掉，那麼，我們可以比較兩個樣本：一批是破產了的企業，一批是還在經營的企業，它們應該有很大的差異。但是，到現在為止，沒有經濟學家能夠令人信服地告訴我們，已經破產的企業和還在經營的企業到底有什麼本質上的差別。

為什麼會有第五大道？

再回到傅利曼。傅利曼說，衡量理論是否正確，不能看其假設是否符合現實；理論是否成立，要看其預測能力強不強。物理學家把物體想像成一個質點，數學家讓我們想像兩條平行線永不相交，這些假設在現實中是找不到的。畫地圖的時候，我們假設地球是一個平面，這也是荒

謬的。我們不應該對假設是否符合現實吹毛求疵，而是要看這些理論的解釋力。

應該承認，理論都是要有假設的，假設都是要對現實進行抽象的，但經濟學是否真的像傅利曼說的那麼有解釋力呢？這是值得懷疑的。2008 年全球金融危機爆發之後，英國女王問，為什麼這麼多經濟學家，卻沒有一個人預測出金融危機呢？一大堆經濟學家馬上跳出來，耐心地告訴女王，我們的理論沒有錯，錯的是現實世界。

我曾經在紐約做訪問學者，辦公室在第三大道。上下班的路上，我會路過第五大道。街道兩旁的櫥窗以及建築物的牆上，都是各種廣告。如果按照經濟學理論，第五大道是不應該存在的。我們應該是全知全能的，廣告誘惑不了我們，廣告行業早就該灰溜溜地破產了。

到底是誰錯了呢？

我會一層層為大家揭穿經濟學家的謊言。我們會談到：第一，經濟生活中，人們的行為並非完全理性；第二，人們之所以不能完全理性，是因為我們的感知、判斷、決策和記憶都受到大腦、神經系統的影響，而負責我們認知的器官是有「缺陷」的；第三，這些缺陷其實未必是壞事，在漫長的進化過程中，我們獲得了一些本能的東西，比如直覺、厭惡感、嫉妒心、拖延症，這些東西的本意是想在特定的情境下保護我們。

托勒密相信地心說，哥白尼相信日心說，而後來的天文學發現宇宙並無中心，地球不過是宇宙中的一粒塵埃。知道自己不再是宇宙的中心，我們變得自暴自棄了嗎？並沒有，我們變得更加謙卑和誠實。主流經濟學告訴我們人是理性的，但行為經濟學和其他學科告訴我們，人不是完全理性的，我們有很多與生俱來的缺陷，我們容易衝動，難以控制自己，時常懊悔，有時也會欺騙。知道自己不再是完全理性的，市場經濟也不是完美的，我們會變得自暴自棄嗎？並不會，我們會變得更加謙

卑和誠實。即使我們無法透過理性選擇做出最優決策，也不意味著我們無法得到幸福和自由，相反地，當我們承認自己的無知，學會擁抱理性之外的直覺和本能，反而能夠讓自己的心靈變得更加平靜。

最後，讓我告訴你馬有幾顆牙齒。未成年的馬有 24 顆乳牙。成年公馬有 40 顆牙，成年母馬有 36 顆牙。這是我從國家公務員考試的行政職業能力測驗題庫裡找到的答案！

▶ 延伸閱讀：理查・塞勒（Richard H. Thaler），《不當行為：行為經濟學之父教你更聰明的思考、理財、看世界》（*Misbehaving: The Making of Behavioral Economics*），先覺。

直覺：為什麼我們不用推理也能決策？

系統 1 和系統 2

康納曼在《快思慢想》中談到，人的大腦中有兩套系統，他將之稱為系統 1 和系統 2。系統 1 的運行是無意識而快速的，它依靠的是本能與直覺，處理問題的速度很快，但也經常會出現系統性的偏差。系統 2 的

運行是緩慢的，它需要我們努力地調整自己的邏輯和計算能力，尋找事物內在的統計規律，從而做出更為準確的判斷。它比較不常出錯，但最大的缺點是運轉速度太慢。

系統 1 和系統 2 的劃分已經廣為人知。還沒有讀過這本書的讀者請趕快去買一本來讀。我們這裡要討論的問題是，當我們了解了系統 1 和系統 2 之後，該如何更好地協調這兩套系統之間的分工與合作。

理想情況下，我們應該把某一類事情交給系統 1，把另一類事情交給系統 2，在兩個系統之間不斷轉換。但事實上，系統 1 和系統 2 往往會同時上班，而且給出的判斷截然不同。這時候，我們該信誰呢？

這個問題還不簡單嗎？既然系統 1 只憑直覺，而且會出系統性的偏差，害我們不淺，當然是要更相信系統 2。透過努力地學習，提高自己的邏輯思維能力，跟沒有文化的系統 1 說拜拜。

這你就大錯特錯了。我們當然要對系統 1 更加警惕，防止系統 1 誤導我們。但是，系統 1 誤導我們的時候，往往系統 2 也會跟著起哄。也就是說，系統 1 先犯了錯誤，但系統 2 不僅沒有查出系統 1 的錯誤，反而成了系統 1 的辯護律師。系統 2 負責進行判斷和選擇，但它會認可系統 1 形成的觀點和感覺，或將這些觀點和感覺合理化。司馬遷說商紂王是「智足以拒諫，言足以飾非」，其實我們每個人都當得起這句「表揚」。

系統 1 是長期進化的結果

再說系統 1，雖說系統 1 有可能會給我們帶來系統性的偏差，但從長期，也就是從人類進化的角度來看，這種錯誤是情有可原的。比如，

為什麼我們更容易輕信呢？因為和不信相比，輕信能夠增加你的生存機率。當你是一個原始人的時候，草叢中忽然發出聲響，可能是藏著一隻獅子，也可能只是一陣風，你該相信有危險，還是不信呢？輕信的結果，最壞也不過是跑了半天回頭一看，是一場虛驚。而不信的結果，就可能是被獅子叼走當了早餐。

系統 1 是我們許多錯誤的原因，但也是我們許多正確做法的原因。我們的想法和行動通常由系統 1 指導，是當機立斷的。比如，心理學家加里‧克萊因（Gary Klein）曾講過一個故事：有一棟房子的廚房著火了，消防隊員急忙趕來，馬上用水龍頭澆廚房的火。隊長突然喊道：「全部撤退！」大家剛撤出來，廚房的地板就轟然塌陷了，原來火源並不在廚房，而是在地下室。隊長自己也不知道為什麼會覺得不妙。事後想想，他才意識到，廚房裡的火並不大，但他的耳朵卻感覺特別熱。偉大的運動員都相信自己的直覺，這是因為他們懂得利用系統 1，而非系統 2。

成亦系統 1，敗亦系統 1。之所以會有系統 1，是因為我們人類的感知和思維系統並不完善，我們的視覺有盲點，記憶很淩亂，所以需要潛意識去編出來一套故事，用故事支撐我們的不完善感知。我們的視覺系統用的「攝影器材」很差，但「後期剪輯」的技術很好。我們在回憶往事的時候，對事件的來龍去脈能夠記得比較清楚，但在細節上是記不住的。當人們去回憶細節時，哪怕他們的意圖無比真誠，也會在不經意間捏造事實，而且他們總是會相信自己捏造的事實。這也是為什麼我不鼓勵大家去讀傳記，尤其是自傳的原因。傳記看起來真實，其實經不起考證。相反地，小說聽起來荒誕，卻能真實地刻劃出人性。真的可能是假的，假的反而是真的。

沒有系統 1，我們寸步難行。我們每天需要感知的事物、需要做出的

判斷和需要決策的事情太多了，我們應付這一切似乎很輕鬆，那是因為大部分的決策都外包給了系統 1。系統 1 說明我們處理了大量的資訊流，它依靠的是數千年、數百萬年甚至更長時間的進化過程中積累的記憶。有意識的理性思維似乎會讓我們做出不太滿意的決定，就好比我們有意去想如何騎自行車，有意想要自然地微笑，效果卻往往不及無意識行為的效果。

系統 1、系統 2 和系統 3

當佛洛伊德提出「潛意識」的時候，很多科學家都不屑一顧，認為這是一種偽科學。佛洛伊德學說的問題在於，它很難被證偽。佛洛伊德有很好的直覺，但他的觀點更多地來自自己的感悟，而非科學論證。隨著腦神經科學的發展，我們現在逐漸明白，在意識的島嶼之外，有浩瀚的潛意識的海洋。康納曼所說的系統 1，是在漫長的進化過程中形成的一套行之有效的認知方式。對這套認知方式，我們不能菲薄和藐視，反而要有更多的敬畏。我們為什麼會健忘？我們為什麼會拖延？我們為什麼會憂鬱？其實這都是一套自我保護的機制。所以，在大多數情況下，你還是要相信和尊重自己的直覺，這是進化送給我們的福祉。這套系統已經運轉了數百萬年，而且成功地保護了我們生存下來，繁衍不息，它讓我們不去推理就能決策。反而是系統 2 的出現，卻是很晚近的事情。人類學會數學才多久？人類學會邏輯推理才多久？機率論的出現才多久？所以，系統 2 的運轉很慢，也是情有可原的。

系統 1 和系統 2 之間沒有一種厚此薄彼的關係，關鍵要看我們如何協調這兩個系統。所以我們要了解系統 1，鑽研系統 2，可能還要開發系

統 3。系統 3 是一種統籌全域的哲學方法：它知道什麼時候該相信系統 1，什麼時候該啟動系統 2。它不動手，不干預，只是坐在扶手椅中，咬著煙斗，笑眯眯地看，樂呵呵地聽。

▶ 延伸閱讀：丹尼爾・康納曼，《快思慢想》，天下文化。

知足常樂：做個知足者，不要做最優化者

無限選擇的年代

在加州門洛帕克的德爾格超市，大約有 75 種橄欖油和 300 多種果醬在出售。心理學家做了一個實驗。他們在超市裡擺上一張展示桌，桌上有時放 6 種果醬，有時放 24 種果醬。那麼在哪一種情況下，顧客更願意過來看看？有 60% 的顧客會在放 24 種果醬時受到吸引，如果只放 6 種果醬，只有 40% 的顧客會駐足。但是，在什麼情況下，顧客會真的購買這些果醬？如果擺的是 24 種果醬，只有 3% 的顧客看完之後會購買，但如果擺的是 6 種果醬，大約有 30% 的顧客會掏錢。商品種類琳瑯滿目，對顧客的吸引力更大，但選擇太多了，又讓他們不知所措，反而會減少消費。種類太多，對商家和消費者都不利。

　　我們突然進入了一個選擇種類激增的年代。買一杯咖啡，服務生會問你要什麼咖啡，美式、義式濃縮、摩卡、拿鐵還是卡布奇諾？如果你點義式濃縮，那你是普通的還是雙份（double shots）？這還算簡單的。如果你去買牛仔褲，那你是要買直筒的、瘦身的、寬鬆的、高腰的、中腰的、低腰的、闊腿、喇叭、還是街舞褲型？天啊，我只是要買一條能穿的普通的牛仔褲，但是，對不起，沒有普通的牛仔褲這種款型。你去買基金，基金的種類五花八門。你上大學去選課，好的大學能開出的課程名稱多到足以寫成一本厚厚的書。這麼多的選擇，到底該怎麼辦？

最優化者和滿足者

　　你怎麼樣選擇，取決於你是什麼樣的人。有一種人是最優化者，他們很像經濟學家說的理性人。最優化者的特點是總要確保自己的每一個選擇都是最佳選擇。可是，怎麼樣才能知道哪一個選擇是最優的呢？你只能把所有的選項一一試完。選項越多，這樣做的難度就越大。另一種人是滿足者。滿足者知道自己想要什麼，也會去追求自己想要的東西，但得到之後就立刻收手。滿足者的行為模式更像賀伯・賽門所描述的那樣。以找對象為例，有的人要把所有的候選人都挑一遍，生怕錯過了最好的選擇。有的人，比如美國前總統老布希的妻子芭芭拉，16歲時遇到了老布希，兩人一見鍾情。多年後，芭芭拉告訴家人，自己嫁給了曾親吻過的第一個男人。他們一起生活了70多年，伉儷情深，一起去看美式橄欖球賽，還被拍到深情接吻的鏡頭。

　　你覺得哪一種人活得更自由、幸福、快樂？

　　與滿足者相比，最優化者會花費更多的時間，反覆琢磨，舉棋不

定。他們還喜歡把自己的選擇跟別人的選擇做比較。即使買到了自己想要的東西，最優化者也更容易事後後悔，因為新的選項又會出現在他們的眼前。總體來說，最優化者對結果總是不那麼滿意，他們對美好的事物缺乏敏銳的體驗，對糟糕的情況也缺乏應對能力。在出現了糟糕的情況之後，最優化者要花很長的時間才能逐漸恢復。相比之下，最優化者的生活滿意度更低、更不快樂、更不樂觀、更容易有抑鬱的傾向，總是會陷入無止境的焦慮、後悔和懷疑。

值得一提的是，跟最優化者很像的，還有完美主義者。完美主義者和最優化者一樣不容易滿足，對事物的要求非常苛刻。完美主義者經常是藝術家，他們追求一種臻於至境的境界，為了磨練自己的技藝孜孜以求。對自己已經完成的工作，總是覺得不滿意，總是希望自己能夠做得更好。完美主義者的生活受到這種無止境的追求的支撐，他們感到非常充實和滿足。那麼，完美主義者和最優化者的區別在哪裡呢？完美主義者關心的是過程，他們對結果其實並不在意，最優化者關心的則是結果，他們對過程反而常常選擇忽視。

為什麼追求最優化會讓我們更不快樂？

為什麼追求最優化，反而會讓我們更不快樂呢？我們能夠感受到的幸福，在很大程度上取決於我們對環境的控制能力。孔子說：「從心所欲不逾矩」；高爾基說：「哪怕是對自己一點小小的克制，都會讓人感到強而有力」。我們看運動員，感到很美，這種美源於他們對自己的身體的把握自如；我們看一幅字或一幅畫，感到很美，也是因為書法家和藝術家的技藝已經達到了從心所欲的境界。

　　能不能有自我控制能力，一是看我們有沒有自律的能力，二是看我們所要面對的環境是否太過複雜。現代人的困境，在於我們的外部世界變得越來越複雜，而我們的自律性又太差。在這種情況下，自由帶給我們的不是幸福，而是放縱；選擇帶給我們的不是更多的自主性，而是焦慮。以美國來說，從 1960 年代到現在，美國人的離婚率翻了一倍，青少年自殺率是原來的三倍，暴力犯罪率上升到原來的四倍，囚犯人數是原來的五倍，未婚生育的子女是原來的六倍，婚前同居率是原來的七倍。自由並不會自動地帶來解放，而選擇更多也不意味著我們會更加幸福。

　　我們應該學會做一個滿足者，而非最優化者。最優化者非常在意機會成本。經濟學家告訴我們，有得必有失，每一個選項的價值都不能獨立於其他選項。你做出一項選擇，就必須放棄其他選擇，那就是你的機會成本。選擇越多，機會成本就越大，因為不可能有一個選項在所有的方面都優於其他選項。你可以找一個長得帥的男朋友，但他可能很花心；你也可以找一個事業成功的男朋友，但他可能很忙；你或許會找一個特別顧家的男朋友，但他可能比較木訥無趣。於是，選擇的機會越多，被選中的選項能夠給我們帶來的滿足感就越低。我們總是會想，山那邊的草更綠。

　　滿足者不同於最優化者的根本之處，就在於他們不去想那麼多，不要那麼多的選項。如果沒有那麼多的選項，簡單地做出自己的選擇，你會失望嗎？會的。但你會後悔嗎？不會的。所以，智者奉行的哲學是少即是多。你應該學會把精力放在最重要的事情上，減少為了瑣事花費的選擇時間。比如，你可以規定自己買衣服的時候最多只逛兩家店，交男朋友最多只交五個。弱水三千，只取一瓢飲。那種期待著在茫茫人海中找到唯一一個最愛自己的人的想法，都是言情小說看多了、看傻了。好的人生伴侶只需要一個好的毛胚就行，怎麼把這個毛胚打磨成美玉，是需要在共同的生活中一點一滴地塑造的。

　　不要把時間花在對過去的選擇後悔上。長期來看，那些都是不重要的。無論你在買新車的時候多麼激動，請你放心，兩個月之後你肯定不會還那麼有激情。平平淡淡才是真，自己好才是真好。你無須跟別人攀比，幸福並不來自別人的讚賞和羨慕，而在於你內心的真實感受。每一個想過著真正自由自在、特立獨行生活的人，無一例外，內心裡都有一個強大的自我。不要把自我限制視為一種束縛，恰恰相反，克制才能帶來真正的解放。

▶ 延伸閱讀：貝瑞‧施瓦茨（Barry Schwartz），《只想買條牛仔褲：選擇的弔詭》（*The Paradox of Choice : Why More is Less*），天下雜誌。

助推：自由主義的溫和專制主義

▌極端的經濟自由主義拒絕一切干預

為什麼經濟學家會如此熱衷於理性人假設呢？其中一個原因是出於做研究的考慮，如果選擇了理性人假設，做模型會更順手。另一個原因可能是更深層次的，即經濟學家認為如果人們是理性的，那麼他們的選擇就應該得到充分的尊重。個人的選擇是不會犯錯誤的，因此也就不需要政府出面校正。芝加哥學派的代表人物米爾頓・傅利曼寫過一本書，叫《自由選擇》（*Free to Choose: A Personal Statement*）。在他看來，我們應該尊重每個人做出自由選擇的權利，即使你覺得他們的選擇是不對的，也不能橫加干涉。

在一個極端的經濟自由主義者看來，既然人是理性的，理性的人自然會為自己的一切行為負責。比如，如果開車的人不繫安全帶，騎摩托車的人不戴安全帽，那是他們的選擇。政府非要規定大家繫安全帶或戴安全帽，是不會有效果的，大家不會聽政府的話。如果有人吸毒或是賣淫呢？在極端的經濟自由主義者看來，不管你喜歡不喜歡，這也是你無法干涉的。反對吸毒或是賣淫，只會使吸毒或賣淫轉入地下，反而更難控制，對社會的危害更大，所以最好的辦法是讓吸毒或賣淫合法化。

我想，大部分經濟學家都會反對政府的直接干預。政府來規定我的孩子必須學什麼知識，這在我看來是非常荒謬的。政府來規定我的飲食

搭配，也是我不能接受的，即使政府說這樣的飲食搭配是更健康、更合理的。但是，跟極端的經濟自由主義者不同的是，我不相信人們的理性選擇都是合理、對個人最有利的。每個人都可能會犯錯，也很容易做出其實不利於自己的選擇，遇到這種情況，我們該怎麼辦？我們是否應該幫助個人避免做出錯誤的決策？

行為經濟學家主張給一點點「助推」

2008 年，經濟學家理查・賽勒和法學家凱斯・桑斯坦（Cass Sunstein）合著了《推出你的影響力》（*Nudge: Improving Decisions About Health, Wealth, and Happiness*）。這本書很快成了全球暢銷書，也受到各國政府的關注。書中提到，我們可以採取一種「自由主義的溫和專制主義」，改善人們的最終決策。自由主義和專制主義聽起來是水火不容的，卻能達成一種微妙的平衡。自由主義是指我們要保留人們做出自主決策的權利。溫和的專制主義則是指我們可以適當地影響人們做決策的過程，好讓他們做出對自己更有利的選擇。

舉例來說，如果政府強制規定人們不能吃垃圾食品，只能吃健康食品，這就是一種粗暴的干預。儘管政府的用心可能是好的，但結果一定很糟。這種粗暴的專制主義在現實中隨處可見。但是，如果我們換一種方式呢？比如，我們可以把新鮮的水果用更低廉的價格、更方便地提供給消費者，那麼，很可能就會有更多的消費者主動地選擇健康食品。這就是賽勒和桑斯坦所說的「助推」。

吃不吃健康食品，其實還是小事。像養老金計畫，不僅對個人，而且對整個社會，都是一件大事。美國的養老金保險制度非常複雜，員工

需要在各種五花八門的方案中做出選擇。正如我們說過的，選擇的機會越多，人們越不願意做出選擇。於是，很多美國人就放棄了參加養老金保險計畫。這個選擇對個人很不利，因為到了退休之後員工的收入水準會下降；對政府也不利，因為到最後還是得由政府買單。有一些美國公司做了一個小小的調整：以前的方案是你要主動選擇，才能加入養老金計畫，如今的方案是如果你不反對，就默認你同意參加養老保險計畫。

賽勒和桑斯坦提出了「為明天儲蓄更多」方案，並得到美國國會中保守主義者和自由主義者的聯合支持，這在美國政治中也算是一個奇蹟。「為明天儲蓄更多」是公司為其員工提供的養老金計畫。簽了這份合約的員工在加薪時，在養老金帳戶中的儲蓄也會自動地增加；於是，儲蓄率會隨著工資的上漲而上升。如果員工覺得存得太多，他們也有選擇退出該計畫的自由。這一方案沒有強迫任何人做他們不想做的事情，也沒有任何欺詐和隱瞞，只是巧妙地把人們的懶惰天性和他們的長遠利益結合起來，讓人們自己做出更有利的選擇。

尋找一種中庸之道

在賽勒和桑斯坦看來，在很多情況下，我們只要做出小小的調整，就能極大地改變決策的結果。比如，總是會有人把尿尿到公共廁所的小便斗外面。但是，如果在小便斗裡刻上一隻蒼蠅，男士們就會自動地瞄準那只蒼蠅尿尿，於是，尿到小便斗外的現象減少了80%。如果你想讓人們節約能源，僅僅在牆上張貼一些「節約能源，保護環境」的標語是沒有用的。如果讓每個家庭在收到帳單的時候，都能夠從帳單上看到自己的用電量和鄰居的用電量的對比，那麼，出於「同伴壓力」，很多人就

會更有自覺性去注意節約資源。這說明，幫助人們改進其行為的最好方法是提供反饋。

對於是否在政策設計中採用「自由主義的溫和專制主義」方法，我持謹慎的保留態度，因為我們必須先相信政府是無私而善良的，才能相信它們會為了我們的利益，幫助我們改善決策。但是，這一個方法也在日常生活中給了我們很多的啟示。家長對孩子的愛是無私的，老師對學生的關心也是發自內心的，為了讓孩子和學生做出更好的選擇，我們是該奉行毫不干預的自由主義原則、粗暴獨裁的專制主義原則，還是找到一種中庸的「自由主義的溫和專制主義」呢？

▶ 延伸閱讀：理查・賽勒、凱斯・桑思坦，《推出你的影響力：每個人都可以影響別人、改善決策，做人生的選擇設計師》（*Nudge: Improving Decisions About Health, Wealth, and Happiness*），時報出版。

人非聖賢：不要輕易考驗人性

誰是好人，誰是壞人？

我們習慣於把人分成好人和壞人。好人做好事，壞人做壞事。如果有人的表現不好，那一定是因為他在內心深處缺乏道德感，而如果一個人是正人君子，我們有理由期待他在所有的場合都會言行一致。我們假設人性是不變的，人的行為只能受到其本人的理性選擇和道德判斷的影響。

事實上，人類的道德行為是十分善變的。無論我們討論的是遵守承諾、慷慨助人、公平正義，還是嫉妒、猜忌，每個人道德行為的變化程度遠遠超過了我們的預期。人們的道德行為，容易受到情景的影響。如果外部環境變化不大，某種行為給我們帶來的成本和收益容易預測，那麼，我們道德行為的一致性就會更明顯。但是，如果外部環境出現了改變，人們的行為就會隨之改變。道德不是完全由人品決定的，還受到瞬息萬變的環境影響；信任不是完全由理智決定的，還受到我們無從知曉，也不能完全避免的潛意識影響。

心理學家曾經做過一個小實驗，讓一群學生從一個教學大樓到另一個教學大樓送信，途中他們會遇到一個乞丐，向他們求助。同樣背景的學生，一個實驗組的送信任務沒有時間限制，他們有更多人會停下腳步，而另一個實驗組的送信任務時間要求更為迫切，這些學生匆匆忙

忙，根本不去過問乞丐到底遇到了什麼困難，是否值得自己花點功夫幫忙。心理學裡還有一個很有名的觀察：當人們單獨遇到壞人壞事的時候，正義感相對會更強，但圍觀的人們越多，人們反而越不願意挺身而出。

服從到底

還有一個更為令人不安的心理學實驗。著名心理學家米爾格倫（Stanley Milgram）曾經在 1960 初做過一系列實驗。他找來很多應試者，讓他們扮演「教師」，測試隔壁房間的「學生」。如果「學生」答錯了，就要按下開關電擊「學生」，先從 15 伏特電壓開始，然後逐漸提高到 45 伏特、75 伏特，直到可能致命的 450 伏特。

在做這個實驗之前，米爾格倫問過 40 多位精神科醫生，讓他們猜測有多少人會把電壓一直增加到 450 伏特，直到把實驗做完。精神科醫生們說：「1%。」只有惡魔才會如此冷血。但是，在米爾格倫的實驗中，有大約三分之二的被試者按下了 450 伏電壓的開關。很多被試者在實驗過程中感到極其不舒服，緊張得瑟瑟發抖、大汗淋漓，聲音變得結結巴巴，甚至發出神經質的笑。但是，他們還是會服從到底，把實驗做完。米爾格倫的實驗發現，男女性別比例對實驗結果沒有影響，種族的不同對實驗結果沒有影響。40 多年以來，很多學者重複了米爾格倫的實驗。40 多年的社會進步會讓人們有更多的警醒嗎？沒有。實驗的結果幾乎一模一樣。換言之，人人心中都有一個撒旦。

阿道夫・艾希曼（Adolf Eichmann）是一位冷血的納粹軍官，也是在猶太人大屠殺中執行「最終方案」的主要負責者。第二次世界大戰之

後，艾希曼被美國俘虜，但之後逃脫，流亡到了阿根廷。1960 年，以色列的情報部門查出艾希曼的下落，將其逮捕。艾希曼於耶路撒冷受審，並於 1962 年 6 月 1 日被處以絞刑。猶太裔著名政治思想家漢娜·鄂蘭（Hannah Arendt）以《紐約客》特約撰稿人的身份，現場報導了這場審判。她觀察到的艾希曼「不陰險也不兇橫，彬彬有禮，並用康德的學說為自己辯護，他認為自己不過是一個奉公的官員和服從命令的軍人而已」。艾希曼為自己的辯護，是不是聽起來非常熟悉？再舉一個例子。紐約前州長艾略特·史必哲（Eliot Spitzer）在作為地區檢察官的時候曾經因打擊賣淫活動而出名，可是，當他掌權之後，卻成了皇家俱樂部三陪服務的常客。哪一個他更真實？

沒有萬能公式

在判斷他人行為的時候，我們必須更加謹慎。就連判斷自己行為的時候，我們也不能過於自信。你並不像你認為的那樣了解自己。你又制定了減肥計劃，恭喜了。但能不能堅持下來，你有十足的把握嗎？今天的你能夠信任一個月之後的你嗎？

心理學家做過一個實驗，這個實驗分成兩個部分。在第一個部分，一群正在減肥的人和一群不想減肥的人在同一個房間裡，桌子上擺了各式各樣的零食。一般而言，正在減肥的人表現出了較強的自制力，不去動桌子上的零食。接下來是第二個部分。實驗者告訴這些受驗者，他們要幫助一家冰淇淋公司判斷三種新口味的受歡迎程度，有三桶冰淇淋，請品嚐之後告訴實驗者，哪一種是你最喜歡的。你沒有必要把冰淇淋都吃掉才能判斷出來自己更喜歡哪一種口味，抿一小口足矣。結果呢？在

第一個部分表現出更強自制力的人，在第二個部分吃掉的冰淇淋更多！

對我們的日常生活來說，這有什麼啟示？

第一，對待別人要寬容。除非萬不得已，千萬不要隨便考驗人性，因為人性這個東西，真的是經不起考驗的。不要輕易地去判斷別人的道德水準，而是要學會體察人性中的幽明互現之處。「古之君子，其責己也重以周，其待人也輕以約」，這在現在仍然適用。

第二，不要對自己過於自信。別人會不守信，你也一樣。別人會偷懶，你也一樣。別人有時候會情緒失控，你也一樣。我們的人性中有追求個人私利和即時滿足的欲望，對此不必感到羞愧，但我們需要學會增強自己的克制力。意志是需要付出努力才能獲得的，我們必須堅持不懈。一個人如果更常考慮長遠利益，他會更有自制力，更容易堅持道德準則，相反地，如果總是想著投機取巧，就會朝三暮四，與節操成為陌路。

第三，沒有一條萬能公式幫助我們辨識別人是否值得信任。與所有人在任何時候都選擇合作，並不是最好的策略：你不可能討好所有人。不要輕易地用人品去判斷別人是否值得合作，也不能完全依賴別人的信譽。所謂的信譽，也只是他過去的行為的歷史記錄。但是，過去的歷史不代表著他未來能做出什麼樣的行為。你要問的問題不是「他值得信任嗎？」，而是「在特定情況下，他有可能會選擇合作嗎？」。

▶ 延伸閱讀：大衛・德斯諾（David Desteno），《*The Truth About Trust: How It Determines Success in Life, Love, Learning, and More*》。

隨波逐流：坦然地面對狡猾的情感

為什麼急中能生智？

你親眼所見，也未必為實，我們的回憶中難免有自我編造的成分。你我皆凡人，對自己的道德評價不要過高，也不要站在道德高地上去指責別人。從認知科學的角度來說，這是因為我們的感知和認知系統是有缺陷的，所以會亂入一些後期的加工。我們在內省的時候總會想方設法為自己的行為辯護，因為不是每個人在所有的時候都能做到足夠的克制。一言以蔽之，我們的本能和直覺是有缺陷的。

但是，這種本能和直覺是在至少數百萬年的進化過程中形成的。這套系統看似簡陋，經常出錯，有時候會當機，但已經經歷了漫長進化過程的考驗。因此，當理性和直覺出現衝突的時候，我們應該先相信直覺，隨後，我們要讓理性去做檢察官，而非辯護律師，仔細地核實直覺可能與現實不符的地方。即使理性完成了自己的工作，回過頭來，還是要聽聽直覺的意見，因為在很多情況下錯亦是對：直覺在用一種很執拗的辦法保護著我們。

比如說生氣。加州大學聖塔芭芭拉分校的一項研究發現，在適度生氣的情況下，我們的分析能力和辨別能力會更敏銳。常言道，急中生智。在跟別人吵架的時候，你有沒有發現自己比平日更聰明、反應更迅速？我們的情感和理智經常是相輔相成的，如果生氣能夠給我們帶來好

處，我們就會更容易生氣。觀察一下在遊樂園裡玩的孩子，你就會發現，如果孩子摔了一跤，他會先看看媽媽在不在身邊，要是媽媽在身邊，那就放聲大哭，要是媽媽不在場，他多半會自己拍拍屁股站起來，接著玩，等到媽媽回來了再哭不遲。在商業談判中，我們也經常會看到一方表現出受到侮辱的憤怒，以此激發自己陣營的情緒，並向對方施加壓力，效果往往不錯。

情不自禁地跟著大家唱納粹國歌

再說拖延。我們之所以會拖延，跟家庭和性格有關，但也跟大腦內部的保護機制有關。人們對恐懼和焦慮的反應極其強烈，這是在長期進化中為了生存下來所必需的。如果你碰一下自己的手臂，大腦大約需要400 至 500 毫秒才能夠感受到這種觸摸，但如果你感到恐懼，大腦只要14 毫秒就能接到信號。從感受到恐懼的腦扁桃體，到位於大腦皮層的思維中心，信號要強於從思維中心傳到恐懼中心的信號，也就是說，我們感知恐懼，但更難克制恐懼情緒。為了避免感到恐懼和焦慮，我們更容易會選擇性地忘記不愉快的事情，也會採取逃避的辦法，眼不見為淨。我們越是害怕失敗，自尊心越低、注意力越分散，越是討厭被別人委派任務，就越容易拖延。

最後再談談從眾心理。著名的博弈論專家艾雅爾・溫特（Eyal Winter）說過一個故事。1933 年夏天，希特勒剛剛上臺，在德國東部柯尼斯堡的市中心舉行了一場大型的納粹集會。溫特教授的舅爺是個猶太人，但長得很像雅利安人，從外表來看，沒有人能發現他的猶太身份。溫特教授的舅爺出於好奇，混入了集會的隊伍。集會的高潮是希特勒本

人上臺。他狂熱地揮舞手臂，發動煽動性的演講，臺下群眾如醉如癡，高呼「勝利」。溫特教授的舅爺先是感到吃驚，然後感到不安，最後發現自己不由自主地跟著周圍的人一起哼起了納粹國歌，還跟大家一起為希特勒的演講鼓掌，一起高喊「勝利」。回到家後，他對著家人痛哭流涕，羞愧難當，因為他怎麼也不敢相信，自己會做出這樣的事情：我怎麼可能會跟著大家一起唱納粹國歌呢？

我們之前說過，人是一種群居動物，為了增加生存的機率，必須要強化集體的認同感。因此，溫特教授的舅爺會發現自己不由自主地為納粹歡呼並不奇怪。我們也可以理解，為什麼當你冒犯一個群體的時候，比冒犯一個個體，更容易招致強烈的敵意。

人會憤怒、會拖延、會有集體情感，這都是非常正常的，產生這些情感的初衷是為了給我們帶來進化的優勢。當然，這些情感有時候也會給我們帶來不利，可能會反過來傷害我們自己。

先說一個比較小的例子，即人為什麼會臉紅。按道理來說，當我們感到羞愧或窘迫的時候，最不願意讓別人知道，但我們卻偏偏會在這個該死的時候控制不住地臉紅。達爾文覺得這個現象很有趣，他在《人類和動物的表情》（*The Expression of Emotion in Man and Animals*）一書中用了整整一章的篇幅來討論臉紅的現象。他發現，這是人類獨有的特徵之一。對臉紅的進化論解釋是，由於臉紅是不由自主的，當一個人臉紅之後，就表明他已經承認自己的行為是不當的，別人就更容易原諒他。

愛的荷爾蒙

再舉一個例子。我們的體內會分泌不同的荷爾蒙。一種荷爾蒙是催

產素，母親在哺乳期會分泌更多的催產素，催產素有助於建立更親密的母子聯繫。兩性在達到性高潮的時候也會分泌這種荷爾蒙，因此催產素又被稱為「愛的荷爾蒙」。但是，催產素也會帶來負面影響，當催產素分泌過多的時候，會影響到我們識別他人意圖的能力，我們會變得更加輕信，更容易上當。

我們體內分泌的另一種荷爾蒙是多巴胺。多巴胺與我們從成功中獲得的滿足感有關，也激勵我們更積極地去面對挑戰，但如果多巴胺分泌過多，會導致我們過度冒險。比如，在參加拍賣的過程中，每一次當我們沒有贏得拍賣的時候，大腦中的紋狀體區域就會更加活躍，而該區域是大腦邊緣系統的一部分，是人體分泌多巴胺的部位。激烈的競拍導致我們的多巴胺分泌更多，於是，在下一輪競拍的時候，我們會更加衝動、報價更高，這才有了所謂的「贏家的詛咒」。

因此，我們的情感可以控制，卻無法根除。我有一次看《荒野求生秘技》（Man vs. Wild）節目，英國冒險家貝爾‧吉羅斯（Bear Grylls）要從直升機上跳到海裡，游到一個荒島上。貝爾告訴我們，最好的路徑不是直接朝著陸地游過去，因為那樣的話，一波一波的海浪會把你沖得更遠。最好的辦法是隨波逐流，順著波浪的方向游，這樣才能迂迴地到達海島。我們對待非理性情感的態度也應該如此。我們應該更坦然地面對各種狡猾的情感，了解它們出現的原因，了解它們在進化中的功能，了解它們與我們的理性系統互相影響的機制。如果能夠更深入地了解情感世界，我們就更能減少其可能會帶來的負面影響。

▶ 延伸閱讀：雷納‧曼羅迪諾（Leonard Mlodinow），《潛意識正在控制你的行為》（Subliminal: How Your Unconscious Mind Rules Your Behavior），天下文化。

樂觀的偏見：最高的境界是自我欺騙

▌回想一下你一生中最幸福的時刻

如果讓你閉上眼睛，去想像一下 5 年之後、10 年之後，你會過著什麼樣的生活，你會想到什麼？大部分人都會想到幸福和愉快的事情，沒有結婚的會想到自己的婚禮、沒有孩子的會想到自己有了可愛的小寶寶、我們會想到自己更有錢、社會地位更高、有更多的空閒時間、環遊世界、享受生活。很少人會想像那些不好的事情：失業、破產、親人去世、離婚、生病。

如果讓你閉上眼睛，回想一下自己以往的生活中最幸福的一刻，你會想到什麼？你可能會想到和戀人或家人在一起的時刻，想到站在領獎臺上或拿到了錄取通知書的場景，或是賺到了第一桶金的時候。

當你暢想未來和回想過去的時候，你的大腦活動是一樣的。兩個劇本都是同一個劇作家寫的。大部分人在回想自己生活中最幸福時刻的時候，頭腦裡浮現出來的畫面裡都有一個自己。你有沒有發現不對勁的地方？事實上，這是不可能的，你不可能自己看見自己。這說明，我們的記憶並非像攝影機一樣，只是忠實地記錄過去。記憶最重要的功能是編故事。人是需要故事的，尤其是樂觀的故事，這些故事並不真實，但離開了這些編造出來的故事，人生將黯淡無光。

如果沒有樂觀的偏見，我們每個人都會是不可救藥的悲觀主義者。清醒過來吧，不管我們多麼努力，多麼風光，終有一天要死亡，化為烏有。極端地說，對死亡的認識有可能導致進化的終結。如果我們意識到人生是如此虛幻和無聊，又怎麼可能每天打起精神，高高興興地生活和工作呢？

▌皮格馬利翁效應

樂觀的偏見可能帶來「自我實現的預言」。這個術語是社會科學家羅伯·莫頓（Robert Merton）在 1948 年首次提出的。所謂自我實現的預言，是指一開始對形勢有錯誤的判斷，但當我們根據這些判斷激發出新的行為之後，神奇的事情出現了，原本錯誤的判斷變成了真實的結果。我們預言中國的房價是不會跌的，這是一種錯誤的觀點，但如果大家都相信這一預言，就會紛紛拿出儲蓄去買房，於是，中國的房價就真的越來越高。

1960 年代，哈佛大學心理學家羅伯·羅森塔爾（Robert Rosenthal）和舊金山一所小學的校長勒諾·傑柯布森（Lenore Jacobson）合作，做了一個實驗。羅森塔爾和傑柯布森各自隨機地挑選了一些學生，然後，他們告訴老師，這些學生的智力非常出眾。其實，這不過是他們編造出來的。到了年底，預言真的自我實現了：那些被隨機挑選出來的學生，在年末測試中的成績比其他學生高很多，而在年初測試的時候，他們的成績和其他孩子的成績原本相差無幾。為什麼會這樣呢？因為老師們相信了羅森塔爾和傑柯布森的話，他們對這些「智力出眾」的學生另眼相看，花在這些學生身上的時間更多，鼓勵他們在課堂上發言，更耐心地

輔導他們。學生們也覺得自己比別人強，信心大增，學起來分外帶勁。

羅森塔爾和傑柯布森把他們的發現稱為「皮格馬利翁效應」（Pygmalion Effect）。這個典故出自蕭伯納寫的一個劇本。這個劇本的劇情是一個教授把工人階級的女孩改造成了上流社會的貴婦。你是什麼樣的人，取決於你認為自己是一個什麼樣的人。難怪法國思想家拉羅希福可（La Rochefoucauld）曾經說過：「要是想要成功，就要先做出已經成功的樣子。」人們通常的觀念，比如男生學理科比女生更強，亞裔學生的數學比美國學生更好，黑人的學習成績更差，其實並沒有可靠的科學證據，但一旦被貼上標籤，人們就會不由自主地受到「標籤」影響。

人要有欺騙自我的勇氣

人的一生，怎麼會沒有挫折？隨身帶上樂觀的偏見，有助於在遇到挫折的時候更快地走出低谷。從另一個角度來看，那些悲觀的人對這個世界的判斷和認識可能更符合現實，這被有的心理學家稱為「抑鬱現實主義」，但是，如果想要過得更好，人需要有欺騙自己的勇氣。

1970 年代中期，美國有兩家工廠面臨倒閉的風險。一家工廠位於市中心，另外一家工廠位於偏僻的郊區。一家工廠人多，另一家工廠人少。第一家工廠是油漆廠，另一家工廠則生產貨櫃等設備。兩家工廠儘管差異很大，但都有一個共同之處：它們都要倒閉了。這兩家工廠的員工，已經在各自的崗位上工作了 20 多年，可惜再過幾個月，都要被迫下崗了。每個人都很焦慮和沮喪。心理學家一直跟蹤研究這些工人在失業之前和失業之後的狀況。他們很吃驚地發現，這些工人在失業之前更容易患病，因為對未來不確定性的擔憂導致工人始終處於焦慮之中，而

這影響了工人的健康。失業之後，不確定性消失了，工人反而不再擔心了，他們轉而關心該到哪裡去找工作。當緊張和焦慮的情緒消失之後，工人患病的機率下降了，失業之後的工人比失業之前的工人更健康！

大多數人都是樂天派，我們會有偏見地選擇更為美好的幻想，迴避消極悲觀的現實。這是一種錯覺。如同人腦的其他錯覺一樣，我們僅靠反省無法輕易發現自己的樂觀偏見。大腦的確歪曲了事實，欺騙了我們，不過，大腦這樣做是情有可原的。雖然盲目樂觀會導致我們犯錯，甚至犯下致命的錯誤，但在大多數情況下，樂觀的偏見能夠激發出我們的潛能。

在設計自己的人生道路時，年輕人不妨嘗試做「白日夢」，幻想每一種職業的最美妙的地方，以便測試自己更喜歡哪一種職業。每一種職業都有風光的地方，也有無聊和辛苦的地方，如果我們能夠更常看到生活和職業中更為積極的一面，就能做得更加起勁，最終做得更好。樂觀者會更健康、更快樂、更長壽。人的一生，就是靠自我欺騙幸福地度過的。在欺騙和自我欺騙的指引下，人類社會實現了不斷進步。

▶ 延伸閱讀：塔利・沙羅特（Tali Sharot），《*The Optimism Bias: A Tour of the Irrationally Positive Brain*》。

贏家的詛咒：娶走校花的兄弟，你過得還好嗎？

為什麼「標王」總是報價太高？

1970 年代，研究油田拍賣的幾位工程師發現了一個有趣的現象。

假設有個油田的開採權要拍賣，有很多家石油公司來競拍。誰也不知道這個油田在地下的儲量到底有多少，只能靠自己猜。每個公司都會給這個油田一個估值。每個公司都按照自己對這個油田的估值報價。一般來說，公司會按照比自己的估值低一些的價格報價，而報價最高的公司獲得油田的開採權。但在現實的拍賣中結果如何呢？這三位工程師發現，一般來說，競拍中的贏家往往會變成輸家。為什麼這麼說呢？因為，最糟糕的情況是，油田的價值沒有競拍成功的公司的報價高，這家公司花的錢越多，虧得也就越多。稍微好一點的情況是，這個油田的價值比公司的報價高，但沒有公司當初的估值高，所以公司也會覺得吃虧了。這就叫「贏家的詛咒」。

真的有「贏家的詛咒」嗎？還是說這只是一種極為反常的現象呢？1983 年，兩位經濟學家麥斯·貝澤曼（Max Bazerman）和威廉·薩繆森（William Samuelson）做了個實驗。他們在課堂上拍賣一個存錢罐子，罐子裡裝滿了硬幣。學生們不知道裡面有多少錢。每個學生都來猜，到底裡面有多少錢。猜完了就競價，出價最高的學生獲得這個罐子和裡面

的硬幣。罐子裡實際上有 8 美元的硬幣。他們做了很多次實驗。學生們的猜測各不相同，平均估值是 5.13 美元。也就是說，大部分學生對罐子的估值都遠低於真實價值。贏家的出價平均是 10.01 美元，這意味著，平均每個贏家要虧損 2.01 美元。要是經濟學家每堂課都做一回這個實驗，他們還能賺一筆小小的外快呢。

▋贏家的苦惱

　　課堂實驗或許無法代表真實世界。但在現實生活中，「贏家的詛咒」比比皆是。比如，在 1969 年阿拉斯加北灣油田的拍賣中，贏家的出價是 9 億美元，而次高的標價是 3.7 億美元。這是不符合理性假設的。如果按照理性假設，贏家的報價和次高的報價應該差不多才對。這只是一個特例嗎？不是。研究者觀察了很多油田競拍，發現在 26% 的案例中，得標價是次高價的 4 倍甚至更高，在 77% 的案例中，得標價至少是次高價的 2 倍以上。

　　從 1954 年到 1969 年，墨西哥海灣地區拍賣出了 1,000 多份租約，其中有 62% 的租約是賠錢的，另有 16% 的租約勉強持平，只有 22% 的租約最後雖然賺了錢，但收益率並不高。我們再來看看身邊的例子，最典型的就是央視廣告「標王」。從 1990 年代中期開始，各家企業爭相在央視砸下重金，搶奪「標王」的桂冠。1995 年孔府宴酒的得標金額是 0.31 億元，2015 年翼龍貸花了 3.6951 億元，才拿下「標王」稱號。翼龍貸是一家 P2P 企業，董事長是王思聰。榮登「標王」寶座的企業當然有好企業，比如茅臺，但大部分「標王」很快就變成了「倒王」。聽我給你報報它們的名字：孔府宴酒、秦池酒、愛多 VCD、步步高和熊貓手機。你要

是知道這些名字，只能暴露自己的年齡了。

「贏家的詛咒」糾纏著這些曾經風光一時的企業：2002 年，孔府宴酒宣告破產；秦池酒已經無人知曉；2004 年愛多 VCD 的掌門人胡志標被判有期徒刑 8 年；2005 年熊貓手機的前掌門人馬志平因涉嫌「虛報註冊資本」被捕。即使是那些沒有淪為破產的「標王」企業，在成為「標王」之後就真的平步青雲了嗎？恐怕這裡面的苦悶，只有它們自己知道。

2007 年，中投還沒有正式成立，就匆忙宣佈投資 30 億美元購買美國黑石集團的股權。我在當時專門寫過一篇文章，反對這筆交易。結果如何呢？這成了中投第一筆賠錢的買賣。2016 年，中國足協以年薪 1.47 億元的天價聘請義大利教練里皮（Marcello Lippi）為中國國家男子足球隊主教練，我仍然反對這筆交易。我當然希望里皮能夠創造奇蹟，不過，奇蹟會不會發生，我們還是等等再看吧。

該不該追求校花？

為什麼總是會有「贏家的詛咒」呢？有兩個原因。首先，最根本的原因是資訊不對稱，因為競拍者不知道標的物的真正價值，所以只能靠主觀猜測，這就會帶來判斷失誤。其次，最直接的原因是傲慢。贏家過於自負，總認為自己比市場上其他參與者的判斷更為準確，而且求勝心切，志在必得。抱著這樣的心態，不犯錯那才叫反常。

在學校的時候，校花是我們暗戀的對象。校花的周圍有很多追求者，他們都要對校花的真實價值做出評估，然後報價，報價最高者勝出。那個把校花娶走的哥們，一定是付出的代價最高的。許多年過去

了，娶走校花的兄弟，你過得還好嗎？內心的蒼涼和失落，要不要找個人訴說？

存在「贏家的詛咒」，對贏家也好，對其他競拍者也好，都不是一件好事。如果我們不想當受到詛咒的贏家，我們該怎麼辦呢？如果你非常世故，你應該選擇不參與競拍。我反對收購黑石的最主要的理由就是：黑石是做什麼的？黑石是一家私人股權投資公司，它最擅長的就是把不值錢的企業包裝好了賣個高價。現在它要賣自己，難道我們還不知道它想做什麼嗎？但是，總是退出競拍也不是萬全之策。排名第一的校花被娶走了，大家又會競拍排名第二的校花，如果你總是不出手，最後只能落得一個孤家寡人。

如果你非常狡猾，你可以讓贏家先買走，然後做空贏家。你可以先讓那個哥們把校花娶走，然後等他們過不下去了，再乘虛而入。但這是非常危險的策略。我們強烈譴責這種不道德的行為。

最好的辦法是什麼？最好的辦法是把我這篇文章和你的哥們一起分享，讓大家都明白這個道理。越是競爭者人多，越要謹慎求實，大家平心靜氣地談談，校花到底值不值得花那麼高的代價去追。或許，大家就會改變當初的衝動想法，不去追校花了，然後，你就可以去追她了。

▶ 延伸閱讀：理查・賽勒，《贏家的詛咒：不理性的行為，如何影響決策？》（*The Winner's Curse: Paradoxes and Anomalies of Economic Life*），經濟新潮社。

隨機性：如何在考試中猜對答案？

編假話比說實話更費勁

請你做一件很容易的事情：寫出一組長長的亂數序列。比如，你可以每次從 0 至 9 這 10 個數字中任意選一個數。所謂的隨機，就是指每個數字出現的機率應該都相等，而且不能有任何規律。亂數應該是完全散亂的。

你可能會覺得這是一件很容易的事情。但是，數學家發現，寫出一串很長的亂數是超出人類能力範圍的。如果你讓人們從 0 至 9 中每次選擇一個數，他們選 0 的次數會比選其他數字少，而且很多人會表現出對某個數字的偏好，比如 7 或 8，然後這個數字出現的頻率會高於其他數字。

有個數學家多年來喜歡在課堂上做一個實驗。他要求學生連續拋硬幣，要拋 200 次，然後把結果記錄下來。有的學生會老老實實地拋 200 次硬幣，有些學生則自作聰明，隨意編造數字。每一次，老師都會一下子找到那些編造出數字的學生。

竅門在哪裡呢？如果拋 200 次硬幣，在真正的亂數據中，幾乎肯定會出現 6 次連續的正面或反面，但是，幾乎沒有人在編造亂數據的時候這樣做。你越是努力地想編造出亂數據，越是不像亂數據。這就像偵探

小說的鼻祖、美國小說家愛倫坡（Allan Poe）說的：「當人們越是努力不想被猜中的時候，越是容易被猜中。」

▌如何做是非題？

人性是難以抗拒的。這裡，我就教教你如何利用人性的弱點，在考試的時候猜對答案。一般來說，考試都會出選擇題。出題者在排列備選答案的時候，應該遵循隨機排列的原則。為了真正做到隨機排列，老師可以使用專門的軟體，或是擲骰子，排列備選答案，但老師們一般都沒有注意到這一點。看似隨機的答案排列，其實是有規律可循的。

先從最簡單的是非題說起。是非題無非有兩種答案，「對」或是「錯」。如果是隨機排列，「對」和「錯」這兩個選項出現的機率應該都是 50%，但實際上，「對」的選項出現的機率是 56%，「錯」的選項出現的機率是 44%。畢竟，編假話比說實話更費勁。如果是隨機排列，連續出現「對」或「錯」的可能性是有的，但是，不出所料，考卷上答案的順序往往是「對」—「錯」—「對」—「錯」交叉出現。後一道題的答案與前一道題的答案不同的機率是 63%，如果真是隨機機率，這一機率應該是 50%。

所以，在做是非題的時候，你可以先把知道答案的題目做出來，然後觀察自己不會的題目，比較一下它之前、之後兩道題目的答案。假如在它之前和之後的題目的答案都是「對」，那你就選「錯」。如果那兩道題的答案都是「錯」，你就選「對」。如果它之前或之後的題目答案不一樣，或是你知道答案的題目太少了怎麼辦？你就選「對」。因為答案是「對」的題目更多。

如何做選擇題？

接著，我們來看選擇題。如果是四個選項 A、B、C、D，那麼每個選項出現的機率應該都是 25%，但實際上，出題者更喜歡選 B。B 是正確答案的機率是 28%。如果是五個選項呢？最常見的正確答案是最後一個選項 E。E 是正確答案的機率是 23%。而最不受青睞的是 C。C 是正確答案的機率是 17%。

有時候，備選答案中會有「以上都對」或是「以上都錯」的選項。要是你不知道正確答案，那就不要猶豫，選這兩個選項吧。如果選項裡面有「以上都對」或「以上都錯」，這兩個選項是正確答案的機率高達 52%。為什麼呢？你體會一下出題者的心情。要是他好不容易編了幾條錯誤答案，而答案不是「以上都錯」，他不是白花功夫了嗎？

如果選擇題裡有個選項最長，這個選項是正確答案的機率也最大。為什麼？因為出題者必須保證正確的答案是無可爭議的，因此就必須盡可能地表述得規範、完整，用的字也就更多一些。

錯誤的答案並不是非要跟其他答案相似，那樣的話，出題也太難了。錯誤的答案只需要是錯的就行，所以，出題者很可能會隨便放一個不相干的答案，正好透過鮮明的對比把正確答案凸顯出來。這意味著，不合群的選項通常都是錯誤的。

最後，如果你覺得答案似曾相識，那很可能是你原本知道正確的答案，但是後來又忘了，但隱隱約約還覺得這個答案比較熟悉。據說，著名心理學家、《快思慢想》的作者康納曼，就是用了這一招，考過了駕照筆試。

七個考試秘訣

讓我把猜對考試題的七個秘訣再總結一下：

秘訣 1：按照「對─錯─對─錯」的順序選擇答案。

秘訣 2：實在不知道就選「對」。

秘訣 3：有四個選項選 B；有五個選項選 E。

秘訣 4：答案選項中有「以上都對」或「以上都錯」，就選這兩個。

秘訣 5：選擇題裡最長的選項更有可能是正確答案。

秘訣 6：不合群的答案通常不正確。

秘訣 7：你覺得正確的答案更有可能是正確的。

考試不知道正確答案，猜一個答案算不算作弊？我看不算。古希臘時期，斯巴達人訓練孩子，會餓他們，讓他們餓得實在不行的時候去附近的村莊裡偷吃的，要是被逮到了，就一頓痛揍。痛揍的原因，不是因為他們去偷東西，而是因為他們太笨了，偷東西居然還被人發現了。

▶ 延伸閱讀：威廉・龐茲托（William Poundstone），《*Rock Breaks Scissors: A Practical Guide to Outguessing & Outwitting Almost Everybody*》。

小集團思維：城堡在被攻破之前都是堅不可摧的

為什麼美國沒有提前發現日本要偷襲珍珠港？

1941 年 11 月 3 日，美國駐日本大使格魯（Joseph Grew）從東京向華盛頓發回了一條重要的警報。格魯大使預言，日本將對美國發動一場全面的、孤注一擲的戰爭。這場戰爭會冒著讓日本這個國家徹底毀滅的風險，但不發動這場戰爭，日本就會受到貿易制裁，不得不向外界的壓力屈服。

1941 年 11 月 24 日，美國太平洋艦隊總指揮官哈斯本·金梅爾（Husband Kimmel）上將接到海軍作戰部長哈洛德·史塔克（Harold Stark）上將的警報。史塔克上將告訴金梅爾上將，與日本的戰爭隨時可能爆發。金梅爾上將立刻召集了他的部下開會，討論來自華盛頓的警報。大家一致認為，與日本的戰爭是不可避免的，但肯定不會在珍珠港爆發。日本或許會襲擊關島，或許會襲擊菲律賓或馬來亞，或許會襲擊英國和荷蘭，但絕對不會長途奔襲，攻擊夏威夷。

要不要加強空中警戒呢？如果實行 360 度的全方位空中偵察，會花費很多費用，消耗寶貴的燃料，干擾正常的飛行訓練。最後，大家決定，仍然把飛機用於訓練專案，沒有派出一架飛機執行偵察任務。他們也沒有考慮把軍艦分開，沒有派出專人監視，甚至沒有取消週末休息。

夏威夷的海軍指揮官們認為，即使日本膽大到了敢派軍艦和飛機過來，雷達也會迅速發現他們的行蹤。雷達站是歸陸軍管的，但陸軍也沒有採取任何警備措施。雷達系統並沒有全天候啟動。更糟糕的是，陸軍把飛機都集結在跑道上，每架飛機的翅膀差不多都能碰到另一架飛機的翅膀，這比分散的時候更容易被敵機炸毀。

1941 年 12 月 7 日，日軍以迅雷不及掩耳之勢成功地突襲了珍珠港。這是一個星期天的早上，大多數海軍官兵和士兵正在休假，或是剛剛起床。飛機整齊地排列在機場上，等著日軍來轟炸；高射炮無人操作；彈藥庫大門緊鎖，鑰匙也不知去了哪裡。日軍的突襲造成了嚴重的破壞，美國的 8 艘戰列艦或被炸沉，或遭重創，188 架飛機被毀，159 架飛機炸壞，2,000 多人死亡。這是美國歷史上遭受的最大的軍事災難。

不是敵人太狡猾，而是我軍太團結

是因為情報部門沒有提出警報嗎？事實上，從 1940 年起，美國就已經破解了日本的密碼，幾乎了解日本政府的所有想法。根據國會調查委員會在事後蒐集的證據，在珍珠港偷襲之前，華盛頓所得到的情報資料是接近理想狀態的。情報部門得到的大量資訊都表明，日本已經準備好了一場大規模的軍事行動，然而，美國人並不清楚日本的具體攻擊地點。

從事後來看，確實有很多情報能夠透露出日本可能會襲擊珍珠港的蛛絲馬跡。比如，12 月 2 日有一封從東京發給日本駐檀香山總領事的電報，詳細地詢問珍珠港內船隻動態、防魚雷網以及阻塞氣球的情況。當然，資訊多了，噪音相應也就多了。由於情報數量很多，重要的軍事情

報中有很多相互矛盾和不相關的資訊，常常使人感到迷惑，有時出現錯誤的理解。

　　戰爭委員會的成員和五角大廈的軍官認為，他們已經警告過夏威夷海軍。但華盛頓發來的電報措辭含糊，即使談到夏威夷可能會遇到襲擊，誰知道會不會只是一些小的威脅呢？比如，或許是當地的日本間諜偷偷摸摸地搞一些破壞活動，或是日本派一艘潛艇越過夏威夷周圍的防禦水域。

　　是因為夏威夷海軍指揮部平庸無能嗎？恰恰相反，這是一支經驗豐富、團結一致的隊伍。美國著名軍事史學家、《珍珠港》一書的作者沃爾斯泰特（Roberta Wohlstetter）說，「負有保衛珍珠港責任的人，是我們可以找得到的最有效率和忠誠的一群人」。金梅爾上將深得下屬的尊敬，他的顧問團都是精明能幹、忠誠奉獻的高級軍官。他們經常聚在一起，親密無間，遇到困難互相支持，是一個非常團結的集體。

　　問題恰恰出在這裡。越是團結的小群體，越容易出現「小集團思維」。小集團內部的人相信，只有緊密團結，才能一致對外。他們會高估自己的能力，相信自己的團隊是一支無往不勝的「超級團隊」，而對手則是不堪一擊的。金梅爾上將和他的顧問不相信日本這樣的三流國家居然敢挑戰美國這樣的超級大國。這不是以卵擊石嗎？

　　金梅爾上將一開始也擔心珍珠港可能會有危險，但他的屬下爭先恐後地跟他保證，放心吧，即使日本敢打過來，我們也會在 10 分鐘之內把他們消滅。還有屬下跟他說，停泊在珍珠港的軍艦不會被敵機發射的魚雷擊沉。按照當時的技術，空中發射的魚雷至少需要大約 60 公尺的水深才能擊中目標後爆炸，珍珠港水域的深度只有 30 到 40 公尺。事實上，1941 年秋天，日本已經設計並成功實驗了一種新型的木質魚鰭，可以裝在常規的航空魚雷上，這使得他們的飛機可以在淺水區炸沉船隻。

▌人只願意相信自己相信的東西

華盛頓也對珍珠港事件毫無心理準備。1941 年 5 月，時任陸軍參謀長的馬歇爾將軍告訴羅斯福總統，歐胡島是世界上最堅固的堡壘。美國軍方一直認為，日本即使要發動進攻，也一定是先從力量較為薄弱的遠東地區開始，不可能直接攻擊美國的海軍大本營。

每一個堡壘，在被攻破之前，都被防守者認為是堅不可摧的，遺憾的是，最堅固的堡壘，也有被攻破的時候。在嘈雜的警報信號中，小集團內部出現一種「願景思維」，大家只願意相信自己相信的東西。在集團內部，質疑這種堅不可摧的神話，是要冒很大的風險的，大家會覺得你在背叛，或者至少也是無比愚蠢的。於是，大家一起嘲笑那些預示著危險的信號，這是小集團思維的典型表現。

11 月 28 日，華盛頓召集了一次高層會議，國務卿赫爾（Cordell Hull）說，日本可能會在不同的地方同時發起進攻，但是，沒有人問他可能會在哪裡，沒有人有興趣做進一步的討論。即使在事情真的發生之後，小集團成員的本能反應仍然是拒絕相信。珍珠港事件的消息傳來的時候，美國海軍部長諾克斯說：「上帝，這不可能是真的，這一定是在菲律賓。」

小集團內部對敵人只有刻板印象。沒有人從日本的角度考慮，如果日本不對美國發動進攻，結局會怎麼樣？他們也沒有對日本國內複雜的政治鬥爭做充分的了解。儘管日本國內的文官和軍方之間存在矛盾，軍方內部海軍和陸軍也爭執不休；儘管海軍次官山本五十六本人公開預言，如果和美國開戰，日本終將失敗，但向美國屈服，就意味著日本要放棄經過數年戰鬥和犧牲所獲得的領土，喪失國家的尊嚴，這是日本絕對不能接受的。

　　在遭受襲擊的戰艦中，加利福尼亞號受到的損失最嚴重，這艘戰艦的艦長是派伊（William Pye）中將，派伊中將正是金梅爾上將的顧問團成員之一。遭受襲擊之後，船上的水兵不知所措，亂成一團。沒有受到小集團思維影響的，是一群低級軍官。西維吉尼亞號遭受的日軍攻擊比加利福尼亞號更多，但傷亡和損失更少。這是因為一群年輕的軍官在 12 月 7 日之前已經嚴肅地討論了艦隊可能遇到空襲的可能性，並做好了一系列預防的準備。當第一個炸彈擊中福特島附近的飛機庫時，西維吉尼亞號的一位低級軍官馬上對全艦發出警報，在船上的所有人迅速採取了防空控制措施，並用高射炮火射擊俯衝轟炸的敵機。

　　團結就是力量，但最團結的集體，也可能會犯下最愚蠢的錯誤。

移情力：讀小說到底有什麼用？

移情力是成功人士的秘密武器

　　我年少無知的時候，曾是個文學少年。後來，雖然我把想當詩人這件事給忘了，但讀小說的習慣還是保留了下來。這裡跟大家談談，為什麼要讀嚴肅小說，哪些小說既嚴肅，又好讀。

多讀嚴肅小說的第一個好處是能鍛鍊我們的移情（empathy）能力。移情不是同情（sympathy），同情是跟別人有同樣的感受，移情則是能夠在不同的情況中理解別人的感受。這是一種能夠從全域出發、由小見大、見微知著，能夠在看起來沒有聯繫的事物之間找到相互聯繫，能夠在看起來不合情理的現象中發現規律的能力。成功人士各有特質，有的執著，有的膽大，但有一類人不僅成功，而且睿智，他們的秘訣就是具有強大的移情能力。

紅杉資本的合夥人莫里茲（Michael Moritz）是矽谷最成功的風險資本家之一。矽谷的風險資本家大多是學技術出身，或是讀過商學院，莫里茲和他們不一樣，他在牛津大學讀的是文學，年輕時候的夢想是成為一名像諾曼・梅勒（Norman Mailer）那樣的作家。他的投資風格和其他風險投資家也大相徑庭，他並不看重前端技術或是市場預測，他關心的是公司的創始人是什麼樣子。他的本領就是能夠和公司的創始人產生共鳴，能夠理解他們心中的夢想。

有一天，一個小夥子找到莫里茨，跟莫里茨說，自己想做搜尋引擎業務。當時，搜尋引擎業務已經是一個「紅海」，包括雅虎、微軟和美國線上在內的商業巨頭都斥鉅資研發這一技術。這個小夥子和他的團隊一沒有錢，二沒有經驗，因此矽谷裡其他十幾個風險投資基金都沒有搭理他們。不管別人的懷疑，不管別人的恥笑，莫里茨堅持給了這家企業1,250 萬美元。這家企業叫 Google。

移情能力在很大程度上是一種天分，但也可以在後天鍛鍊。閱讀嚴肅小說，可以為你提供一個個案例，讓你置身局中，體會各種不同的人生。好的小說，不管多麼離奇荒誕，都是源自生活，而且能夠超越時空，讓不同時代、不同國度的讀者形成共鳴。人物傳記看似更真實，但人的記憶都是有偏差的，尤其是自傳，未必客觀準確，不可盡信。小說是虛構的，也正是因為有了虛構的幌子，作家才能盡情地把真實的故事

說給你聽。「假作真時真亦假，無為有處有還無。」

小說就是「懸置道德判斷」

　　多讀嚴肅小說的第二個好處是提升你的道德境界。道德不是說教，而是在遇到複雜問題時如何審慎取捨。學習道德的一種途徑就是思考在遇到各種道德兩難困境時何去何從。比如，我們很熟悉的「電車悖論」：一個瘋子把五個無辜的人綁在電車軌道上，一輛失控的電車朝他們駛來，你可以拉一個拉桿，讓電車開到另一條軌道上，但另一條軌道上有一個又聾又啞的老人，根本沒有看到電車朝他駛來。你會拉這個拉桿嗎？

　　作家米蘭·昆德拉（Milan Kundera）說，小說就是要懸置道德判斷。好的作家不會在作品中宣傳、教化，他會不動聲色地把人性中光明和黑暗的地方都呈現給你，讓你自己做判斷。這往往是沒有標準答案的選擇題。你選擇了任何一個答案，都會有相反的觀點跟你爭辯。「人類一思考，上帝就發笑。」沒有人知道終極答案。好的小說讓你更加寬容、更加謙卑，對人類更加悲憫，對人性有更多理解。

　　多讀嚴肅小說的第三個好處是能提高你的寫作能力。文筆好不是什麼了不起的本事。我們的語文教育一直在教我們如何才能寫得文筆優美，結果是培養出來一批無病呻吟的小文人。中文有其獨特的優勢，音節鏗鏘、詞義豐富、語法靈活，因此，中文很適宜抒情，但拙於敘述和說理。嚴復嘗試用文言文翻譯《天演論》等社科名著，雅則雅矣，達則難達。要學習敘述、學習說故事，就要多看小說。中國古代也有小說，但大多數寫得極爛。《紅樓夢》、《金瓶梅》洵屬佳作，《水滸傳》、《聊齋

志異》等而下之，而《西遊記》、《三國演義》已並無足觀。中文愛好者不要不服氣，中西文化，各有千秋，遇到別人比我們強的地方，虛心學習就是了。寫首詩，可以「妙手偶得之」，寫小說可就是技術活和體力活了。如何謀篇佈局、如何控制節奏、如何刻劃人物、如何選擇視角，都是有講究的。如果以為文無定法、自出機杼，那不過是師心自用而已。

一個「普通讀者」開出的書單

那麼多小說，讀哪些好呢？這可沒有什麼標準答案。己之佳餚，人之毒藥，讀者的口味太不一樣了。雖然，不妨借用英國作家塞謬爾・約翰遜（Samuel Johnson）的說法，以一個「普通讀者」的身份去讀。所謂的「普通讀者」，乃是沒有受過文學偏見的污染，仍然能夠保持常識的讀者。

最早讀書的時候，我的閱讀書單比較傳統，大致就在經典著作裡面，以我有限的閱讀，比較喜歡的是狄更斯、托爾斯泰、珍・奧斯汀、福樓拜、卡夫卡等。除了這些經典，這裡我再給大家介紹一些我最近讀過的當代作品。不多，只介紹 20 本。

推薦小說書單：

1. 瑪格麗特・愛特伍（Margaret Atwood），《盲眼刺客》（*The Blind Assassin*），天培。
2. 薩爾曼・魯西迪（Salman Rushdie），《午夜之子》（*Midnight's Children*），臺灣商務。
3. 亞拉文・雅迪嘉（Aravind Adiga），《白老虎》（*The White Tiger*），商周出版。

4. 伊恩・麥克尤恩（Ian McEwan），《*Atonement*》。

5. 伊塔羅・卡爾維諾（Italo Calvino），《如果在冬夜，一個旅人》（*If on a Winter's Night a Traveller*），時報出版。

6. 芙蘭納莉・歐康納（Flannery O'Connor），《好人難遇》（*A Good Man is Hard to Find and Other Stories*），聯經出版。

7. 雅歌塔・克里斯多夫（Agota Kristof），《惡童日記》（*The Notebook*）。

8. 羅貝托・波拉尼奧（Roberto Bolao），《2666》。

9. 唐・德里羅（Don Delillo），《*Underworld*》。

10. 石黑一雄，《長日將盡》，新雨。

11. A・S・拜雅特（A. S. Byatt），《*Possession : A Romance*》。

12. 朱利安・巴恩斯（Julian Barnes），《*A History of the World in 10½ Chapters*》。

13. 湯瑪斯・品瓊（Thomas Pynchon），《*Gravity's Rainbow*》。

14. 安伯托・艾可（Umberto Eco），《玫瑰的名字》（*Il Nome Della Rosa*），皇冠。

15. 菲利普・羅斯（Philip Roth），《我嫁了一個共產黨員》（*I Married a Communist*），木馬文化。

16. 保羅・裘唐諾（Paolo Giordano），《*The Solitude of Prime Numbers*》。

17. 大衛・米契爾（David Mitchell），《雲圖》（*Cloud Atlas*）。

18. 艾莉絲・孟若（Alice Munro），《親愛的人生》（*Dear Life*），木馬文化。

19. 馬丁・艾米斯（Martin Amis），《時間箭》（*Time's Arrow*），寶瓶文化。

20. 喬治・馬汀（Geoger Martin），《冰與火之歌》（*A Song of Ice and Fire*），高寶書版。

第二章

到底是經濟人還是政治人？

導讀

你在海平面看到的經濟學

我們只需要關心經濟問題，政治問題應該由其他學科，比如政治學來解決。如果一定要關心政治問題，那麼我們唯一需要的就是一個充分保護經濟交易自由的政治制度。民主政治和市場經濟一樣，都是最完美的。經濟自由主義，或許再加上一點文化上的保守主義，大致就是大部分主流經濟學家的政治信仰。

你在高海拔看到的經濟學

從經濟學向前再邁進一步就是政治學。經濟變革會帶來贏家和輸家，而贏家和輸家會試圖透過集體行動，影響政策決策，這就會使得政策決策變得更加複雜。民主制度不是最完美的制度。決定一個人抱持什麼樣的政治觀念，受到更深的心理因素的影響。我們的本能選擇了自己喜歡的政治觀念，我們的理性為其充當辯護人。

▋ 本章簡介

《政治經濟學：一個極簡的政治經濟學分析框架》談到，所謂的政治經濟分析，可以先從經濟學入手，分析經濟變革對不同的社會群體帶來的影響，也就是說，要找出誰是贏家，誰是輸家。然後，再換上政治學的分析工具，去看這些贏家和輸家是怎麼行動起來、影響政策的。我們先用貿易政策為例，為大家做解說。這個招數可以應用於很多場景，大家不妨多做練習。

《集體行動：小的是有力量的》談到，即使很多人有一個共同的利益，也不一定會團結起來。每個人出於私心，總是希望讓別人多做出貢獻，但分享成果的時候卻要平分，這就出現了著名經濟學家奧森（Mancur Olson）所說的「集體行動的困境」。小集團更容易監督每個成員的貢獻，懲罰那些想要「搭便車」的成員，所以小集團的行動能力更強，反而是人越多，越難以達成集體行動。

《既得利益：公牛闖進了瓷器店》談到，如果大家都努力工作，就能把蛋糕做大，如果大家關心的是怎麼分蛋糕，就會影響到生產，如果大家一哄而上搶蛋糕，那麼經濟成長就會受到嚴重的損害。一個社會太平的日子久了，就會出現越來越多的既得利益集團，它們就像公牛闖進了瓷器店，會把社會財富無端地糟蹋掉。如果經過大的社會變動，比如戰爭和革命，既得利益集團都被消滅了，這個社會可能會因禍得福，經濟成長速度就會加快。

《流寇／坐寇定理：為什麼人們要喊國王萬歲？》談到，奧森教授觀察到一個有趣的現象：當土匪流竄作案的時候，更喜歡燒殺搶掠，但一旦有了穩定的根據地，就會像保護下金蛋的母雞一樣保護當地的臣

民。根據地越是穩定，統治的時間越長，可以預期這個統治者的治理就會越加開明、公正。

《中間投票人：站在中間，左右逢源》談到，在一個民主社會裡，不同的政治候選人向各個選民兜售自己的政治主張，在這種情況下，過於極端的政客只能吸引很少的鐵粉，居於中間的政客才能左右逢源。所以，一般情況下，政治家們的政治主張到最後都大同小異，都擠到了中間地帶。

《民主制度：民主制度沒有說過自己是最完美的》談到，在有些特殊的情況下，透過大家投票，不一定能夠找到滿意的集體決策。我們談到了「單峰偏好」和「雙峰偏好」，如果大家都是「單峰偏好」，那麼透過投票就能找到共識，但如果有人是「雙峰偏好」，就可能會陷入無盡的要賴。

《阿羅不可能定理：燒腦的阿羅不可能定理》談到，在公共選擇理論中，影響了整個學科的是阿羅（Kenneth Arrow）提出來的「不可能定理」。阿羅從嚴格的邏輯推出，個體理性無法加總為集體理性。或者，更準確地說，阿羅告訴我們，在滿足一系列的嚴格的理性假設下，我們不可能透過集體投票的方式做出理性的決策。阿羅的「不可能定理」，引發了很多後人的深入討論。我們要學習的是這種敢於質疑的勇氣。

《零售政治：一次只接待一位顧客》談到，在現實的政治運作中，有「批發政治」，也有「零售政治」。「批發政治」是面對所有的公眾，「零售政治」則是針對一個個具體的人。有超凡魅力的領袖往往擅長「批發政治」，但「零售政治」的效果往往好得出奇。你需要「零售政治」建立自己的圈子，團結一切可以團結的人。

《政治觀念：你是什麼樣的人，就會相信什麼樣的政治觀念》談到，我們原本以為自己持有什麼樣的政治觀念，是自己經過理性思考的

結果；但其實，在很大程度上是基因決定了我們的性格，而性格決定了我們會偏好何種政治觀念。比如說，自由主義者更喜歡創新、變革和新奇的體驗，而保守主義者則更強調秩序和安全。《阿甘正傳》裡的主人公阿甘很可能會投給川普，而他的女朋友珍妮肯定會投給希拉蕊。

《道德的味道：拉黑，拉黑，直到周圍一片漆黑》談到，道德的依據是我們在漫長的進化過程中沉澱下來的一層層經驗。我們遇到的挑戰並非一種，所以對道德的選擇依據也並非一種。打個比方，道德也是有口味的，有人重視公平，有人重視權威，有人重視自由，你對哪一種味道更敏感，決定了你的政治口味。好的政治家，不應該只給大家提供一種口味的道德，就像做菜的時候，不能總是只放鹽，不放其他的調味品。

《部落文化：所有的好人都在我們這裡》談到，人天生就是群居動物，群居動物都會表現出內部的團結和奉獻，但是，這種團結和奉獻是為了應對來自外部的威脅。所以，吊詭的地方是，我們怎麼才知道什麼是「我們」？那是因為有了「他們」。為了內部的團結，人會格外地排外。但「我們」和「他們」之間的差異，遠遠沒有人們想像中的大。

《民族主義：狂熱民族主義為什麼會抬頭？》談到，所謂的民族國家，不是先有民族，再有國家，恰恰相反，是先有國家，再有民族。民族主義是國家之間為了加強對本國居民的控制而有意強化出來的意識形態。民族主義是源自西方的一種毒藥，中國傳統文化中的包容或許能夠提供一劑解藥。

政治經濟學：一個極簡的政治經濟學分析框架

贏家和輸家

我們要培養自己的大局觀，就不能只看經濟，不看政治。所謂政治經濟學，就是既要看經濟，又要看政治。我先給大家說一個極簡的政治經濟分析邏輯。首先，我們要用經濟學的分析工具。經濟變革（比如經濟全球化、技術進步等）會帶來贏家和輸家，經濟學可以幫助我們找出這些贏家和輸家。接著，我們再換政治學的分析工具。這些贏家和輸家會形成不同的利益集團，試圖影響政策。政治家會聽取或利用這些不同的意見，哪一種政治力量占了上風，政策就會順風而倒。

我為大家示範一遍什麼是極簡的政治經濟分析思路。最經典的案例是國際貿易。國際貿易能夠給交易雙方帶來好處。如果對外開放，一個國家能夠獲得的收益更大，勝過閉關鎖國、自力更生。但是，為什麼有時候一個國家會選擇自由貿易，有時候會選擇保護貿易呢？這就不是僅僅用經濟學能夠解釋的，我們還得學會政治經濟的分析思路。簡單來說，貿易會帶來贏家和輸家，這些贏家和輸家都想讓政府聽自己的，那就要看誰的影響力更大了，這種政治力量的均衡會影響經濟政策的決策。政治經濟分析，始於經濟學，終於政治學，當然，政治又會反過來影響經濟，由此引發下一輪政治經濟博弈。

「比較優勢」：既重要又正確的經濟學理論

為什麼說國際貿易能給大家帶來好處呢？最淺顯地說，國際貿易可以互通有無。中國過去沒有辣椒，也沒有玉米、馬鈴薯、番薯和西瓜。有了國際貿易，才有交換，才有好吃的川菜，引入高產的紅薯之後，中國的人口才出現了快速增長。這樣的例子很多很多。

更重要的是，國際貿易能夠帶來「比較優勢」。比較優勢是大衛・李嘉圖（David Ricardo）提出的。著名經濟學家薩繆森曾經說，許許多多的經濟學定理中，理論上重要的往往在現實中不正確，在現實中正確的往往理論上不重要，要是有個經濟學理論選美比賽，能夠奪冠的很可能是「比較優勢」理論。

我們舉個例子來說明什麼是比較優勢。假設城裡最好的律師，同時又是城裡最好的打字員。她應該是專心當律師呢，還是同時兼做律師和打字員？顯然，當律師能夠帶來的收益更高，所以她應該專注於做律師，然後請個人為她打字。這種合作的結果是，律師能夠充分發揮她的「比較優勢」，賺更多的錢；打字員也能從中獲益，因為打字不是她的絕對優勢，但卻是她的「比較優勢」。

把這個例子換成兩個國家，假設說東方國很窮，生產什麼都不是最好的，西方國很牛，能夠生產各式各樣的產品，樣樣都在行。再假設它們只生產兩種產品：紙巾和長壽藥。西方國可以選擇同時生產長壽藥和紙巾，但這樣做並不划算。西方國生產長壽藥和紙巾都有絕對優勢，但生產長壽藥的「比較優勢」更大，所以應該專心生產長壽藥。東方國生產長壽藥和紙巾都有絕對劣勢，但生產紙巾的劣勢相對少一些，所以生產紙巾是它的「比較優勢」。最終，貿易帶來了專業化，專業化帶來效率

的提高，效率的提高讓大家得到了更多、更便宜、更好的產品。

為什麼會有人反對國際貿易？

經濟學先介紹到這裡。如果大家感興趣，可以讀讀相關的經濟學普及讀物。現在，我們進入政治學的世界。

儘管貿易會帶來收益，參與貿易的雙方都能從中獲益，但貿易可能會損害到別人的利益。我們再舉律師和打字員的例子。假如說在紐約的律師發現，可以透過互聯網，把打字等秘書工作外包給在邦加羅爾的印度人，那原本在紐約當打字員的人就要失業了。他就會很不高興，就會投票給川普。

在我們假設的東方國和西方國的例子裡，假如東方國有一個企業能生產長壽藥，它就會起來抗議，理由也很好找：要保護民族工業，要保護幼稚產業，進口長壽藥會損害國家利益等等。假如西方國有個企業生產紙巾，它也會起來抗議，理由也很好找：要保護傳統文化，要維護工人利益，東方國用了童工，破壞了環境，東方國的紙巾不適合西方國人民的皮膚等等。

我們再練習幾道思考題。如果中國從澳洲進口牛肉，誰獲益，誰受損？顯然，澳洲的牛肉出口商獲益，而中國養牛的農民受損。如果美國從中國進口鞋子，誰獲益，誰受損？當然，中國出口鞋子的企業獲益，美國生產鞋子的企業，以及義大利等國生產鞋子的企業都會受損。

聽起來很簡單，對吧。且慢，現實可能比這個更複雜。我們剛才是按照行業來劃分利益集團，從而判斷哪個利益集團是贏家，哪個是輸

家。按照我們上面的分析，美國生產鞋子的企業家和工人會一起抗議進口中國的鞋子。但企業家和工人可能不在同一個戰壕裡。資本是可以環遊世界的，一看形勢不妙，美國的資本會跑到中國的東莞，在中國投資建廠，僱用中國工人。但勞動力是很難遷移的，所以最後是美國的工人反對美國的資本家和中國的工人。我們過去說，全世界無產階級聯合起來。這是很難的。全世界資本家很容易聯合起來，但各國的工人在更多的時候會發現他們之間是競爭對手。所以，另一種方法是按照資本和勞動來劃分陣營。資本和勞動之間不一定總是對抗，他們也會分分合合。「沒有永恆的朋友，沒有永恆的敵人，只有永恆的利益。」

　　總結一下。在修練政治經濟分析方法的時候，一個很重要的要領就是，要仔細地區分利益集團，判斷誰是贏家，誰是輸家。按部門劃分、按資本和勞動劃分，或是按其他的標準比如城鄉劃分，會找到不同的利益集團，而這些利益集團之間會形成結盟或選擇對抗。

贏家和輸家如何影響決策？

　　假設我們已經找到了贏家和輸家，比如中國出口襯衫，美國進口襯衫。中國獲益的是出口企業的資本家和工人，美國受損的是生產襯衫的資本家和工人。中國也有受損的，假設這些襯衫出口企業的工人，本來是生產工作服的，然後都跑去生產出口的襯衫了，中國的工作服企業就不開心了。專供國內的工作服企業就得不到足夠的資金和工人，相應的工作服價格就會提高，要買工作服的就不高興了。美國也有受益者，一部分是跑到中國來投資的美國資本家。還有跟在後面獲益的，比如說，美國的襯衫生產不景氣了，工人都失業了，養老院裡正好缺人，就能趁

機以較低的價格僱用一批轉崗的工人來做看護。當然，最重要的受益者是美國的消費者，他們可以用更為低廉的價格買到中國製造的襯衫。

美國紡織業會跑到華盛頓抗議。中國生產勞動服的企業也會跑到北京訴苦。政府該怎麼辦？如果美國政府願意幫助紡織業，可以設置門檻，減少進口中國的襯衫。比如，美國可以直接提高中國襯衫的進口關稅，這叫關稅壁壘；或者，美國可以說，要提高對中國襯衫的品質檢查標準，這叫非關稅壁壘；或者，美國可以規定，所有出口到美國的襯衫都必須拉到阿拉斯加的一個小鎮裡接受寒冷天氣的考驗，這叫欺負人。美國紡織業可以透過賄賂政客，或是威脅政客（不同意就不投票給你），或是利用大眾傳媒的力量，說服政府。

他們能夠成功嗎？這取決於幾個條件：首先，要是美國的紡織業相對集中、規模不大，反而容易成功。假設美國只剩下了七家紡織廠，只僱用了 700 人，但他們團結一致，告訴媒體，他們都是祖傳數代的家族企業，為二戰期間的美國士兵縫過軍裝，他們的工藝獲得了聯合國非物質文化遺產認定，你覺得政府更容易被說服呢，還是更不容易被說服？他們很可能會成功，因為他們鍥而不捨，而且因為幫助他們對政客來說惠而不費，何樂不為呢？

再看看贏家的這一陣營。在中國投資的資本家已經賺了很多錢，如果美國減少進口中國襯衫，他可以把襯衫賣到別的地方去：歐洲、加拿大、澳洲、日本。等待吸收失業工人的其他部門看起來像是要占別人的便宜，在道義上沒法占據高位。廣大的消費者是一個人數龐大的利益集團，但也是最為無能的利益集團。如果政府提高了關稅，每個美國人買進口中國襯衫，要多付出 15% 的成本，比如說原來 100 美元的襯衫現在是 115 美元。你心疼嗎？當然心疼。但為了這 15 美元去華盛頓抗議一下？想來大部分消費者都沒有這樣的興趣。

　　輸家陣營團結一致，贏家陣營各懷鬼胎，政府就很可能會提出貿易保護主義政策。義大利著名經濟學家帕雷托（Vilfredo Pareto）很早以前就說過，之所以會有貿易保護主義，是因為它「使少數人獲得很大的利益，而只造成多數人很小的損失」。所以，大家還要記住，在修練政治經濟分析方法的時候，另一個重要的動作要領就是，要進一步去看這些利益集團會如何採取行動。他們的人數是否眾多，力量是否團結，是否和其他的利益集團有結盟，是否在為生死存亡而戰。這在經濟學裡叫「集體行動的邏輯」，即一個利益集團如何行動起來，發揮作用。回頭我們專門談談集體行動的邏輯。

　　再想想另一種局面。贏家和輸家各不相讓，旗鼓相當，最後的結果是什麼？贏家和輸家都要討好政府，但政府可以什麼都不做。贏家和輸家討好政府的目的不是為了讓政府幫助自己，而是為了不讓政府幫助對手。這就是一種「囚徒悖論」，大家的行為都是合理的，但最後的社會結局是不合理的。

▶ 延伸閱讀：賈格迪什・巴格瓦蒂（Jagdish Bhagwati），《*Protectionism*》。

集體行動：小的是有力量的

▋ 人多力量大？

　　毛澤東說：「我們都是來自五湖四海，為了一個共同的革命目標，走到一起來了。」也就是說，一群有著共同利益的人，會團結起來，達成「集體行動」，形成自己的利益集團。工人們團結在一起，形成了工會，同一個行業的企業聚集在一起，形成了行業協會，這都是利益集團。

　　既然大家都是為了一個共同利益走到一起的，那麼，如果有共同利益的人越多，力量自然就越大，不是嗎？我們在生活中看到的例子卻恰恰相反。全世界的消費者應該人數最多，跟消費者相比，廠商在數量上絕對處於不利地位。那麼，為什麼我們總是見到廠商欺負消費者，沒有見過消費者欺負廠商呢？被統治者的人數絕對超過統治者。被統治者經常怨聲載道，覺得自己被剝削欺詐。要是人多力量大的話，被統治者只要揭竿而起，不就能推翻統治者？但為什麼歷史上很多暴君仍然能夠安穩地坐在王位上呢？

　　是的，如果能夠達成集體行動，大家都能獲得收益。比如，假設有個汽車廠商推出的某一款車存在品質問題，那就可能有消費者出來維權。不過，維權是費時費力，而且要生一肚子氣的。經過九九八十一難，維權成功了，汽車廠家認錯了，這一款車都召回，給車主補償。你要是維權，跟大家一樣，得到了一份賠款；你要是不維權，等別人維權

成功了，你的那一份賠款也少不了。那麼，你是參加維權，還是不參加維權呢？

有個笑話是一群老鼠開會，商量怎麼對付貓。有個老鼠建議，要是給貓脖子上掛個鈴鐺，貓走到哪裡，鈴鐺就響到哪裡，老鼠們只要聽到鈴鐺響，就知道貓來了，就可以趕緊躲起來。這個建議真是太高明了！但問題來了：誰給貓掛鈴鐺呢？去給貓掛鈴鐺，要冒著生命的危險，但如果貓的脖子上有個鈴鐺，所有的老鼠，不管是不是去給貓掛鈴鐺的那位，都能聽到警報，早早逃跑。如果你是老鼠，你會不會去給貓掛鈴鐺呢？

▌搭便車現象

這就是著名經濟學家奧森談到的「集體行動的邏輯」。按照奧森的解釋，由於集體行動所產生的收益由集團內部每一個人共用，但成本卻很難平均地分擔，每個集體成員在做個人的成本收益分析時，都會選擇讓別人去努力而自己坐享其成。王朔在小說裡寫過，一個小痞子對幾個姑娘說，你們的思想覺悟真不高。我本來還指望你們去壯烈犧牲，留下我過幸福生活呢。這就是奧森所說的「搭便車現象」。

所以，你可以理解為什麼「一個和尚挑水喝，兩個和尚抬水喝，三個和尚沒水喝」。人數越多，所有人一起協商如何分擔成本就會越困難，搭便車的行為越不易被人發現，人們搭便車的動機就會越加強烈。一個和尚不需要跟別人合作，自己去挑水就有水喝，不挑水就沒有水喝，自然會乖乖去挑水。兩個和尚就麻煩一些，需要彼此合作，因此就需要考慮如何分擔成本、如何監督別人的行為的問題。但在兩個人的時候，這

些問題相對容易解決。水桶放在扁擔的中間，大家輪流走在前面或是走在後面，這就能保證公平。你看著我，我看著你，對方有沒有賣力，彼此心知肚明。三個人就複雜多了。怎麼確保公平地分擔成本？怎麼監督其他人？責任無法明確落實，積極性就不會高，耍賴的事情也就越來越多，所以，三個和尚就沒水喝了。正所謂：「人少好辦事，人多好吃飯。」吃飯的時候，一喊都來，做事的時候，大家都磨磨蹭蹭。

怎麼樣把利益集團做大做強？

如果按照奧森這個邏輯，世界上不可能出現集體行動。但我們在生活中確實能看到工會、行業協會等集體組織。這又是為什麼呢？

奧森提出了一個概念，叫「選擇性激勵」（selective incentives）。第一，對不同的人來說，偏好是不一樣的。你不能否認，有的人就是愛當英雄。《西遊記》裡寫到，一群猴子發現一股瀑布飛泉。「一派白虹起，千尋雪浪飛。」大家都想看看瀑布後面是什麼，但都不敢。一個石猴跳進去，發現瀑布後面是個「天造地設的家當」，於是，大家都搬到了這個寶地：花果山水簾洞。為什麼石猴要冒這個險呢？因為猴子們有約在先：「哪個有本事的，鑽進去尋個源頭出來，不傷身體者，我等即拜他為王。」也就是說，為了達成集體行動，必須向積極分子提供額外的激勵。這個激勵不是大家能夠共同分享的集體利益，一定得是他們自己獨享的特權。沒有特權，就沒有革命。當然，革命之後就該收拾特權了，這是後話。

第二種「選擇性激勵」是負面的，也就是說，誰不參加集體行動就懲罰誰。美國鋼鐵工會的前任主席大衛・麥克唐納（David McDonald）

就曾經說過，工會早期實行過一種「形象教育」。什麼是「形象教育」？說白了就是讓工人糾察隊收費。一群已經繳納了會費，而且身高馬大的工會成員，手持鐵鍬或是棒球棍，站在工廠的門口，在工人上班的時候盤問他們是否繳納了會費。

　　總結一下，如果你想達成集體行動，那就參加小的利益集團。小的是有力量的。如果你想混日子，可以參加大的利益集團，大的是鬆散的。

▶ 延伸閱讀：曼瑟・奧森（Mancur Olson），《*The Logic of Collective Action*》。

既得利益：公牛闖進了瓷器店

▌做蛋糕不如分蛋糕，分蛋糕不如搶蛋糕

　　二戰後的 1950 年代初，奧森在遊歷歐洲的過程中發現，作為戰敗國的德國一片欣欣向榮，經濟充滿了活力，而戰勝國英國的經濟成長卻陷入困境。不僅如此，同為戰敗國的日本也在 50 年代開始經濟崛起，成為當時發達國家強而有力的競爭者。

　　這是為什麼呢？請容我先談談做蛋糕和分蛋糕。經濟學裡有個很流

行的比喻：經濟成長就是把蛋糕做大，而收入分配就是分蛋糕。你是關
心把蛋糕做大呢，還是關心分蛋糕？經濟學家的主流看法是，先把蛋糕
做大，然後再考慮分蛋糕。這就是所謂的效率和公平之爭。經濟學家擔
心，如果大家都關心分蛋糕，為誰分的多、誰分的少爭吵不休，就沒有
功夫把蛋糕做大了。

　　誰關心分蛋糕？各個利益集團最關心分蛋糕。之所以會有很多利益
集團，是因為它們十之八九是為了團結起來，分更多的蛋糕。所以，利
益集團太多了，就會阻礙經濟成長。

　　奧森說，經濟學家低估了利益集團對經濟成長的負面影響。利益
集團哪裡是文質彬彬的紳士，怎麼會圍著一塊蛋糕開會討論。事實上，
他們是要搶奪這塊蛋糕的，在搶的過程中，利益集團就像闖進了瓷器店
的公牛，會把店裡的瓷器撞個稀巴爛。在涉及國家政策的時候，「小而
靈活」的特殊利益集團紛紛出動，他們行動力很強，可以透過遊說等活
動影響政策制定者做出有利於自身利益的決策，比如政府補貼、貿易保
護、改變收入再分配的方案等。特殊利益集團為了一己私利，往往不顧
社會整體和長遠的利益，產生巨大的破壞力。

制度僵化症

　　奧森對國家興衰的解釋，主要是從利益集團這個角度觀察的。他談
到，如果一個社會太平久了，就容易滋生更多的特殊利益集團。特殊利
益集團的數量越多，就越是會降低社會效率，同時加劇政治生活中的分
歧：大家都忙著搶蛋糕，願意從事生產活動的人就少了。假如工會或行
業協會的力量過於強大，那麼，那些可能會導致企業、工人失去競爭力

的革新就會遭到抵制，創新就很難實現。

發達國家的醫生、律師收入都很高，為了維護這種高收入，最好的辦法就是限制新人進來，於是，律師和醫生的團體就會遊說政府，要求新進入者必須要考執照。看起來，考執照是為了保護病人或客戶的利益，但要真是這樣的話，那每隔幾年，老醫生、老律師也要參加考試，不然他們怎麼趕上知識的更新呢？為什麼這些資格考試都是僅僅針對新來的呢？所以，這是一個既得利益自我保護的巧妙機制。如果單是擠進既得利益集團，就能得到這麼多的好處，那麼可想而知，這些集團很容易變得越來越封閉。為什麼過去的王族和貴族都流行互相通婚呢？就是不願意把好處給了外人。

大量的既得利益集團都來搶蛋糕，於是，政府干預經濟的程度越來越深，管制變得越來越複雜，讓市場參與者寸步難行。這時候，這個國家就得了制度僵化症。出現制度僵化症之後，唯一的治療方法就是打碎既得利益集團，而打碎既得利益集團的最直接的方法，就是出現革命或戰爭。回想奧森在歐洲所觀察到的，作為戰敗國的德國和日本在戰後的迅速發展，他認為主要得益於戰爭對既得利益集團的破壞。

不破不立

先來看德國，希特勒上臺的時候，把國內其他政黨、社會組織全部幹掉，把軍事、政治和經濟權力牢牢地握在自己的手裡。二戰之後，盟軍通過 1947 年的《反卡特爾法》和反納粹計畫等措施，又把右翼的既得利益集團一掃而光。再看日本，軍國主義上臺之後，消滅了原來的左翼組織，二戰之後，盟軍占領日本，在 1947 年實行了《反壟斷法》，並以

戰爭罪的名義清洗了原來的大財閥和高官。當既得利益集團都被清除之後，經濟成長的道路也就暢通無阻了。相比之下，英美等戰勝國的利益集團分利聯盟不僅沒有削弱，反而進一步強化了，英國有龐大的特殊利益集團網，美國則有以利益集團遊說參眾兩院為代表的各式各樣的「院外活動」。奧森認為，正是分利集團的尋租活動導致了以英美為代表的西方國家在 1970 年代遭遇經濟停滯與通貨膨脹並存的「滯脹」現象。

聽起來是不是有些耳熟？毛澤東說過「不破不立」。據說，他曾經說過「文化大革命每隔七、八年就要來一回」。這聽起來有些令人恐懼，對吧？但不妨從另一個角度來想一想：為什麼中國的改革很成功，而蘇聯的改革卻非常失敗呢？當然，我們能夠想到的理由很多。比如，在對外開放的時候，中國在海外的大量華人就成了一個巨大的優勢，這些海外華人在中國對外開放的過程中扮演了引路人的角色。還有一個原因似乎是不能忽視的：由於中國搞了文化大革命，當中國在 1970 年代末開始實行改革的時候，幾乎沒有什麼既得利益集團。除了極個別的思想僵化者之外，人人都想變革。這不是文化大革命的初衷。毛澤東發動文化大革命，不是為了清除搞市場化改革的政治阻力，但粉碎既得利益集團無疑是它的一個副產品。

近年來，我們常聽到一種說法：今天中國的改革比起 1980 年代之所以更困難，是因為改革進入了「深入區」，指的就是改革會觸及廣泛的既得利益集團的利益。我們要澄清一下，奧森可不是鼓吹革命的造反派，但他相信，經過「震盪」後的國家往往有比較快速的經濟成長，如大革命與拿破崙戰爭後的法國，二戰後的日本與德國，文革後的中國。不過，奧森可能也會承認，既得利益集團的崩潰並不是經濟成長的一個充分條件。

奧森在探討國家興衰的起源中把政治和經濟結合起來，在他的理論

裡面，戰爭、改革和革命都有了經濟學的意義。奧森關於國家興衰的理論超越了傳統的增長理論，不再局限於從人口、資本累積、技術進步的角度解釋國與國之間，或者國家內部各地區之間經濟發展的差異，而是從利益集團的演變乃至制度的層面探究國家興亡的深層原因。

▶ 延伸閱讀：曼瑟・奧森，《*The Rise and Decline of Nations*》。

流寇／坐寇定理：為什麼人們要喊國王萬歲？

▎「流寇」和「坐寇」

　　研究制度的經濟學家經常會陷入一個奇怪的循環。首先，想要有經濟成長，必須要有好的制度。這一點所有人都承認。那麼，想要有好的制度，就要有一個政府來實施這一個制度。這一點大部分經濟學家也都承認。即使是反對政府實施產業政策、反對政府擴大公共支出的那些經濟學家，也會認同政府的作用就是要保護產權。接下來，我們就要問了，政府是不是無私的？相信大部分經濟學家都會承認，政府有自己的

利益。教科書上能夠代表所有人利益的社會福利函數，在現實中是不存在的。那麼，最令經濟學家頭疼的問題來了：既然政府也追求自己的利益，為什麼它要保護產權呢？如果統治者把民眾的東西都搶走，不是能奪取更多的利益嗎？在人類歷史上，國王搶奪民眾的東西，並不是一件稀罕的事情。所以，經濟學家得告訴我們，一個追求自利的政府，為什麼會心甘情願地為民眾提供產權保護。

奧森也一直在思考這個問題。有一天，他讀到一本關於馮玉祥的傳記。1920 年代，中國處於軍閥混戰的時期。大大小小的軍閥占山為王，到處強取豪奪。當時，有一支轉戰河南、安徽、陝西、甘肅的農民起義軍，首領被稱為「白狼」。「白狼」的軍隊先在豫西起義，然後東進，打到安徽。隨後回師河南，再從武關入關中，西入甘肅，最後又殺回河南。馮玉祥當時奉命圍剿「白狼」，受到當地百姓的擁戴。奧森讀到這裡，陷入了沉思。在他看來，「白狼」也好，馮玉祥也好，都是軍閥，為什麼一個軍閥去打另一個軍閥，能贏得百姓的民心呢？這兩個軍閥，有什麼不一樣的地方？

奧森發現，「白狼」軍的最大特點就是沒有根據地，是一股「流寇」，而馮玉祥則是駐紮在一個地方的「坐寇」。「流寇」和「坐寇」的行為，存在著很大的差異。表面上看，「流寇」搶完了就走，「坐寇」卻會不斷地要錢要糧，為什麼百姓會反對只掠奪一次的「流寇」，更願意生活在反覆掠奪的「坐寇」的統治下呢？

如果你是「流寇」，你肯定會把能夠搶走的東西都搶走，你不搶，別的「流寇」會過來搶，這就像在火車站和地鐵出口兜售假貨的騙子一樣，能騙一個就騙一個。但如果你是「坐寇」，你就不會殺光搶光，你要留下「會下金蛋的鵝」。既然這個鵝現在是你的，你就會「保護」當地的百姓不受其他土匪的掠奪。當然，百姓還得給你進貢，把自己的收成

中很大一部分交給你，但至少，老百姓對自己每年的損失會有穩定的預期，於是，就會有一些動力擴大生產。

看不見的左手

　　於是，我們可以猜測到國家演進的秘密。一開始，國家就是黑社會，黑社會就是國家，你很難將它們區分開。它們共同的特點就是壟斷了暴力，只有他們有槍，誰不聽話就打死誰。這群暴徒到處燒殺搶掠，看起來很爽，其實他們也是過著朝不保夕的生活。後來，他們發現，如果不到處流竄，而是待在一個地方，占地為王，向臣服自己的百姓徵稅，能得到的好處比到處搶劫更大，於是，「流寇」就變成了「坐寇」。

　　為了保護自己的地盤，「坐寇」會趕走其他的強盜、土匪和軍閥，而且會積極維持社會秩序穩定：在我的地盤上，誰也不能亂來。這樣一來，「坐寇」就提供了基本的安全和產權保護。慢慢地，「坐寇」會發現：如果徵稅徵得更少一些，臣民的積極性更高，自己反而能收到更多的錢；如果提供一些水利工程、道路橋樑，產出也會更多。於是，「坐寇」就變成了政府！

　　奧森發現，歐洲的王朝基本都是「流寇定居」這個故事的不同版本。奧森說：理性的、自利的「流寇」頭子好像是在一隻看不見的手引導下變成坐寇，戴上皇冠，自封君主、國王、天子或者皇帝，以政府取代無政府狀態。這隻看不見的手被奧森稱為「看不見的左手」，與亞當・史密斯（Adam Smith）的「看不見的右手」相對應。

　　這個故事還涵蓋了一個重要的概念：共容利益。「坐寇」之所以不

像「流寇」那樣強取豪奪，甚至還會保護當地居民的人身安全和產權，是因為他們在這片土地上有共容利益。老百姓希望獲得保護，過安穩日子，而「坐寇」的利益又依賴於老百姓在穩定的環境下所從事的生產活動。就是因為這種「共生關係」，統治者追求的是自己的利益，結果卻可能對社會的長遠發展有利，因為統治者並非一味地爭取獲得社會產出的更大份額，而是想方設法擴大社會總產出。

為什麼人們要喊「國王萬歲」？

　　如果一個統治者只能在臺上待一兩年，那麼，人們會相信他有足夠的積極性提供產權保護嗎？很可能不會。這個統治者一定是短視的、追求短期利益的，所以，他很可能不願意提供產權保護，而是能撈多少撈多少。如果一個統治者能夠在位 50 年呢？人們有理由相信，這個統治者的眼光會更長遠，更可能在私人產權和契約執行上提供更多保障。當人們高喊「國王萬歲」的時候，他們可能是發自真心的：因為長壽的國王對老百姓更有利。

　　那麼，一個能在位 50 年的專制者，和一位只能在位 5 年的民主國家統治者，會有什麼不一樣呢？如果專制者身體健康，而且有雄才大略，他願意提供的產權保護可能不亞於民主政治能夠提供的產權保護。專制統治和民主統治最大的差異發生在要換屆的時候。對於專制統治來說，國王的更換很可能會伴隨著宮廷密謀、軍事政變、甚至是內戰。新的國王和老的國王或許性情完全不一樣。換言之，專制統治下，不確定性太大。民主統治最大的好處是能夠保持政策的連續性。也就是說，民主統治不一定能夠帶來最偉大的統治者，但有助於避免最糟糕的統治者。在

奧森看來，富裕的發達國家之所以都是民主國家，根本上是因為民主制度能夠在長期內有效地提供共容利益，使得統治階層的決策與社會長遠發展的利益一致。

共容利益就像另一隻看不見的手，引導著「流寇」向專制的統治者再向良善的統治者過渡。奧森提醒我們，從專制跨越到民主，並不是推翻專制統治者的結果。別忘了之前的集體行動的邏輯，推翻專制政權這一集體行動往往難以達成。他認為，民主政體形成於許多小型獨裁集團的領導人在勢均力敵的對峙情形下做出的對他們來說最好的選擇：分享權力。

▶ 延伸閱讀：曼瑟・奧森，《*Power and Prosperity*》。

中間投票人：站在中間，左右逢源

在經濟學的世界裡，大部分情況下，金錢說了算。你開發了一個產品，這個產品好不好呢？那要看消費者是不是願意掏錢購買。你推出了一個創業項目，你的創新算不算成功呢？那要看你能不能為投資者帶來利潤。金錢說了算，這個規則真是簡單粗暴，但也沒有比它更公開、透明的規則了，所以在很多情況下，透過市場交易做決定，大家還是能心

服口服的。但是，不是所有的決定都是金錢說了算的。

假設有一個原始人的部落，原來住在一個平原上，後來天氣乾旱了，平原上的食物來源少了，更令人頭疼的是，北邊還有另一個兇悍的部落，經常過來搶東西。怎麼辦？族長召集大家討論。有三種方案。第一種方案是出擊，打到北方去，滅了敵人，北方有一片更濃密的森林，食物來源更多，但這個方案的代價是，既然打，就得有犧牲，而且可能打不贏。第二種方案是不動，繼續留在原來的地盤，不去冒險，聽天由命。第三種方案是撤退，撤到南方；南方更乾旱，有一片荒漠，沒有人煙，不會有敵人侵擾，但可能食物來源比現在更少。怎麼辦？要是大家都同意北上，或是都同意南下，或是都同意留在原地，事情就好辦了。可是，人們會有不同的意見，有人願意北上，有人願意南下，有人願意不動，這時候該怎麼辦？

估計大部分讀者馬上想到的辦法是舉手投票。大家注意，要真是在原始社會，很可能不是這樣決策的，比如，他們可能各自發言之後，由族長一個人拍板決定，也可能，他們會找個巫師，燒個烏龜殼，透過觀察龜殼的裂紋，揣測上天的旨意。透過投票來實現集體決策，和「進步」觀念、「平等」觀念一樣，是非常晚近的事情。這是在法國大革命之後才出現的新鮮事物。當時，法國思想家托克維爾（Alexis Tocqueville）就敏銳地觀察到了這種變化。他談到，法國大革命讓法國社會「變平」了。大革命「並非僅僅定義了法國公民的權利，而且也試圖改變公民作為一個整體如何影響其中的每個個體，以及公民作為政治群體成員的權利」。他指出：「法國大革命用新的社會和政治制度取代了原有的簡單而統一的體制，這種新的政治制度是建立在所有人一律平等這個概念的基礎上的。」

人人平等是不是一種社會進步？當然是了。不過，這會使得集體選

擇變得更加複雜。集體選擇理論有時候又被叫作公共選擇理論。你也可以這麼理解，這是用經濟學的思路去解讀政治。在政治學領域，這一學派被稱為「政治分析」或「實證政治理論」。

什麼叫用經濟學的思路去解讀政治？傳統的政治學是要讀經典，解讀先哲們的微言大義，然後再闡發自己的一點見解。經濟學的思路不一樣。經濟學要求先下定義，然後再去分析。

所謂的定義，其實就是說要把你的前提假設說清楚，把你想要解釋的問題變得更加清晰，省得在概念的問題上大家爭論不休。所謂的分析，就是分而析之，把一個大的問題，拆解成簡單的問題，或是簡單的部分，從易到難，從部分到整體。

這裡我們就介紹一個最簡單的集體選擇理論：空間投票理論。我們先舉個例子。假設有一條街道，很長，很繁華，商家都想到這裡開店。假設這是像簋街一樣的小吃一條街，街上所有的店都賣麻辣小龍蝦。商家需要考慮的問題是：在街道最左邊的盡頭開店，還是在右邊最盡頭開店，還是在街道居中的位置開店？

假設你在街道最左邊的盡頭開店。從左邊來的顧客，有些一進這條街，就會撲進第一家館子，有些要再轉轉看，繼續往前走走。他們可能走了不到一半，就在附近找個館子，當然，如果他們對你這家店印象深刻，也可能會多走幾步，轉回來上你這家館子。如果顧客都是這樣，那麼，從街道右邊過來的那些顧客，沒有一個會到你的店裡來。同理，如果你把館子開在街道的最右端，那麼，從左邊過來的顧客也不會到你這家店。如果你再往中間挪挪呢？那麼，你可能既能吸引來自左邊的顧客，又能吸引更多來自右邊的顧客。最後，你會發現，最佳的位置是在這條街的中間。

假設要開店的不是麻辣小龍蝦，而是政客。政治光譜猶如一條街道，也可以分成左右。「左派」與「右派」之分也來自法國大革命，當時持不同政治觀點的議員聚在一起，坐在國民議會的不同位置，不跟別的派別混著坐。什麼是左派，什麼是右派，要是爭論概念，誰也說不清楚。我們簡單地給左派和右派下個定義：左派是主張有更多的改變，極端的左派可能支持革命；右派則傾向於維持現狀，極端的右派反對所有的改革。

政客關心的是如何吸引到更多的支持者，這跟賣麻辣小龍蝦的想要拉攏更多的顧客有相似之處。那麼，你該如何選擇自己的政治立場呢？假如你先選擇極端左派，你會有不少擁躉。比你更激進的，也就是說，在你左邊的，都支持你。在你右邊的也有一些支持你。比你再右得厲害一些的人就開始不認同你了，最靠右的那些人看到你這張臉就煩，討厭死你了。假如你先選擇極端右派，處境也差不多。

那麼，如果你把觀點稍微溫和一下，也就是說，你把你的政治立場稍微往右邊挪一下呢？那麼，比你左的人還會支持你，但在你右邊的人會有更多支持你的。再往右挪一點呢？可能會吸引到更多的人。最後，你會發現，可能最佳的位置是在中間。按照這一理論，所有的政治黨派到最後都會選擇更為中庸的立場，這樣才能盡可能地團結最大多數的人民。同樣，按照這一理論，處於中間的投票人總是處於最有利的地位，因為左邊的黨和右邊的黨都要拉攏你。站在中間，左右逢源。

在正常情況下，空間投票理論的結論是對的。你有沒有發現，西方國家在競選的時候，候選人好像吵翻了天，但仔細一看，其實他們的政治主張都差不多？在很多情況下，空間投票理論也能解釋其他一些有趣的現象。你有沒有發現有些小國很狡猾，在北京和臺北之間耍滑頭，等著兩邊都給大筆的銀子？你有沒有發現剛出道的學者往往語不驚人死不

休，但成名之後，會變得格外慎重，說話總是面面俱到、四平八穩？

再舉個例子，在 1980 年代，有個日本影星在中國很火，他叫高倉健。高倉健的風格是什麼？他是個硬漢，不苟言笑。當時，這種風格真的迷倒一片。現在很難再找到像高倉健這樣極端風格的明星了，越來越多的明星走的是中間路線。你說李宇春更像女孩還是男孩？鹿晗更像男孩還是女孩？為什麼明星都越來越中性化了呢？這很可能和演藝市場競爭越來越激烈，大家都要往中間挪有關。

回到那個原始人部落的案例。假如這個原始人部落選擇投票，哪一派的票數多，哪一派贏。你猜哪一派會贏？假設北上派首選北上，次選不變，最討厭畏縮不前的南下投降派，南下派首選南下，次選不變，最討厭咋咋呼呼的冒進派，最後，很可能是中間派獲勝。

再假設，這個部落有 100 人，主張北上的有 33 人，主張不變的有 33 人，主張南下的有 33 人。只有一個人還沒有拿定主意，這個人就成了最受歡迎的寶貝了。推薦大家看一部電影《關鍵投票》（又名《關鍵一票》），講的就是這樣一個故事。住在新墨西哥州一個偏僻小鎮的藍領工人巴德，突然成了全世界關注的人物，因為他手裡的這張選票，能夠決定誰當上總統！

▶ 延伸閱讀：丹尼斯・穆勒（Dennis Mueller），《*Public Choice III*》。

民主制度：民主制度沒有說過自己是最完美的

▌ 在什麼情況下中間派會勝出？

我已經跟大家介紹了一種最簡單的集體選擇理論，即空間投票理論。按照空間投票理論，結局很簡單，誰站在中間，誰就占盡上風。照這樣看，堅持信仰的人不如隨風偃仰的人過得自在，但透過投票，總是能夠做出集體決策的。但是我要告訴大家，這是不一定的。在有些情況下，投票是無法達成集體選擇的，推而廣之，民主制度有可能會失效。我們不談人性陰暗、政治權謀。我們假設大家都是按照自己的真實想法，堂堂正正去投票，即使如此，投票制度也有可能陷入悖論。

還是用前面說的原始部落案例來分析。為什麼前面我們說，投票能投出結果，中間派能最終勝出呢？

我們其實是這樣推理的。假設這個部落分成了三派：北上派、戀家派和南下派。我們假設有三種選擇：北上、不動和南下。對於北上派來說，最優的選擇是北上，其次是不動，最差是南下。對於南下派來說，最優的選擇是南下，其次的選擇是不動，最差的選擇是北上。對於戀家派來說，最優的選擇是不動，北上和南下都是次優的選擇。如果要在北上和不動兩種選擇之間選擇，北上派選擇北上，但不動派和南下派都會選擇不動，因為在南下派看來，不動也比北上要好，支持不動的選票和

支持北上的選票是 2：1，不動的方案勝出。同理，如果要在南下和不動兩種方案之間選擇，不動的方案也會勝出。如果在北上和南下之間選擇，北上和南下都無法勝出，投票作廢。

單峰偏好和雙峰偏好

在這個推理裡，大家可能沒有察覺的是，我們假設北上派、戀家派和南下派的偏好都是「單峰的」。什麼意思？請拿出一張紙、一支筆，畫一畫。畫一個坐標系。橫軸從左到右，是各種選擇方案：北上、不動和南下。縱軸表示每個投票者的偏好程度，比如對於北上派來說，他們給北上這個選項打 3 分，強烈支持，給不動這個選項打 2 分，勉強同意，給南下這個選項打 1 分，甚至給零分、負分。那麼，北上派和南下派的偏好連起來都是一條直線，戀家派呢？他們給不動的方案打 3 分，給其他兩個方案都打 1 分，他們的偏好連起來，是一個中間高、兩邊低的「山峰」。

那好了，現在，我們假設在北上派和南下派之外，第三派是離家派。這一派對原來的家鄉極其厭惡，對於他們來說，北上或南下都行，只要不留在原來的地方就好。他們給不動的方案打 0 分，給北上和南下的方案都打 3 分。如果你把他們的偏好連起來，是個中間低、兩邊高的「山谷」。公共選擇理論把他們的偏好稱為「雙峰」。

要是有一派的偏好是「雙峰」，麻煩就大了。回到原始人部落搬家的案例。如果先在北上和不動兩個方案之間選擇，北上派和離家派都選擇北上。如果在南下和不動兩個方案之間選擇，南下派和離家派都選擇南下。但這兩個結果是互相矛盾的啊？這下子，投票制度陷入了一個怪圈。

孔多塞投票悖論

一個民主制度，不能因為某一派人的政治偏好不是「單峰」，就讓人家閉嘴吧。但是假如偏好不是「單峰」，就無法找到一個均衡點。這就產生了一個悖論。在公共選擇理論裡，有很多這樣的悖論。200 多年前，在法國大革命的時候，就有個叫孔多塞（Nicolas de Condorcet）的法國思想家提出了「孔多塞投票悖論」。

孔多塞投票悖論是這樣說的：假設有一個人，要面對 A、B、C 三種選擇方案。假設他認為 A 比 B 要好，而 B 比 C 要好。即使我們沒有直接問他更喜歡 A 還是 C，但是，顯而易見，他更喜歡 A。這叫偏好的傳遞性（transitivity）。我們再假設不是一個人了，現在有三個人，甲、乙、丙，同樣還是 A、B、C 三種選擇方案。假設三人的偏好順序如下：甲的偏好順序是 A>B>C，乙的偏好順序是 B>C>A，丙的偏好順序是 C>A>B。

好，現在開始投票。如果在 A 和 B 之間投票，甲和丙都投 A。按照少數服從多數的原則，由甲乙丙三個人組成的這個「社會」應該認為 A 優於 B。如果在 B 和 C 之間投票，甲和乙都投 B，按照少數服從多數的原則，「社會」應該認為 B 優於 C。既然 A 優於 B，B 優於 C，那麼在 A 和 C 之間就不用選了，肯定是 A 優於 C，不是嗎？不是的。在 A 和 C 兩者之間選擇的時候，乙和丙都選 C，也就是說，「社會」認為 C 優於 A。

問題出在哪裡？其實還是因為偏好的「單峰性」。甲乙的偏好都符合「單峰性」，但丙的偏好並非如此。所以，公共選擇理論的一個基本結論是：從個體理性無法推導出集體理性，即使每個個體的偏好都是「可傳遞的」，社會的偏好卻不是「可傳遞的」，也就是說，社會的偏好是不符合邏輯的。

　　肯定會有人說，你看看，我早就說過了吧，哪裡有什麼民主制度，民主制度都是有缺陷的，是虛假的，是騙人的。公共選擇理論告訴我們，民主制度確實是有缺陷的，但民主制度什麼時候聲稱過自己是一種完美的制度？邱吉爾說過，民主制度不是最好的制度，它只是一種最不壞的制度。有些支持民主制度的人會把它神聖化，他們認為，只要是投票投出來的結果，就肯定代表了民意，而民意是不可能錯的。公共選擇理論告訴我們，哪裡有這麼容易的事情。投票無非就是投票而已。民主作為一種信念，是不能輕易動搖的，但作為一種制度，是存在各式各樣的缺陷的。

▶ 延伸閱讀：戈登・塔洛克（Gordon Tullock），《公共選擇：戈登・塔洛克論文集》，商務印書館。

阿羅不可能定理：燒腦的阿羅不可能定理

世上少見的天才

　　這一篇我們介紹阿羅不可能定理。阿羅於 1972 年獲得了諾貝爾經濟學獎。諾貝爾經濟學獎得主的水準並非整齊劃一，用統計學的術語說，

變異數是很大的，有的很牛，有的很差。這就好比班上得了 100 分的孩子，其實水準不是一樣的。有的孩子是拚命讀書，而且運氣好才考了 100 分，有的孩子是智力超常，學校教的對他來說是小菜一碟，這個 100 分根本測試不出他的真實水準，但沒有比 100 分更高的分數了。阿羅就好比後一種學生。他是大師中的大師，世上少見的天才。

阿羅不可能定理的高明在於，他用嚴格的數學推導論證了一個石破天驚的觀點。這裡我試著不用數學，只用通俗的邏輯，介紹一下什麼是阿羅不可能定理。研究集體選擇的學者很可能會覺得這是于丹講孔子，既不入門徑，又暴殄天物。我給自己定的目標是，只要能激發大家對阿羅不可能定理的興趣就行了。高深的學問，大家繼續自己修行。

從個人理性能不能加總出集體理性？

我們說民主制度好，是因為每個人都能理性地做出判斷，而且規則是公正透明的。既然每個人都理性，那麼每個人的意見加總起來，不也應該是理性的嗎？

讓我們再說得清楚一些。什麼叫每個人都是理性的？你的觀點要前後一致，不能不符合邏輯吧。在數學上，如果 A>B，B>C，那麼 A>C，這沒錯吧？不辣、微辣、變態辣，放在一起，由你來選，如果你認為不辣比微辣好，微辣比變態辣好，那麼你一定會認為不辣比變態辣好，這叫可傳遞性。

什麼是所謂的集體選擇規則？首先，如果大家來投票，按照事先規定好的規則，大家認為 A 比 B 好，那麼，就要選 A 而不是 B。這在經濟

學術語上叫「帕雷托法則」（Pareto principle，又叫 80/20 法則），最早是由義大利學者帕雷托嚴格定義的。其次，你不能限制某些觀點和偏好，比如，你不能規定所有人都要喜歡清淡的口味，有人就是口味重，最喜歡變態辣，不行嗎？這在經濟學上被稱為「無限制定義域」（unrestricted domain），也就是說不許對公民的偏好進行人為限制。再次，當你在對兩個選項做出選擇的時候，你要就事論事，就這兩個選項表達自己的看法，不能因為其他選項的存在就干擾了自己的意見。這叫「無關選項之獨立性」（independence of irrelevant alternatives）。最後，我們要有個限制條件，即不能有獨裁者。這是說，所有集體選擇的結果應該是由每個人自己投票投出來的，不能有人跟大家不一樣，搞特例，能幫別人做決定。

那麼，什麼是阿羅不可能定理？阿羅證明了當一個社會中的個體數目確定，面臨不少於三種方案的選擇時，不可能同時滿足帕雷托法則、無限制定義域、無關選項之獨立性，以及非獨裁這四個條件。

等一下，阿羅到底是怎麼證明的？接下來我簡要介紹一下推導思路。

推導阿羅不可能定理的關鍵在於，把社會個體的集合設為 G，要證明 G 具有「可決定性」（decisiveness）且不違反上述四個條件，也就是說，這個社會個體的集合說了算。這個 G 從理論上來說是可以只有一個人的，如果有這麼一個只有一個人組成的具有「可決定性」的 G，就違反了非獨裁者條件。

假設有特定一組備選組 {x,y}，也就是說，要從 x 和 y 中間做出選擇。如果集合 G 中的所有個人都偏好 x 勝於 y，則 x 較 y 一定是社會最優的。如果對任意備選組都局部成立，則這個社會個體的集合 G 具有全域「可決定性」。這是比較容易證明的，但這只是第一步。

證明的第二步是：如果社會個體的集合 G 具有可決定性（且其中個人數目大於 1），則 G 的某些部分（真子集）也具有可決定性。這一步的

證明是把 G 分拆為兩個子集 G1 和 G2，並證明 G1 和 G2 二者其一必具有「全域」可決定性。要是你能夠證明了這一步，那麼好了，你可以繼續拆分下去，直到 G 的某個子集中只包含一個個體，於是，G 的這個子集同樣具有「全域」可決定性，而這和非獨裁者條件是違背的。

這樣研究民主制度有什麼意義呢？在阿羅出現之前，討論民主的學者是「見山是山，見水是水」，而在阿羅出現之後，一切都要重估，研究民主問題進入了「見山不是山，見水不是水」的境界。阿羅把一個公說公有理、婆說婆有理的問題變成了一個可以用數理邏輯一環扣一環分析的問題。其實，阿羅最初的數學證明也有錯誤，後來才有更年輕的學者指出來，但他提出的這個分析框架開創了一個嶄新的領域。

股東也要投票

其實，阿羅最初感興趣的不是民主投票制度。他之所以關注投票問題，是研究廠商理論的副產品。廠商理論是經濟學教科書裡面必教的。經濟學教科書告訴我們，廠商的目標是利潤最大化。那麼多老師教廠商理論，那麼多學生學廠商理論，對此都深信不疑。只有阿羅考慮到，廠商並不是一個人，股東可能有好幾個。即使每位股東都想讓利潤最大化，但不同的股東對選擇何種生產計畫，也會有不同的看法：有的會主張擴大產量、有的會主張壓縮成本、有的會要求增加研發投入，怎麼辦？廠商在生產決策的時候也會投票，但怎麼投票呢？阿羅一頭鑽進去，越想越覺得有意思，最後就推敲出來了這個不可能定理。

阿羅數學功底深厚，但書讀不多。他發表了不可能定理之後，才有讀者告訴他，很多年之前，法國思想家孔多塞就研究過類似的問題。有

些人不理解阿羅不可能定理，就想當然地說，阿羅證明了民主制度是不可行的。說這種話，不是智商低就是別有用心。聽完我的介紹，你們會明白，所謂的不可能定理，是說在滿足嚴格的一系列前提下，不可能透過集體投票推導出理性的決策。他說的獨裁者，不是我們一般定義的獨裁者。

　　阿羅不可能定理給我們安插了一個路標：此路不通。如果此路不通，是不是就沒有別的路可以走了？當然不是，我們可以繞著走。如果把阿羅提出的那些苛刻的前提條件放寬，就不會出現不可能的結局。後來獲得諾貝爾經濟學獎的沈恩（Amartya Sen，印度裔經濟學家）和馬斯金（Eric Maskin），都是沿著這個思路，要嘛放寬阿羅的前提條件，要嘛限制一些比較冷僻的排序，最後避免了不可能的結局。

▶ 延伸閱讀：艾瑞克・馬斯金（Eric Maskin）、阿馬蒂亞・沈恩（Amartya Sen）等，《*The Arrow Impossibility Theorem*》。

零售政治：一次只接待一位顧客

▋「批發政治」和「零售政治」

1963 年 11 月 22 日，甘迺迪總統在達拉斯鬧區遭槍擊身亡。時任副總統的詹森隨即就任美國第 36 任總統。很多人覺得，詹森不過是一個走了大運的小人物。詹森出生於德克薩斯，他個子魁梧、嗓門大、舉止粗魯。他曾當著眾人的面撩開衣服，給大家看身上闌尾手術留下的傷疤，還會坐在廁所馬桶上辦公。在電視上，詹森的公眾形象是可笑的。他戴著一副滑稽的老花眼鏡，不斷地斜著眼睛看提詞機，緊張得大汗淋漓。像他這樣的人，怎麼能勝任美國總統呢？他最多做完一年，就得下臺。

1964 年，四年一度的總統大選開始了。詹森被提名為民主黨候選人，他的競爭對手是共和黨總統候選人、保守派參議員高華德（Barry Goldwater）。出人意料的是，詹森大獲全勝，他在國民普選中獲得的支持率高達 61.1%，是 1820 年以來美國總統候選人獲得的最高支持率。在動盪不安的 1960 年代，詹森向美國人描述了「偉大社會」的藍圖。他是美國歷史上最成功的總統之一。

為什麼在風度翩翩、年輕英俊的甘迺迪總統之後，美國人民還能接受粗鄙無禮、毫無個人魅力可言的詹森呢？有一些政治家擅長「批發政治」，他們能夠施展個人魅力，直接跟民眾對話，直接贏得大眾的支持。富蘭克林‧羅斯福就是這樣一位人物。當他在廣播裡發表「爐邊談話」

的時候，大街小巷幾乎空無一人，大家都聚集在收音機旁邊。約翰・甘迺迪也是這樣的人物，他在波士頓競選眾議員的時候，很多愛爾蘭裔天主教家庭的女孩子都來做志願者，她們因為能夠幫甘迺迪寫傳單而激動不已。

詹森的風格不是這樣的。他擅長的是「零售政治」，一次只招待一名顧客。詹森的祖父和父親曾多年擔任德克薩斯州議員，詹森從小耳濡目染，很早就深諳官場上的處事待人、見風轉舵。22歲的時候，詹森到了首都華盛頓，開始擔任德克薩斯州民主黨眾議員理查・克萊伯格（Richard Kleberg）的秘書。剛到華盛頓的時候，他住在賓館裡，還有很多政界人士也都住在同一間賓館。那天晚上，他一共洗了四次澡，四次披著浴巾，沿著大廳走到公用浴室，四次打開水龍頭，打好肥皂。第二天早上，他又早早起床，跑去刷了五次牙。為什麼詹森這麼愛乾淨呢？不，他不是有潔癖，而是要藉由去浴室的機會認識有用的人。他用這樣的方式結識了75位議員的秘書。當時，國會議員的秘書們成立了一個自己的組織，俗稱「小國會」，由於詹森表現出眾，人緣又好，短短一年之後就被推選為「小國會」的「議長」。

有個《紐約時報》的記者曾經回憶自己和詹森的交情。那時，詹森還是副總統。記者受報社的指派，報導參議院活動。在國會大廳裡，他還在四處張望，突然，詹森一把拉住他，非常熱情地說：「快，快跟我到辦公室來，我一直在找你。你是唯一了解這裡情況的記者，我得跟你透露些情況。」然後，詹森開始了他的長篇大論。他一邊說，一邊在紙上隨手寫東西，並把秘書叫來，把紙條遞給他。秘書出去了一會兒，又把紙條遞給詹森。詹森瞄了一眼，把紙條塞進口袋，繼續熱情地跟記者話家常，談到他的工作、過去做過的報導，對他的才華大加讚賞。記者不禁目瞪口呆、受寵若驚。後來，這位記者輾轉問到了詹森的秘書，紙條上到底寫了什麼。秘書告訴他，詹森寫的是：「我是在跟誰說話？」

懂得這套把戲的政治家很多。雷根總統競選的時候，高舉「反華盛頓」的標語，他的名言是：「政府並不是解決問題的地方，政府本身就是問題。」但這絲毫不妨礙他一到華盛頓，就參加首都各界人士的聚會，招待華盛頓政界的各方人士，甚至包括他的對手民主黨陣營的人。他跟大家說：「我們就是想讓大家知道，我們也是這裡的居民，大家都是鄰居了。」

好使的零售政治

零售政治為什麼好使？第一，關係網是最重要的。你不知道自己認識的人在什麼時候能派上用場。1981 年，白宮新聞秘書急急忙忙地要找副總統布希。有人告訴他，布希正在和埃及副總統一起喝咖啡。什麼埃及副總統啊？不過是華盛頓無人關注的小人物。就在那一年秋天，埃及總統薩達特遇刺身亡，繼任的穆巴拉克總統，就是和布希喝咖啡的那位。他成了美國在中東最重要的盟友之一。第二，所有的政治都是本地的。杜魯門總統有句名言：「鄰居丟了工作的時候是經濟不景氣，我們自己丟了工作的時候就是大蕭條了。」人們只關心自己身邊的事情。知識份子喜歡去研究公共生活的遠大願景，普通人對此並不買帳。

1991 年，賓夕法尼亞州有一次特別選舉。該州參議員海因茨（Henry John Heinz）在一次空難中喪生，需要補選一位參議員。所有人都認為前任州長索恩伯勒（Dick Thornburgh）是最佳人選，最後他卻敗給了一位退伍軍人沃福德（Harris Wofford）。沃福德何德何能？很簡單，他在電視裡跟大家說了一句話。他說：「如果每個美國犯罪分子都有獲得律師的權利，那我覺得工人家庭生病時當然也應該有獲得醫生的權利。」這句話

深深打動了那些人到中年、擔心丟掉工作的丈夫，和害怕全家會失去醫療保險的妻子。

三年之後，希拉蕊・柯林頓作為第一夫人，想要推行醫療保健改革。她從沃福德的意外勝利中得到一個啟發：也許，普通民眾最想要的就是「包括所有人在內」的醫療保險體系。不幸的是，她的這一方案遭到了普遍的抵制。人們不覺得「包括所有人在內」說的是他們自己，他們覺得，這個醫療保險改革是為了讓那些享受福利救濟不工作的人得到醫療保險，而讓辛勤工作的人為此買單。

同樣的政治方案，零售的時候能暢銷，批發的時候卻可能滯銷。

▶ 延伸閱讀：克里斯・馬修斯（Chris Matthews），《*Hardball: How Politics Is Played-Told by One Who Knows the Game*》。

政治觀念：你是什麼樣的人，就會相信什麼樣的政治觀念

▌柏拉圖、休謨和傑佛遜，我們聽誰的？

理性和情感，到底誰聽誰的？古希臘哲學家柏拉圖說，當然應該奉理性為統治者。英國哲學家大衛・休謨說，理性不過是激情的奴隸，理性的工作就是侍奉和服從激情。美國的國父之一湯瑪斯・傑佛遜出來勸架。他說，理性和情感是共同的統治者，就像有個東羅馬皇帝，還有個西羅馬皇帝。

三個哲人，三種不同的說法。到底誰說的才對呢？

不管是柏拉圖、大衛・休謨還是湯瑪斯・傑佛遜，都是在做自己的猜想。他們並沒有認真地對理性和情感做科學的研究。在西方思想的擂臺賽中，柏拉圖的粉絲最多。尤其是在啟蒙運動之後，人們慢慢地接受了一種理念，即人之所以高貴，乃是因為人有理性。我們每個人都覺得，自己是在深思熟慮之後，才做出道德判斷，選擇了不同的政治信仰。

不得不承認，人是最會自我欺騙的物種。我為大家揭開答案吧。其實，說得最有道理的是大衛・休謨。

人會迅速地靠直覺做出道德判斷，決定我們道德判斷的是情感上的反應，而非理性的推理。道德判斷是快思考，理性推理是慢思考。道德

推理的目的不過是事後找個理由，讓人們說服自己，相信自己做出的判斷是對的。

情感做決策。理性不過是情感的新聞發言人。不管情感做出多麼糟糕的決策，理性都要想辦法去讚美和詮釋。在傳統的相聲《扒馬褂》裡，有個信口開河的少爺，後面跟著一個掏空心思給少爺圓謊的幫閒[1]。理性就是那個幫閒的角色。

你可能會覺得，這是那些沒文化的人才做的事情，他們什麼事情都不動腦，我跟他們不一樣。不，你跟別人一樣。我們很難真正地用理性去反反覆覆地拷問道德信念，我們只是把所有的聰明才智用來尋找支持自己的理由。智商的高低、教育水準的高低，和人們相信什麼樣的道德觀念之間，並沒有因果關係。

象與騎象人

我跟大家推薦過一位著名的心理學家海德特（Jonathan Haidt）的書：《象與騎象人》（*The Happiness Hypothesis*）。他用了一個比喻，將直覺比喻為大象，而意識是騎在大象背上的人。跟大象相比，騎象人的力量是弱小的。騎象人無法違抗大象的意願，要是大象就是不聽騎象人的話，騎象人一點辦法都沒有。但騎象人比大象看得遠，能夠更好地引導大象。騎象人的作用就是為大象服務。

為什麼不是大象為騎象人服務呢？因為把韁繩直接交給騎象人是很

---

1 幫閒：說話或做事迎合他人的人。

危險的。從寒武紀大爆發算起，生物已經有了 5 億年的歷史。在漫長的
進化過程中，自發過程一直操縱著生物的意識：有了食物就吃，遇到危
險逃跑，碰到異性交配，生物並不需要什麼道德觀念和政治信仰。這就
像一套經過無數次測試的軟體，已經變得相當完善了。人類在近百萬年
的某一時間點上才進化出了語言和推理的能力。這是這套軟體一個剛開
發出來的補丁。這個補丁是為了進一步完善原有的軟體，而不是為了替
代它。大腦憑什麼要把駕馭自己的韁繩交給一個新的、毫無經驗的騎手
呢？

政治信仰的基因

你也許會覺得，我們有時候確實會是激情的奴隸。比如在熱戀的時
候，我們會被愛情沖昏頭。但政治信仰是一件很冷靜、很嚴肅的事情，
怎麼可能是由直覺隨隨便便決定的呢？

傳統的政治學認為，經濟利益決定了人們的政治立場。這也是一
種經不起檢驗的假說。收入水準和意識形態的關係非常混亂。實業工業
家大多數是右派，科技出身的億萬富翁多是左派。農村低收入者偏向右
派，城市貧民多為左派。支持川普的並非都是低收入階層，中產階級支
持川普的大有人在。

當然了，你為什麼會信仰某一種道德觀念或政治信仰，影響因素很
多。比如你的家庭出身、周圍的環境，你遇見了一位老師，甚至你讀了
一本書，都能對你產生影響。但還有一種很容易被人們忽視的因素，就
是人在基因上的差異。基因決定了我們的性格，性格在很大程度上影響
了我們的信仰。你是什麼樣的人，就會信仰什麼樣的意識形態。研究者

發現，支持左翼和支持右翼的人，在基因上存在著差異。這些差異大多與神經傳遞物的功能有關，特別是與麩胺酸和血清素有關。這是兩種涉及大腦對威脅與恐懼反應的物質。簡單來說，有的人更願意體驗新鮮事物，更喜歡差異性，有的人則不喜歡變化、更願意維持穩定，在面對危險信號的時候反應更為敏感和強烈。

阿甘會投票給誰，珍妮會投票給誰？

在美國有兩種主要的政治信仰。自由主義者更關心收入不平等、同情同性戀、主張墮胎自由、支持槍支管制。他們熱愛科學、藝術、詩歌和城市的自由生活。民主黨裡通常比較多自由主義者。保守主義者更關心傳統的家庭觀念，更可能是虔誠的教徒。大部分保守主義者都反對大政府、厭惡同性戀和外國人，更尊崇傳統、紀律、信仰和權威，更注重小團體內部的關愛。共和黨裡通常比較多保守主義者。

總之，自由主義者更喜歡創新、變革和新奇的體驗，保守主義者則更強調秩序和安全。阿甘肯定會投票給川普，他的女朋友珍妮肯定會投票給投希拉蕊。

你可能會問，為什麼大學裡面的師生更容易支持自由主義，鄉下的白人男性更容易支持保守主義呢？難道只要考入加州大學伯克萊分校，大家的性格就會變得一樣嗎？一個村子裡的人，基因更相似嗎？

人是長腿的，他們會流動。嚮往更多體驗的人會聚集在大城市，而不喜歡冒險的人更願意在祥和的鄉村生活。久而久之，人們會更常和那些跟自己一樣的人在一起。川普當選那天，你在社群網站上一定很忙，

倒不一定是忙著發文，可能是在忙著拉黑聯絡人。饒毅教授就在微信群裡發了一條消息，說誰挺川普他就拉黑誰。在一些別的敏感話題上，大家會突然發現一些自己不喜歡的人。這個人怎麼會這麼討厭啊。拉黑。拉黑。再拉黑[2]。幾回下來，六根清淨，眼前全無礙眼之人，多好。

於是，我們就陷入了一個個的小圈子。大家都在說美國政治變得極端化，支持希拉蕊的和支持川普的人勢不兩立。其實，在互聯網和全球化的時代，政治極端化早已變得越來越普遍、越來越容易。

▶ 延伸閱讀：強納森・海德特，《象與騎象人：幸福的假設》，網路與書出版。

道德的味道：拉黑，拉黑，直到周圍一片漆黑

政治自由主義的低潮

理解別人是一件困難的事情。理解別人的政治信仰，是一件非常非

---

2 拉黑：將某人加入黑名單或封鎖。

常非常困難的事情。不談論政治話題的時候，大家看起來都文質彬彬、和藹可親，但是為什麼一談論政治話題，就可能會導致朋友反目、母子離心，甚至夫妻散夥呢？

政治信仰在很多時候不過是一種標語口號。它把複雜的問題簡單化，彩色的問題黑白化。這些標語口號不能全當真，但也不能不當真。好的標語口號要直指人心。政治信仰之所以重要，是因為它代表著我們對一些基本的道德價值觀的取捨。

相信 2016 年 11 月 9 日這一天，是很多政治自由派人士極為鬱悶的一天。大部分政治自由派人士都更偏好希拉蕊，這不是因為他們喜歡希拉蕊，而是因為他們厭惡川普。然而，川普居然戰勝了希拉蕊，這真是世界上最黑暗的一天。

政治自由主義是一種向善的政治，他們相信寬容、慷慨和自由，關心受到壓迫的弱勢群體。在他們看來，這是歷史進步的方向、人類文明的昇華。相比之下，保守主義販賣的是低級、庸俗、下流和粗鄙的貨色。為什麼在政治市場上，保護主義賣得比自由主義還好呢？

問題就出在這裡。從某種程度上來說，正是因為自由主義者的傲慢與偏見，正是因為他們關上了自己的大門，忽視了外面的聲音，看不見自己身邊的陌生人，冷落了那些心懷不滿的人們，才成就了一代狂人川普。

道德的五種味道

這裡向大家介紹著名心理學家強納森‧海德特的另一本書：《好人總

是自以為是》（*The Righteous Mind*）。和很多大學教授一樣，海德特也是一名自由主義者，但他卻不得不承認，自由主義者對人性的洞察反而不如保守主義者細膩深刻。

人為什麼有道德？按照海德特教授的解釋，這是我們在漫長的進化過程中演化而來的。人要生存，生存就要面對種種挑戰，為了應對這些挑戰，我們積累了很多經驗，這些經驗一層層沉澱下來，就成了我們在選擇道德觀念時候的依據。由於我們會遇到的挑戰不只一種，因此，道德觀念的維度也不只一個。

打個比方來說，道德猶如味覺。你對哪一種味道更敏感決定了你的政治口味。海德特教授談到，如果仔細辨認，道德至少能夠嚐出來五種不同的「味道」。

第一種味道是關愛。這是因為人們要照顧脆弱的孩子，因此會對弱勢者產生憐憫之心。第二種味道是公平。這是因為人們在合作中會遇到欺騙，我們希望懲罰欺騙的行為，討厭別人揩我們的油。第三種味道是忠誠。我們相信自己的小群體，無論這個小群體是部落也好，還是民族國家也好，我們痛恨那些跟我們作對的敵人，以及背叛群體的敗類。第四種味道是權威。人是一種群居動物，所有的群居動物都天然存在等級秩序，當尊卑秩序確立之後，才能減少內部的摩擦，我們對等級和地位非常敏感。第五種味道是聖潔。這是因為人是雜食動物，吃錯了東西容易生病，所以我們進化出來對不潔之物的厭惡，並反映到對某些「不潔」的社會行為的厭惡。

海德特談到，人們總想要符合自己道德的意識形態。如果把意識形態比喻為一條狗，自由主義者想要一條溫柔可人、聰明伶俐的狗，而保守主義者則想要一條忠心耿耿、馴服聽話的狗。

只用鹽做出的菜

　　自由主義者之所以沒能更好地推銷自己的意識形態，乃是因為自1960 年代的民權運動以來，他們提供的道德願景過於狹隘，過於關心幫助受害者和為受壓迫者的權利抗爭。他們關心黑人，同情印地安人，為非洲的饑民募捐，為同性戀者辯護，為其他國家的抱持不同政見者聲援。他們很努力，但難免太過頭，久而久之容易令人生厭。這好比一個廚師僅僅提供糖和鹽，那怎麼能燒出一道道好菜呢？川普的廚藝可能不好，但他的調味料多，酸甜苦辣都有，就算是地溝油燒出來的麻辣小龍蝦，你也不得不承認，確實容易吸引食客。

　　時代變了，人們的口味也變了。當危機到來，人們預感社會基礎會受到動搖的時候，會本能地回歸到一個小集團，在同伴中尋求保護。為此，他們甘願放棄自我，選擇服從和追隨。在全球金融危機之後，保守主義出現了抬頭的趨勢。這當中有其客觀且合理的因素。正如法國社會學家涂爾幹（Émile Durkheim）所說的：「如果人們看不見自己屬於任何更高的東西，那他們就不能附著於更高的目標，不能服從某種規則。將自身從所有社會壓力下解放出來，就是拋棄自我，並使之墮落。」他的意思是說，如果放任自由，人們就會去追求膚淺的、感官的和自私的快樂。而一個社會的凝聚，需要社會成員更懂得自我控制、更敢於承擔責任、更忠於自己的小群體。

　　討厭川普的自由主義者需要反省，並從保守主義那裡學習。自由主義者過分相信理性，過分重視自我。這和啟蒙運動以來西方的思想演變有關。康德、邊沁這些哲學家推崇的都是基於個人主義、邏輯推理和普世主義的道德體系。人是有理性的、獨立的個體，社會是以一個人為基

本單位，而非以一個群體為基本單位的。這種理念已經深入人心，但放在歷史的大背景下來看，放在世界其他文化中來看，卻是非常怪異的。

狗搖尾巴是覺得高興，但你沒法強搖狗尾巴來讓狗高興。人是無法被說服的，因為人只相信自己願意相信的東西。你無法透過辯論，改變別人的道德價值觀。如果你想改變人們的想法，就必須跟他們的「大象」交談，做一個優秀的大象耳語者。如果真正想要影響更多的人，自由主義者就必須承認自己的錯誤。為什麼會有世界上最黑暗的一天呢，恰恰是因為自由主義者自己不斷地拉黑，拉黑，拉黑，直到周圍一片漆黑。

不過，世界並不會從此漆黑下去。自由主義者的「比較優勢」是自我反省的能力更強，更有自我批判的氣魄。我們期待著，在川普現象之後，或許會有新的潮流以及真正的進步。

▶ 延伸閱讀：強納森‧海德特，《好人總是自以為是：政治與宗教如何將我們四分五裂》，大塊文化。

部落文化：所有的好人都在我們這裡

《蒼蠅王》

　　讓我先為大家說一個故事。有一群孩子因為飛機失事，被困在了一個孤島上。

　　對，你已經猜出來了，我要說的就是威廉・高汀（William Golding）的《蒼蠅王》（*Lord of the Flies*）。一開始，這群孩子還能夠團結在一起，並努力建立紀律和秩序。但是，很快地，孩子們就分成了兩派。一派孩子代表理性和文明，另外一派代表野性與原始。雷爾夫是一個海軍軍官的兒子，成了理性派的代表。傑克是唱詩班的大孩子，代表著野獸本性。他把打獵時得到的野豬頭插在尖木椿上，逼著其他孩子，像野蠻人一樣把臉塗得花花綠綠，跳舞狂歡。在威廉・高汀的小說裡，野蠻派的孩子逐漸占了上風，兩派孩子最終陷入了互相殺戮，整個小島陷入了恐怖和火海。

　　威廉・高汀因為這本小說獲得了諾貝爾文學獎。但《蒼蠅王》其實寫得非常糟糕。作家本來應該善於觀察生活，但威廉・高汀在書中寫到，上島之後，大孩子們和大孩子們待在一起，小孩子和小孩子們待在一起。任何一個有孩子的人都會知道，根本就不是這回事。小孩子是不喜歡和更小的孩子玩的，即使大孩子會欺負他們，他們也要千方百計地和大孩子一起玩。

響尾蛇和飛鷹

讓我再為你說一個故事。這是一件真事。

1954 年，也就是《蒼蠅王》發表的同一年，奧克拉荷馬州大學的幾位社會學家做過一個社會實驗。他們精心挑選了 22 個孩子，這些孩子要盡可能地一樣：他們都是 11 歲，都來自信仰新教的家庭，都是男孩，學習成績在班上都是中等，沒有戴眼鏡的孩子，沒有胖得引人注目的孩子，孩子們都沒有不良嗜好，這些孩子來自不同的學校，之前互不熟悉。研究者將孩子分成兩組，每組 11 個孩子。一組叫響尾蛇（Rattlers），另一組叫飛鷹（Eagles）。

孩子們並不知道自己是實驗的對象，他們以為要參加一個為期三週的夏令營。響尾蛇隊和飛鷹隊分別坐著不同的公車來到一個國家公園的童子軍宿營地。第一週，他們各自活動。到第二週，研究者才告訴他們，還有另一組男孩。這才是實驗的真正目的。研究者們想看看，當兩組男孩互相接觸之後會發生什麼變化。果然不出所料，兩組男孩看到對方，都本能地產生了敵意。兩組男孩剛開始也一起打棒球、拔河、玩尋寶遊戲，但很快就出現了衝突。當響尾蛇隊看到飛鷹隊踢球的時候，就想趕他們走。棒球比賽獲勝之後，響尾蛇隊把自己的旗幟插在球場上，憤怒的飛鷹隊員把旗幟撕碎、燒掉。飛鷹隊贏了拔河比賽，響尾蛇隊認為這是一種恥辱，他們夜襲飛鷹隊的營地，把床掀翻，撕碎蚊帳，搶了一條藍色的牛仔褲來當他們的新旗幟。飛鷹隊的報復是，第二天白天襲擊響尾蛇隊的營地。要不是研究者干預，局勢就會失控，因為孩子們已經帶著棍子和球棒傾巢出動了。在研究者勸說之下，他們各自歸隊，但回去之後，兩隊都在自己的營地外面挖了壕溝。

怎麼讓孩子們和解？研究者告訴男孩，可能出現了新的敵人，因為營地的水管被人破壞了。他們需要把供水系統修好，得同心協力，把卡車推上山坡。讓這群男孩彼此仇視的原因，是因為在「我們」之外，出現了「他們」。讓這群男孩再度合作的原因，是因為出現了更厲害的「他們」，所以，所有的男孩都成了「我們」。

所有的好人都在我們這裡

著名作家吉卜林（Rudyard Kipling）寫道：

所有的好人都同意
所有的好人都這麼說
所有的好人都在我們這裡
剩下的他們，其心必異

「我們」和「他們」的界限是極其隨意而模糊的，但我們根深蒂固地要把人分成「我們」和「他們」。你可以讓一群人穿上藍衣，另一群人穿上紅衣，穿藍衣的人就會自動地團結在一起。一起扛過槍、一起同過窗，或是來自一個家鄉，都能形成自己的部落。我們是我們，他們是他們。對待我們和對待他們，人們會有不同的道德標準和行為模式。如果是我們自己人，那一切好說，因為所有的好人都在我們這裡。如果是他們，那肯定是「非我族類、其心必異」。

為什麼會這樣呢？

因為人是一種群居動物。所有的群居動物都有一個共性：在團體內部會有很多利他主義行為，但在小團體之間存在著激烈甚至殘酷的競

爭。我們會為親人犧牲自己，我們會熱心幫助自己的朋友，我們會為保衛祖國獻出生命。但是，要是遇到「非我族類」的「他們」，我們立刻會進入警戒狀態。

還記得我們在介紹「小集團思維」那篇文章裡說的嗎？小團體內部的人會對敵人有刻板印象。人總是寬以律己，嚴以待人。如果你上班遲到了半個小時，你會跟老闆說，這是因為街上有交通管制，或是昨晚忘記設鬧鐘了。總之，你會從具體的情境解釋自己的行為。不是我這個人不好，而是有某些特殊的原因。要是你的下屬遲到了半個小時，你肯定覺得這個人不靠譜、工作不負責、沒有敬業精神。你是假設人性不變，從人性的角度評價別人的。同理，對待小團體內部的成員，我們會在具體的情境中解釋他們的行為，不會輕易地判斷這個人是好人或是壞人。但一旦要評價團體外部的成員，我們就容易按照某種刻板印象，武斷地下結論。

有人覺得，隨著全球化的發展，最後會出現世界大同，大家用同一種語言，都成為好朋友。這是不可能的。就算大家都學會了同一種語言，也一定會出現不同的方言。方言之所以存在，就是為了刻意地和其他「部落」分開。這就是為什麼瀋陽人會覺得鐵嶺人說話很搞笑，而蘇州人會覺得杭州人說話真難聽的原因。我們會高估群體內部的一致性，同時也會高估群體之間的差異性。群體內部的成員會互相模仿，但他們會刻意尋找和其他群體之間的差異。

找同伴是人類的本能，區分「我們」和「他們」本無可厚非。人們很善於鼓勵團隊內部的合作。家風、公司文化、愛國主義，這都是很好的東西。但黑暗和光明總是共生的。從另一面來看，人類並非生而自私，但我們生來都是仇外的。為了保護自己，為了「部落」內部的團結，我們會有意無意地尋找來自外面的假想敵。這是一種強大的黑暗力

量。這種黑暗力量強大到了如果我們不了解、不時時刻刻地提醒自己，就會把我們自己吞噬掉的程度。

真正的世界團結會出現在什麼時候？只有在外星人入侵的時候，地球上的人們才能親如一家。在外星侵略者到來之前，可悲的人類只能互相歧視和仇恨。

▶ 延伸閱讀：阿馬蒂亞‧沈恩，《*Identity and Violence : The Illusion of Destiny*》。

民族主義：狂熱民族主義為什麼會抬頭？

想像的共同體

這一篇我們說一下另一件非常困擾大家的事情，為什麼民族主義的勢力突然抬頭了。

很多已經被大家認為理所當然的觀念，其實歷史起源並不久遠。主權國家一律平等的理念源自近代的西方世界。以個人主義為基礎的道德觀念也源自近代世界。今天要說的民族主義也是一樣。

羅馬帝國崩潰之後，西歐一直陷於小國林立、長年征戰的局面。戰爭的結果催生了國家。為了打贏戰爭，國家必須盡可能地提高效率、挖掘潛力、調動人們的積極性。所謂的民族國家，不是先有民族，再有國家，恰恰相反，是先有國家，再有民族。民族主義是國家之間為了加強對本國居民的控制有意強化出來的意識形態。著名的歷史學家班奈狄克·安德森（Benedict Anderson）說過，民族不過是「想像的共同體」。美國政治學家杭亭頓（Samuel Huntington）在《文明衝突與世界秩序的重建》中也說過：「除非我們憎惡非我族類，否則便不可能愛我族類。」

不幸的是，西方逐漸征服了世界，也就將民族主義的毒芽播種到各個地方。巴爾幹號稱是「歐洲的火藥庫」，這裡有異常複雜的民族和宗教。但是，當西方沒有到這裡之前，當地的民族認同相當淡漠，大家都能相安無事。當民族主義被傳播到這個地區之後，戰火才開始綿延不斷。

怎麼區分「胡圖族」和「圖西族」？

非洲的盧安達，原本生活著許多不同的部落。到 1930 年代，當時的比利時統治者非要把盧安達人分成兩個民族，一個叫「胡圖族」，一個叫「圖西族」。1994 年，在盧安達爆發了一場慘絕人寰的種族滅絕大屠殺。胡圖族對圖西族趕盡殺絕，殺死了將近 100 萬人。在被屠殺的人中，有很多是胡圖族，因為很難分辨出誰是胡圖族，誰是圖西族。推薦大家看一部電影：《盧安達飯店》（Hotel Rwanda）。在這部電影裡，一群驚恐的圖西族闖進當地的酒店避難。一個西方記者問當地人，這兩個民族究竟有什麼不同。據電影裡說，區分的標準是鼻子的高度不同、走路的優雅程度不同！

　　中國自古以來就沒有民族的概念。中華是個文明的概念，不是個民族的概念。中國古代的世界秩序是按照文明的程度、親疏的程度，由內而外，一層層推廣。《史記‧夏本紀》就談到「五服」，根據距離天子之國的遠近，先是甸服，甸服外面是侯服，侯服外面是綏服，綏服外面是要服，要服外面是荒服。這是中國古代理想中的天下。

　　我們在前面提到過杭亭頓的《文明衝突與世界秩序的重建》。他預言，基督教文明和伊斯蘭教文明會出現尖銳的對立。其實，絕大部分衝突並非出現在文明之間，而是在文明內部。在長期進化的歷史中，我們的祖先很少能見到其他種族的人，他們見的最多的是來自山那邊的、和他們長得差不多的人。人們最大的敵人，很可能是熟悉的陌生人，即從同一個大的團體裡面分裂出來的另一個小團體。什葉派最大的敵人是遜尼派。紅衛兵最大的敵人是另一支紅衛兵。

　　美國的創始人早已經提醒要「合眾為一」。美國一直號稱自己是「大熔爐」，結果呢？這個大熔爐變成了分離器。據說，在川普當選的次日，很多在美國的穆斯林女孩已經不敢戴面紗去學校了。臭名昭著的 3K 黨特地開派對慶祝川普上臺。

　　歐洲的情況比美國更差。歐洲人口高齡化的程度遠比美國嚴重，最近又遭遇一波一波的難民潮。如何處理不斷萎縮的白人人口和潮水般湧來的非洲、中東、中亞人口之間的矛盾？

民族主義是一個惡魔

　　民族主義是西方人打開潘朵拉盒子之後放出來的第一個惡魔，到現在西方也沒有找到解決這個問題的辦法。西方世界經歷過極其殘暴的種

族歧視，現在的西方人非常在意保護少數民族的權利，但這也許是矯枉過正。這在政治上是自由主義，在文化上是多元主義，遺憾的是，這樣的努力可能適得其反。

　　這種政策儘管不像過去的民族主義那樣咄咄逼人，但其歷史基因和過去的民族主義是一樣的。說是要特別對待少數民族，給他們更多的補償、給他們更多的自由，但這個政策的結果是在不斷強化族裔之間的差異。美國社會中的「黑白界線」依然分明，黑人不僅沒有感到滿意，反而變得越來越憤怒。如今，白人也變得憤怒了。美國社會的傷口已經被撕裂，不得不忍受更多的疼痛。

　　或許，有一個古老的國度能夠為西方世界提供智慧。中國自古以來就沒有民族的概念，漢族人口中包含了人類學意義上完全不同的人種，包含了不同的宗教信仰，包含了異彩紛呈的語言、習俗和文化。有個說法是，北方人是蒙古人種，南方人是馬來人種，當然，這一說法仍然存在很多爭議。中國各地的方言差異極大，但統一的文字使得人們能夠互相交流。中國歷史上並非沒有殘暴的時候，北方的遊牧民族經常騷擾中原農業地區，「五胡亂華」的時候，北方漢人幾乎慘遭滅族，蒙古人鐵蹄南下，漢人也被大肆屠殺。但和西方世界相比，中華文明才是真正的「大熔爐」。

　　我曾經讀過一本《猶太史》。書中說到，猶太人漂流到世界各地，都遭到當地人的白眼，因此他們在異鄉仍然頑強地保留著自己的習俗和傳統。唯獨有一支猶太人，到了中國的河南，被當地善良而懶散的農民同化了。

▶ 延伸閱讀：班奈狄克·安德森，《想像的共同體：民族主義的起源與散布》（*Imagined Communities: Reflections on the Origin and Spread of Nationalism*），時報出版。

第三章

政府與市場

導讀

你在海平面看到的經濟學

你在海平面會碰到兩派經濟學家捉對廝殺。一派經濟學家認為市場經濟是萬能的，透過市場的自發交易，經濟能夠自動地達到平衡；政府干預總是成事不足、敗事有餘。另一派經濟學家則認為，市場並非萬能的，政府可以幫助市場；政府比市場更有遠見、更看大局、更有能力聚集資源。

你在高海拔看到的經濟學

政府不是全知，不是全能，也不是仁慈的，同樣，市場也不是全知，不是全能，不是仁慈的。從經濟史的角度來看，從一開始，市場和政府就處於一種「共同演進」的關係，市場秩序的擴張離不開對政府的依賴，政府的力量壯大也需要借助市場的支援。在這種演進的過程中，我們會看到更為精彩的故事，比如中國的計劃經濟體制是如何起源、如何演進，最終又是如何消失的。

本章簡介

　　《政府與市場：經濟學家的手》談到，經濟學家關於政府與市場之間的關係，杜撰出了各式各樣的手。市場經濟是看不見的手。企業管理是看得見的手。能夠幫助市場的政府行為被讚揚為支援的手，干擾市場的政府行為被斥為掠奪的手。公允地說，政府和市場都不是全知、全能和仁慈的。

　　《經濟政策：凱因斯的貓》談到，仿照「薛丁格的貓」，我們可以再提一個「凱因斯的貓」。所謂「凱因斯的貓」是說，在我們沒有揭開政策決策的黑箱之前，政府的政策究竟是好的政策，還是不好的政策，我們是不知道的。公眾會對政府的政策做出反應，政府可能會遇到資訊不對稱，利益集團會影響政府的行為，而政府決策從本質上來說是應急式的。

　　《富國陷阱：發達國家為什麼會撤掉梯子？》談到，當今的發達國家處於趕超階段的時候，無不曾保護過幼稚產業，使用過貿易保護主義政策，也不怎麼注重保護智慧財產權。但它們卻跟發展中國家說，只有自由貿易、充分競爭和保護產權，才是經濟成長的唯一通道。我們要警惕，這種冠冕堂皇的理由背後，是發達國家試圖讓規則對自己更加有利的私心：當他們上了樓之後，卻把梯子撤掉，不想讓別人再上來了。

　　《趕超戰略：計劃經濟在中國的起源》談到，新中國在建國之初實行的是新民主主義，並沒有急著要實行社會主義，但是，外部環境的改變使得當時的領導人發現，必須首先發展重化工業，以鞏固國防力量。在一個資本匱乏的窮國，發展資本密集型的重化工業，只能放棄市場經濟，改為命令與服從式的計劃體制。

　　《M型經濟：為什麼中國的計劃經濟和蘇聯的計劃經濟不一樣？》

談到，即使都是計劃經濟，中國和蘇聯也不一樣。中國的工業化基礎較差，中小企業數量眾多，地方差異性很大，所以從來也沒有建成像蘇聯那樣分工明確、自上而下的垂直型計劃體制。到了改革的時候，中國的這種「M 型經濟」的特徵幫了大忙，因為可以各自為戰、互相競爭，創新的機會、容錯的空間更大。

《溫州的故事：南下幹部與游擊隊幹部》談到，溫州的民營經濟非常發達，很多人以為這是政府無為而治的結果。其實，我們還能看到背後的政治博弈。南下幹部跟中央政府的聯繫更加緊密，而游擊隊幹部則是土生土長的。游擊隊幹部有更大的激勵保護本地經濟，而在關鍵時刻，游擊隊幹部保護了溫州民營經濟的生存，促進了其發展。

《制度變遷：農民與國家的博弈》談到，為什麼在農業集體化的時候農民處於弱勢的談判地位，是由於土地的產權原本不屬於農民自己。1960 年代初期出現了大饑荒之後，政府做出了若干政策上的讓步，這為後來的農村改革埋下了伏筆。在 70 年代、80 年代初的農村改革時，不同地區的政治態度是不一樣的，這是由不同地區的資源稟賦所決定的。

《故事思維：影響經濟信心的秘密》談到，好的故事勝過一千個道理。凱因斯說，投資是受到「動物精神」影響的。只有講一個好的故事，才能給市場帶來信心。我們在 1980 年代講的故事是改革，在 90 年代之後講的故事是開放，現在需要再講一個宏大的故事，重新提振市場信心。在我看來，最好的故事題材應該是講民生。

政府與市場：經濟學家的手

有沒有只有一隻手的經濟學家？

美國前總統杜魯門有一次跟手下說：「能不能給我找一個一隻手的經濟學家？」手下迷惑不解。杜魯門抱怨：「我的所有經濟顧問都愛說『一方面（on the one hand）』和『另一方面（on the other hand）』，他們就不能明確地給我一個答案？」想要明確的答案？那是真的沒有。經濟學家不僅有兩隻手，而且他們還發明了很多隻手。

最有名的莫過於「看不見的手」。按照亞當‧史密斯的學說，在某些情況下，追求自利的人們會形成互利的社會秩序。注意，這裡說的只是在某些情況下，即便如此，這仍然能算是我見過最樂觀的社會理論了。「看不見的手」就像重力一樣無所不在，但我們幾乎感覺不到。你為什麼不擔心明天早上起床之後，賣早餐的不再為你提供早餐了，做清潔的不再打掃衛生了，辦報紙的突然不做了？「看不見的手」幫你把這一切打點得井然有序。

離開了市場經濟中自發形成的合作，我們幾乎寸步難行。就拿生產鉛筆這樣看起來很簡單的事情來說吧。你能自己生產出一支鉛筆來嗎？你得先砍樹，但沒有鐵匠，誰給你提供斧頭呢？你還得開採石墨，把石墨做成筆芯，把木頭削成筆桿，還得找膠水黏合，你一個人做得了這麼多事情嗎？

看得見的手

有「看不見的手」，就會有人跳出來，說有「看得見的手」。哈佛大學商學院教授小艾爾弗雷德・錢德勒（Alfred D. Chandler, Jr.）的一本書就叫做《看得見的手：美國企業的管理革命》（*The Visible Hand：The Managerial Revolution in American Business*）。錢德勒教授出身豪門，他母親那一邊的祖先是標準普爾公司（Standard & Poor's，簡稱 S&P）的創始人之一。1940 年，錢德勒從哈佛大學畢業後，趕上了第二次世界大戰，於是他一身戎裝上戰場，打完仗之後又回到哈佛讀博士。博士論文該寫什麼好呢？他靈機一動，跑到家裡，找到老祖宗關於鐵路行業的資料，寫了一篇出色的博士論文。1977 年，他出版了經典著作《看得見的手：美國企業的管理革命》。

什麼是「看得見的手」呢？按照錢德勒的說法，隨著工業化的發展，市場經濟不再是零星散亂的小企業，而是出現了一批大企業。當企業規模變大之後，就需要一批職業經理人採取專業化的管理方法，他們就是「看得見的手」。錢德勒用了大量的資料描述大企業和職業經理人的崛起，這是一本非常精彩的企業史著作。但是，職業經理人就是「看得見的手」嗎？如果說史密斯的「看不見的手」藏得很深，讓我們找都找不到，那麼，職業經理人的一言一行我們就能清清楚楚地看到嗎？柳傳志也好，馬雲也好，會讓我們知道他們天天都在做什麼嗎？

支援的手

有的經濟學家把政府的作用稱為「支援的手」，即政府會促進市場經濟。公平地說，市場經濟的運轉需要良好的規則，而政府有義務維護競爭規則。比如，政府需要保護產權、裁決交易中的糾紛、防止欺壓同行與壟斷市場等等。

但有的經濟學家更為積極樂觀，他們認為政府可以加速市場經濟的發展。比如，在經濟發展的初期，儲蓄率太低，導致投資率也太低。沒有投資，哪來的經濟成長啊？所以，政府可以有意地提高投資率（或者說，政府可以有意地強制大家儲蓄），實現經濟趕超。還有一種流行的說法是，政府可以找到一些關鍵的產業，大力扶植，幫助企業擴展市場（比如政府先下訂單，或是用高關稅阻止國外競爭對手進場）、增加研發（比如政府出錢幫助研發），後來居上。這些關鍵的行業發展起來之後，又會帶動更多的相關行業發展。

聽起來很好，但實踐中卻經常不如人意。不可否認，蘇聯實行計劃體制的時候，經濟成長一度超過了資本主義國家。當蘇聯的人造衛星上天之後，美國著名經濟學家米爾頓·傅利曼說什麼也不相信這是真的，理由是計劃體制不可能帶來科技進步。當時資本主義國家感到自己正處於劣勢，緊張得不得了。遺憾的是，到了計劃體制晚期，弊端就逐漸暴露，效率越來越低，人心越來越冷。

據說，產業政策的成功典範是日本和韓國，但到底產業政策在日本和韓國經濟起飛的過程中起了多大作用，誰也說不清楚。能夠比較有把握的是，即使產業政策曾經成功了一次兩次，但不可能次次都成功。越是到了技術前端，技術演進的分岔就越多。這時候，最好的辦法是讓市

場派出很多支小分隊各自探路，而不是讓政府指揮大部隊，盲人騎瞎馬似地向前衝。

掠奪之手

政府還可能會做得更糟糕。哈佛大學經濟學教授安德烈・史列佛（Andrei Shleifer）和羅伯・維希尼（Robert Vishny）在《掠奪之手：政府病及其治療》（*The Grabbing Hand: Government Pathologies and Their Cures*）中談到，政府經常會阻礙經濟成長。政府的干預會引起連漪效應，一波一波地破壞市場經濟的良好運轉。

首先，政府干預會導致資源錯誤配置，企業家不是把心思花在研究新產品、開拓新市場上，而是要千方百計地和政府官員勾結。其次，當這種「尋租活動」蔚為風氣，一個社會中最有才華的年輕人就會想，與其做企業、搞科研，還不如去當貪官呢。

史列佛對政府的抨擊不可謂不義正詞嚴。不過，諷刺的是，蘇聯解體之後，史列佛被俄羅斯政府聘為顧問，設計私有化計畫，他居然自己搞了個公司，在俄羅斯大撈一把。這個醜聞被曝光之後，美國聯邦法院裁定史列佛違反了《反欺詐法案》，連累哈佛大學也被迫賠償 2,650 萬美元。原來經濟學家一不小心，也會露出「掠奪之手」。

政府並非全知，並非全能，也不仁慈

比較客觀中立的立場是著名經濟學家阿維納什・迪西特（Avinash Dixit）在《經濟政策的制定：交易成本政治學的視角》（*The Making of Economic Policy*）一書中所說的，傳統教科書上的政府，是全知、全能、仁慈的政府，但政府其實並非全知，並非全能，也不仁慈。

全知，是指政府知道一切經濟主體的所有資訊。但事實並非如此，這不僅僅是因為統計資料不準確、統計方法不先進，也是因為很多資訊是在特定的情況下產生的，這些資訊難以覺察，且又瞬息萬變。這就是經濟學家哈耶克強烈反對計劃體制的最主要原因之一。

全能，是指政府可以如其所願地實現政策目標。但政府想做的事情很多，能夠動用的資源卻總是有限的。有些事情看似很好，但預算從哪裡來？誰來具體操辦？巧婦尚且難為無米之炊。此外，政府追求的政策並不是單一的。想要 GDP 增長率，就可能會破壞青山綠水；想要減少收入不平等，就有可能會影響經濟效率。政府不得不在多個互相衝突的目標之間做出選擇，難免會顧此失彼、捉襟見肘。

仁慈，是指政府沒有私心，唯一關心的是如何使社會福利最大化。史列佛認為，官員都有私利，會腐敗變質。我們姑且不像他這樣憤世嫉俗，就算我們假設官員們個個廉潔守法，他們的行為也不可避免地會有偏差。部門有部門的利益：鐵道部會覺得修高鐵比什麼都重要，教育部肯定覺得教育是百年大計，國家體委會覺得奧運會拿金牌、為國爭光最重要，國家語言工作委員會會覺得，要是縱容大家用 GDP、VCD、Wi-Fi 這些外來語，簡直就是對中國文化的褻瀆。腐敗的危害可以清清楚楚地看到，但官僚主義、本位主義這些毛病，大家可能最後都見怪不怪了。

市場同樣並非全知，並非全能，也不仁慈

不過，話又說回來，市場同樣並非全知，並非全能，也不仁慈。資訊不對稱告訴我們，市場主體之間的資訊是不可能完全一樣的。每一個消費者都會知道，買家沒有賣家精明。「逆向選擇」和「道德風險」無處不在。所謂「逆向選擇」，是次貨會冒充真品。如果一個二手車商人向你熱心地推銷一輛汽車，你該不該相信他呢？如果你是二手車商人，你會不會想方設法把問題最多、最不好脫手的車子先推銷出去呢？所謂「道德風險」，是指事先的承諾到了事後不再兌現。上這個當的人太多了。怎麼結婚之後和結婚之前，人就變了個樣呢？正式上班之後的表現和實習階段的表現，怎麼會相差這麼大呢？

市場也不是全能的。有很多市場是空缺的。比如，一個人在讀大學階段，並沒有收入，但卻需要繳學費。照理說，大學生可以在這個時候貸款，畢業之後拿自己的收入償還，但大學生哪裡有什麼抵押和擔保，他們如何才能貸到款？小企業面臨著同樣的困境。全球氣候異常也是我們必須面對的嚴峻挑戰，我們這一代人總得對子孫後代有個交代吧。但哪裡有一個市場機制，可以讓我們的後代和我們這一代進行交易？企業污染環境，帶來的負的外部性，也是一個經濟學裡「市場失靈」的典型案例。

市場更不是仁慈的。市場不負責溫情和關懷，市場經濟從來就沒有一顆仁愛的心。哪怕一人獨占全球的財富，其他人都無立錐之地，也不是市場經濟操心的事情。市場經濟既不善良，也不邪惡，它只是冷冰冰地計算，它只知道追求效率，甚至不會考慮到，這種短視而極端的行為是否會葬送它自己。

　　離開了政府，市場經濟的擴展會受到很大的局限，但有了政府，政府就會閒不住，總想干預市場經濟。有時候，這種干預會有效；有時候，這種干預沒有效果，但也不會帶來致命的副作用；極端情況下，政府的蠻幹可能會讓市場經濟一蹶不振。政府和市場經濟是在同一個生態系統中，彼此相生相剋，誰也離不開誰。但總有些學者，一定要辯出個孰是孰非。

　　著名哲學家丹尼爾・丹尼特（Daniel Dennett）說，如果你看到有兩批人馬，圍繞著一個問題長期爭執不下，爭得臉紅脖子粗，但就是誰也說服不了誰，那麼，十有八九，他們爭論的是個假議題，或是他們只見樹木，未見森林。

▶ 延伸閱讀：阿維納什・迪西特，《*The Making of Economic Policy*》

經濟政策：凱因斯的貓

▎薛丁格的貓

　　在動物保護主義還沒有成為一種時尚之前，天才物理學家薛丁格設

想了一個著名的思想實驗：薛丁格的貓。

假設一隻貓被關在盒子裡。盒子裡有一個毒氣瓶。瓶子上有一個錘子，錘子由一個電子開關控制，電子開關由放射性原子控制。如果原子核衰變，放出 α 粒子，就會觸動電子開關，於是，錘子掉落，砸碎毒藥瓶，貓被毒死。問題是，物理學家只知道原子核衰變的機率，無法確定在某一個時刻，原子核到底衰變了沒有，因此，如果用薛丁格方程來描述這隻貓的處境，我們只能說，它處於死亡和活著的「疊加狀態」：既是死了，也是活著。只有當我們揭開蓋子的那一瞬間，才能確定貓到底是死了還是活著。

凱因斯的貓

不太嚴格地借用薛丁格的思想，我們可以構想出另一種佯謬：凱因斯的貓。很多人都把凱因斯視為主張政府干預的代表人物，其實凱因斯只是主張在特定市場失靈的情況下才實施政府干預。不管了，讓我們將錯就錯。假設凱因斯提出，政府就像一隻關在黑箱裡的貓，在醞釀某一項政策。「凱因斯的貓」可以這樣表述：當我們沒有揭開政策的黑箱之前，政府的政策究竟好不好，我們是不知道的，它既是好的，也是不好的。只有當我們揭開了這個黑箱，政策大白於天下，我們才能知道它是好是壞。我們把這種假說稱為「弱凱因斯的貓假說」。「強凱因斯的貓假說」可以表述為：即使我們打開了黑箱，也仍然無法判斷一項政策是好是壞。

何以如此呢？第一種解釋是，政府在決策的時候往往面臨多重目標。政府要關心經濟成長，只有經濟成長了，才能得到足夠的稅收，並

創造出足夠的就業。但是，如果是粗放型的經濟成長，又會帶來環境污染，比如出現嚴重的霧霾，老百姓就要抗議，寫信給市長。如果政府把造成污染的工廠都關了，汽車限單雙號，就算空氣污染問題得到了緩解，但經濟急劇下滑，老百姓還是會抗議，還是要寫信給市長。怎麼辦？第一屆諾貝爾經濟學獎得主丁伯根（Jan Tinbergen）就指出，如果你有 n 個政策目標，那至少要有 n 個政策工具。可惜，政府工具箱裡的政策工具太少了。所以決策就是選擇。就像作家李敖說的，你不能選了紅燒明蝦，還選乾燒明蝦、吉列明蝦——你沒有那麼大的胃口。什麼是智慧？智慧就是你認為紅燒明蝦最好。什麼是意志？意志就是當你選了紅燒明蝦之後拒絕吉列明蝦。什麼是哲學？哲學就是吃了紅燒明蝦瀉肚子，坐在馬桶上還能笑出來。

第二種解釋是，政府在決策的時候總是要受制於資訊不對稱。如果你是領導，你會知道真實的情況嗎？這好像是不值得問的問題。如果你是領導，你每天都能收到幾麻袋的報告，各個管道都有反映上來的情況，你掌握的訊息量是最多的，怎麼可能不了解情況呢？可是，領導收到的幾麻袋報告中，99% 以上都是摻雜著部門利益、地方利益的。計劃生育委員肯定覺得生育率太高了，得狠狠地向社會徵收撫養費。教育部肯定覺得教育投資太少了，得投入更多錢，而且得給我錢，讓我來管。你敢完全相信他們的意見嗎？剩下不到 1% 的報告是不摻雜私利的，比如，是來自中國社科院的報告。但中國社科院的秀才們根本就不會寫報告，洋洋灑灑、離題萬里、引經據典、言不及義，看得你頭都大了。資訊多就一定能知道真相嗎？恰恰相反。資訊多，反而意味著噪音多，噪音會干擾決策。日本偷襲珍珠港之前，美國並非沒有得到有關的情報，但各種不同管道、意見相反的管道太多了，搞得美國政府無所適從，斟酌來斟酌去，最後把信號當成了噪音，把噪音當成了信號。

政府從來不關心長期問題

　　第三種解釋是，政府總是短視的，或曰，政府的決策時域不夠長。一種流行的謬誤是，政府一定要高瞻遠矚、制定長期的戰略規劃。沒有比這種幻覺更加錯誤的了。一屆政府，在任的時間也就那麼幾年，你不考慮自己在任期間的政績，反而要去操心自己下臺之後的事情？孔子說：「不在其位，不謀其政。」先管好你自己那一攤事情吧。你在臺上的時候，所有的眼睛都看著你，期待著你有出色的表現。難道你告訴他們，我做的事情只有到了五十年之後才能看出效果？經濟學家在考慮政策建議的時候，總是要計算哪種政策會帶來社會福利的最大化。政府在決策的時候，首先要考慮哪種政策的成本最小。如果沒有決策時域的約束，這兩種思路在數學上是完全等價的，但在現實政治中卻經常有著極其不同的結果。

　　政府決策在本質上談都是短期決策。沒有一個政府會突發奇想，要制定一套核發展計畫。政府關心的問題是，怎麼搶在敵人的前面製造出原子彈。沒有一個政府會正經八百地思考，幾代人之後如何建成福利國家。政府關心的問題是，一堆失業者在政府辦公大樓前面晃蕩，馬上就要出事了，怎麼把這些人好好地打發走。普魯士的「鐵血宰相」俾斯麥被後人稱為「福利制度之父」，因為他在德國帶頭實施了強制性的健康保險、老年人保險和殘疾人士保險。俾斯麥為什麼要這樣做呢？他只是為了讓工人不要造反。俾斯麥曾說：「任何一個有養老金的人，都會比那些沒有這種期望的人更容易感到滿足，更容易管理。看看那些私人僕人和宮廷僕人的區別：後者更能忍耐，因為他盼得到養老金。」在他的回憶錄中，對社會福利隻字未提。

　　第四種解釋是，政府很可能會受到利益集團的阻撓。著名經濟學家喬治・斯蒂格勒（George Stigler）曾經指出，很多情況下，政府管制都是被管制者主動要求的，管制的目的是為了限制潛在的競爭者進入。誰說做學問非得有博士學位呢？那梁漱溟、陳寅恪、梁啟超還能不能當教授？進大學教書必須要有博士學位，這個規定是為了保護我們這些已經有了博士學位、但又缺乏自信心的所謂的學者的既得利益。最近的一則消息說，政府取消了很多資格證書，流覽一下，還真是五花八門。都什麼資格證書啊？除了一些看起來高大上[1]的技術類別，還有割草操作工，還有不倫不類的中國職業經理人。真是虧他們想得出來。如果想像力更豐富一些，恐怕母乳撫育師的資格證書都能發明出來。

　　我絲毫沒有批評政府的意思，只是要提醒大家，不當家不知柴米貴。清高而單純的知識份子會故作高深地說，制度最重要，都是體制的錯，把現在這套體制改了，一切就迎刃而解。但是我剛剛提到的這幾點，在任何時期、任何一種體制下都是普遍存在的，和體制一點關係都沒有。從歷史的演變來看，制度不過是由一連串的政策形成的，而看似應急的政策之中，往往蘊含著未來的制度變遷的基因。凱因斯的貓和薛丁格的貓不一樣的地方在於，凱因斯的貓會犯錯、會學習，並會在犯錯和學習的過程中成長。

▶ 延伸閱讀：考希克・巴蘇（Kaushik Basu），《*An Economist in the Real World: The Art of Policymaking in India*》。

---

1 高上大：高端、大氣、上檔次的簡稱，用來形容高級、有水準、有品味的事物。

富國陷阱：發達國家為什麼會撤掉梯子？

▋ 發達國家說的和做的為什麼不一樣？

自由貿易是好的，產權保護很重要，只有民主制度才能促進經濟成長。這些理念已經變得幾乎不容質疑。這還有什麼好質疑的呢？如果你去看看發達工業經濟體，哪個不是支持自由貿易？哪個不是全力保護私人產權？哪個不是實行了民主競選？

但是，在發達國家還處在發展初期的時候，它們採取的政策並不是這一套。德國曾是保護政策的積極支持者。德國經濟學家李斯特（Friedrich List）說，如果讓一個幼兒和一個重量級拳擊手按照同一個規則同臺競技，這本身就是不公平的，所以要保護本國的幼稚產業。美國也曾長期實行貿易保護主義政策。林肯總統大幅度提高了美國的進口關稅。美國在經濟成長初期的時候，大量盜印英國的書籍，還派工業間諜到歐洲竊取技術秘訣。傑佛遜總統有一句名言，他說奴隸是可以私有化的，但知識怎麼能私有化呢？知識本來就應該讓大家一起分享。就連自由貿易的旗手英國，也曾經長期實施貿易保護政策，後來才改弦易轍。發達國家在經濟發展初期，沒有一個稱得上是真正的民主國家，歷史上沒有一個發達國家在人均收入低於 2,000 美元的時候實行過普選制度。

為什麼發達國家自己做過的事情，如今卻不讓發展中國家做了呢？德國經濟學家李斯特在批評英國的時候說，英國是上了樓之後就把梯子

撤掉，不讓德國上去。韓裔劍橋大學經濟學家張夏准寫了一本書，就用李斯特的這句話當書名，叫《撤掉梯子》（*Kicking Away the Ladder*）。張夏准談到，發達國家不讓發展中國家做的事情，當初自己卻做得不亦樂乎。

以貿易政策來說，理論上自由貿易當然能夠促進國際分工，擴大市場規模。但是，當今發達國家在處於趕超階段的時候，無一不曾保護過幼稚產業，從競爭對手那裡挖走技術工人，從更發達的國家走私機器，從事工業諜報活動，還故意侵犯專利及商標權。等它們的競爭力提高了，躋身發達國家行列之後，它們才開始宣導自由貿易，大力保護專利和商標，盜獵者搖身一變，成了正氣凜然的護林員。

再以產權保護來說，理論上保護私人產權能夠提供有效的激勵機制，促進經濟發展。然而在歷史上，卻經常會出現以侵犯某種既有產權來推動經濟發展的案例。英國的圈地運動侵犯了共有財產，卻方便了人們在侵占的土地上養羊，從而推動了毛織業的發展。二戰後，日本、韓國、臺灣地區的土地改革侵犯了地主的既有產權，卻為這些國家和地區隨後的發展做出了貢獻。奧地利、法國等國實行工業企業國有化，將某些工業產權從守舊、死氣沉沉的工業資本家階級轉移到熱衷現代技術、熱心投資活動的公有經濟職業經理人手中，大大推動了國家的工業發展。

沒有一種政策能夠適用於所有的時期和所有的國家

這就把我們弄糊塗了。那麼，是經濟學說的自由貿易理論、產權保護理論不對嗎？從理論上來說，自由貿易理論和產權保護理論都沒有錯。自由貿易當然能夠帶來更多的好處，產權保護也能夠讓投資者對未

來更加放心。但是，每一種理論、每一種政策都不可能適用於所有的時期和所有的國家。

在經濟發展初期，一個國家剛剛打開國門，會遇到很多來自外部的衝擊。為了緩和外部衝擊，更好地維護本國的社會穩定，國家應該提供更多的保護。最理想的保護是鞏固本國的社會保障體制，盡可能地幫助在對外開放的過程中，本國利益受損的那部分群體，尤其是工人階層。哈佛大學經濟學家丹尼‧羅德里克（Dani Rodrik）就發現，一個國家的對外開放程度越高，其政府規模相對就越大，典型的例子就是北歐國家。北歐國家個個都是小型開放經濟體，高度依賴國際貿易，但恰恰因為對外開放程度高，它們的社會保障制度也更加發達，是遠近聞名的高福利國家。次優的選擇是貿易保護主義，貿易保護主義是一種很笨拙、低效的保護政策，但總歸聊勝於無。

在社會逐漸僵化的時候，既得利益集團會成為經濟發展的障礙。打破既得利益集團，有助於促進經濟發展。怎麼樣才能打破既得利益集團呢？最好的辦法是引進新的競爭者，讓新的競爭者去挑戰既得利益集團，迫使既得利益集團也能振作起來，打起精神參加平等的競爭。如果做不到這一點呢？那麼，次優的選擇可能就是出現較大的社會變動，剝奪既得利益集團的特權，粉碎前進道路上的障礙。這一過程不可能是非常溫文爾雅的，一定會帶著暴力甚至流血，但從長遠來看，是非功過，誰與評說？

怎樣才能讓博爾特跑不過我？

我們再換一個角度來思考這些問題。如果我們實行貿易保護主義，

是不是就能自動地帶來經濟成長呢？如果我們破壞私人產權保護，是不是就能自動帶來經濟成長呢？如果我們反對民主制度，是不是就能給經濟成長創造很好的條件呢？當然不是。如果 A 不一定導致 B，那麼非 A 是不是一定能導致 B 呢？也未必，導致 B 的可能是另外的因素，比如 C。模仿西方不能保障發展中國家成功，反對西方也不一定能夠保障發展中國家成功。經濟成長沒有一種放之四海而皆準的標準答案。就像種子發芽，那是要在一切條件都具備的情況下才能出現的：土壤、水、陽光，缺一不可。

我們更需要警惕的是，有些西方觀點未必是出於對發展中國家的關心，未必是單純地好為人師，而是要用制度為藩籬，限制發展中國家的手段。規則是不是都是平等的？這很難說。如果跑步，我比不過「飛人」博爾特（Usain Bolt），但如果允許我改一下規則，我就能跑贏他。比如，我可以規定，每跑 100 公尺，就必須默寫一篇《古文觀止》裡的文章，考一道總體經濟學的題目，通過了才能跑下一個 100 公尺。在這種新的規則下，你覺得誰能跑第一呢？

在國際政治的格局之中，規則由強者書寫。發達國家利用它們控制和操縱世界經濟的實力，在制定國際經濟體系規則時很喜歡採用雙重標準。比如，發達國家對智慧財產權的保護越來越嚴，這不一定是好事。打個比方，如果我在河上修了一座橋，向過往的車輛行人收過路費，大家應該覺得是公平的吧。那麼，如果我規定，禁止任何人再修其他的橋，到河對面都要走我這座橋，是不是就很無理了？很多現行的智慧財產權保護，不是保護某種特定的生產工藝，而是保護最終產品，也就是說，哪怕你用其他的生產工藝，只要你生產的東西跟我的相似，那都是不可以的。

再比如，關於氣候變化和環境保護，發達國家也會更強調現有的排

放，忽視歷史上的排放。如果按照現有的排放，發展中國家當然責任更大，但要是考慮歷史上的排放，發達國家做得遠遠不夠。這就好比一桌盛宴，發達國家已經吃撐了，但到了上甜點的時候發展中國家才趕到，於是，發達國家說，甜點都歸你了，那麼，你把這一桌酒席的錢都付了吧。你覺得這樣的做法公平嗎？

遇到這樣的問題，不要輕易地感情用事，忙著選邊站，多想想事物的不同方面。「橫看成嶺側成峰，遠近高低各不同。不識盧山真面目，只緣身在此山中。」你應該爬得更高一些，歡迎來到海拔三千公尺的地方，再看看下面的風景。

▶ 延伸閱讀：張夏准（Ha-Joon Chang），《*Kicking Away the Ladder: Development Strategy in Historical Perspective*》。

趕超戰略：計劃經濟在中國的起源

韓戰與趕超戰略

中華人民共和國剛剛建國的時候，實行的不是「社會主義經濟」，

而是「新民主主義」，所謂的「新民主主義」，不妨認為在經濟上要更多地依靠市場經濟和私人部門。這是一種暫時的緩衝，還是深思熟慮的結果？從建國初期的歷史文獻來看，共產黨確實打算在較長的時間裡實行「新民主主義」。對中國經濟「一窮二白」的底子，共產黨比別人更為了解。

那麼，為什麼後來又急轉而左，出現了計劃經濟體制呢？這裡面的一個重要歷史事件就是韓戰。韓戰改變了中國面臨的國際政治格局。在二戰時期，中國和美國的關係不錯，美國固然更常和國民黨政權聯繫，但對共產黨也頗有好感，尤其是後來對國民黨倍感失望，一度還想拉攏共產黨。對新中國的成立，美國國內一直在辯論：是支持還是打壓呢？但韓戰導致中國和美國正式交惡，中國這才注意到，在自己的周圍，已經形成了一條「島鏈」，從韓國、日本、臺灣，一直到菲律賓等東南亞國家，全部是反華的前哨。

為了保障國家的安全，就必須發展國防，而重化工業又是國防的基礎。中國過去不是沒有工業，但有的大多是輕工業。中日戰爭爆發之前，江南的紡織業相當發達，但一旦打起仗來，日本的飛機一下就把廠房炸了。痛定思痛，中國共產黨決定實施「趕超戰略」，在較短的時間內「趕英超美」，借鑒蘇聯的經驗優先發展重化工業。

輕工業是勞動力密集型的，但重化工業是資本密集型的。新中國成立之初，百廢待興，哪裡有那麼多的資本。重工業有三個基本特徵：建設週期長，大部分機器設備需要進口，初始投資規模巨大。建國初期的中國經濟也有三個特點。一是資金短缺，由市場決定的利率很高，靠市場自發力量無法在短期內積累發展重工業所需的巨大資金；二是當時中國可以出口的產品很少，外匯短缺，無法滿足進口國外機器設備的需求；三是生產分散，動員資金非常困難。在這種國情下，要想優先發展

重工業的發展戰略，唯一可行的辦法就是集中有限的資源，透過計畫和配給的方式優先分配給重工業部門，國家必須用行政命令的方式，把軍工企業遷到偏遠的內地，國家也必須用行政命令的方式，把上海的工程師、東北的老工人，送到各地的「三線工廠」。

為了降低重工業的生產成本，需要人為壓低重工業原料價格和工人工資，同時人為扭曲匯率以低價進口機器設備。要想控制價格，前提是國家對經濟領域的全面壟斷和控制，因此在 1953 年到 1956 年的社會主義改造時期，國家將私人資本全部國有化。即使在計劃體制時期，經濟學的規律也是存在的，價格壓低的結果是生產短缺，生產要素的供應遠遠低於需求。因此國家需要對經濟中各行各業的發展進行計畫，並且用行政手段對原材料和資金進行分配，以保證重工業的優先發展。

這種高度集中的計畫也滲透到微觀層面，公司管理層沒有經營自主權，要絕對服從國家經濟計畫部門的指令。於是，計劃體制的形成，是環環相扣的。首先，價格不能由市場定，只能由國家定；其次，資源配置不能由市場價格指揮，只能有國家調配；再次，生產不能由廠長、經理自主決定，一切都要聽國家的。這就形成了一個三位一體的經濟制度：壓低生產要素價格的宏觀政策環境，以計畫為基本手段的資源配置，以及沒有自主權的微觀經營機制。

不僅是工業，連農業也被納入了「趕超戰略」的全盤計畫。在低工資和低物價的情況下，為了讓農村持續給城市工人和工業提供廉價的原料，國家先是在農村實行糧食的統購統銷[2]，以維持人為扭曲的低價，發展到最後成了所有農產品都統購統銷。1953 年開始農村合作化進程，從合作組、初級社到高級社，合作化程度越來越高。當時有一種考慮就是，

---

2 統購統銷：中國早期實行的糧食、棉花等農產品資源控制的計劃經濟政策。

當重工業發展之後，農業也要實現高度的合作化，集體農莊才能用上重化工業部門生產的拖拉機、收割機等。到最後，人口的自由流動也被嚴密地管制起來，這就出現了戶籍制度、各省的糧食自給等。

為什麼會有上山下鄉？

資本密集型的重化工業是要燒錢的，它們無法提供足夠多的就業崗位。農村的年輕人可以都去種田，自己養活自己，城裡的年輕人怎麼辦？當時實行過「頂替」制度，如果父母早早退休，家裡的孩子可以頂替父母的工作崗位。但是，當時家裡的孩子往往不只一個，老大頂替了爸爸的工作，進廠裡上班了，老二、老三該怎麼辦？毛澤東大手一揮：廣闊天地，大有可為。（《在一個鄉裡進行合作化規劃的經驗》）

於是，就有了知識青年的上山下鄉運動。為什麼要讓知識青年上山下鄉？從表面上看是一場政治運動，為了讓知識青年向貧下中農[3]學習，實際上是經濟問題，因為城裡沒有工作崗位了。

最早，政府曾經考慮過仿照建設兵團的方式，整建制地把知識青年送到農村，後來一算帳，發現這太貴了：你總得給下鄉的青年蓋宿舍吧，還得給他們拉電線，通自來水，花太多錢了。那怎麼辦？插隊唄。插隊能省下不少錢。要是把知青派到雲南去插隊，冬天的衣服不用給他們買，更省錢。為什麼有大批上海知青到了雲南呢？跟我們當時算過帳是有關係的。

---

3 貧下中農：貧農與下中農的簡稱。按照中國農村階級劃分標準，貧農是農村中的半無產階級，土地不足或沒有土地，必須租用土地或出賣部分勞動力以維持生活。下中農是中農的一部分，經濟地位較低，生活狀況在中農以下。

能造出原子彈，但生產不了的確良褲子

實事求是地說，用計劃體制發展重化工業，有其歷史必然性，也有一定的成績。新中國幾乎在完全自力更生的情況下，建立了門類相對齊全的工業體系。在國民經濟最為困難的時候，中國爆炸了自己研發的原子彈。時過境遷，我們很難理解當時中國人的心情。我們來聽聽國民黨元老白崇禧將軍的兒子、著名作家白先勇怎麼說。他說：「我記得中共在 1964 年試驗原子彈的消息公佈之後，我跟其他很多人一樣，很『中國』起來，忘了政治，忘了共產黨什麼的，只知道中國人也有原子彈了，是一件很驕傲的事情。」他和別人一樣激動得熱淚盈眶，眼淚乾了，才想起來這是共產黨的原子彈。

但是，在計劃體制下，中國的經濟能夠實現現代化嗎？ 1971 年毛澤東到南方視察，走到長沙的時候，毛澤東讓身邊的工作人員放假，讓他們到處走走，買點東西，搞些調查。一位身邊的工作人員回來後很高興，毛澤東問她怎麼回事。小姑娘說，今天很幸運，排了半天隊，終於買到一條「的確良」褲子。後來，毛澤東很感慨，他跟周恩來總理說，建國這麼多年了，老百姓還買不到「的確良」[4] 褲子，為什麼不能多生產一些？（注：原始的說法是「我們能不能也搞點化纖？不要讓老百姓穿衣這麼千辛萬苦」。）這個真的沒有。生產「的確良」褲子，需要用到化纖原料，中國沒有這個技術。我們能夠生產出來原子彈，卻生產不出來「的確良」褲子。計劃體制時期的工業化，充其量只能說成功了一半。

▶ 延伸閱讀：林毅夫、蔡昉、李周，《中國的奇蹟：發展戰略與經濟改革》，格致出版社。

---

4 的確良：聚酯纖維（polyester），具有輕薄耐磨、易洗快乾、不變形的優點。

M 型經濟：為什麼中國的計劃經濟和蘇聯的計劃經濟不一樣？

▍U 型組織和 M 型組織

上一篇提到，中國仿照蘇聯的經驗，制定了「趕超戰略」，並走上了優先發展重工業的道路，整個經濟體系最後都變成了計劃經濟。雖然蘇聯和中國高度指令化的計劃體制有很多相似性，都是為了將有限的資源優先分配給重工業部門，但改革前中國的經濟結構仍然不同於蘇聯的計劃體制，這也導致兩者後來在改革路徑和轉型結果上的差異。

著名經濟歷史學家錢德勒對比了美國汽車公司的兩種組織結構。一種是以福特公司為代表的 U 型結構，在一個大公司下面有銷售部、市場部、製造部等專業化部門，這些部門由一個中央集權的執行機構集中監管；另一種是通用汽車的 M 型結構，通用旗下的子品牌分別成立一個部門，例如雪佛蘭部門、龐蒂克部門和奧斯莫比部門，每個部門擁有各自的銷售部、市場部和製造部，相當於在一個大公司內部有好幾個小公司。

錢穎一、許成鋼等經濟學家受到錢德勒的啟發，將中國計劃體制下的科層制經濟組織稱為「M 型經濟」，而蘇聯更接近於「U 型經濟」。換言之，中國經濟是根據地域原則運用多層次、多地區的形式組織起來的，即使在計劃經濟體制下權力也是分散的，地方政府的力量很大，從來沒有出現過蘇聯那種嚴密的垂直計劃體制。

中國的 M 型經濟有其歷史根源，可以追溯到 1949 年以前根據地的經濟和軍事組織形式。建國初期中國也曾經學過蘇聯的 U 型模式，但後來在大躍進運動和文化大革命中出現了兩次行政性分權的高潮，由此中國經濟的組織形式朝著 M 型發展。

中國的計劃體制是 M 型，蘇聯是 U 型

這兩種組織形式可以幫助我們理解中國和蘇聯在經濟結構上的區別。蘇聯在中央層面成立了一百多個部委，分管不同的產業，然後由中央計畫部門來協調各產業間活動的聯繫，這就像福特公司的 U 型結構。中國經濟則是按照地域原則組織起來，中央將經濟和行政權力下放到省級政府，每個省相當於一個小經濟體，如同通用汽車下屬的分公司一樣，能夠獨立自主地管理轄區內的經濟活動，這就是「M 型經濟」。

中國和蘇聯後來在經濟改革戰略和路徑上的差異，很大程度上就是源於這種組織形式上的差異。具體來說，M 型經濟比 U 型經濟更有利於進行市場化改革。

首先是 M 型組織下可以進行改革的試驗，如果不奏效，也不會令整個經濟體受到嚴重損傷。1980 年代以來，中國的很多改革都是先在一些地區進行局部試點，成功之後再在全國範圍推廣。但對於蘇聯這樣的 U 型結構來說，各個部門是高度專業化協作關係，「牽一髮而動全身」，改革必須經過全盤設計，整體推進。

其次是 M 型經濟能夠在相同層級的地方政府之間形成競爭，調動經濟體的積極性。M 型結構比 U 型容易進行經濟績效的評估。中國的中央

政府可以比較不同省份的諸如 GDP 等經濟產出指標，但蘇聯卻無法進行這樣的比較，因為煤炭部與鋼鐵部的經濟活動是不可比的。有了經濟指標的衡量，就可以在地方政府層面形成有效的競爭關係。只要確立了績效評價體系，激勵機制就會起作用，地方政府會有動力推行能夠增加績效的經濟政策。這種地方政府的潛在競爭關係還有利於在全國範圍內形成一種競爭性的市場環境，在一定條件下能夠加速非國有經濟部門的成長。

研究計劃經濟轉軌的人通常會讚揚中國的漸進式改革，批評 1989 年以後大部分東歐國家和蘇聯採取的大規模私有化和「休克療法」。但大部分人都忽略了一點，東歐國家並不是一開始就進行激進式改革，而是在嘗試了漸進式改革、最終卻毫無成效的背景下，轉而嘗試激進式改革的。東歐和蘇聯的 U 型結構決定了局部或漸進的改革難以成功，反而會引發經濟整體的困難。中國沿用東歐早期漸進式改革的許多方法取得成功，正是因為中國經濟的 M 型結構。

當然，M 型經濟也會帶來很多潛在的問題，比如，行政性分權給中國經濟帶來的市場分割導致的規模經濟損失、重複建設、地方保護主義等問題。「天下大勢，合久必分，分久必合」，分權和集權的週期一直存在。

▶ 延伸閱讀：錢穎一、許成鋼，《中國的經濟改革為什麼與眾不同 ——M 型的層級制和非國有部門的進入與擴張》、《經濟社會體制比較》，1993 年第 1 期，第 29 至 40 頁。

溫州的故事：南下幹部與游擊隊幹部

▋ 為什麼溫州的民營經濟最發達？

改革開放以來，民營經濟的壯大是中國經濟最亮眼的成績之一，其中又以浙江的民營經濟最為發達。2016 年中國民營企業 500 強，浙江有 134 家民營企業上榜，連續 18 年蟬聯全國第一。為什麼浙江的民營經濟最發達？

一個常見的解釋是江浙一帶有經商傳統，當地的習俗和文化有利於民營經濟的發展。但這個回答忽略了浙江省內巨大的地區差異。浙南和浙東地區，例如溫州和寧波的民營經濟，在改革初期就突飛猛進，這些年來的表現一直十分出色。浙北和浙西南的部分地區，如衢州和嘉興，則緩慢得多。還有，浙江溫州和福建寧德兩地相鄰，歷史上國有資本在兩地都沒有什麼勢力，但為何改革開放後溫州的民營企業家名滿天下，寧德卻遠為落後？

很多人會認為，民營經濟壯大是政府無為放任的結果，所以越是民營經濟發達的地方，政府的行為就越不重要。但真正的答案往往藏在被我們忽視的地方。在接下來要講的溫州故事裡，你會看到，地方政府的激勵和行為與民營經濟有著十分緊密的聯繫。

早在改革開放以前，溫州的民間地下經濟就一直存在並且十分活

躍，這為 1980 年代以後民營經濟的發展打下了良好基礎。在「走資派」要被殺頭的年代，民間經濟能夠偷偷存活，離不開地方幹部的保護。但為什麼在全國都跑步進入共產主義的時候，溫州的地方幹部會冒著生命危險保護資本主義的幼苗？而且最令人費解的是，在極左的文革時期，溫州竟然來了一次「資本主義復辟」，一些縣的民營經濟甚至超過了國有部門。

南下幹部派與游擊隊幹部派

這個故事要追溯到浙江省的革命史。1949 年以後浙江省的地方幹部可以分為兩派，一部分是解放戰爭期間隨野戰軍南下的幹部（簡稱「南下幹部」），另一部分則是抗日戰爭中發展壯大並堅持在浙江打游擊的地方游擊隊幹部。1949 年以前，在浙南一代活躍的武裝游擊隊在當地有著較為廣泛的群眾基礎，在基層政權中影響力很大。在長江以北，幾乎沒有游擊隊解放當地城市的案例，但當共產黨的軍隊打到長江，國民黨已經潰不成軍，於是，在長江以南，比如溫州，就出現了游擊隊解放當地城市的「英雄事蹟」。新中國成立後，浙江的大部分地方政權都被南下幹部控制了，他們從土地改革運動中提拔年輕幹部以取代本地游擊隊出身的幹部。只有在游擊隊力量較強的浙南地區，如溫州樂清、寧波慈溪、金華等縣，基層幹部隊伍還是以地方游擊隊幹部為主。

建國初期，浙江省的高層領導絕大部分都出自南下幹部隊伍，地方游擊隊幹部在政治權力網路中被邊緣化了。這對當地的經濟發展反而是一件好事。對於游擊隊出身的本地幹部而言，與上級關係的疏遠和當時巨大的政治壓力給了他們從基層尋求「政治保護」的動力，因此在本地

推行保護群眾利益的經濟政策，以維持自身的政治生存。與之相比，地方政權中的另一派別——南下幹部的日子就好過多了。南下幹部的權力來自上級，他們的政治生涯取決於上層領導的提拔，因此他們更傾向於執行上級的命令，而不是保障群眾的利益。這也是為什麼在歷次政治運動中南下幹部更可能表現出「左傾」傾向的原因。

特別要強調的是，地方游擊隊幹部當時作為一個政治群體，可能遭到整體性的打壓，而不是其中某個幹部的政治生存面臨威脅。他們也許聰明地意識到了，他們的政治「競爭者」很難在地方政權中進行大清洗，除非是透過政治運動發動群眾揭發和批鬥才能做到。因此，為了保證自身的政治生存，地方幹部只有從基層中獲得廣泛政治支持才能消解這個潛在危險。所以，地方游擊隊幹部在當地默許和包庇地下經濟活動，其實是在以保護群眾的經濟利益來交換不被群眾運動清洗的政治保障。

激勵相容理論

如果你還記得激勵相容理論，那麼你會想到，這一理論應用到這裡再合適不過了。游擊隊出身的本地幹部之所以在最敏感的時期都小心翼翼地維護民眾「賺錢」的自由和保護私人產權，並不是因為他們大發慈悲，而是因為這符合他們自身的政治利益。1949 年以後，浙江省地方政權上的權力分化，帶來了一種非常奇特的激勵機制，使得地方游擊隊幹部更傾向於維護本地利益，而非執行上級的「左傾」經濟政策。

文革爆發之前，南下幹部在地方政權中處於強勢地位，游擊隊出身的本地幹部只能在執行政策的時候「陽奉陰違」，以減緩政治運動對當

地民間經濟的破壞。文革期間，大規模的群眾運動削弱了南下幹部的政治影響力，游擊隊幹部由於其對基層利益的保護受到的衝擊較小。1970年代，中央鼓勵地方政府發展社隊企業，地方幹部有了更大的空間推行有利於保護民間地下經濟的政策，因而出現了一個民營經濟發展的小高潮。改革開放以後，這些游擊隊幹部掌權的地區由於有民營經濟的延續性，產權保護等市場經濟發展的制度條件較好，在民營經濟和地區經濟的增長上很快脫穎而出。

　　總結一下，由於南下幹部和游擊隊幹部在地方政權的權力分配中所處的地位不同，在政治激勵和行為上產生了不同的結果。溫州的游擊隊幹部為了保障自身的政治生存，必須依靠保護群眾利益的經濟策略，默許包庇本地民眾從事地下生產和交易，也因此保存了民營經濟的火種，這才有了今天發達的民營經濟。

▶ 延伸閱讀：章奇、劉明興，《權力結構、政治激勵和經濟成長：基於浙江民營經濟發展經驗的政治經濟學分析》，格致出版社。

制度變遷：農民與國家的博弈

▎ 改革不會出現在最困難的時候

在談中國的經濟體制演變之前，我先給大家推薦一本書，托克維爾的《舊制度與大革命》（*L'Ancien Régime et la Révolution*）。我們在《舊制度與大革命》中讀到的很多精闢觀點，在觀察中國的經濟體制變革時，同樣能夠找到共鳴。

《舊制度與大革命》中談到，真正發生變革的時候，不是經濟最困難的時候，反而是經濟狀況有所改善的時候。托克維爾談到，如果一個奴隸的手腳都戴著鐐銬，他可能不會有反抗的勇氣，但如果把他的腳鐐去掉，剩下的手銬就會變得格外令人難以忍受。

回顧中國的經濟體制演變，我們能夠看到，改革並沒有發生在經濟最困難的時候，而是發生在形勢相對較好的時候。在計劃體制時期，中國經濟經歷最困難的時候是 1960 年代初期的大饑荒。大饑荒期間，有很多人死亡。雖說是天災，其實是有人禍的原因。

建國初期，在優先發展重工業的戰略驅使下，國家的行政權力深入到鄉村社會。為了保證糧食和農產品的供應，國家一開始規定了農村的生產指標，並且限制農民自由買賣自己生產的產品。隨後，伴隨著農業集體化運動和大範圍推行公有化的人民公社，進一步消滅了農民的私有權。

　　在和國家的博弈之中，農民處於劣勢。為什麼農民的私有產權可以很輕易地被國家收走？這就要回到農民過去是如何在土地改革中獲得私有權的。簡單來說，建國最初，農民獲得土地不是靠自己買來的，是國家透過土改分給農民的，既然是國家給你的地，國家說要收回，你又有什麼話說？

　　這段時期，農業生產受到極大的影響。在集體化農業生產中，做好做壞一個樣，農民無法從中得到好處，當然不會有積極性，就連監管農民生產的基層幹部都沒有積極性。集體化生產長期低效的後果到 1959 年開始顯現，隨後是三年歉收，導致了大饑荒的悲劇。

　　大饑荒是對國家合法性的極大挑戰，國家隨後不得不對農村的經濟政策進行短期的調整。值得一提的是，這些調整不是真正的改革，不過是一時的權宜之計。到 1964 年農業生產逐漸恢復以後，很多政策改革就被摒棄了。這一次的短期調整並沒有打破人民公社的制度框架，但卻保留了兩個農村產權改革的萌芽。一是恢復了以生產隊為基礎的所有制，不再激進地建更大規模的人民公社了。二是承認家庭副業的合法性，允許農民在房前屋後種點菜，以免再次出現饑荒時期餓死人的悲劇。

▌小小的讓步，為後來的改革埋下了伏筆

　　這兩個政策上的妥協為日後的農村改革埋下了伏筆。首先，生產隊的所有權在一定條件下得到了保護，這在全面公有化的農村經濟中開了一道口子。其次，允許農民家庭的自留經濟之後，農民不僅不再完全依賴集體生產，還可以透過部分退出集體勞動轉投家庭副業的方式來表達對集體農業制度的不滿。不管你到哪裡，都能發現，自留地種得很好，

集體的地常常種不好，這就是激勵機制導致的。在這一時期，農民保留了局部的退出權。在與國家的博弈中，雖然農民不能不服從國家的指令，但已經可以採取消極勞動的策略來要求國家做出一些讓步。

到了 1970 年代，中國的經濟成長其實是不錯的。文化大革命對中國經濟成長有短暫的衝擊，生產秩序遭到破壞，大家只抓「革命」，不促生產了。但隨著文化大革命的高潮逐漸退去，生產秩序逐步得到恢復。許多政治人物被當作「當權派」被打倒，但相對而言，中層和基層負責經濟管理的業務幹部陸續被再次啟用。尤其是在 1971 年「林彪事件」之後，人們已經對政治鬥爭失去了興趣，人心求穩。70 年代末，中國的糧食生產在局部地區出現了困難，這引起高層的關注，擔心會再度出現大規模饑荒。安徽省鳳陽縣小崗村「冒天下之大不韙」偷偷搞起「包產到戶」的壯舉已經是人們耳熟能詳的故事。但「包產到戶」並不是小崗村的制度創新。早在 1960 年大饑荒後國家開始調整農村經濟政策，就曾經短暫地允許農村包產到戶甚至分田單幹。這也是《舊制度與大革命》中的一個有名的觀點：大革命時代的很多制度，其實在舊制度時代就已經存在了。

1970 年代末，中國的農村改革幾乎就是 60 年代政策調整期的大規模重演，但這一次國家的上層政治結構發生了重大變化，使得農民在和國家的博弈中，能夠透過分步溝通、討價還價與國家達成互惠互利的交易，形成一個有利於調動生產積極性和經濟成長的產權制度安排。在這種新的制度安排下，農民透過「包產到戶」的形式，以保證對國家的糧食上繳和承擔經營責任，換得土地的長期使用權。大家注意，「包產到戶」不是土地私有化，它只承認農民可以獲得土地的承包權，並保護農民可以支配上繳國家之後的農業產出。但在當時來說這對農民是更為重要的，而國家也看到了這種產權形式能夠帶來更高的收益——不僅有穩定的稅收，還有對農村經濟低成本的控制系統和農民的政治支援。由

此，新的均衡產生了，農村的產權秩序得以在農民和國家的交易中重建。

陽關道與獨木橋

我們還得談談地方政府在這一制度變遷中的作用。是不是所有的地方政府都支持包產到戶呢？並非如此。萬里還在安徽的時候，北京有個長期從事農業工作的老同志過去調查研究，說包產到戶可不能搞，那是反對社會主義的。萬里則說，包產到戶是群眾要求的，他反問那位老同志，你是要群眾，還是要社會主義？那位老同志毫不猶豫地說：我要社會主義。1980 年，中央召集各個省市的領導開會討論農村改革，黑龍江省省委書記楊易辰反對包產到戶，貴州省省委書記池必卿插話說，你走你的陽關道，我走我的獨木橋。黑龍江省地廣人稀，自然不愁糧食生產，但安徽、四川和貴州這樣的地區，再不改革，真有可能再次出現餓死人的事件，所以當地的官員對農村改革的積極性更高。

所以，中國經濟的 M 型結構對農村改革的推進也有幫助。各地可以根據本地的實際情況，進行局部的試驗和創新。當改革帶來了顯著的經濟績效的改善，便可能會引起中央決策的注意，由中央與多方協調在全國推行，完成全域改革。

中國的經驗表明，有效的產權制度可以以漸進的方式，透過社會和國家的博弈，在不斷的摸索和調整過程中形成。當然，國家是否允許群眾的自發創新、是否真正貫徹群眾路線，是改革最終能不能成功的關鍵。體制的優劣，不取決於在一時一地是否效率更高，而取決於其發現問題、解決問題、自我調整的能力。失去了這種能力，社會就失去了活力，體制就失去了抗擊風險的能力。

▶ 延伸閱讀：周其仁，《產權與制度變遷：中國改革的經驗研究》，北京大學
出版社。

故事思維：影響經濟信心的秘密

真理姑娘進村記

真理是一個面若桃花、冷似冰霜的姑娘。她心地善良，但說話毫
不給人留情面。她來到村子裡，每到一戶人家，都會惹得那一家人不愉
快，最後，整個村子的人都不喜歡她，大家把她趕出了村子。

真理又冷又餓，蜷縮在村外的樹林裡。寓言發現了她。好心的寓
言把她帶回家，給她吃的喝的，還給她穿上了一套漂亮而溫暖的衣服，
叫故事。披著故事外衣的真理再次走進村民的家裡，村民們忽然覺得，
她是那麼可愛、動人。大家把離火爐最近的地方讓給她，邀請她同桌吃
飯。真理變成了大家最喜歡的姑娘。

一個好的故事，勝過一千個道理。為什麼會是這樣呢？因為人不僅
僅是理性動物，「動物精神」也影響著人的行為。在漫長的進化過程中，
人類變成了一種說故事、聽故事的物種。

　　什麼是故事？故事就是把事實串起來，讓事實變得有情節、有意義、有邏輯。如果沒有故事，我們很難理解外在的世界。生活對我們可能只是一樁一樁爛事。故事是我們的知識的基礎。有了故事，人生才有了意義。

大家都在說故事

　　好的婚姻都是靠故事支撐的。心理學家羅伯・斯滕伯格（Robert Sternberg）在《愛情是一個故事：斯滕伯格愛情新論》（*Love is a Story: A New Theory of Relationships*）一書中談到，在成功的婚姻中，夫妻兩人創造出了屬於他們自己的故事。婚姻生活就是不斷地為這個愛情故事增加細節。這個愛情故事編織了夫妻兩人的共同記憶，並把這些記憶昇華為一種價值。要想增加夫妻之間的信任，就要更好地講這個故事，透過故事不斷地增加雙方的信任。哪一天，這個故事講不下去，婚姻也就完蛋了。

　　好的企業家都會說故事。老闆要是想讓你努力工作，就會給你講建造金字塔的故事。有兩個奴隸，都在工地上搬石頭。一個垂頭喪氣，另一個精神抖擻。一個路過的行人問他們，你們在做什麼呀？那個垂頭喪氣的人說：「還不是天天把這些破石頭搬來搬去。」那個精神抖擻的人說：「看，我們在建金字塔。」

　　各個行業都在比著說故事。比如互聯網行業就最會說故事。技術進步難道僅僅出現在互聯網行業嗎？當然不是啦。如果你去看看做鞋子的、挖隧道的、養牛養豬的、造汽車輪船的，各行各業都有技術進步，

而且這些技術進步可能給我們帶來的實惠更多，但這些行業卻從未引起公眾的興趣，我們的注意力全都跟著互聯網行業走了。

故事都是套路。神話學家坎伯（Joseph Campbell）有一本名著，叫《千面英雄》（*The Hero with a Thousand Faces*）。他分析了各個文明的神話傳說，發現其實情節都差不了太多。研究敘事學的學者認為，基本的故事情節其實只有 20 多種，但我們翻來覆去地講這些故事，樂此不疲。在人類歷史上，少數打動人心的故事被不斷講述和傳頌，變化的只是故事的名稱和細節。

中國經濟奇蹟背後的故事

經濟學家不曾認真地對待故事。如果你認同凱因斯的觀點，即人們的決策會受到情緒的影響，那麼，你就會發現故事的用處。人們不需要理解，但是他們需要信任。能夠移動大山的是信仰，而不是事實的力量。事實無法形成信任，信任需要故事來維持。只有故事才能激發信任和希望。信心不僅會影響到每個人的情緒，也會影響到群體的情緒。信任是會傳染的，失去信任也是會傳染的。一個國家也好，一個市場也好，都會出現信心圍繞著故事的波動和起伏。要想理解經濟的波動，我們必須理解當時的深入人心的故事。

讓我們回想一下，過去 30 多年來，中國的經濟奇蹟是由什麼故事支撐的。當說起過去 30 年中國的經濟奇蹟時，我們似乎講的只是一個故事，其實並非如此。1980 年代的中國經濟和 90 年代的中國經濟，增長的樣子非常不一樣。

　　1980 年代，我們講的故事是改革。比如，最有傳奇色彩的故事是小崗村的農民怎麼偷偷地把村裡的地給分了。改革釋放出巨大的潛力，幾年的時間內，中國的溫飽問題就解決了。90 年代，我們講的故事是開放。最有說服力的故事是中國加入 WTO。在加入 WTO 之前，幾乎所有人都擔心，加入 WTO 之後，外資大舉進入中國，中國企業的競爭力會受到很大的衝擊。結果，中國企業的競爭力反而在入世之後迅速提高。在 80 年代和 90 年代，中國經濟並非事事順利，比如，80 年代城裡的國有企業改革，效果就不如農村體制改革好。90 年代初期的宏觀調控，事後來看也有可以改進的地方，但是，大的故事講好了，人心就穩，人心就齊，信心自然就有了。

　　當前的中國經濟基本面並不差，但信心卻不如以前。一個原因，可能就是這幾年的故事講得不好。無論是反腐、「雙創」[5] 和「互聯網＋」，都不可能和當年的改革、開放那樣醒目、清晰、震撼人心。要是想提振中國經濟的信心，講小的故事是沒有用的，必須找到一個宏大的故事。在我看來，最好的故事題材是講民生。如果能夠突出這條故事的主線，從教育、醫療體制改革突破，同時解決中國過去遺留的環境污染問題和未來不得不面對的人口高齡化問題。短期內提高投資、中期內調整結構、長期內推動體制改革，才能夠真正把人氣凝聚起來。

　　2017 年是講一個新故事的最好的時機。觀眾已經入席，喧鬧聲已經消失，大家屏住呼吸，只等布幕揭開。

▶ 延伸閱讀：喬治・艾克羅夫（George Akerlof）、羅伯・席勒（Robert Shiller），《*Animal Spirits*》。

---

5 雙創：大眾創業、萬眾創新的簡稱，中國 2015 年起推動的創業及創新政策。

第四章

經濟成長的迷霧

導讀

你在海平面看到的經濟學

按照主流的經濟成長模型，窮國的經濟成長速度應該比富國更快，最終達到趨同。窮國之所以窮，是因為其儲蓄率低，沒有辦法增加投資。同時，窮國的人民受教育程度不高，如果增加投資和教育，就能刺激窮國經濟成長。主流經濟學還相信，技術進步能夠不斷地推動經濟成長，而且技術進步的速度會越來越快，經濟成長也會一直保持下去，所以，下一代的生活水準一定比上一代更高。

你在高海拔看到的經濟學

沒有能夠帶來經濟成長的靈丹妙藥。冷戰時期，發展中國家得到了不少外來的援助，但沒有一個國家因為獲得外援而實現了經濟成長。教育也無法自動地促進經濟成長，因為學校的文憑並不代表勞動力的生產效率真的提高了。經濟成長歸根到底要靠激勵機制，而這要靠各種條件和一點關鍵的運氣。技術進步和經濟成長不是線性的。從 1920 年到 1970 年，發達世界經歷了一次技術進步和經濟成長的大躍進，但在 1970 年代

之後，全球的經濟成長率在下降，而且以後很可能會進一步下降。

本章簡介

《李約瑟之謎：提問的最佳方式是什麼？》談到，我們應該怎麼樣認識東西方的差異。李約瑟之謎問的問題是：為什麼西方出現了工業革命，中國卻沒有出現？這種提問方法是錯誤的。你不能問，為什麼鴨子會游泳，而雞不會，你應該問，在進化的過程中，鴨子是如何學會游泳的本事，而雞為什麼選擇了另一種進化的道路。

《儲蓄—投資缺口：窮國之所以窮，是因為沒錢嗎？》談到，二戰之後，發展經濟學認為窮國之所以窮，是因為他們收入低，所以賺不了很多錢，儲蓄很少，儲蓄少則投資少，投資少就無法實現經濟成長。根據這種想法，如果給窮國更多的援助，它們就能加快發展。遺憾的是，從來沒有一個國家是依靠外援實現經濟成長的。

《人力資本投資：為什麼教育無法促進經濟成長？》談到，發展經濟學家又說，窮國之所以窮，是因為教育水準不高，用經濟學的術語，就是人力資本的投資不足，所以要幫助窮國發展教育。遺憾的是，這一招也不靈。學校裡教的，未必是找工作的時候需要的技能。知識改變不了命運，只有改變思路，才能改變命運。

《溢出效應：貧窮會傳染，富裕也會傳染》談到，經濟成長中存在著偶然性。貧窮是一個均衡，富裕也是一個均衡，關鍵在於如何讓窮人跳出「貧困陷阱」。只要有了創新的種子，而且有了土壤、水和陽光，種子很快就會生根發芽。一旦進入到富裕均衡，所有的成功都會變得更加容易。

《現代生活：我們所熟悉的現代生活是從何時出現的？》談到，我們熟悉的現代生活其實還不到 100 年的歷史。在 100 年前，人的壽命是短暫的，醫療技術極差，生活條件艱苦，缺少現代生活中的種種便利。我們所能夠享受到的生活品質，是 100 年前的王公貴族都不可能享受到的。

《衣食住行：重溫帶來現代生活的衣食住行革命》談到，在過去 100 年的時間裡，我們的衣食住行都發生了哪些重要的變化。過去我們自己縫衣服，現在都買成衣；過去我們很難讓食物保質、無法長距離運輸肉類，現在則大量依靠冷凍和加工食品；過去我們靠步行和馬車，現在則坐飛機輪船、開汽車；過去我們的房子是獨立的，現在的房子則透過各種公共設施連接在一起，城市裡有了電，有了給水和排水系統，有了公路，才徹底改觀。這是一次史詩般的革命，可惜找不到可以讚頌的英雄人物，是無數無名英雄推動了這場革命。

《黃金時代：1920 至 1970 年間的大躍進》談到，在過去 100 年中，1920 至 1970 年的經濟成長表現最為突出，是前無古人、後無來者的大躍進。相比之下，1970 年之後，一直到今天，經濟成長的表現都平平。不要忘記，在 1920 至 1970 年期間，爆發了大蕭條、第二次世界大戰，二戰之後全球經濟長期處於管制，還能有如此高速的經濟成長，不能不令人驚嘆。

《不破不立：為什麼大蕭條和第二次世界大戰能夠刺激經濟成長？》談到，禍福相依，大蕭條和第二次世界大戰反而刺激了經濟成長。大蕭條推動了一系列社會改革，這些改革提高了工人的積極性。第二次世界大戰期間，戰時經濟不僅僅給製造業企業提供了訂單、給工人提供了就業崗位，而且迫使企業不斷地提高生產效率。最大的奇蹟在於，第二次世界大戰之後，軍用經濟在很短的時間之內轉化為民用經濟，成功地避免了一場衰退。

　　《新經濟幻覺：電比電腦更重要》談到，1970 年代之後，美國的經濟成長風光不再。在 90 年代出現的「新經濟」短暫地拉動了美國經濟成長，但很快又走向低迷。以電腦為代表的第三次產業革命和以電為代表的第二次產業革命相比，對經濟的影響範圍更小，拉動作用不強。即使我們考慮到未來可能出現的較大的技術變革，比如生物工程、人工智慧、3D 列印等，期望再回到 1920 至 1970 年間的高速增長都是不現實的。

　　《未來風險：經濟成長遇到了「頂頭風」[1]》談到，美國經濟未來可能會遇到更多的「頂頭風」，比如收入不平等的加劇、教育水準的下降、債務壓力居高不下，以及全球化退潮、氣候變化等。這些因素會形成更大的阻力，使得美國的經濟成長舉步維艱。這些問題不僅僅是美國經濟遇到的問題，很多其他國家也同樣會遇到類似的挑戰。

　　《長期停滯：如何在經濟成長率放慢的時代生活？》談到，即使是像中國這樣的新興經濟，高速經濟成長的黃金時代也已經一去不復返了。從人口因素、經濟結構變化看，我們都無法想像中國仍然能夠保持像過去那樣的高速增長。從中等收入國家晉級高收入國家，不需要過分關注一年、一季的經濟成長率，更關鍵的是要在一段較長的時間裡保持持續且穩定的增長。

---

1 頂頭風：逆風。迎面吹來的強風。比喻所遭受的困難、挫折或阻力。

李約瑟之謎：提問的最佳方式是什麼？

▋李約瑟之謎，引無數學者競折腰

　　大家可能聽說過「李約瑟之謎」。英國學者李約瑟（Joseph Needham）對中國古代的科學技術很感興趣，他編著了 15 卷的《中國科學技術史》。在回顧了中國古代燦爛輝煌的科技成果之後，李約瑟不解地問：「中國古代對人類科技發展做出了很多重要貢獻，但為什麼科學和工業革命沒有在近代的中國發生？」

　　對無數學者而言，「李約瑟之謎」太刺激了，「引無數學者競折腰」，他們都希望自己能解答「李約瑟之謎」。李約瑟本人也做了嘗試，但並不理想。比如，他談到，中國古代有科舉制度，科舉制度禁錮了人們的自由思想，學生都去背四書五經了，所以無法探索科學真理。

　　這個解釋非常牽強。的確，科舉會影響到學生的知識準備。唐朝科舉加試寫詩，於是，文人們都去寫詩了，這是唐朝詩歌雄極一時的重要原因。但是，元朝幾乎絕了士子的科舉之路，於是，大家都去寫劇本了，元曲也能蔚然成風。同理，如果科舉加考科學，那可能中國古代的「科學家」會多很多，但這樣就能激發出中國的「科技革命」？如果按照李約瑟的說法，那麼，廢除科舉，士子們就會去探索科學道理？我看不見得，估計獲利的是秦淮河邊演奏樂曲、表演歌舞的場所。

　　後來，學者們把「李約瑟之謎」進一步放大。從中國為什麼沒有出現現代科學，變成了中國為什麼沒有出現現代化，為什麼沒有出現資本主義，為什麼落後等等。

　　問題越大，回答起來就越難。為什麼中國落後？因為制度不行。這是最容易被人們接受的一種回答。那究竟是什麼制度不行？為什麼不行？答案就五花八門了。

為什麼鴨子會游泳，而雞不會？

　　當我們遇到這種大而無當的問題時，應該退一步，認真想想，是不是題目出得不對。不是說老師出的每個題目都是對的。當碰到糊塗老師出的糊塗題目，你可以拒絕回答。

　　我們先不要著急去回答「李約瑟之謎」。不妨仔細想想這個問題背後的前提假設。「李約瑟之謎」背後的假設是，近代科學和工業革命是每個文明都必然會出現的東西，但歷史中充滿了偶然性，近代科學和工業革命很可能是西方的希臘歐洲文明演化出來特有的偶然性事件。好比你問，為什麼雞不會游泳？廢話，雞天生就不是要游泳的，游泳是鴨子的事情好不好。那我們應該怎麼提問呢？或許，我們應該問的是：為什麼鴨子在進化中學會了游泳的本領，而雞卻沒有？回到「李約瑟之謎」，更準確的提問應該是：為什麼西方文明演化出了近代科學和工業化，而其他文明卻沒有？

加州學派

　　看起來這和原始版的「李約瑟之謎」並沒有太大的差別，但問題的表述變了，思路就會改變。這裡向大家推薦幾本書，供大家進一步閱讀。這幾本書的作者大多在美國加州的大學裡執教，因此被稱為「加州學派」。

　　1. 彭慕蘭（Kenneth Pomeranz），《大分流：現代世界經濟的形成，中國與歐洲為何走上不同道路？》（*The Great Divergence: China, Europe, and the Making of the Modern World Economy*），衛城出版。

　　2. 貢德・法蘭克（Andre Gunder Frank），《*ReOrient*》。

　　3. 王國斌（R.Bin.Wong），《*China Transformed: Historical Change and the Limits of European Experience*》。

　　即使同屬「加州學派」，不同的學者觀點也有分歧。大致上來說，他們的共同之處在於，都不承認所謂的「歐洲中心論」。在 1500 年前後的世界，財富主要集中在東方，而中國在這個「東方」世界中地位舉足輕重。之後，歐洲才開始崛起，並且在 18 世紀較晚的時候，東西方的「大分流」才出現。

　　為什麼歐洲會率先出現工業革命呢？其實，跟近代科學並無直接的關係。工業革命初期的技術進步是工匠們推動的，跟科學家無關。工業革命首先出現在英國，是各種因素因緣際會的結果。最早建立全球帝國的是西班牙和葡萄牙，工業發展最早的是義大利和荷蘭，英國之所以能後來居上，一個重要的原因是因為有煤。法國人梯奎（Ticquet）曾把煤稱為「英國財富的最大來源」。有了煤，就能煉鐵。英國的鐵器製造業在16 至 17 世紀有了長足的發展，能夠生產上千種鐵器。據估計，當時英國

人平均使用的鐵量，是中國人的 10 倍。與英國相比，中國最發達的江南地區缺煤缺鐵，也缺少木材。江南一帶人家蓋房子，都不得不「兼用竹木」。當時，英國冶金工人一年砍伐 20 萬株大樹，只為了燒炭，這對中國人來說是難以想像的。

江南的早期工業化

為什麼中國沒有出現工業革命呢？不是因為中國在科技方面不行。中國人並非對技術陌生。儘管中國未發明出蒸汽機，但與蒸汽機有關的許多關鍵技術，比如活塞、閥門、皮帶傳動，在中國出現得比歐洲還早，甚至有歐洲學者認為，歐洲的蒸汽機發明，在有些方面受到中國技術的啟發。1862 年，徐壽和華蘅芳在安慶成功地研製出中國第一臺蒸汽機，但由於江南缺少煤鐵，始終未能在中國廣泛流傳。中國在唐宋時代就會製作明輪船，但由於金屬匱乏，中國明輪船的關鍵設置，比如轉軸和傳動齒輪，一直是木質的。活字印刷一度是用銅版，但到萬曆之後就少有用銅活字。到康熙年間，朝廷要編纂《古今圖書集成》，用銅版活字。到了乾隆年間，由於鑄錢缺銅，又把銅版活字銷毀，拿來鑄錢了。

儘管中國沒有煤和鐵，但我們有優秀的人力資本。江南富有人工，且是素質較高的勞動力。江南士子不僅冠蓋文物，就連普通的農夫農婦，也大多接受過讀寫和計算的教育。這種不同的資源稟賦，導致江南和英國採取了不同的技術路徑。

在英國早期的工廠裡，工人的處境是非常悲慘的。這些工人多是沒有受過教育，又失去了土地的農民，不到工廠裡打工，又能做什麼呢？

儘管工作環境惡劣，勞動時間長，還要忍受工廠主或工頭的呵斥，那也只能認命了。馬克思曾經說過，英國的一些手工工廠，寧願使用一批「半白癡」來從事簡單機械的工作，這就是工廠的秘密。

你能想像中國江南的技工甘心到污濁的工廠裡打工嗎？資源稟賦不僅決定了技術路徑的差異，還導致生產組織方式的不同。中國的原始工業化並未催生歐洲那樣的工人集中生產的工廠制度，在江南盛行的是獨立經營的中小企業。這不僅是因為江南缺乏機械和機器，而且也是因為江南難以建造大廠房。營建廠房的成本高昂，只能讓普通人家望洋興嘆。從另一個角度來說，既然江南技工心靈手巧，大多是熟練勞動力，自己就能夠運作一個小型的手工作坊，自己就把生產、記帳、銷售都包了下來。

我們學習的目的不是為了尋找標準答案，而是為了鍛鍊獨立思辨的能力。我們談「李約瑟之謎」，是借這個案例，引導大家不斷反思。

▶ 延伸閱讀：李伯重，《江南的早期工業化（1550-1850）》，中國人民大學出版社。

儲蓄─投資缺口：窮國之所以窮，是因為它們沒有錢嗎？

富國援助窮國的邏輯

窮國之所以窮，是因為沒錢嗎？

這聽起來是同義反覆，「窮」的定義不就是沒有錢嗎？其實不然。

最早的經濟成長理論非常強調投資的作用。經濟學家認為，投資才能帶來經濟成長，而且，他們做了一個很「簡單粗暴」的假設，即投資的增長率和經濟成長率之間有固定的比例關係。舉例來說，如果投資率（即投資占 GDP 的比例）為 4%，能夠帶來 1% 的 GDP 增長率，那麼，如果你想把 GDP 增長率提高 4% 呢？很簡單，投資率需要提高到 16%。西方經濟學家提出這個理論，是從當年蘇聯制定經濟計畫受到的啟發。蘇聯當年就是這麼預測經濟成長的。怎麼提高投資率呢？你必須提高儲蓄率。投資需要的錢，來自儲蓄存下來的錢。可是，窮國的儲蓄率很低，拿不出足夠的錢投資。比如說，一個窮國的儲蓄率只有 GDP 的 4%，但要想實現 4% 的經濟成長，需要 16% 的投資率，也就是 16% 的儲蓄率。這就有一個 12% 的儲蓄─投資缺口。

怎麼辦呢？富國可以給窮國提供援助，填補這個缺口。咦，富國為什麼要做這個好事呢？

　　1950 年代，正是鐵幕剛剛落下、冷戰剛剛登場的時候，西方國家對蘇聯體制充滿了恐懼。這種恐懼也不是沒有道理的。50 年代和 60 年代是資本主義國家經濟成長的黃金時代，但就在這段時期，計劃體制國家的經濟成長仍然超過了資本主義國家。1950 至 1965 年期間，西方資本主義國家的年均 GDP 增長率為 3.15%，而計劃體制國家的年均 GDP 增長率則達到 4.43%。西方的經濟學家注意到，計劃體制國家的儲蓄率和投資率普遍比較高。為什麼呢？因為計劃體制國家可以用國家的強制力量，汲取更高的儲蓄。計劃體制國家幾乎都以「趕超戰略」為基本政策，強烈地追求經濟成長，但很少考慮消費者的福利水準。

　　很多西方的經濟學家對此憂心忡忡。有一個叫羅斯托（Walt Whitman Rostow）的經濟學家寫了一本書叫《經濟成長的階段：非共產黨宣言》（*The Stages of Economic Growth: A Non-Communist Manifesto*）。他在這本書裡說，在經濟起飛階段，最重要的因素是投資率能不能從 5% 提高到 10%。羅斯托的這本書的副標題是「非共產黨宣言」，他認為，如果西方不對發展中國家提供援助，就會有更多的發展中國家變成社會主義國家。

　　羅斯托是艾森豪總統的經濟顧問，在甘迺迪總統和詹森總統執政期間，他都是政府要員。羅斯托成功地說服了幾任美國總統增加對外援助。艾森豪總統期間，美國的對外援助開始大幅度增加。1959 年，美國通過了對外援助法案。甘迺迪總統期間，美國的對外援助增加了 25%，詹森總統期間，美國的對外援助創下了歷史新高。

迦納：援助失敗的案例

　　大規模對外援助的結果如何呢？幾乎沒有一個發展中國家依靠援助實現了經濟成長。影響投資決策的是投資的回報率。如果投資的回報率高，人們自然會樂於投資，但對外援助無法提高投資的回報率。這些受援國拿到更多的錢之後，只是把這些錢輕易地揮霍掉了。我們不妨看看當時的一個明星國家。1957 年，非洲撒哈拉地區的第一個獨立國家誕生了，這個國家原本被殖民者叫作黃金海岸，後來改名迦納。蘇聯和美國爭相向迦納提供貸款和技術援助。當時世界上許多最著名的經濟學家為迦納出謀獻策，其中包括第一個獲得諾貝爾經濟學獎的黑人經濟學家亞瑟·路易斯（William Arthur Lewis）、著名的總體經濟學家尼古拉斯·卡爾多（Nicholas Kaldor）和發展經濟學家阿爾伯特·赫緒曼（Albert Hirschman）。

　　迦納國父恩克魯瑪（Kwame Nkrumah）是一位具有超凡魅力的領袖，深受群眾愛戴。他在賓州大學獲得碩士學位，在倫敦政治經濟學院獲得博士學位。迦納自然資源豐富，盛產可可、鋁土礦和黃金。獨立之初，迦納算得上是非洲大陸「富裕」的國家之一，基礎不可謂不好。恩克魯瑪政府野心勃勃，他們修築公路、發展工業、興建學校，希望讓迦納儘快成為一個工業化國家。恩克魯瑪政府最雄偉的計畫是在西非第二大河流沃爾特河上修築一座大壩。大壩可以發電，電可以提供給鋁廠。水庫可以灌溉，還可以發展漁業。世界銀行和英美政府提供了貸款，恩克魯瑪政府很快修建了阿科松博大壩，大壩圍出來了當時世界上最大的人工湖──沃爾特湖。迦納經濟起飛的時刻終於來到了。

　　過了 30 年，當年建成的發電廠和鋁廠依然存在，但迦納人和 1950 年代早期一樣貧困。生活在湖邊的老百姓成了災民，原來的家被淹沒了，人們還不得不忍受血吸蟲病、瘧疾、十二指腸潰瘍和水盲症等疾病的困擾。1966 年，軍方發動政變，把恩克魯瑪總統趕了下臺。聽到這一消息，首都阿克拉居然出現了盛大的遊行，迦納人民已經對恩克魯瑪失望透頂，他的雄心壯志只是給人們帶來了食物短缺和通貨膨脹。繼任的迦納領導人也不怎麼樣。在這之後的 15 年內，迦納發生了 4 次政變。1983 年，迦納的人均收入甚至低於剛剛獨立時的水準。

　　願意幫助窮國的人們想當然地認為，它們最缺的就是錢，能夠用來投資的錢。只要有了足夠的資金，能夠填補所謂的「儲蓄—投資缺口」，落後地區自然就能實現經濟起飛。一次又一次，這樣的美好幻想最終都以失敗告終，但似乎阻擋不了新的計畫猶如飛蛾撲火般前仆後繼。

▶ 延伸閱讀：丹尼・羅德里克，《*One Economics, Many Recipes: Globalization, Institutions, and Economic Growth*》。

人力資本投資：為什麼教育無法促進經濟成長？

並不是教育越發展，經濟成長就越快

各國政府和世界銀行等國際組織都很重視教育。在全球範圍內，教育有了長足的發展。1960 年代，發展中國家的小學入學率只有 66%，現在已經達到了 100%，中學入學率也已經從 14% 提高到了 40% 以上。

無論是哪個流派的經濟學家，主張政府作用的也好，主張自由市場的也好，都認為教育能提高勞動生產率，而且會帶來正的溢出效應。也就是說，要是大家一起好好學習，比每個人自己好好學習，帶來的收益更大。按照這個推理，發展教育就能促進經濟成長。

真的是這樣嗎？ 2004 年，曾經為世界銀行工作多年的哈佛大學經濟學家蘭特‧普利切特（Lant Pritchett）發表了一篇報告，題目叫〈教育都跑去哪了？〉（Where has all the education gone?）。 他分析了 1960 至 1987 年間十幾個富國和窮國的資料，結論是：沒有確鑿的證據表明教育發展和人均產出增長率之間存在正相關關係，也就是說，並不是說教育越發展，經濟成長就會更快。

舉例來說，非洲一些窮國的教育發展其實很快。1980 至 2004 年，撒哈拉以南的非洲國家人口識字率從 40% 上升到了 61%，但就在這個時

期，這些非洲國家的人均收入下降了 0.3%。你可能會說，那是因為非洲國家一開始教育水準太低，所以才顯得它們的教育發展速度更快，不能高估它們的教育水準。

那我們不妨再看看東亞四小龍。很多人認為，東亞四小龍之所以實現了經濟起飛，是因為這個地區的人們更重視教育。而其他亞洲經濟體，以及非洲、拉丁美洲的國家一直落後，是因為教育不行。

我們把時光倒回 1960 年。這一年，臺灣的人口識字率只有 54%，菲律賓是 72%。臺灣地區實現了經濟起飛，菲律賓沒有。同一年，韓國的識字率是 71%，阿根廷是 91%。韓國實現了經濟起飛，阿根廷沒有。我們還可以再舉個例子：蘇聯、東歐國家的國民受教育年限並不遜色於西歐和北美，但其人均 GDP 卻遠遠低於後者。

你可能會說，東亞的孩子學習更刻苦，老師教得更賣力。你可能還會說，蘇聯、東歐的教育體制不對，不像歐美國家那樣強調學生的創造力。各國之間的教育品質是有差異，但這種差異似乎並不足以解釋它們經濟成長的巨大差異。

學校教育和技能訓練脫節

如果說發達國家和發展中國家之間的教育品質差異很大，那麼，發達國家之間的教育差異應該沒有那麼大吧？讓我再告訴大家一個「瑞士悖論」。瑞士不能不算是發達國家吧，而且它可以算是發達國家中的發達國家、優等生中的優等生。奇怪的是，瑞士的大學入學率是富國中最低的。1990 年代，瑞士的大學入學率只有富國平均水準的三分之一。1996

年，瑞士的大學入學率只有 16%，OECD（經濟合作與發展組織）國家的平均大學入學率是 34%。2007 年，瑞士的大學入學率提高到了 47%，但芬蘭是 94%，美國是 82%，丹麥是 80%，事實上，瑞士的大學入學率比希臘、立陶宛和阿根廷都低。

讓我聲明一下，不是說教育沒有用。教育啟迪了民智，充實了我們的心靈，給我們的生活增添了更多的樂趣和意義。即使教育沒有促進經濟成長，也不能因此就對教育判死刑。

不要對教育過於迷信

為什麼教育發展和經濟成長沒有直接的關係呢？可能是因為，我們在學校裡學的某些知識，對勞動生產率的提高沒有直接的作用。如果你是個小提琴手，學習微積分並不能提高你的演奏水準。如果你是一個銀行家，學習歐洲中世紀的歷史並不能提高你的業績。

從另一個角度來看，應該區分學習和教育。學習是你自己的事情，教育是老師的事情。學習大於教育。教育往往局限於學校裡老師照本宣科教給你的那些知識，但要是真的想提高技能，實習和在崗培訓比學校教育更重要。真正的技能都是「從做中學」的，很多都是「只可意會，不可言傳」的，不親身體驗就無法體會。

如果給政府提個建議，那就是不能對教育過於迷信。增加教育投入是對的，但更要關注怎麼教、教什麼。我們的教育政策不是沒有犯過錯誤。從 1989 年開始，為了救助貧困地區的失學少年，政府搞了「希望工程」，建了很多「希望小學」。有用沒有用？當然有用，但不是那麼有用。

　　我曾經到很偏僻的山區調查研究，發現村子裡村民的房子破破爛爛，半山腰上卻有一座相當現代化的「希望小學」，但走到門口一看，門是鎖著的，鎖是生鏽的。「希望工程」沒有考慮到後來發生的一個巨大的變化：很多農村的孩子跟著父母到城裡去了，村裡沒有那麼多學生了。1999 年，大學開始擴大招生。這本來是好事，但培養出來的大學生該到哪裡就業呢？這個政策實施了十幾年，弊端越來越多，不得不叫停。

　　如果給家長和學生提個建議，那就是不能對教育過於迷信。學校教給學生的，不是都有用，或至少不是對提高勞動生產率最有用的。找到孩子真正的天分和興趣，培養孩子的自學能力、動手能力、社會實踐能力、團隊精神，才是更重要的，而學校裡未必教得了這些。拿一張文憑，就能找到一個理想的、穩定的工作，這種想法已經越來越不靠譜了。

　　最後，還得要告誡大家，不能在學習這件事情上太功利。不是所有的教育都是為了以後賺更多的錢。如果你把教育當作投資，就必須認真籌劃，儘量提高教育投資的收益率，但就算是你認真地籌劃了，很可能也不得不面對教育投資的收益率不斷降低這個黯淡的前景。如果教育投資的收益沒有你想像中的那麼高，你會不會就不再學習了呢？其實，教育也可能不是投資，而是消費，甚至是一種必需的消費。要帶著你的好奇心去學習，要學會用平常心看待教育。

▶ 延伸閱讀：張夏准，《*23 Things They Don't Tell You About Capitalism*》。

溢出效應：貧窮會傳染，富裕也會傳染

孟加拉成衣業的奇幻之旅

1980 年，孟加拉的一位商人努爾‧卡迪爾（Nur Qadir）創辦了一家服裝公司生產襯衫。在此之前，孟加拉沒有一家大型服裝公司。1979年，孟加拉全國的服裝行業工人加起來還不到 40 個。卡迪爾曾經在政府部門工作過，他社會關係很廣。為了開辦服裝公司，他找到了一個國外的合作夥伴──韓國的大宇公司。大宇公司當時是世界上最大的服裝公司之一。大宇公司和卡迪爾一拍即合，因為韓國的服裝出口受到美國和歐洲的限制，必須有進口配額才行。為了繞開美歐的貿易壁壘，大宇也在尋找海外生產基地。孟加拉沒有配額限制，在孟加拉生產襯衫，可以繞道出口到美歐市場。

大宇公司和卡迪爾的公司簽了一個合作協定。卡迪爾送了 130 名員工到韓國接受培訓。作為回報，卡迪爾的公司要把總銷售收入的 8% 交給大宇，算是支付專利費和銷售傭金。卡迪爾的公司發展得很快。開業第一年，他們就生產了 4 萬件襯衫。更成功的是，孟加拉的工人很快就掌握了韓國的技術。僅僅在投入生產一年之後，卡迪爾的公司就取消了和大宇的合作協定。他們能自己生產襯衫了。1987 年，這家公司的產量已經達到 230 萬件。

大宇一開始簽合作協定的時候，並沒有想到孟加拉的工人這麼快就

把技術學走了。卡迪爾也沒有想到接下來發生的事情。他送到韓國培訓的 130 名孟加拉工人中，有 115 人先後離開了他的公司，自己開工廠當老闆。10 年之後，孟加拉的成衣出口規模已經達到 20 億美元。

後來，孟加拉的成衣出口也遇到了美歐的貿易壁壘，發展得並不是一帆風順。孟加拉到現在也沒有實現經濟起飛，還是一個落後國家。但是，卡迪爾的故事告訴我們一個道理，經濟發展說難也難，說容易也容易。最關鍵的不是從 1 到 100，而是從 0 到 1 的「驚險一躍」。

貧窮是一種均衡，富裕也是一種均衡

貧窮是一種均衡，富裕也是一種均衡。假設你生活在一個貧窮的社區，周圍的人都無所事事，不思進取。你會做什麼？

你很可能也會隨波逐流。就算你不甘心虛度光陰，想做些事情，該做什麼？你不知道。假設你想開個小作坊，生產些東西賣，該生產什麼？生產玩具好呢，還是生產襪子？你不知道。就算你聽說了，有一種玩具賣得很好，比如說孩子們都喜歡飛機模型，你也想生產，該怎麼生產？你沒學過。就算你到處拜師，學會了怎麼生產，設計圖也畫好了，該到哪裡買材料？為什麼致富這麼難呢？因為你掉進了「貧困陷阱」。

你玩過《世紀帝國》沒有？《世紀帝國》是微軟出品的一款電玩。遊戲一開始，你站在一棵灌木的旁邊，周圍一片黑暗。你得一點點探索，周圍的世界是什麼樣子才會展現出來。在貧窮的社會裡，周圍的世界對你來說，就是這樣黑暗無助。經濟學家總是覺得，只要有了市場經濟制度，人們馬上就會找到創造財富的機會。這真是站著說話不腰疼，

你讓他們自己試試。

假設你生活在一個富裕社區。周圍的家庭有的辦企業，有的做投資，有的是教授，有的是官員。你們家裡辦個家庭聚會，各行各業的精英都會過來，大家各自交流心得體會，他們見多識廣，創業經歷豐富多彩。你無意中提到，自己有個好點子，可以把機場的電梯改成自動安檢。馬上有個風險投資家說，好，我先給你一千萬，你做一個試試看。

你真的做出來了，馬上有一個朋友說，我認識機場的經理，幫你推薦一下。你的長處是有好的點子，隔壁的年輕人是個工程天才，你們還有個朋友擅長市場推廣，很快就組建了一支「夢之隊」。

你想要成功，就得跟成功的人在一起。成功的人在一起，會更加成功。《聖經》裡說：「凡有的，還要加倍給他叫他多餘；沒有的，連他所有的也要奪過來。」

按照經濟學的解釋，這是因為知識有溢出效應。一個社會積累的知識越多，新的知識就越容易湧現。知識的存量越多，每一項新知識的收益越大。新知識的收益越大，進行知識投資的激勵就越強。

▶ 延伸閱讀：威廉・伊斯特利（William Easterly），《*The Elusive Quest for Growth: Economists' Adventures and Misadventures in the Tropics*》。

現代生活：我們所熟悉的現代生活是從何時出現的？

沒有抽水馬桶的日子

　　我聽一位老師說過一個關於科索沃戰爭的故事。1999 年，以美國為首的北約組織強迫塞爾維亞同意科索沃獨立，遭到塞爾維亞的拒絕。於是，北約組織以保護人權為名，向塞爾維亞發動空襲。第一輪和第二輪空襲主要針對塞爾維亞的部隊和軍用設施，但是，塞爾維亞並不屈服。北約要炸塞爾維亞的大橋，就有塞爾維亞人站在橋上示威。第三輪空襲擴大了攻擊的範圍，北約開始轟炸塞爾維亞的民用設施，比如電廠、水廠、通訊系統、公路、鐵路、工廠、商店，等等。塞爾維亞最終屈服了。

　　我的這位老師曾經問一位塞爾維亞人，為什麼北約轟炸你們的橋樑的時候，你們連死都不怕，敢站在橋上跟北約挑戰，而後來轟炸了電廠、水廠，你們就屈服了？那位塞爾維亞人說，停水斷電之後，晚上沒有電燈，抽水馬桶用不了，每天都不能洗澡，生活就像回到了中世紀，這誰能受得了？

　　死都不怕，但一個星期用不了抽水馬桶就受不了了。這就是現代生活對我們的影響。我們是如此熟悉現代生活，以至於很難想像得出來沒有這些現代化的便利，生活會變成什麼樣子。

█ 現代社會只有不到 100 年的歷史

但是，我們所熟悉的現代生活，只有不到 100 年的時間。就連歐美發達國家的中產階級，也是在二戰之後才開始過著現代生活。美國西北大學教授羅伯·戈登（Robert Gordon）認為，在 1870 年至 1970 年這 100 年的時間裡，出現了對人類生活影響最為廣泛、深遠的「大創新」。

如果再細分，又可以把這 100 年分為 1870 年至 1940 年這前 70 年，以及 1940 年至 1970 年這後 30 年。前 70 年世界經濟經歷了許多波折，包括兩次世界大戰和 1930 年代的大蕭條，但這些巨變都沒有停止技術變革的步伐，甚至還因禍得福。後 30 年是資本主義的黃金時代，這一時期歐美國家的經濟成長速度更快，而且更穩。1970 年代之後，歐美國家的經濟成長逐漸放緩，總要素勞動生產率只在 20 世紀末、21 世紀初出現了一次「迴光返照」，這就是人們津津樂道的「新經濟」。但是，戈登指出，在 1870 年到 1970 年這 100 年之間出現的「大創新」，是歷史上獨一無二、不可複製的。

想到我們所熟悉的現代生活居然只有不到 100 年的時間，真是讓人覺得不可思議。現在流行「穿越」故事，一個現代人突然回到了過去的某一個時代，那該多好啊。如果真的讓你「穿越」，你到底該「穿越」，還是不「穿越」呢？

無論回到古代的哪一個時期，都是找死。1900 年，還有高達 37% 的死亡人口是流行病所致，而當時人們對流行病的病理與治療所知甚少、束手無策。你吃的東西當然都是有機食物，但它們很可能會過期或變質，你會因此生病。沒有清潔的自來水，也沒有排水管道，水源很容易會被污染。當年倫敦的霍亂就是因為水井被糞便污染引起的。在法國科

學家巴斯德（Louis Pasteur）發現細菌之前，人們對狂犬病、雞霍亂等疾病一籌莫展，沒有疫苗，也無從預防疾病。手上破一個小小的傷口，都可能會引起感染。如果你需要做手術，沒有麻醉藥，也沒有有效的止血方法，你很可能在手術中痛苦地死去。在 20 世紀之前，有江湖郎中，但沒有現代的醫院、醫生，更談不上護士。正如著名哲學家霍布斯所說的：「生命是孤獨、貧窮、骯髒、殘酷而短暫的。」

即使是你命大福大，沒有生病，也要面對現代人無法忍受的不便。如果你住在農村，你很難走出自己的村莊。交通和通訊是閉塞的。農民的生活極其辛苦，土裡刨食，不過糊口而已。如果你住在城市裡，城市更加污濁、不健康。街道兩邊都是人畜的糞便和污水，你喝的河裡或井裡的水，很可能已經受到別人的糞便污染，因為當時沒有排水管道。城市裡到處散落著貧民窟，這裡是瘟疫最容易爆發的地方。一旦瘟疫爆發，不管是貧民還是王公貴族，都無法倖免。晚上沒有電燈，你只能點蠟燭，或是油燈。在歐洲，煤油燈都是很時髦的產品，在煤油燈之前人們燒的是鯨魚油。不管哪種方式，照明都會帶來火災隱患，燃燒之後的氣味很難聞，煙霧繚繞，很是嗆人。房間裡也沒有空調和暖氣。室內的溫度和室外的溫度差不多。沒有熱水器，洗澡是一件很奢侈的事情，能一週洗一次就不錯了。

沒有汽車和鐵路，人們的旅行速度很慢，最快的速度是騎馬，或是坐船。路上可能會染病，可能會遇到土匪，可能會錢財耗盡。出門旅行一趟，或許就是與家人的永別。沒有報紙，沒有電話和電報，也沒有電視。人們的收入很低，而且基本上都用於吃飯和穿衣，消費很少，但這一點點消費，就占去了收入的絕大部分。

▌要不要穿越到古代？

　　沒有養老金，老年人的生活是悲慘的。年老就是貧窮的同義詞。年老之後，人們能夠等待的命運就是「填溝壑」[2]。當個孩子也不容易。直到 19 世紀末期，嬰兒死亡率仍然居高不下，每 1,000 個新生兒中，大約會有 200 多個夭折。長大的孩子也不是人人都有學上。如果轉世投胎，千萬不要「穿越」到過去做個女人。你的一生都是無盡的辛勞，不說別的，過去每天挑水的活兒都是婦女做的，一家用的水：做飯、洗碗、洗衣、洗澡，都是要從遠處的河裡或井裡挑回來。家務事永遠做不完。農田裡的活兒還得婦女過去幫忙。還得生孩子，由於嬰兒死亡率太高，必須多生孩子，而產婦的死亡率極高。女人的一生，就是在生孩子、養孩子的過程中逐漸枯萎黯淡。

　　歐美國家完成從傳統生活到現代生活的轉變，花了大約 100 年的時間，中國只用了 30 至 40 年的時間。很多傳統生活的記憶，像我這一代人，或是比我們更年長的人，都記憶猶新。我小時候住的房子就沒有廁所，必須跑到公共廁所去方便，真的很不方便。我們小時候沒有電視，沒有電玩，看電影是在操場上看露天電影。所以，我們要珍惜今天來之不易的幸福生活，不要老是羨慕遙遠的過去。民國比現在好？盛唐比現在好？三皇五帝比現在好？別瞎扯了。如果非得穿越，我最多穿越到 90 年代初期，趁著房子沒有漲價，趕緊先買一棟。更早的年代我才不去呢。請我去我都不去。Thanks but no thanks.

▶ 延伸閱讀：羅伯・戈登，《*The Rise and Fall of American Growth: The U.S. Standard of Living since the Civil War*》

---

2 填溝壑：原指人死後無人將其屍體埋葬，而扔在山溝裡。後用來稱自己死亡的委婉說法。

衣食住行：重溫帶來現代生活的衣食住行革命

住宅革命

　　如果是在 20 世紀之前，大部分美國人都住在農村，而農村的住宅是木屋、泥巴房。住在城裡的人大多住在擁擠不堪的貧民窟。有沒有豪宅？當然有，但那不是所有人都能享受的。

　　大約在 1910 至 1940 年間，美國出現了一次住宅革命。原來的房子，不管是豪宅，還是草屋，都是各自獨立的。進入 20 世紀之後，房子逐漸互相連接了起來：電線接進了家家戶戶；自來水龍頭一擰，乾淨的水就嘩嘩流了出來；排水管道和給水管道分開了，污水和排泄物神秘地消失了；中央空調系統日益普及；越來越多的家庭裝上了電話。這是住宅的網路化。

　　網路化會帶來平等。富人的豪宅裡有自來水，窮人的陋室裡也有自來水。富人的電燈很亮，窮人的電燈一樣亮。這些設施和產品，最早是從富人那裡流行的，隨後逐漸擴展到中產階級，最後在窮人的家裡也普及了。

　　當條件成熟之後，美國在 1920 年代出現了住宅業熱潮。大量的新興住宅如雨後春筍般出現。在 20 世紀之前，有錢人住的是模仿英國的維多利亞式住宅，屋簷高聳，房頂上還有個尖塔。屋外有圍廊和陽臺，進屋

有小客廳，牆壁上有各種繁複的裝飾。這種建築風格看起來很精緻，但中看不中用。20 世紀初期，先是在洛杉磯，之後在芝加哥，出現了小平房（bungalow）。尤其是在芝加哥，一排排的小平房密密麻麻地鋪開，占據芝加哥市區面積的三分之一。在 1910 至 1930 年間，芝加哥市區興建了 8 萬棟小平房，而在郊區又建了 2 萬棟小平房。

在這些小平房裡，各種現代生活設施一應俱全。很多小平房建成了兩層，「樓上樓下，電燈電話」。社區的規劃也很專業，有統一丟垃圾的地方，市政會統一回收垃圾。小平房摒棄了浮華的維多利亞風格，外表看起來樸素無華，沒有門廳、陽臺和圍廊，進門就是客廳，客廳旁邊就是廚房，大大提高了房屋的利用效率。小平房的價格大大低於維多利亞住宅，很多中產階級家庭住進了小平房。小平房的價格之所以能夠大幅度降低，一是由於採用了標準化和流程化的作業方式，提高了建造的效率；二是很多建築材料的價格大幅度下降；三是當時出現了抵押貸款，方便中產階級家庭擁有自己的房子。

再說說房子裡面的家電。電燈的出現帶來了照明革命。愛迪生並不是電燈最早的發明者，但是他讓電燈變得可以商業化。愛迪生在紐澤西州門洛帕克的實驗室開發出了一種碳絲燈泡。來自各地的遊客慕名前來觀看。愛迪生的拿手好戲是裝了 300 盞燈泡，一按開關，300 盞燈全亮，火樹銀花，璀璨奪目，再一按開關，300 盞燈全滅。這把大家都看傻了，人們從來沒有看見過這麼方便、這麼明亮的燈。

一開始是電燈，隨後又出現了洗衣機、電冰箱、空調、吸塵器、電熨斗等電器。這些電器的普及是非常緩慢的。這主要是因為最早拉到住家裡的電線只夠供應照明，沒法給其他大功率家電提供電力。等到家庭供電有了改善之後，這些家電才陸續飛入尋常百姓家。首先普及的是洗衣機，之後是冰箱，而空調的普及要到二戰之後了。

　　如果你沒有當過家庭主婦，是無法理解這些家電帶來的革命性變化的。想像一下沒有洗衣機、廚房電器、吸塵器和電熨斗，家庭主婦的生活會變得多麼忙碌辛勞。家電革命的最大功績就是解放了婦女。越來越多的婦女可以走出家庭，參加工作。婦女的教育水準、經濟收入提高之後，其社會地位也隨之提高。婦女的社會地位提高之後，她們在家庭的生育、教育決策方面能發揮更大的作用。這又影響了家庭的結構、人口的數量和品質。在 1870 至 1970 年間，美國經濟成長的一大推動力就是婦女大規模地進入勞動力市場。

　　推動美國經濟成長的另一個重要的推動力是城市化。如果沒有汽車，城市不可能擴張得如此之快。如果沒有電梯，就不可能出現高層建築，城市不可能變得如此密集。如果沒有大規模、高密度的城市，就不會帶來規模經濟，促進更多的創新和增長。如果沒有供水、供電、排水、垃圾處理等公用事業的出現，城市只會是疾病和貧窮的淵藪，不會變成最乾淨、最安全、最健康的地方。

　　住宅和家庭革命是對我們的日常生活影響最為深遠的革命之一。這個革命對我們的幸福程度的提升，超過了電腦，超過了互聯網，超過了手機。遺憾的是，我們往往會忽視自己最熟悉的東西。住宅和家庭革命中，除了愛迪生發明電燈，我們幾乎說不出其他的「英雄人物」。沒有戲劇性的情節，沒有家喻戶曉的傳奇人物，這場革命就顯得非常平淡、乏味。在這場革命的背後，有無數普通的無名英雄，一點一滴地推動了社會的進步，但他們並未得到應有的景仰。當我們想感謝他們的時候，會發現就連他們是誰，我們都不知道。

吃穿革命

跟住宅、家庭領域發生的革命相比，吃穿方面的革命似乎並不大。早在 19 世紀末，美國人民已經能夠填飽肚子了，而且跟歐洲相比，吃得還更好一些。從人均日攝入的卡路里來看，從 1800 年到 1950 年，變化不大，大致上在 3000 至 3500 之間（19 世紀後半期曾經跌落到 2500 左右）。但是，在傳統生活中，衣食占了家庭消費的絕大部分。19 世紀末，衣食兩項開支占美國家庭消費的 56.4%，經過 100 年「大創新」，衣食兩項在家庭消費中所占的比例穩步下降。人們吃什麼，在哪兒吃，穿什麼，在哪兒買，都發生了巨大的變化。

每個民族的飲食習慣都不一樣。在 19 世紀末的時候，美國人的飲食習慣是吃牛肉較多，蔬菜水果較少。大部分食物都是自家生產的，加工食物很少。豬肉消費一度很多，因為養豬更容易，讓牠們到處跑，自己覓食就行。玉米產量高，所以玉米的種植和消費也很多。綠葉類的蔬菜難以儲存，所以農民更常種植蘿蔔、南瓜和豆子這樣的蔬菜。除了蘋果，幾乎沒有其他水果，因為只有蘋果能保存比較久。

在沒有冷藏車廂之前，人們是怎麼樣運輸容易腐爛的農產品的呢？早在 1870 年代，就已經出現了機械製冰的冷藏列車，但成本太貴，一直沒有被廣泛使用。最早的冷藏車廂，其實就是用冰塊。到 1870 年，美國的鐵路已經貫通了東西海岸，但有了鐵路，運什麼呢？最需要運輸的是肉類。當時，大量移民湧入紐約、費城，當地的肉類供應跟不上。大量人口移居加利福尼亞，加州的肉類供應也很緊張。美國主要的畜牧業基地是在中部，尤其是以芝加哥為中心。於是，鐵路運輸開始從中部運輸肉類到東部和西部。

　　當時的做法是這樣的：把冰塊放在肉上面，隨著冰塊融化，冰水滲透到肉裡，保鮮時間會大大延長。火車到達沿途停靠站的時候，工人會打開冷藏車廂上面的天窗，換上新的冰塊，下面的肉保持不動。促進美國國內市場繁榮、鐵路運輸繁榮的革命性的技術創新，就是這種原始的冷藏車廂，其核心技術秘訣就是把冰塊放在肉的上面。你覺得這種技術能申請到國家科技進步一等獎嗎？引發重大變革的技術，不一定是最先進、最複雜的技術，可能一個小小的改進，就能引發市場的巨大改變。

　　能夠製冰的冷藏車廂到 20 世紀之後開始推廣，但冷凍食品的普及仍然較慢，這是因為家裡的電冰箱存放不了冰凍食物。在 20 世紀初期生產的電冰箱沒有設置專門的低溫冷凍室。直到 1940 年代之後，帶冷凍室的冰箱逐漸流行，冷凍食物才開始大量銷售。冷凍食物、罐頭食品，使得飲食變成了工業化產品。1954 年的一本雜誌談到，這就是食物的未來。冷凍食物能夠把婦女從廚房裡完全解放出來，做什麼飯啊，冷凍食物加熱一下就能吃了。幸好，這一預言並沒有實現。潮流又出現了逆轉：如今，人們更偏愛有機食物、新鮮的蔬菜和水果。

　　再來看看穿。直到 19 世紀末，服裝業尚未萌芽。男人和孩子穿的衣服、鞋子大多到鄉村的集市上買，但女裝都是女人們自己在家裡一針一線縫製的。每個成年人有一兩套衣服就很不錯了。想要每天洗衣服是奢望，一週洗一次就算很勤快了。人們穿著日常的衣服在骯髒的環境裡工作，衣服每天都是油膩膩的。家裡的體面衣服，是留著去教堂，或是參加婚禮、葬禮的時候才穿的。

　　成衣業的發展，據說跟東歐移民的大量湧入有關，因為他們之中有很多都是裁縫。縫紉機的出現也助了一臂之力。百貨商店和郵購服務已經流行，服裝的銷售可以很方便地利用這些已有的管道。在「大創新」時代，衣服的價格越來越低，種類越來越多。人們買的衣服越來越多，

但在家庭消費支出中，買衣服占的比例不斷降低。19 世紀末，衣服占美國家庭消費支出的 15% 左右，到 1940 年下降到 10.1%，到 2013 年下降到 3.1%。

之所以在 20 世紀末，衣服的價格再度急劇下降，跟沃爾瑪（Walmart）的崛起有關。沃爾瑪不僅顛覆了傳統的銷售方式，而且改變了原有的生產佈局。沃爾瑪大量從發展中國家進口服裝等日用品，使得這些商品的價格變得極其低廉。「沃爾瑪效應」甚至影響到總體經濟變數，CPI（consumer price index，消費者物價指數）能夠保持在很低的水準，沃爾瑪居功甚偉。

從吃穿革命，我們能夠得到幾個啟示：

第一，創新總是交織的網路。一種創新引發另一種創新，最終導致一群創新突然到來。比如，自行車的問世改變了女士的服裝。在此之前，裙子都是長裙，幾乎要拖到地上，自行車出現之後，女士們才開始嘗試穿褲子和短裙。再比如，特許權和軍事化訓練造就了麥當勞等連鎖速食店的興起，而汽車的流行進一步刺激了這些速食店的擴張。

第二，和歷史中的其他演變一樣，衣食的演變也充滿了偶然性。比如，美國人原本更愛吃牛肉，但在二戰期間，政府實行了食物配給，牛肉在配給清單上，但水產和禽蛋不在。於是，雞肉的消費量增加，而這又刺激了大規模養雞場的出現。於是，雞肉的價格進一步下降，賣得比蔬菜還便宜，這使得雞肉的消費量進一步提高。

第三，吃穿革命的最大貢獻就是使得食物和服裝的價格大幅度下降，減少了衣食這兩項生活必需品在家庭消費支出中的比例，使得人們能夠消費更多其他的產品和服務。吃穿革命也提高了產品的安全性。在傳統生活中，食物固然新鮮，但也更容易受到污染，更容易變質腐爛。食品安全性的提高跟政府加強了監管有一定的關係，但歸根究底，是由

於出現了冷藏車廂、冰箱、罐頭食品等，工業化有工業化的弊端，但帶來的好處我們也不能抹殺。

第四，吃穿革命在一定程度上減少了不平等。過去，只有上流階級訂製服裝，中產階級家庭都要自己縫製衣服。現在，所有的家庭都不用自己縫衣服，直接去商店購買就行。但是，新的不平等又出現了。比如食物，在傳統社會中的主要問題是吃不飽、挨餓，但是在現代生活中，雖然還有極少數食物匱乏的窮人家庭，但廣大低收入家庭遇到的問題是過度肥胖。這肯定是和飲食結構有關的。更健康的食物，比如蔬菜、水果、水產，價格都太貴，低收入家庭大多以雞肉、速食為食。不平等和過度肥胖之間存在著顯著的相關關係。穿衣服也分社會等級。現在穿衣服不是能不能禦寒保暖的事情了，而是利用服飾表現自己的社會階級，用時尚人士的話，這叫「品味」。

交通革命

過去的旅行主要靠騎馬或坐船。坐船要看有沒有河流，即使是有河流，河流也是彎彎曲曲的，到了冬季結冰，河流就無法通行。如果是騎馬或坐馬車，馬的速度大約是每小時 6 英里，如果走了 25 英里，就要換馬，否則馬會吃不消。馬吃掉了美國大約四分之一的穀物，馬同時會帶來各種污染和疾病，只要是依靠馬匹作為交通工具，城市就不可能變得乾淨整潔。

首先出現的是鐵路革命。一個標誌性的事件是 1869 年，來自太平洋聯合鐵路和太平洋中央鐵路的員工聚集在猶他州的海角峰，完成了橫跨美國、連接東西海岸的第一條鐵路的連接。最早的鐵路運輸並不方便。

如果你在 1860 年坐火車從紐約到華盛頓，沿途要換 4 趟火車，坐 3 次渡輪，還要騎 7 次馬。早期的鐵路標準不統一，各家公司互相惡性競爭。當時人們抱怨最多的就是鐵路投資「過熱」。要說也真的是過熱。這一時期美國的鐵路建設熱火朝天。從 1870 年至 1900 年，平均每天新鋪設 20 英里鐵路。到 1893 年，已經有 7 條跨洲鐵路。從芝加哥到明尼蘇達州的明尼亞波利斯，有 6 條不同的鐵路線。

鐵路大大縮短了城市之間的距離。跟河流不一樣，鐵路可以在很大程度上超越地理的限制，逢山開洞、遇水架橋。除非遇到極端惡劣的天氣，比如暴風雪，鐵路幾乎可以全天候地通行。跟其他運輸方式相比，鐵路的速度更快、運力更強、也更可靠。鐵路的出現，尤其是有了臥鋪之後，長途旅行才不再是一種冒險。鐵路貨運的影響更大，我們之前說過，正是由於冷藏車廂的出現，才使得芝加哥的屠宰場一片繁榮。郵購業務在美國很早就出現了，也是拜鐵路運輸之賜。

鐵路主要承擔了從一個城市到另一個城市的交通。在城市內部，過去的交通主要靠步行，或是馬車。這導致城市的規模不可能太大，人們只能聚居在一起，不可能出現郊區。城裡的交通革命發生在電力普及之後。愛迪生的公司把電連到了城市裡，於是，很快就出現了電車。之後，由於城市交通擁堵，地鐵應運而生。最早的地鐵是在英國倫敦出現的，紐約隨後也開始挖地鐵。到 1880 年，曼哈頓已經有 4 條地鐵線了。

汽車的出現晚於火車、電車和地鐵，但其擴張的速度更快。在汽車行業，革命性的技術突破是發動機。1876 年，德國人奧托（Nikolaus Otto）發明了往復活塞式四衝程發動機，但其功率不夠大。1879 年，也就是愛迪生發明電燈的同一年，德國工程師賓士（Karl Benz）發明了第一臺單汽缸兩衝程發動機。1901 年，德國產的賓士汽車在美國一臺要賣 12,450 美元，而當時美國人的平均年收入不過 1,000 美元。

汽車是在歐洲出生的，卻是在美國被撫養大的。1908 年，福特推出了 T 型車。T 型車的售價只有 950 美元。早期的 T 型車存在各種瑕疵，發動非常麻煩，而且沒有車頂。但是，T 型車改進的速度很快，陸續添加了車燈、擋風玻璃、頂棚、喇叭、計速器等配件。T 型車價格的下降速度也很快，到 1927 年下線的時候，T 型車的售價已經降到 259 美元。福特採用了革命性的生產方式，他創造了生產流水線，將生產分拆成不同的環節，每個環節都盡可能地標準化。我們現在擔心的是機器會不會替代人，而在 100 年前，福特就已經把人變成了機器。1914 年，T 型車占美國汽車市場銷量的 46%，到 1923 年已經上升到 55%。1920 年代之後，福特汽車遇到了其他對手，尤其是通用汽車。於是，福特汽車放棄了 T 型車，開發了一款新的 A 型車。

汽車在早期推廣較為緩慢，是受到了公路的制約。在 20 世紀初期，美國沒有什麼像樣的公路，大多是坑坑窪窪的，而歐洲進口的汽車無法在這麼爛的道路上行駛。有三個因素導致了美國公路的修建：一是自行車的流行，騎自行車的人也忍受不了破破爛爛的公路；二是美國郵政系統的發展，為了推進全國境內的郵政，羅斯福總統在 1916 年簽署了《聯邦公路支援法》，支持各地透過發債的方式修路；三是道路修建技術的不斷發展，美國的公路修得越來越快，也越來越好。到 1940 年代，美國的公路網路基本形成。

二戰之後，美國做的一件重要工作就是修築跨州的高速公路。這是艾森豪總統倡議的。再也沒有比他更合適的倡議者了。在第一次世界大戰期間，艾森豪還是一名年輕的士兵。他曾跟隨部隊，坐汽車從華盛頓到舊金山，一路走了 62 天。在第二次世界大戰期間，艾森豪作為盟軍總司令奔赴歐洲戰場。德國四通八達的公路給艾森豪留下深刻印象。正是由於密集的公路網，德國部隊才能迅速集結，快速進攻。1956 年，美國

通過了《聯邦資助公路法案》，要求到 1969 年完成 4.1 萬英里的跨州高速公路的修建，總投資額約為 250 億美元。

美國被稱為「車輪上的國家」，到 1940 年代，幾乎每個家庭都有一輛汽車。現在，每個美國家庭平均擁有不只一輛汽車。有三個因素導致汽車最終在美國大行其道：其一，汽車不僅在美國的城市裡迅速流行，在小城鎮、農村也一樣流行。農民把汽車視為生活必需品。一位母親說，我們一家沒有像樣的衣服，但汽車卻是一定要買的。其二，在 20 世紀初期，出現了消費信貸。很多美國家庭透過貸款，用分期付款的方式買車。其三，也是最重要的因素，汽車的價格大幅度下降，使得普通家庭都買得起汽車。1910 年，以 T 型車為例，汽車價格相當於美國平均個人可支配收入的 3.16 倍，到 1923 年，這一比例下降到 0.43。

和前面所說的住宅革命、吃穿革命一樣，交通革命也影響了現代生活的各個方面，城市化迅速發展，郊區不斷膨脹，人們的到外地去變得更加方便。這個革命不僅僅是由於出現了突破性的技術創新，恰恰相反，從美國汽車業的發展來看，影響更大的是在出現了突破性技術創新之後，如何不斷地改進品質、降低價格。一連串小的創新勝過一次大的創新。

最後，這個革命也是空前絕後的。二戰之後，美國的汽車價格不僅不再下降，反而有所上升，主要是因為汽車的配置要求越來越高、油耗越來越多。到後來，美國的家庭平均汽車保有量反而有所下降。汽車車尾排放的廢氣造成了空氣污染，太多的汽車加劇了交通擁堵，所以，汽車革命暫時告一段落。

▶ 延伸閱讀：羅伯・戈登，《*The Rise and Fall of American Growth: The U.S. Standard of Living since the Civil War*》

黃金時代：1920 至 1970 年間的大躍進

短暫的新經濟

　　1987 年，美國著名經濟學家梭羅（Robert Merton Solow）曾說過一句很有名的話，他說：「我們到處都能看到電腦，就是在生產率的統計數字中看不到其蹤影。」梭羅的意思是說，大家都在歌頌新經濟，但是，從統計數字來看，電腦似乎並沒有帶來生產率的提升。另一位研究經濟成長的經濟學家保羅・大衛（Paul David）說，著什麼急啊，要有耐心。他舉了電的例子，從愛迪生發明電燈，並把電引入城市，到電的革命拉動生產率提高，大概用了 40 年的時間。越是重大的發明，其醞釀的時間越長。原有的基礎設施需要改造，生產流程需要調整，人們要學會適應新的技術變化，以及技術變化帶來的生活變化，這一切都需要時間。

　　保羅・大衛話音剛落，他的預言就應驗了。從 1996 年到 2004 年，美國的勞動生產率出現了大幅度的提升，新經濟終於發揮了作用。但是，好景不長，到 2004 年之後，美國的勞動生產率再度下降。2004 年之後，技術仍然在快速進步，筆記型電腦、智慧手機、雲端運算、大數據，都是在 2004 年之後出現的，但是，美國的勞動生產率似乎並未受到足夠強大的刺激，仍然停滯不前。

▌大躍進

　　羅伯‧戈登把過去 100 多年的經濟成長劃分為三個時期。第一個時期是從 1890 年到 1920 年，第二個時期是從 1920 年到 1970 年，第三個時期是從 1970 年到現在。從這三個時期的經濟成長表現來看，第一個時期和第三個時期的表現平平，最為突出的是第二個時期，即從 1920 年到 1970 年。在 1920 年到 1970 年間的技術進步和經濟成長，是前無古人、後無來者的，堪稱資本主義的大躍進。

　　為什麼會有經濟成長呢？我們可以把經濟成長分解為兩個影響因素：一是人均的產出更多，二是人均的勞動時間更長。有意思的是，在 1920 至 1970 年間，人均的勞動時間不僅沒有增加，反而下降了。為什麼勞動的時間少了，技術反而進步更快、經濟成長反而加速了呢？

　　我們先來看看人均勞動時間為什麼會減少。19 世紀末，隨著大規模人口從農村進入城市，人均勞動時間延長了。看過卓別林的電影《摩登時代》（*Modern Times*）的人，都會對流水線把工人變成了機器頗有感慨。卓別林的這部電影是 1930 年代拍攝的，其實，人均勞動時間從 20 年代開始就逐漸下降了。起初，工人每週平均要工作 60 小時，到了 20 年代，已經降低到 52 小時。大蕭條之後出現了羅斯福新政，羅斯福採取了很多保護勞工的做法，工會的力量也逐漸強大。在工會的要求下，工廠普遍實行了 8 小時工作制，於是，工人每週平均工作時間下降到了 48 小時。第二次世界大戰之後，工人每週平均勞動時間進一步降低，這跟嬰兒潮的到來有關。從 1947 年到 1964 年，人口出生率出現了一次高峰。大量嬰兒出生，很多媽媽不得不待在家裡照顧孩子，婦女參與勞動的比例下降了。直到 70 年代之後，婦女的勞動參與率提高，工人每週平均勞動時間才有所回升。

　　儘管美國經濟在 1930 年代出現了大蕭條，但正是因為有了大蕭條，才帶來了羅斯福新政。羅斯福總統推出的《國家工業復興法》，以及 1935 年通過的《國家勞動關係法》，使得各個行業的工會紛紛興起，工人的談判能力提高，而這導致工人的實際工資提高。工人的實際工資提高，改變了資本和勞動的相對價格，工人更貴，而資本相對更便宜。於是，企業開始摸索用資本替代勞動，由此帶來了技術進步的加速。工會談判能力提高的另一個結果是使得工人的勞動時間減少。勞動時間減少之後，勞動生產率反而提高，這是因為勞動時間縮短之後，工人的疲勞感下降，偷懶的人變少了，工作效率反而提高了。

　　從另一個角度來看，我們又可以把每小時產出的增長速度分解為三個因素：一是教育，即人力資本的提高。如果受教育程度更高，勞動者單位時間的產出可能會更高。二是資本深化，即每個工人每小時的資本投入。「工欲善其事，必先利其器。」如果勞動者擁有的生產工具更多、更精良，單位時間的產出也會提高。三是總要素生產力[3]的提高。這裡面主要包含了技術進步，也反映了結構變化，比如勞動力從農村進入城市，從農業進入工業或服務業。這部分貢獻的具體成因很難一一辨別出來，經濟學家把它稱為「殘差」，彷彿是提煉到最後，剩下的一堆無法再分解的礦渣。如果比較過去 100 多年的這三個時期，我們會發現，教育和資本深化的貢獻都比較穩定，1920 年到 1970 年間的快速增長，主要來自總要素生產力的「躍遷」。事實上，這一時期的總要素生產力的增速是其餘兩個時期的三倍左右。

　　為什麼這段時間的總要素生產力會急劇提高呢？這可能說明，從影響範圍來看，電比電腦更重要。電帶來了城市照明的革命，引發了家用

---

3 總要素生產力：Total factor productivity，簡稱 TFP，指的是生產活動在一定時間內的效率，即總產量與所有投入要素（資源）的比率。

電器的普及。除了電，20 世紀初還出現了內燃機革命，汽車很快盛行於世。1900 年，美國只有 8,000 輛汽車，30 年後激增至 2,680 萬輛，而到了 30 年代，將近 90% 的美國家庭都擁有汽車。汽車、電、家電、城市化，這些因素互相促進，使得我們從傳統的生活進入了舒適的現代生活，這一變革影響了我們的衣食住行，對人均壽命、消費者福利、城市規劃都帶來了深遠的影響。相比之下，電腦和互聯網主要影響到我們的通訊、娛樂，最多再加上購物和出遊，從影響範圍來看，電腦和互聯網遠不如電和內燃機。尤其是如果比較對勞動生產率的影響，那電腦更是不如電。《王者榮耀》這款遊戲可以稱得上是商業奇蹟，但它對提高勞動生產率有多大貢獻呢？

▶ 延伸閱讀：羅伯・戈登，《*The Rise and Fall of American Growth: The U.S. Standard of Living since the Civil War*》

不破不立：為什麼大蕭條和第二次世界大戰能夠刺激經濟成長？

真正的新技術革命還沒有到來

　　羅伯·戈登的很多觀點都挑戰了我們習以為常的觀念。比如，我們認為現在的世界經濟發展比過去更快，但是戈登教授告訴我們，資本主義的黃金時代是在 1920 至 1970 年之間，或者更準確地說，是在二戰之後到 1970 年間。從 1970 年到現在，經濟成長開始回落。雖然從 1996 年到 2004 年間曾經出現了一次生產率的提高，但持續的時間還不到十年。

　　再比如，我們總是覺得現在的科技進步更快。戈登教授告訴我們，電比電腦更重要。我們經歷了三次產業革命。第一次產業革命是靠蒸汽機帶動的。蒸汽機帶來了鐵路和輪船，並使得能源消費由木材轉向煤炭。有了煤炭，煉鋼開始迅速興起。工業時代正式到來。在 1770 至 1820 年間，出現了跨越式的技術進步。第二次產業革命出現在 19 世紀末。這次產業革命是靠電和內燃機帶動的。除了電和內燃機，還有供水、排水，醫學方面的革命，這些技術進步帶來了嬰兒死亡率的大幅度下降，人口預期壽命顯著提高，城市變得更加密集，也變得更加潔淨、舒適。工廠裡出現了流水線，人變成了機器的一部分。超市、連鎖店和郵購業務興起，帶來了商業流通領域的革命。相比之下，興起於 1970 年代的電腦和互聯網只對交通、通訊、娛樂、電子支付等少數領域有影響，我們

已經習慣的現代生活，從本質上並沒有出現太大的變化。

當然，我們也可以反駁戈登教授，或許真正的產業革命還沒有到來。比如，要是人工智慧真的出現了「奇點」，或許不僅是我們的生活，甚至人這個物種，都要發生重大的變化。不過，至少到現在為止，那一天還沒有到來，戈登教授說的還是有道理的。

動盪時期的經濟成長

這裡，我們再談戈登教授的另一個驚世駭俗的觀點。他認為，大蕭條和第二次世界大戰促進了資本主義的黃金時代。可能有讀者已經發現了，當戈登教授談到 1920 至 1970 年的大躍進時，這段時間經歷了 1930 年代的大蕭條，隨後是第二次世界大戰，一直處在動盪不安之中，怎麼會有技術進步和經濟成長呢？

這可能反映出來我們在認知中的一個誤區。我們更容易高估戲劇性事件的影響。比如，我們容易高估 911 恐怖襲擊對美國國家安全的影響，也容易高估像 SARS 這樣的傳染病對中國經濟的衝擊。以中國的經濟成長而言，建國之後我們受到的最嚴重的衝擊，一次是 1960 年代初期的大饑荒，另一次是 1966 年文化大革命剛剛爆發的時候。但到了 70 年代，儘管文化大革命還沒有結束，經濟成長已經在相當程度上恢復正常了。是的，美國在 20 世紀上半葉經歷了股災、大蕭條，但汽車和家用電器的普及、城市化水準的提高，都沒有受到太大的影響。

多難興邦。大蕭條和第二次世界大戰，意外地推動了戰後的經濟繁榮。我們先來看大蕭條。大蕭條之後出現了羅斯福的新政。羅斯福新政

是個大雜燴，裡面有刺激經濟的擴張性財政、貨幣政策，也有旨在節制資本、保護勞工的改革政策。工會的興起導致工人在和資方談判時更有優勢，於是，勞動時間下降，工人的實際工資提高。工人實際工資的提高，使得企業家更積極地增加對機器設備的投資。設備投資在 30 年代一直非常強勁，這同時也反映出技術在不斷地更新。

從戰時經濟到和平經濟

那麼，第二次世界大戰又起了什麼作用呢？二戰，而非羅斯福新政，結束了美國的經濟蕭條。戰爭機器啟動之後，美國的失業迅速消失，工廠開足馬力生產各種軍用物資。碰到機器設備不夠用，政府幫助企業大規模投資擴建。很多戰時的生產奇蹟發生了。比如，1941 年羅斯福總統下令加緊建造貨輪，他說，「不自由，毋寧死」，於是，這批貨輪被命名為「自由號」。當時，其他的工廠都在造軍艦，根本顧不上造貨輪，一位美國企業家亨利·凱瑟（Henry Kaiser）站出來說，他可以接下所有的「自由號」的生產訂單。1942 年，凱瑟的工廠大約要用 8 個月建造一艘「自由號」，到了第二年，造船時間就銳減為數週。在兩個船廠的生產競賽中，工人們用幾天的時間就組裝好了「自由號」。這樣的例子很多。亨利·福特（Henry Ford）負責建造一家專門生產 B-24 轟炸機的工廠。這家新工廠僅僅用了一年的時間就建成了。1943 年 2 月，該工廠產量是 75 架飛機，1943 年僅 11 月就能生產 150 架，1944 年 8 月更是達到月產 432 架飛機的紀錄。

一般來說，戰時的經濟繁榮是虛幻的。一旦戰爭結束，大量的軍工訂單消失，而且退伍軍人復員，會帶來經濟蕭條和大規模失業。在第

一次世界大戰之後就出現了這種情況。當時，人們普遍感到二戰之後美國經濟會像英國經濟在「一戰」之後那樣一蹶不振。但歷史不會兩次跨進同一條河流。二戰之後，大量的軍工生產能力迅速轉化為民用生產能力，而這既要歸功於技術進步帶來的家電革命，也要歸功於政府公共支出規模的擴大。與此同時，美國推出了《退伍軍人權利法》，退伍軍人不僅能夠享受到包括失業保險、優惠貸款等福利，也能夠享受到參加高等教育及職業培訓的補貼。大批退伍軍人脫下軍裝，進入學校，這從長期來看提高了美國的勞動力素質。二戰之後，美國人民士氣高昂，無論是企業還是家庭，對未來都充滿了信心，這也是避免了戰後蕭條的一個重要原因。

戈登還談到，從 1870 年到 1913 年，大約有 3,000 萬移民進入美國，推高了美國的人口增長。這一時期美國每年平均人口增長率為 2.1%。大量的移民不僅帶來了勞動力供給，而且其本身也創造了巨大的需求，因此大量移民並未衝擊國內勞動力市場，造成嚴重的失業。但進入 1920 年代之後，美國從鼓勵移民轉為限制移民，每年的移民占美國人口的比例從 1909 至 1913 年的 1% 下跌為 1925 至 1929 年的 0.25%。很多經濟學家認為反移民政策加劇了美國的大蕭條。但是，反移民政策的結果是，從 1930 年到 1960 年，美國經濟進入了一個相對封閉的時期，廠商不必擔心外國競爭對手，也不會考慮把生產轉移到國外。沒有移民的競爭，美國本國低層勞動的收入能夠不斷提高，形成了一個龐大的國內市場。於是，在這段相對封閉的時期，美國的國內市場發展較快，收入不平等程度較低，到處欣欣向榮。

戈登的這一觀點和傳統經濟學的理念也有不同。傳統的經濟學認為，只有對外開放，才能促進競爭和發展。但戈登對美國經濟史的解讀告訴我們，對外開放也不是越開放越好，在特定的時期，維持一個相對穩定而封閉的國內經濟環境，對促進經濟繁榮、提高本國居民的福利更

有利。沒有一種經濟政策，可以適用於所有的地區、所有的時期。所有的經濟學問題，都只有一個答案，那就是：It depends.（視具體情況而定。）

▶ 延伸閱讀：羅伯・戈登，《*The Rise and Fall of American Growth: The U.S. Standard of Living since the Civil War*》

新經濟幻覺：電比電腦更重要

新經濟的影響範圍不大

從 1970 年代開始，美國的經濟成長開始逐漸放緩。大約在 1994 至 2004 年期間，由於新經濟的興起，美國的經濟成長速度一度上升，但隨後又再度放緩。不過，在這段時期，尤其是進入 21 世紀之後，技術進步的速度並沒有停止。「數位經濟」仍然是個火熱的話題，無數創新企業爭先恐後地上市，創造出了一個又一個「獨角獸」，「獨角獸」多得都快能當豬養了。大數據、人工智慧、3D 列印等新技術，激發了人們對未來的無盡想像。但是，為什麼這麼多的新技術，卻沒有拉動強勁的經濟成長呢？

我們這裡就來看看最新的技術進步的影響。我們先看看迄今為止已經出現的新技術對經濟成長的影響，然後再展望一下最熱門的未來技術可能會對經濟成長有哪些影響。

已經出現的新技術主要是發生在通訊和資訊領域。從 1990 年代開始，這一輪技術進步改變了很多企業的辦公模式，並影響了交通、零售、金融等各個行業，帶來了家庭娛樂業的巨大變化。但這一浪潮對經濟成長的影響並沒有我們想像中的那麼大。

從辦公模式來看，現在的辦公室裡都放上了電腦，電腦都連上了互聯網。電腦的存儲能力和運算能力發展得很快，互聯網使得辦公的效率更高了。我們可以更方便地查閱資料、準備檔案、在網路上訂票、用手機互相聯繫，隨時隨地溝通。但是，你有沒有發現，儘管電腦不斷升級改版，如今的辦公室和十年前的辦公室並沒有太大的變化？互聯網對辦公效率的提升，似乎遇到了一個瓶頸。

電腦之後出現的影響最大的新產品是手機。有了手機，人們都變成了「低頭族」。手機似乎成了人的一種新的器官，一旦離開手機，人們會像丟了魂一樣。但是，為什麼手機問世以來，沒有出現勞動生產率的大幅飆升呢？一個主要的原因是，人們在手機上更多的是進行人際交流，或是消磨時光，這些活動和勞動生產率的提高一點關係都沒有。不信你可以做個實驗，如果你把手機關機一個月，對比一下，很可能這一個月是你工作和學習效率更高的時候。

「數位經濟」改變了商業銷售，使得網路購物成為我們生活的一部分。在美國，網路購物的銷售量從 2000 年到 2014 年增長了 11 倍，但網路購物卻只占零售總額的 6.4%。網路購物興起的同時，還帶來了實體店的衰落。如果算其「淨效應」，網路購物能夠在多大程度上成為經濟成長的新引擎呢？電子銀行讓金融業的效率大大提高，金融和人們的生活場

景結合得更加緊密。但是，銀行據點似乎也沒有像人們想像的那樣迅速滅亡，雖然 ATM 機越裝越多，但銀行櫃檯人員也越來越多了。

家庭電器的革命在 1950 至 70 年代，大致上已經在美國普及。70 年代之後出現的家電，主要用於娛樂和通訊。電視機越來越炫，遊戲機也不斷升級，但這和洗衣機、電冰箱相比，對人們日常生活的影響是不可同日而語的。現在的家電更多的是在行銷，不斷告訴你新的產品有多麼好，你得把舊的換成新的，不然就落伍了。其實他們都在騙你，新的產品只在細微的地方有所改進，家庭電器的功能大致上跟過去差不了太多。

尋找未來的新技術

那麼，未來可能出現的技術，會不會帶來一次新的經濟革命呢？

一種預測是生物工程會帶來醫學革命。人們可能會找到治療癌症和一些遺傳病症的辦法。但是，過去的醫療革命主要是降低嬰兒的死亡率，而現在的醫療革命主要是為了延長人的壽命。人的壽命是有極限的，我們當然可以盡可能地延長人的壽命，但其代價是整個社會為老年人的護理和治療花費的成本會急劇膨脹。

另一種預測是 3D 列印會改變工業。的確，3D 列印使得我們不必千篇一律地製造同一種產品，個性化的生產將成為可能。但也恰恰因為如此，3D 列印的生產規模不可能很大，那麼，其對經濟成長的影響就不會有大規模工業生產那麼大。

再一種預測是機器人和人工智慧。機器人的概念源遠流長，但其發展卻始終較為緩慢。儘管在工廠的生產線上已經有大量的機器人，但

想要讓機器人代替人類，還是非常困難。對人類來說很難的事情，機器人覺得很容易，但對人類來說很容易的事情，機器人卻覺得很難。麻省理工學院的電腦專家露絲（Daniela Rus）教授說，像摺衣服這樣的簡單工作，卻沒有機器人能夠完成。怎麼把攪在一起的襪子分開，怎麼摺蕾絲內衣，怎麼處理各種不同質地、不同款式的衣服，對機器人來說是一件極其複雜的事情。現在談論得很多的無人駕駛汽車，如果真的能夠實現，將徹底改變汽車行業。但無人駕駛汽車在現實中遇到的技術和法律問題仍然很多，可能在很長時間內都只是一種實驗。

技術專家當然要敢於幻想，要保持一種樂觀和積極的精神，但經濟學是一門「陰鬱的學科」，經濟學家要看技術進步對經濟的最終影響。讓數字說話，讓數字告訴我們事實。在勞動生產率數字沒有明顯地提高之前，我們所談論的技術革命都只是「故事」。當然，換另一個角度來看，經濟學家也有其樂觀的地方，如果技術變革不如我們想像的那麼激烈，那麼，人們擔心的機器替代勞動的事情，也不必過度擔心。人工智慧會替代更多屬於中產階級的工作，這是我們以前沒有想到的。但總體來說，至少在可預見的未來，機器人不會奪走太多原本屬於人類的工作。

▶ 延伸閱讀：羅伯·戈登，《*The Rise and Fall of American Growth: The U.S. Standard of Living since the Civil War*》

未來風險：經濟成長遇到了「頂頭風」

四股「頂頭風」

　　讓我幫羅伯‧戈登澄清一下。戈登教授承認，技術仍然在飛速進步，經濟也在不斷增長。但是，從 1970 年代之後，經濟成長的速度放慢了，即使出現了所謂的「新經濟」，也無力回天。

　　戈登教授對未來經濟成長的前景比較悲觀。除了他反覆談到的，1920 至 1970 年間的「大創新」很難複製，電腦對人類社會的影響不如電來得廣泛，他認為，還有一些「頂頭風」，會進一步阻礙經濟的進一步增長。

　　第一股「頂頭風」是不斷惡化的收入不平等。收入差距不斷擴大，不僅對窮人不利，對富人也不利，不僅會加劇社會矛盾，還會影響到經濟的長期可持續增長，甚至動搖市場經濟的基石。

　　第二股「頂頭風」是教育。教育進步曾經是推動美國經濟成長的主要動力，如今卻如強弩之末。1900 年，只有 10% 的美國人能夠高中畢業，到 1970 年，這一比例已經上升到 80%。奇怪的是，到了 2000 年，這一比例反而下降到了 70%。據說，這是因為進監獄的美國青少年增加了，所以上學的就少了。在所有的發達國家中，美國是唯一一個 25 至 34 歲之間人口的高中畢業比例比 55 至 64 歲之間還低的。大家都說美國

的高等教育發達，但其中小學教育水準已經大大落後，就算是其高等教育，也出了很多問題。學費越來越貴，給學生們帶來沉重的債務負擔。全美國的大學學費債務已經達到 1.2 萬億美元。平均來說，一個大學生如果在上學的時候借了 10 萬美元，他要工作到 34 歲才能還清貸款，而以後能夠還清貸款的時間會越拖越長。教育中的階層分化也越來越嚴重。富人區的小學品質遠遠超過貧民區的小學，而精英大學的學生大多來自高收入家庭。在美國，一樣有「學區房」，一樣要靠爸。

第三股「頂頭風」是人口因素。人均產出是由勞動生產率，即單位時間的產出和勞動時間共同決定的。勞動時間又取決於每個勞動者的平均勞動時間，以及有多少參加工作的勞動者。有多少參加工作的勞動者，取決於人口中的勞動人口（即扣除了不能工作的孩子和老人），以及勞動參與率，即這些勞動人口中有多少人確實參加了工作。

二戰之後，促進經濟成長的一個強大因素是洶湧而來的嬰兒潮，即在 1946 至 1964 年生育高峰時期出生的一代人。如今，嬰兒潮一代已經到了要退休的年齡，勞動人口將大大減少，而且，勞動參與率也在下降，這反映出很多勞動者找不到工作，只能等待政府的救濟。如果你到美國走一趟，會發現美國也有「鬼城」，比如伊利諾州的蓋爾斯堡，賓州的斯克蘭頓，以及紐約州的雪城，都已經不復當年的盛況，蕭條破敗。雪城 18 歲以上的勞動人口中，有 42.4% 沒有工作。

第四股「頂頭風」是債務壓力。按照美國國會預算辦公室的預測，美國的聯邦債務占 GDP 的比例在 2038 年將達到 100%，而戈登教授的預測是將達到 125%。除了聯邦債務，還有不斷積累的州和地方政府的債務壓力。

除此之外，還要考慮到全球化退潮，以及全球氣候變化對美國經濟帶來的衝擊。根據經濟學家威廉・諾德豪斯（William D. Nordhaus）的計

算，在未來 70 年內，全球氣溫如果上升 3 度，將導致全球人均 GDP 減少 2.5%。這個影響與人口因素的變化相比，要溫和很多。

美國未來的增速在 1% 左右

綜合以上各種因素，讓我們對未來的經濟成長大致做個預測。對未來的預測，最靠譜的方法不過是趨勢外推。我們把美國從 1948 年以來的實際勞動生產率增長速度劃分為四個階段。第一個階段是 1948 至 1970 年的高速增長時期，這一時期實際勞動生產率的年均增速為 2.71%。第二個階段是 1970 至 1994 年的低迷時期，這一時期實際勞動生產率的年均增速為 1.54%。第三個階段是 1994 至 2004 年的新經濟時期，這一時期實際勞動生產率的年均增速為 2.26%。第四個階段是 2004 年至今，這一時期實際勞動生產率的年均增速只有 1% 左右。取最好的時期，即 1948 年至 1970 年的 2.71%，和最差的時期，即 2004 年至今的 1%，可以得到一個加權平均值：1.38%。也就是說，如果美國經濟沒有更好，也沒有更差，較大的可能性是保持 1.38% 的增速。

但是，我們不是說過未來的「頂頭風」嗎？這些因素都是長期性的、趨勢性的，很難扭轉。尤其是人口因素，會直接影響到未來的增速。按照研究經濟成長的專家喬根森（Dale Jorgenson）的分析，人口因素在未來會使美國的經濟成長速度降低 0.3%，扣掉這 0.3%，美國未來的增速就變成 1.08% 了。

當然，你可以說事在人為，政府如果採取了有效的對策，還是可以鼓勵創新、緩解貧富差距、化解債務危機、提升教育素質的。按照戈登

教授的估計，即使政府採取了各種對策，樂觀地看，把美國未來經濟增速目標定在 1.2% 是比較合適的，再高就不現實了。

▶ 延伸閱讀：羅伯・戈登，《*The Rise and Fall of American Growth: The U.S. Standard of Living since the Civil War*》

長期停滯：如何在經濟成長率變慢的時代生活？

高速經濟成長從來就不是常態

　　回想一下，1990 年代之後，直到全球金融危機爆發之前，是一個經濟成長的黃金時代。全球金融危機爆發之後，世界經濟進入了「大衰退」。樂觀的中國領導人說，中國經濟將進入「新常態」，國際貨幣基金組織總裁拉加德（Christine Lagarde）則略帶苦澀地預言，全球經濟將進入「新平庸」（New Mediocre）。如果把視野拉得更長一些，我們就會看到，1990 年代之後的「新經濟」外表光鮮，但不免自我評價過高，若論全球經濟成長的表現，1950 至 70 年代才是真正的黃金時代。我們已經對

現代化的生活方式習以為常了，可是，即使是在歐美國家，像汽車、家電這樣的產品，也只是在二戰之後才「飛入尋常百姓家」的。

中國人沒有趕上 1950 至 70 年代那場經濟革命。過去 30 年的經濟起飛，是我們對經濟成長的唯一集體記憶。30 年，足以給一代人的思想烙下深深的印記，但在歷史的長河中，這只不過是一個極其短暫的瞬間。我們當然會留戀那個狂飆突進的年代，但是，對不起，那個年代已經一去不復返了。歡迎來到「平庸時代」。

為什麼經濟成長會出現退潮呢？因為高速經濟成長從來就不是常態，只是特例。只有在一國出現經濟起飛和趕超的階段，才會有異乎尋常的高速增長，過了這個階段，一切都要回歸常態，就像拋到空中的球會落到地面上一樣。全球經濟如此，中國經濟亦然。

經濟成長的兩個來源

簡單來說，經濟成長的來源可以分為兩個部分，一是人口的增長，二是人均產出的增長。想要有經濟成長，要嘛有更多的勞動力，要嘛有勞動生產率的提高。先看勞動力的數量變化，這就要對未來的人口格局有清醒的認識。我們對未來的很多預測，都建立在全球人口數量將會不斷增加這一假設之上，然而，這是一個錯誤的假設。

21 世紀，全球人口變化會出現一次新的革命，即全球人口規模將在達到一個頂峰之後逐漸回落。全球人口增長率預計到 2030 年會降至 0.4%，到 2070 年會降至 0.1% 左右。21 世紀後半葉，即從 2050 年到 2100 年，預計全球人口增長率平均為 0.2%。如果再細分，又能看

到，這一時期人口的淨增長將全部來自非洲（人口增長率大約為 1%），美洲的人口增長率為 0%，歐洲和亞洲則出現負增長（分別為 -0.1% 和 -0.2%）。中國將會遇到最為嚴重的人口老化：我們會在變得富裕之前就衰老。

過去，人們擔心的是人口爆炸，害怕人口的增長會帶來更多的社會負擔，現在我們才看到，經濟成長先是會帶來人口的加速增長，但隨後就會導致人口增長率的下降。一開始，隨著經濟發展水準的提高，糧食供給增加，尤其是醫療衛生條件大幅度改善，人口增長會加速。之後，隨著婦女文盲率的降低，避孕藥具可以合法、公開且較為廉價地出售，再加上孩子撫養成本的上升，人口增長率又出現了下降趨勢。這已經是大勢所趨，也正因為如此，即使中國已經局部放鬆了對生育的管制，但仍然無法逆轉人口增長率下降的大勢。

人口數量減少，尤其是勞動人口的減少，直接導致經濟增速放緩。人口增長率下降會帶來高齡化問題，扶養老人的擔子越來越重，也會影響到經濟成長的潛力。

進入高齡化社會之後，一個國家的改革動力也會消失。年輕人居多的時候，一個社會尚有勇氣和魄力做出暫時的犧牲，完成艱難的改革。到老年人居多的時候，暮氣沉沉，朝不保夕，很難再做出調整。高齡化社會同時也更容易成為一個貧富懸殊的社會。如果子女多，則能夠繼承到的財產相對較少，更多地要靠自己去努力，但如果子女少，遺產繼承更容易導致財富集中。想想我們這一代，生逢高速增長時代，你如果努力、勤奮，能夠賺到的錢會遠遠超過父母一輩子的積蓄。但是，假如人口增長放緩，經濟也進入低迷狀態，家庭財富的積累就會變得更重要，自己做得再好，到頭來還是比不過人家的爸媽有本事。由財產繼承帶來的貧富差距在中國尚未成為一個尖銳的社會矛盾，但要不了多久，我們

就能感受到令人窒息的不平等問題。

從另一個方面來看，就算勞動力的數量減少，但如果勞動生產率不斷提高，我們不是仍然能夠保持經濟高速增長嗎？沒錯。可是，我們過去能夠保持勞動生產率的迅速提高，主要是因為我們處於趕超階段。處於趕超階段的落後國家有一個獨特的優勢，那就是可以看到學習的榜樣，依葫蘆畫瓢，透過模仿，迅速地逼近技術前端。這在工程學上有個說法，叫「反向工程」（reverse engineering），說白了就是把別人的東西拆了，重新組裝，多拆幾次就學會了。問題在於，隨著中國的經濟發展，技術水準不斷提高，跟技術前端的差距越來越縮短，趕超的難度也就日益增加了。

產業結構轉型能維持中國經濟的高速增長嗎？

經濟發展還會帶來產業結構的變化。我們可以大致把產出分為三類：

一是製造品。製造業的勞動生產率增長速度最快，新產品層出不窮，日新月異。電腦和手機如果過了半年還沒有新款出來，我們就會覺得慢得難以接受。

二是初級產品。這些部門的勞動生產率也在增長，但同時更受到自然條件的約束，增長相對緩慢一些。以農產品為例，育種、灌溉、化肥、農藥、運輸、倉儲、食品加工等技術的進步，在相當程度上提高了農業生產的效率。

三是服務業。服務業涉及的範圍非常廣泛，差異也極大。一般來說，傳統服務業的勞動生產率提高是最為緩慢的。最典型的以理髮為

例，美國的理髮師不比中國的理髮師高明到哪裡，但理髮的價格會比中國貴很多。一般來說，隨著經濟的發展，服務業在一個國家經濟中所占的比例會越來越高。但這不一定會導致一個國家潛在經濟成長率的提高，相反地，倒是很有可能導致潛在經濟成長率的降低。

那我們為什麼還要發展服務業呢？發展服務業的最主要意義不是為了促進增長，而是為了保護就業。像中國這樣的製造業大國，服務業也已經超過製造業，成為創造就業機會的冠軍。

中國能不能走出「中等收入陷阱」？

時下有個很熱的議題，就是中國能不能走出「中等收入陷阱」。按照世界銀行 1989 年提出的標準，以 1987 年為基準年，人均國民收入低於或等於 480 美元的國家為低收入國家；人均國民收入高於 480 美元，低於或等於 6,000 美元的國家為中等收入國家；人均國民收入高於 6,000 美元的國家為高收入國家。到了 2013 年，中等收入國家的門檻為 1,045 美元，高收入國家的門檻為 12,745 美元。排除物價和匯率的影響，以實際收入來衡量，這和 1987 年的 480 美元、6,000 美元門檻是等價的。從進入中等收入國家（人均 480 美元），到從中等收入國家畢業（人均 6,000 美元），意味著人均收入水準要提高 12.5 倍。

這是一個漫長的征途。要是想在 20 年內「畢業」，一個國家的人均國民收入的年均實際增長率需要達到 13.5%。人類歷史上還沒有哪個國家有這個能耐。要想在 50 年內「畢業」，一個國家的人均國民收入的年均實際增長率需達到 5.2%。這也是一個艱巨的挑戰，但是有可能實現。中國在過去 50 年內的人均 GDP 年均增長率就達到了 6.7%。

換一種演算法，要想跨越這 12.5 倍的收入差距，如果能保持 4% 的經濟成長速度，需要 64 年；如果保持 3% 的經濟成長速度，需要 85 年；如果保持 2% 的經濟成長速度，需要 127 年；如果保持 1% 的經濟成長速度，則需要 253 年。

試想一下，中國經濟從此告別了 10% 以上的高增長，慢慢地回落到 7%、6%，甚至 5%，那豈不是一個黯淡悲觀的前景？倒也不是。經濟成長放慢並不可怕，只要不出現「硬著陸」[4]，能夠維持持續、穩定的增長，中國經濟仍然會有長足的進步。經濟成長的本質是「複利」，一年一年如同滾雪球一般越滾越大。只看單獨一年的經濟成長率高低沒有太大的意義，重要的是要有耐力。

狂飆突進的高速經濟成長時代已經一去不復返了，再去追求過高的經濟成長速度，沒有任何意義。我們已經跑完了 400 公尺跨欄，現在比的是跑馬拉松。不能再按照跑跨欄的節奏參加比賽了，未來的競賽，比的是耐力和毅力，所以更重要的是要保持長期、穩定、持續和平衡的經濟發展。眼光不要盯著面前的跑道，要目視前方，調勻呼吸，保持好步伐的節奏，心中想著最終的目的地。生活在一個經濟成長率變慢的時代，我們需要有更多的平常心。

---

4 硬著陸：用比較強硬、劇烈的手段或政策進行經濟調整。

第五章

創新的來源

導讀

你在海平面看到的經濟學

只要做好智慧財產權保護，市場經濟中的逐利行為就會自動地帶來技術創新。技術創新將會帶動勞動生產率的提高。隨著技術的存量越來越大，技術創新的步伐也會越來越快。我們現在正處在一個以互聯網、大數據、人工智慧等技術為引導的新的創新浪潮，這些技術創新推動了經濟全球化，使得世界經濟的競技場變得更加平坦。未來的經濟成長將繼續加速。明天總會比今天更加美好。

你在高海拔看到的經濟學

技術創新並非線性的，也不會立刻帶來勞動生產率的提升和經濟成長。技術和社會融合起來，才會真正改變全球經濟的格局。所以說，技術進步不是一個快變數，而是一個慢變數。技術進步的速度很快，人類適應技術進步的能力卻很慢，因此會帶來很多潛在的風險。比如，大數據有可能帶來隱私的洩密，也可能使得互聯網企業變得越來越集中。

▎本章簡介

《指數型增長：不是我不明白，這世界變化快》談到，技術的進步可能是指數型的。硬體在進步，軟體在進步，而且各種技術疊加、混搭，催生出更多的進步。不過，人類適應技術進步的能力是線性的。我們適應技術進步的速度已經落後於技術進步的速度。要想在加速變革的時代能夠倖存下來，我們必須學會「快速失敗」、快速反覆運算。

《超新星：來自雲端的超新星》談到，《紐約時報》專欄作家湯馬斯・佛里曼（Thomas L. Friedman）把「雲」稱為「超新星」。「超新星」是指恆星出現的爆炸，這是宇宙中能夠發生的最大規模的爆炸。大數據和「雲端運算」會把舊的事物變成新的事物，從各方面改變經濟活動。

《大數據：為什麼天才數學家謝頓是錯的？》談到，在科幻作家艾西莫夫（Isaac Asimov）的小說《銀河帝國》（*Galactic Empire Series*）中，天才數學家謝頓（Hari Seldon）說，歷史是可以預測的，但單個個體的行為卻不可預測。謝頓恰恰說反了。歷史是不可預測的，但我們每個人的行為可以非常精準地被預測出來——因為我們都是習慣的奴隸。

《數據隱私：你的一生，分分秒秒都已被監控》談到，大數據固然能夠給我們帶來很多便利，但也會讓我們失去了隱私權。當隱私洩露之後，企業和政府都有可能秘密地加強對社會個體的控制，我們不僅僅會失去自由，也會在一定程度上失去公正。

《人工智慧：未來的工廠裡只有一個人，一條狗》談到，有個關於人工智慧的笑話是，未來的工廠裡只有一個人，一條狗，狗是負責看住人，不讓人去動機器的。這個笑話表達出人們對人工智慧替代勞動者的擔心，但我們距離這一天還早得很。

《技術失業：誰來幫助求職者？》談到，我們應該更常思考，如何利用互聯網和大數據，幫助那些處於弱勢的求職者。如果能夠更加精準地幫助求職者，不僅有利於企業用更有效率的方式僱用更好的員工，而且能夠讓每一個求職者找回自信，這個社會會因此更加美好。

《唯快不破：為什麼游擊隊能夠戰勝正規軍？》談到，在加速變革的時代，傳統的大型社會組織，比如政府、政黨、軍隊，都會遇到挑戰，而新興的力量正在崛起。這是一個游擊隊戰勝正規軍的時代。但是，新興的力量大多只會破壞，不負責建設，因此，權力的終結或許會帶來更多的混亂。

《新的舊思想：100 多年前，馬路上跑的都是電動車》談到，很多新的點子，其實早就有了，比如電動汽車。只不過，有些新點子太新穎了，就會生不逢時，後來又被人們遺忘了。如果想要更好地創新，不能只是向前看，還要不時地複習歷史，「溫故而知新」。

《舊的新思想：有能幫你獲得心靈平靜的可穿戴設備嗎？》談到，有些新點子，看起來新，其實是很陳腐的。有一種可穿戴設備號稱可以幫助你獲得心靈平靜，但其遵循的思路卻是已經落伍的行為主義，即想讓你做好事就獎勵你，如果覺得你做了壞事就懲罰你。這是馬戲團馴獸的方法，怎麼可能用這種方法修練到心靈平靜的境界呢？小心被所謂的新技術唬弄了。

《舊的舊思想：為什麼有人相信地球是平的？》談到，在思想的市場上，不是所有的假冒偽劣產品都會被自動淘汰，很多荒謬的觀點會一直存在，相信它們的人自以為真理在手，固執得很。我們都可能會不小心掉進陷阱，對這些荒謬的觀點半信半疑。

《皮浪主義：做一個積極的懷疑主義者》談到，當我們分辨不清什麼是真理、什麼是謬誤的時候，先不要妄下結論。要先懸置判斷、放空

自己、心無旁騖、胸中無劍，才能有更寬廣的胸懷去接受新事物。

指數型增長：不是我不明白，這世界變化快

摩爾定律

當世界變快了之後，人們會有不適應的感覺。速度並不總是帶來激情，速度也會帶來眩暈。如果你坐上一臺跑車，兩三秒鐘就能加速到 100 公里，那是多麼爽的事情，但要是一直按照這樣的速度加速，車子跑得比火箭還快，你能受得了？我們的種種不適應，都是因為技術的變化速度太快，而人類的適應速度太慢。

為什麼技術變化的速度會不斷加速呢？先來看看摩爾定律。摩爾（Gordon Moore）是著名的仙童半導體公司的創始人之一，矽谷的元老級人物。他曾任仙童半導體公司的研發實驗室主任。1965 年 4 月 19 日，他在《電子》雜誌上發表了一篇文章，題目叫〈將更多的原件塞入積體電路中〉。摩爾在文章中預測：「（半導體晶片上）集成的元件數量將每年增加一倍……而且有理由相信這種增速在至少十年內會保持相對穩定。」

　　這個預言太激進了。這意味著技術進步會不斷加速增長，呈指數型增長，越到後來，增長速度越快。這和我們的直覺是不一樣的。連摩爾本人都覺得這個預測太離譜。1975 年，他修正了自己的預測，說翻倍的時間不是每年一次，可能是每兩年一次。

　　一次又一次地，人們預言摩爾定律已經到頭了，但一次又一次地，出現了新的技術創新，於是，摩爾定律繼續有效，到現在一直持續了 50 年。當然，終有一天，摩爾定律會失效。最近兩次反覆運算大約用了兩年半的時間，而非兩年，所以技術加速確實有所減慢，但技術進步的步伐是不會停的。

　　為什麼會這樣呢？硬體在不斷進步，軟體在不斷進步，還有各種技術疊加起來，混搭起來，催化出了更多的進步。

　　比如，從硬體來看，50 年來，半導體行業一直在尋找新的方法，要嘛保持成本不變，但縮小電晶體的尺寸；要嘛保持電晶體的大小，但減少製造成本；要嘛找到新的工藝，開發新材料。

　　僅僅是硬體的改進，還不足以帶來如此快速的技術進步。軟體的改進，可以在不改變現有硬體的基礎上，大幅度提高其效率。

美國電話電報公司的賭注

　　2006 年，美國電話電報公司和賈伯斯簽訂了一個合約，成為 iPhone 在美國的獨家服務提供者。這是一個很大的賭注。第一，當時美國電話電報公司連 iPhone 長什麼樣子都沒有見過，他們只是因為相信賈伯斯才簽了約。第二，美國電話電報公司隱隱約約感覺，手機用戶會暴增，會

給他們的網路容量帶來巨大壓力，但壓力到底多大，誰也不知道。時間緊、任務重，也不可能把原來的線路和無線網路設備大規模改造。怎麼辦？美國電話電報公司的思路是用軟體之長，補硬體之短。他們把能夠調動的技術人員，幾乎都調到了軟體部門。

你可以把電話線路想像成高速公路。如果高速公路上都是開車不講規矩的司機，或是膽戰心驚的新手，交通很容易堵塞。那麼，如果全部換成無人駕駛汽車呢？同樣是一條公路，能夠通行的車輛一下子就會倍增。這就是美國電話電報公司的思路。還是原來的網路交換器、電線、晶片和電纜，透過軟體進行優化之後，能夠傳輸資料、文字和語音的速度大幅度提升。

電腦的存儲和運算能力越來越強大，軟體越來越先進。互聯網又進一步促進了軟體和硬體之間的相互促進。如今，人工智慧又成了新的熱點。當人工智慧突破臨界點之後，就會和人一起推動技術、加速進步。

直線最終會落後於指數型曲線

人類很難理解指數型增長的威力。美國科學家喬治・加莫夫（George Gamow）在《從一到無窮大：科學中的事實和臆測》（*One Two Three... Infinity: Facts and Speculations of Science*）一書裡說過國王和國際象棋發明者的故事。據說，發明國際象棋的是印度舍罕王的宰相達依爾。國王見到這個新奇的遊戲，一下子就著了迷。國王心情愉快，順口跟達依爾說，你想要什麼獎賞都可以，儘管說。達依爾說，我只有一個很謙卑的要求，能帶回去一點大米給家裡人吃就好。要不這樣，請您在國際象棋棋盤的第一個小格裡放 1 粒米，第二個小格裡放 2 粒，第三個

小格放 4 粒，以後每一個小格都比前一個小格多一倍，請把擺滿棋盤上 64 個小格的米粒賞給您的僕人吧。國王覺得這根本不算什麼，後來才大吃一驚。一開始，每個小格裡的米粒確實不多，到了第 16 個方格時，就得放上 1 公斤米。到了第 20 個方格時，得推來一手推車的米。事實上，要想填滿 64 個方格，需要的麥子超過了 1,000 年來全球大米的生產總量。這就是指數型增長的巨大威力。

人類的確在努力適應技術的進步，但我們的適應速度是線性的，不是指數型的。如果把一條指數型的曲線和一條直線畫在一張圖上，你就會發現，兩條線會有個交叉點，然後，指數型曲線會越來越陡峭，而直線落後於指數型曲線的差距會越來越大。現在，我們已經到了直線落後於指數型曲線的地方。

不是我不明白，這世界變化快。這就是我們感到越來越焦慮的原因。我們從小到大，要接受 12 年、16 年，甚至更長時間的教育。我們原本以為，上完學就不用再學習了。但現實很可能是，當你讀完大學了，才發現自己所學的都已經過時，你必須從頭再學。這是一種什麼樣的感受？

創新的週期越來越短，學習和適應的時間越來越少。這是我們不得不面對的未來。有些人能夠做得更好，有的人可能做得更差，但沒有人能夠做得十全十美。要想在加速變革的時代倖存下來，我們必須學會「快速失敗」：用更短的時間、更低的代價去嘗試、去失敗，然後迅速地調整、迅速地改進，如此循環，不斷反覆運算。

▶ 延伸閱讀：湯馬斯・佛里曼，《謝謝你遲到了：一個樂觀主義者在加速時代的繁榮指引》（*Thank You for Being Late: An Optimist's Guide to Thriving in the Age of Accelerations*），天下文化。

超新星：來自雲端的超新星

啤酒和尿布

沃爾瑪在每個商品上都貼上了條碼，這樣，他們可以監測各種商品的銷售量，以及它們之間的關係。有一天，沃爾瑪的銷售部門發現了一個奇怪的現象：啤酒和紙尿布的銷量似乎會一起增加。

這兩種商品風馬牛不相及，為什麼會出現這種正相關的關係呢？後來，他們才搞清楚這是為什麼。當家裡有了新生嬰兒的時候，最忙碌的是媽媽，以及照顧媽媽的外婆，或是保姆，爸爸當然也很高興，但他幫不上什麼忙。於是，家裡人就說，去去去，去沃爾瑪買包紙尿布，不要在這裡正忙不幫幫倒忙。於是，爸爸就到沃爾瑪去買尿布了。有了孩子，他非常高興，覺得自己要慶祝慶祝，所以，買完紙尿布，他會順手拎幾瓶啤酒回家。沃爾瑪的銷售人員試著把啤酒放在紙尿布的貨櫃旁邊，啤酒的銷量增長更快了。

如何知道乳牛排卵的時間？

這還不算最神奇的故事。

在《謝謝你遲到了》裡，有一個更有趣的關於大數據的案例。日本的酪農向富士通公司提出了一個問題：如何才能提高繁殖乳牛的成功率？當乳牛進入發情期，開始排卵的時候，可以成功地進行人工授精。但是，在每 21 天內，乳牛只有大約 12 至 18 個小時是在發情期，而且通常是在晚上。你怎麼知道乳牛什麼時候排卵呢？就算找個人 24 小時盯著，但怎麼才能知道乳牛排卵的準確時間？

複雜的問題常常會有意想不到的簡單答案。富士通公司想出來的解決辦法就是給乳牛裝上計步器。乳牛發情時的一個簡單秘密就是牠走的步數不同尋常。根據這個資料，可以以 95% 的準確率預測乳牛的排卵時間。當計步器發現乳牛排卵的時候，就會發簡訊給農場主人，農場主人就能夠在準確的時間進行乳牛的人工授精了。

更奇妙的是，透過對乳牛資料的分析，富士通發現，在開展人工授精最理想的 16 小時內，如果在前 4 個小時人工授精，就有 70% 的機率得到一頭小母牛，要是在接下來的 4 個小時人工授精，就會有更高的機率得到一頭小公牛。牧場主可以更方便地調整公牛和母牛的比例。富士通還發現，透過識別乳牛腳印的圖形，可以提前發現八種不同的乳牛疾病。這一切都是因為在乳牛的身上掛了一個感測器！

不是雲，而是超新星

為什麼我們會進入大數據的時代？首先，技術進步使機器具有了更多的感知能力。機器能看、能聽、能說，甚至能辨別味道。於是，越來越多的資訊可以被轉化為數位化的資料。其次，存儲能力和運算能力正按照摩爾定律的速度加速提高。再者，互聯網帶來更多的共用和合作，

我們處理和分析大數據的能力越來越強，這就帶來了一個新的生態。我們習慣將這種新的生態稱為「雲」。

《紐約時報》的專欄作家湯馬斯‧佛里曼覺得「雲」這個術語不過癮，他將之稱為「超新星」。這個說法最早是微軟的電腦設計師克雷格‧蒙迪（Craig Mundie）提出的。所謂「超新星」，是指恆星出現的爆炸。恆星爆炸之後，會在極短的時間之內爆發出極強的亮度，最強可以是太陽亮度的 5,000 多倍，在短短數週時間內，超新星釋放出來的能量，可以媲美太陽在一生中釋放的能量的總和。這是宇宙中能夠發生的最大規模的爆炸。

這一表述顯得多少有些誇張。其實，這更像化學中所說的從固態到液態的「相變」（phase change）。當物體處於固體狀態時，是僵硬、固定、不變、摩擦力很大的。當物體從固體變成液體之後，突然變得更加靈活、到處流動，而且好像沒有了摩擦力。在矽谷，人們常說：凡是可模擬的東西皆可數位化，凡是可數位化的東西皆可存儲，凡是可存儲的東西皆可分析。這是我們能夠加速變革的重要推力。

火車上裝了感測器，就不再是傳統的火車。在行進的過程中，火車能夠感知鐵軌的狀況，能夠監測在不同的地形下行駛每公里需要消耗的能量，這就能夠提醒工程師對出現異常的路段及時維修，並不斷地優化兩地之間的運輸效率，思考如何才能減少能源消耗、開得又快又穩當。垃圾箱裝上了感測器，就能及時地提醒清潔工，要清理垃圾了。船隻裝上了感測器，就能不斷傳輸關於風浪的資料，方便更好地做天氣預報。

於是，一切舊的東西可以變得更新，許多新的東西可以橫空出世。

歡迎來到加速變革的時代。這聽起來很像一個美麗新世界。當然，有激動人心的地方，就有令人沮喪的地方。大數據能夠帶給我們更多的方便，也能帶來更多的煩惱。

▶ 延伸閱讀：湯馬斯‧佛里曼，《謝謝你遲到了：一個樂觀主義者在加速時代的繁榮指引》，天下文化。

大數據：為什麼天才數學家謝頓是錯的？

謝頓的心理史學

　　艾西莫夫是最傑出的科幻作家之一。他在小說《銀河帝國》系列裡塑造了一位叫謝頓的天才數學家。謝頓最大的貢獻是發明了心理史學。心理史學研究的是真正的大數據。據艾西莫夫的描述，當時銀河帝國一共有 2,500 多萬顆住人的行星，總人口有千兆。謝頓發現，只要人數夠多，人類的行為就能夠用統計方法預測。所有人的合力決定歷史的演進方向。

　　謝頓根據心理史學預測，統治銀河帝國的川陀帝國將會在 300 年內崩潰，於是秘密地建立了一個能夠保存人類文明的基地。據說賓‧拉登就是看了《銀河帝國》後把自己的隊伍命名為蓋達組織。謝頓還說，心理史學只能預測群體的行為，不能預測個體的行為，因為每個個體都是獨特的，個體的行為沒有什麼規律可言。

　　謝頓恰恰弄錯了。在大數據時代，個體的行為可以相當準確地被預測出來，但是未來是不可能預測的。心理史學的方法論是對的。謝頓假設，要使心理史學起作用，群體中每一個人都不能知道自己已經是心理史學的分析樣本，這樣才能保證每個人的行為都是隨機行為。 麻省理工學院的山迪・潘特蘭（Sandy Pentland）教授曾經做過一個研究。他的研究團隊免費發放智慧手機給大學生們，拿到手機的學生的一舉一動都會被記錄下來，比如給誰打了電話，聊了多長時間，都去了哪裡，周圍都有什麼人等等。一年下來，潘特蘭教授的研究團隊拿到了 45 萬小時的資料。

█ 每個人都是習慣的奴隸

　　大學生應該是最自由、最熱情奔放的社會群體了吧？但是其實，大部分學生的生活都很單調。週一到週五，他們會去學校，晚上就回宿舍，過著「兩點一線」的生活，只有週末才會釋放一下內心的狂放。但這種狂放也是有規律的，週五和週六的晚上通常是狂歡時間，學生們會出現在相對固定的時間、固定的地點，和自己熟悉的人在一起。潘特蘭教授的研究團隊開發了一個運算系統，預測學生們的行為。這個運算系統的預測準確率高達 96%。暢銷書《爆發》（*Bursts: The Hidden Pattern Behind Everything We Do*）一書的作者巴拉巴西（Albert-László Barabási）買了一隻帶有 GPS 定位系統的手錶。他的一個學生用潘特蘭教授的運算系統，在幾天之後，就能以 80% 的準確率預測到他的行蹤。

　　或許你會說，潘特蘭教授做的實驗樣本量太小，也就是麻省理工學院裡面的一群學生。要是人數更多呢？比如，要是一個城市呢？潘特蘭

教授開發了一套系統，幫助舊金山探索科學博物館蒐集來自手機的 GPS 資料。根據這些資料，可以預測上千萬人口在數天或數週之內的活動規律。

你猜怎麼著？我們的生活比自己想像的乏味得多。正常時間，也就是工作日，我們每天沿著同樣的路徑，上班、下班，接孩子、回家做飯。週末和假日總該休息一下了吧，這是購物、休閒的好時光。令人吃驚的是，我們在休息時間去的地方和做的事情也幾乎是一成不變的。我們會去自己熟悉的餐廳，叫自己最喜歡的那幾道菜。城裡那麼多商場，我們只去離自己最近的，或是最喜歡的三兩家。潘特蘭教授的運算系統可以以 90% 以上的準確率預測出人們的行為。

讓你更鬱悶一下。在所有人群中，富人的行為是最不好預測的，因為他們有的是時間，有的是錢，可以更隨心所欲地到處探索，嘗試新鮮事物。想體驗豐富多彩的人生，可能最好的辦法就是交一個像是首富之子的朋友。

我們每個人都覺得自己是與眾不同的，那是因為我們不夠成熟。見得多了，體驗得多了，你就會發現，其實每個人都是一樣的。當人數夠多了之後，大數據可以準確地預測出我們的行為。不管是年輕人、中年人，還是老年人，所有人的可預測程度都是差不多的。每個人都是習慣的奴隸。

沙堆系統

但是，歷史卻是不可預測的。每個人的行為之所以能被預測，是因

為它們不斷地在發生，我們日復一日，年復一年，遇到相似的問題，會有相似的反應。歷史是什麼？歷史是沿著時間之軸，在每一點上，所有人的反應的合力。馬克·吐溫說過，歷史不會重演，但卻押著同樣的韻腳。讀歷史書的時候，我們總是會感嘆，歷史竟是如此驚人地相似。這很容易讓我們猜測，或許，歷史的發展背後，有一個亙古不變的規律。但這樣的規律是不存在的，任何試圖去預測歷史演進的努力都是徒勞。

歸根到底，人類社會是一個複雜系統，而複雜系統是不可預測的。最簡單的複雜系統是沙堆。假設你在沙灘上玩，隨手用沙子堆了一個金字塔形狀的沙堆。沙堆越堆越高。你有沒有想過，能不能把沙堆一直堆下去，堆到月亮上？當然，這是不可能的，當沙堆堆到了一定的高度之後，隨時有可能崩潰。但什麼時候會崩潰？是再往上放一粒沙子會崩潰，還是再往上放一千粒沙子會崩潰？我們不知道，也不可能預測。

或許，你會不服氣。要是用儀器記錄下每一粒沙子的運動軌跡，怎麼沒有辦法預測呢？

科學家還真做過這樣的實驗。IBM 沃森研究中心的物理學家海爾德（Glenn Held）從沙灘上採集沙粒，再把沙粒烘乾，放進一個像胡椒研磨器一樣的罐子裡。然後把這個容器和電腦連接起來，電腦控制著罐子的轉動速度，沙粒一粒一粒地落下來，掉進一個盤子裡。海爾德發現，當沙粒最初掉落的時候，好像有人在指揮一樣，會自動地形成一個穩定的沙堆。這在物理學上叫作「自組織過程」。但是，當沙堆高到一定程度之後，就進入了不穩定狀態。按照我們的常識，沙堆本來是一個穩定的系統，只有出現外界的強烈衝擊時，才會突然倒塌。沙堆實驗告訴我們，沙堆上再掉落一粒沙子，或是再掉落一千粒沙子，導致崩潰的機率是一樣的。物理學裡也有個術語描述沙堆的崩塌，叫「冪律分佈」。簡單來說，導致沙堆出現小的崩塌的沙粒很多，而導致沙堆出現大的崩塌的沙

粒很少。

自然界中到處都有「冪律分佈」的例子。小的地震時時刻刻在發生，大的地震極為少見，但破壞力會呈幾何級數增加。小的社會騷亂經常發生，決定歷史轉折的大革命極為少見。但你怎麼能知道，哪一次小小的騷亂會最終釀成革命呢？我們能不能預測沙堆出現的「革命」呢？海爾德發現，沙粒之間形成了一個系統，互相擠壓，互相聯繫。隨著沙粒的掉落，沙堆系統的複雜程度將不斷擴大。哪怕再掉落一粒沙子，整個模型都要重新修改。如果謝頓想預測越來越遙遠的未來，他需要知道的關於初始條件的資訊將會呈指數形式遞增。《銀河帝國》裡說，謝頓能夠預測未來 1,500 年。這是不可能的。

沙堆理論告訴我們，未來是不可預測的，但並非不可知。就像你知道歷史的演進也遵循「冪律分佈」，但是你無法準確地預報下一場大地震將在何時何地爆發一樣。但這並不意味著我們就要放棄對地震學的研究，我們可以逼近真理。有趣的是，19 世紀的法國小說家雨果曾經說過：「我們怎麼會知道這個世界是不是由掉落的沙粒形成的呢？」他一個文科生，是怎麼猜出來的？

▶ 延伸閱讀：山迪·潘特蘭（Sandy Pentland），《數位麵包屑裡的各種好主意：社會物理學 —— 剖析意念傳播方式的新科學（*Social Physics: How Good Ideas Spread-The Lessons from a New Science*），大塊文化。

數據隱私：你的一生，分分秒秒都已被監控

你的隱私只剩零了

算來已經是 18 年前了。1999 年，美國太陽微系統公司（Sun Microsystems）的 CEO 史考特・麥克里尼（Scott McNealy）在一次發佈會上，對臺下眾多媒體記者和分析師說道：「你的隱私只剩零了，想開點吧。」

在大數據時代，你的一生，分分秒秒，都已經被別人監控。這個世界將分為監控階級和被監控階級，很不幸，你我都屬於被監控階級。

當你在網路上購物的時候，你的資訊已經被存儲起來。當你在社群網站滑動態的時候，你的活動已經被跟蹤。當你敲擊電腦鍵盤的時候，電腦程式可以記錄下你的鍵盤操控過程。當你走在大街上的時候，有無數監視器鏡頭正冷冷地盯著你。或許有一天，紙鈔不能再用，至少大額紙鈔會用得越來越少，於是，你的每一筆交易，都能在網路上留下痕跡。你五歲在幼稚園裡欺負小女生的影片，可能會在 50 年後被人調出來在網路上傳播。你在酒酣耳熱之後說的那些愚蠢的話，轉眼間就會在網路上被人瘋傳。

歡迎來到大數據時代。

我們在上一篇文章中說過，大數據無法預測歷史的演變，但卻很容易預測每一個人的行為。只要樣本量夠大，每個人的行為其實很好預測，因為人都是習慣的奴隸。

你的女兒已經懷孕了

大數據時代的典型案例就是美國目標百貨公司（Target）預測顧客懷孕的故事。目標百貨公司是美國第二大零售商。他們有一個龐大的客戶資料庫。每個客戶都有一個「ID」號碼，該號碼與客戶的信用卡、電子郵件和其他資訊實行綁定。你只要在這裡有消費，目標百貨公司就能預測你的行為。

他們有一份「已知孕婦」的資料庫，從這個資料庫，能夠找到懷孕之後，顧客消費行為的變化。比如，在懷孕期的最初 20 個星期內，孕婦會購買鈣、鎂、鋅之類的補充劑。再比如，孕婦更偏好買沒有香味的肥皂和洗髮水，還會準備大袋子裝尿布、奶瓶等用品。目標百貨公司的統計分析師建立了一個包含 25 種產品的「懷孕預測」評估程式。假如在亞特蘭大，有一個 23 歲的女人在 3 月購買了可可脂乳液、大到足以兼作尿布袋的手提袋，以及鋅、鎂補充劑和一條寶藍色的毯子，目標百貨公司就可以估算出她懷孕的機率是 87%，預產期會在 8 月下旬。

對商家來說，這真是好消息，大數據提供了開採不盡的金礦。但對消費者來說呢？

首先，你的隱私沒有了。在目標百貨公司的資料庫裡，你不是一個活生生的人，你只是一組冷冰冰的資料。目標百貨公司會根據他們的預

測，向將要當媽媽的婦女郵寄嬰孕產品廣告。但是，不是每一個媽媽都期待收到這樣的廣告。如果這是一個還在讀高中、不小心懷孕了的女生呢？如果這是一個被強姦的婦女呢？

其次，你很可能會處於更加不利的境地。常言道，買家沒有賣家精。在大數據時代，賣家會越來越聰明，買家則越來越被動。

▌ 我們知道你的痛苦點

在經濟學裡，有個概念叫價格歧視，即對不同的消費者定不同的價格。經濟學教科書告訴我們，商家是很難搞價格歧視的。的確，有的消費者精明，有的消費者魯鈍，但魯鈍的消費者只要跟著精明的消費者走就行了，她進哪家店，我們也進哪家店。現在不行了。

去賭場的人對風險的偏好各不一樣，有人輸了十塊錢就心疼得不得了，有人輸掉 100 萬元面不改色心不跳。但不論是誰，都會有個「痛苦點」。這個「痛苦點」的意思是說，如果你輸掉的錢超過了這個額度，你就會對這家賭場深惡痛絕，再也不想來了。開賭場的有一個最佳策略，就是當你快要到這個「痛苦點」的時候，叫你住手。比如說，當你進入賭場之後，根據賭場的資料庫，大致可以推斷，像你這樣的中年亞洲男性，「痛苦點」可能是五萬元。那麼，當你輸掉四萬九的時候，您的身邊就會突然出現一個貌美如花的公關小姐，跟你說：「先生，玩累了吧，您今天是我們的幸運顧客，我們專門為您準備了法國大廚做的牛排，歡迎您帶上家人朋友一起過去品嚐。」怎麼會服務態度這麼好呢？因為你的最後一分錢已經被商家榨乾了。

關鍵報告

　　更令人不舒服的是，你可能會真的受到各種歧視。購物的時候被多收了幾塊錢還算小事，找工作和買醫療保險應該是個人生活中的大事吧。如果一家公司能夠預測出來，像你這樣的人，到 50 歲的時候得糖尿病的機率更高，所以即使你現在身體健康得很，他們一樣可以拒絕你求職，你會覺得公平嗎？

　　在醫療保險中，1% 的病人會占用 5% 以上的醫保成本，而且 5% 的病人會占用將近一半以上的成本，所以保險商希望「精選出」那些健康的投保人，同時「過濾掉」患病機率大的人。如何「淘汰」潛在的病人呢？比如，你可能只是上網搜尋了某種疾病的表現，但在保險公司的資料庫中，你就和這種病有了關聯。你覺得這樣公平嗎？

　　離婚是一件很不幸的事情，對離婚的夫婦來說，最難以承受的是心理上的打擊。但對信用卡公司來說，他們關心的是離婚可能會給這對夫婦帶來財務上的損失。從統計資料來看，接受婚姻諮詢的夫婦更有可能離婚。如果信用卡公司能夠買到你是否接受過婚姻諮詢的資訊，並用這一資訊來調整你的信用評級，你覺得公平嗎？

　　失去了隱私，也就在很大程度上失去了自由和公正。著名科幻作家菲利普・狄克（Philip K. Dick）的《關鍵報告》（*The Minority Report*）裡說了一個故事，在未來世界裡，人們可以利用具有感知未來的超能力的「先知」預測出人的犯罪企圖，並在罪犯犯罪之前逮捕他們。大數據就是這樣的先知。那麼，如果大數據預測，某個人出門之後參與謀殺的機率是 90%，即使他並沒有殺人，能不能就把他逮捕起來呢？如果預測一輛卡車可能要到市中心撞擊行人，能不能在它沒有進城之前就扣押下來

呢？如果我們能夠預測一個孩子長大之後變成希特勒的機率是 90%，能不能在他還上小學的時候就把他槍斃呢？

在大數據時代，只有處於金字塔頂尖的一小群人才屬於監控階級。海量的資料、複雜的演算法，使得大數據已經超越了常人的理解範圍。對於不能理解的事物，我們能夠採取的最簡單的辦法就是對其視而不見。這是一種可怕的「社會沉默」。

於是，我們會看到，能夠掌握大數據的企業會進一步地踐踏個人的隱私，而當他們拿到這些隱私之後，又會想方設法地保護對這些資料的壟斷，以及利用這些資料為自己牟利的權利。

你每天都在被別人賣掉，你每天都在高高興興地幫別人數錢。

▶ 延伸閱讀：法蘭克・帕斯奎爾（Frank Pasquale），《*The Black Box Society: The Secret Algorithms That Control Money and Information*》。

人工智慧：未來的工廠裡只有一個人，一條狗

如何思考會思考的機器

　　企業管理顧問華倫・班尼斯（Warren Bennis）說過一個笑話。他說，未來的工廠裡只有一個人，一條狗。人是要餵狗，狗是要看住人，不讓他碰機器。

　　總有一天，機器人會替代人。如果對物種進化做一個預測，那麼，人類之後的下一個物種應該是機器人。推薦大家讀一本《如何思考會思考的機器》（*What to Think About Machines That Think*），裡面匯集了全球各個行業頂級專家對人工智慧的看法。當然，即使是專家，對人工智慧的看法也大多是猜測。誰也不知道未來會出現什麼變化。

　　如果簡單來說，未來可能會有兩條路徑。第一種路徑是機器人徹底替代了人。機器人不僅學會了人的思維模式，而且比人類做得更好。機器人也學會了人類的情感，而且比人類更加理性。機器人有了自我意識，不會再聽命於人的指揮。這並非是不可能的。歸根到本源，人的思維、情感，無非都是物理和化學反應，只是我們對其原理了解甚少而已。

　　第二種路徑是人和機器人融為一體。手機讓我們成為「千里眼」與「順風耳」，能夠即時地、不受地域限制地與其他人溝通。大數據可

以方便我們更好地學習和交流。人用上了各種人造器官。以後，人們很可能會運用更多的科技改善我們的記憶、延長我們的壽命、調節我們的情緒。記性不好？外接一個隨身碟就行。性格暴躁？吃一片藥就改過來了。想體驗一下南極探險？你可以從別人那裡購買一段個人回憶。聽不懂爪哇語？機器幫你直接翻譯。

　　無論出現哪種情況，我們都能想像得出最後的結果：人類這個物種，會被徹底改變。生活、工作都會和以往大不相同，甚至人類的生存都會遇到挑戰。

▌「倫巴」是怎麼樣學習的

　　人工智慧是如何出現的？這是一個很複雜的問題。我們不妨從最簡單的角度來理解。過去的電腦都是靠「程式」運轉。工程師設想出可能會出現的各種情況，然後告訴機器，如果遇到某一種情況，該如何如何處理。這就會帶來一個挑戰，如果是一個非常複雜的問題，有很多環節，機器在每一個環節上都要窮盡所有的可能性，那麼，計算和判斷的複雜程度會呈指數型增長，直至機器徹底崩潰。

　　人每天也會遇到各種複雜的問題，要不要結婚，要不要生孩子，都是極其複雜的問題。人生有無窮無盡的可能性，有各式各樣的偶然性。人是如何處理複雜問題的？

　　我們的思維方式比較偷懶。好比，在第一個岔口，有兩個選擇，我們會隨便選一個，比如我們選 A。再往前走，又遇到第二個岔口，又有兩個選擇，我們再隨便選一個，比如我們選 A1。如果 A1 是個死胡同

呢？我們趕緊退回最近的分岔點，選擇 A2。如此循環往返，直至找到合適的路徑。這種思維方式看起來很笨，不就是靠碰運氣嗎？確實如此，這是因為人的記憶儲存能力和運算能力嚴重不足，才想出來的湊合的辦法，但事實證明，這是解決複雜問題的唯一正確路徑。

我們對智慧型機器人最直觀的體驗可能是家裡的掃地機器人，一款叫「倫巴」（Roomba）的傢伙。最早設計倫巴的時候，設計師非常苦惱。每個家庭的房間都不一樣，有人住別墅，有人住陋室，有的房間方方正正，有的房間極不規則。如果想把所有的戶型資料都預先輸入，幾乎是不可能的。而當他們換個思路之後，就豁然開朗了。

倫巴的設計思路是讓機器人自己去學習。當倫巴剛到你家裡的時候，它會像喝醉酒一樣，到處碰壁。其實它是在學習。撞牆沒有關係，它會把這當作一次失敗的嘗試，把結果記錄下來。只要它把每一次失敗都記錄下來，不斷修正，就能越來越熟練，最後，它就像在你家裡因為興奮而盡情跑跳、打滾的小狗，來來去去，自如得很。

一言以蔽之，這種設計思路就是「試錯法」。機器學習就是一個電腦演算法在分析和預測中不斷自我改進的過程。認知機器人的方法論無非是最基本的機率論，但它的技術進步在於，認知機器人已經開始理解更複雜的非結構化資訊。也就是說，機器人不僅能夠像過去那樣理解數字，還能夠「看懂」圖像、「聽懂」人說的話，等等。

以機械翻譯為例。IBM 在開發翻譯軟體的時候成立了一個團隊，最早，他們僱用了很多語言學家，希望語言學家能夠教會機器不同的語法，然後讓機器根據語法學習各種語言。後來，他們發現這樣根本行不通。最簡單粗暴的辦法就是把海量的語言資料都輸入電腦，讓電腦自己去「試錯」。一開始，電腦的翻譯一定是不倫不類的。但慢慢地，如果你給電腦夠多的正確和錯誤的例子，它就會慢慢弄清楚，哪些說法是不道

地的，而哪些是更道地的，它的學習也會越來越快。它可以用同樣的方法學會中文、俄語、班圖語、尼泊爾語：其實它不是在學外語，而是在處理統計資料。以後，我們很可能不用再學習外語了，人工智慧會比我們做得更好。它能夠掌握各種語言，靠的就是大數據和「試錯法」。

機器人會不會替代人？

說起人工智慧，我們常常會有一種恐懼，認為我們的工作很快就會被機器替代。確實，越來越多的工作會被機器替代，但距離我所預言的那個機器人取代人類的時代還早得很。我們仍然處在人工智慧的初級階段。現在的人工智慧大多局限在一個特定的領域。倫巴是負責掃地的。有的人工智慧是為了翻譯語言，或是幫助醫生診斷疾病。它們各有分工。在其各自的領域，它們完全有可能替代很多常規性的人類的工作，但機器人會不會突然變得全知全能呢？你家的倫巴會不會有一天掃地掃膩了，自己決定不想掃地，要設計汽車了？至少目前來看，這種可能性為零。

任務自動化和工作自動化是兩件不同的事情。工作自動化是指機器完全替代了人，任務自動化是不會搶走人類的工作的。舉例來說，由於工業革命，紡織行業在 19 世紀就從手工業變成了現代化工業。紡織行業中 98% 的勞動被自動化了，那麼，紡織行業的就業人數是否相應地減少了 98% 呢？

沒有。紡織行業的就業人數反而增加了。這是由於生產力大幅度提高之後，產品的價格會下降，對產品的需求就會增加。過去，許多人只有一套衣服，而且是媽媽手工縫製的。過去是「慈母手中線，遊子身上

衣」。現在，遊子穿的都是買來的衣服，每個人的衣櫥裡都塞得滿滿的。此外，對窗簾、地毯、沙發罩等各式各樣紡織品的需求也大幅度增加。於是，需求的增長抵消了機器對勞動力的替代。

同樣的故事今天仍然在發生。自動提款機是在 1990 年代之後開始出現的。當初，人們認為有了自動提款機，就不再需要銀行櫃員了，結果呢？銀行櫃員的人數卻增加了，而且比美國整個勞動力市場就業人數的增加速度更快。條碼是從 1980 年代開始出現的。掃描條碼，能讓收銀員的結帳時間減少 18% 至 19%，但收銀員的人數反而增加了。1990 年代末以來，律師事務所越來越常使用電子文檔檢索軟體，這本來是律師助理要做的工作，但律師助理的人數反而快速增長。

我們都聽說過，技術可以創造出全新的工作需求，比如資料科學工程師。但與此同時，技術也能改變很多傳統的常規工作。銀行櫃員不再需要收付現金，他們可以花更多的時間幫顧客處理更複雜的事務。律師助理不用再在檔案堆裡找檔案，他們可以幫助律師們好好地維護客戶關係。會看 CT 片的電腦沒有完全替代醫生的工作，醫生可以借助電腦，進一步提高診斷品質。各種設計軟體也沒有替代設計師的工作，相反地，會有更多的人更輕易進入這一行。

所以，好消息是：未來的工廠裡，會有一臺機器，一個人，一條狗。有的工作是人來做主，機器輔助；有的工作是機器做主，人來輔助。至於那條狗嘛，它安安靜靜地趴在那裡，像一個哲學家一樣若有所思。

▶ 延伸閱讀：約翰・柏克曼（John Brockman），《*What to Think About Machines That Think: Today's Leading Thinkers on the Age of Machine Intelligence*》。

技術失業：誰來幫助求職者？

誰搶走了我們的飯碗？

西方國家之所以會出現保護主義、民族主義以及反全球化，很重要的一個原因就是很多勞動者覺得飯碗快要保不住了。誰搶走了我們的飯碗？有的政客過來煽動他們：「都是那些外國人，是那些移民搶走了你們的工作，是中國人和印度人搶走了你們的工作。」於是，人們激動憤慨。這就是西方出現保護主義、民族主義和反全球化的社會背景。

大部分經濟學家都認為，導致發達國家貧富差距拉大、一部分工作流失的主要因素有兩個，一個是技術進步，一個是全球化。而且，技術進步的影響比全球化的影響更大。但是，如果你跟選民說，你之所以失去工作，是因為自己笨，掌握不了新的技能，選民會朝你扔臭雞蛋。如果你跟選民說，你們都很努力，但狡猾的中國人和印度人把你們的工作搶走了，這是不公平的，大家就會滿心歡喜地選你當總統。

落後的招聘制度

這裡，我要從另一個角度談談就業的問題。就業的問題，可能既不

出在技術進步，也不出在全球化，而是出在我們現在的就業體制太落後。

為什麼這麼說呢？現在的就業體制是什麼？當單位招聘員工的時候，先發佈招聘廣告。在廣告裡，單位會把要招聘的職缺、工作內容公佈出來，然後寫清楚對求職者的要求。不知道大家注意到沒有，幾乎所有的招聘廣告，都要求求職者有一定的文憑。你要申請當個秘書嗎？至少要有大學本科文憑。你想要到研究所做研究嗎？那至少得有博士文憑。你想要到北京大學這樣的名校教書嗎？那得要國外名校的博士文憑。中國時下的網路紅人范雨素的文學才能當然比不上莫言，也比不上蕭紅，但她找個秘書工作，或是編輯工作，應該是能勝任的。那為什麼她只能去做保姆呢？吃虧就吃虧在沒有一張文憑。

這背後的邏輯就是「教育信號」理論。著名經濟學家麥可·史賓斯（Michael Spence）說，教育不一定教會學生有用的技能，但能夠幫助學生向雇主釋放一個有用的信號：僱用我吧，我是最聰明的。不信，你看我都考上大學了，而且上的是哈佛、耶魯、北大、清華。

但是，在很多情況下，這種「教育信號」是失真的。文憑只能幫助你能應付考試，文憑測不出來你掌握了什麼技能，也測不出來你的情商、人際交往能力。文憑測不出來你對一份工作的熱愛，也無法判斷你到底有多大的潛力。在現有的招聘體制下，一份工作空缺，會引來無數份求職簡歷。人事部經理當然會感覺很爽，好像自己在選秀一樣。一個要找工作的人，會寄出許多份求職簡歷，因為他們不知道到底哪一家企業更適合自己。這裡面存在著大量的供求錯配。每一次招聘，都要經過激烈的競爭，最後可能只有一個成功者，但卻有一千個失敗者。從經濟上來說，這是極沒有效率的。從政治上來說，這會帶來更多的不穩定。如果每個求職者都要經歷挫折和羞辱，他們是不會對這個就業制度，甚至不會對整個社會制度心存感激的。

如何幫助求職者？

有幾位年輕的企業家一起創辦了一個求職網站，叫 LearnUp.com，翻譯成中文就是「得到」的口號：「好好學習，天天向上。」這幾位年輕的企業家發現，在美國，大部分職缺並不需要大學以上的教育程度，但都需要一定的技能培訓。很多人覺得，像在 Gap 店裡賣衣服、在麥當勞賣漢堡，或是到公司裡做前臺接待員，似乎不需要任何技能。這是非常錯誤的。哪怕是最基礎的工作，也需要獨特的技能，遺憾的是，這些技能都沒有在中學或大學裡傳授。我有個研究生到政府部門實習，去的第一天就傻眼了。主管交給她一份再簡單不過的工作：請你把這個檔案傳真出去。她站在那裡不知所措：怎麼用傳真機呢？從來沒有人教過她！

LearnUp.com 都做些什麼呢？他們和很多公司合作，幫助公司先做一些最簡單的培訓。比如說，你想到美國服裝零售品牌 Old Navy 或是美國電話電報公司求職，當你進入這些公司的求職網頁，就會發現一個「先準備再應徵」的按鈕，點擊之後，就進入 LearnUp 的網站。LearnUp 會為你介紹這些職缺都是做什麼的，需要什麼技能，適合什麼樣的人。你要是覺得這份工作適合你，就可以選擇繼續申請，如果覺得不合適，也可以選擇退出。

這個網站更人性化的地方是提供了求職顧問服務。你以為每個求職者都是老手，經驗豐富嗎？不是的，有很多人，尤其是處於弱勢群體的那些人，根本就不知道該向誰求助。他們沒有校友，父母也幫不上忙，身邊的朋友可能還不如自己，求職時會遇到的一些看起來非常簡單的問題，對他們來說是無從下手的難題。

求職者都問 LearnUp.com 的顧問什麼問題呢？有人問：「我面試的時

候該穿什麼衣服呢？」他們甚至把照片發給顧問：「我穿這一身去參加面試可以嗎？」LearnUp.com 的顧問會告訴求職者，面試那天當地的天氣如何，他們幫你找到去面試地點的最佳公車路線，在面試的前一天給你發簡訊，提醒你該做好準備。你可以打電話給他們模擬面試，回答面試官常問的問題，顧問會幫你找到「最佳答案」。他們會幫你找到以前求職的成功者，為你分享經驗，甚至會在面試之後提醒你，不要忘記向面試官發送感謝信。

作為一個老師，當我的學生到了該找工作的時候，看著他們懵懵懂懂、忙碌不安，不知道路在何方，不知道未來怎麼樣，我會感到非常心痛。更讓我鬱悶的是聽他們講述在求職過程中遇到的挫折，甚至是羞辱。從步入社會的第一天起，他們就對這個社會產生了懷疑和不信任。

2014 年，蓋洛普公司調查了大約 100 萬名至少有 5 年工作經歷的美國大學畢業生，也調查了他們的雇主。去哪裡上學，對找到一份好工作是否最重要呢？不是。不管你上的是公立學校還是私立學校，綜合性大學還是文理學院，從長遠來看，對學生的職場表現並無本質的影響。幾乎所有成功的學生，都會提到兩件對他們來說最為重要的事情：第一，他們在學校裡或職場上遇到了真正關心他們、激勵他們的「導師」。他們從導師那裡得到了鼓勵和信任；第二，他們曾經有過一段能夠實踐所學技能的實習經歷，從實習中發現了自己的長處和短處，也對自己的人生目標有了更為清楚的了解。這些畢業生不僅能夠更加積極地參與工作，而且能更自信地經營自己的幸福生活。

人海茫茫，煙塵滾滾。誰才能真正關心這些年輕而迷茫的求職者呢？

▶ 延伸閱讀：湯馬斯・佛里曼，《謝謝你遲到了：一個樂觀主義者在加速時代的繁榮指引》，天下文化。

唯快不破：為什麼游擊隊能夠戰勝正規軍？

天下武功，唯快不破

　　小詹姆士・布雷克（James Black Jr.）是個 12 歲的男孩，他剛獲得國際象棋「國際大師」的稱號。在美國國際象棋協會的 7.7 萬名會員中，只有不到 2% 的人擁有這個稱號。布雷克對這麼好的成績並不滿足，他還有一個更雄偉的目標，他想拿到「國際特級大師」的稱號。這是國際象棋棋手能夠獲得的最高榮譽。布雷克有心目中的英雄。當時，美國最年輕的國際象棋特級大師是雷・羅布森（Ray Robson）。羅布森獲得「國際特級大師」稱號的時候，距離他 15 歲生日還有兩週。

　　過去，要想獲得「國際大師」的稱號，可能需要付出一輩子的艱辛努力，要是想晉級為特級大師，除了堅持不懈的努力，還要有極為罕見的天賦。布雷克是紐約布魯克林一個普通工薪家庭的孩子，他從超市買了一套塑膠的國際象棋，下著下著就上了癮。於是，他開始看國際象棋的棋譜，並利用電腦程式自學。像羅布森和布雷克這樣的孩子越來越多。年輕棋手越來越頻繁地擊敗世界冠軍，棋手占據世界頂級位置的時間越來越短。為什麼如今年輕棋手的成長速度如此之快呢？

　　這是因為我們生活在一個加速的時代。過去，一個棋手雲遊世界，也不一定找得到許多實力相當的選手，如今，一個少年在網路上就能下

載所有棋譜，不斷地磨練自己的棋藝。如果有幸獲得了國際象棋冠軍，你也不能掉以輕心。在這個世界上，至少有 200 個人有足夠的實力向你發起挑戰。

同樣的現象也出現在政界和工商界。無論是哪一種權力，都出現了在位期縮短、權威下降的現象。看看現在的國際政壇，很多名不見經傳的新人能突然崛起，挑戰原有的權威。小國不再唯大國馬首是瞻。幾個小國，包括蘇丹、玻利維亞、委內瑞拉。蘇丹和太平洋島國吐瓦魯聯手，居然能夠在哥本哈根世界氣候大會上成功地阻撓議程。財富排行榜上排名靠前的富豪，除了各別幾個「常青樹」之外，其他人能夠保持名列前茅的時間明顯在縮短。Zara 本來是一家生產浴袍的家庭作坊，1988 年才走出西班牙國門，到 2007 年，其銷售額就超過了美國服裝業巨頭 Gap。Zara 就是所謂「天下武功，唯快不破」的典型範例。服裝行業設計並生產出來一款新的產品，平均需要 6 個月的時間，而 Zara 只需要兩個星期。

游擊隊能夠戰勝正規軍的時代

我把這個時代稱為游擊隊戰勝正規軍的時代。游擊隊能夠以極低的代價戰勝龐大的正規軍。蓋達組織為製造 911 恐怖襲擊花費了大約 50 萬美元，但給美國帶來的破壞（包括恐怖襲擊的直接損失和美國之後採取的補救措施）卻超過了 3.3 萬億美元。換言之，「蓋達組織」每花 1 美元，美國就要花近 700 萬美元。2006 年，在黎巴嫩戰爭期間，真主黨向以色列的輕型護衛艦哈尼特號發射了一枚巡航導彈，差點擊沉目標。以色列軍艦的損失為 2.6 億美元，而真主黨使用的導彈成本僅為 6 萬美元。

索馬利亞海盜猖獗的時候，一群海盜坐著小舢板，手持廉價的 AK-47 步槍和火箭彈，就可以輕易地劫持價值數百萬美元甚至更多的大型船隻。

為什麼會這樣呢？因為這是一場不對稱的戰爭。正規軍過去的優點，越來越成為其致命的缺點。游擊隊的缺點，反而成了其最大的優點。

在正規的組織裡，其權力的來源是壁壘森嚴的等級制度。工業革命出現之後，傳統而鬆散的家庭企業、行業協會、城邦聯盟開始衰落，它們無法抗衡新興的大型組織的壓倒性優勢。規模代表著權力。規模越大，權力越大。當組織的規模擴大之後，紀律更加嚴明、等級更加森嚴，這不僅能夠提高效率，而且有助於積累經驗、技術和知識，培養一個組織內部的傳統和文化。看看我們的周圍，無論是政黨、公司、教會、基金會、軍隊還是大學，都依靠這種等級制度、規模效應和文化傳統。要想完成一項長期而偉大的事業，等級制度是必不可少的。

世界上偉大的軍隊總是以等級制度和嚴明紀律為榮，但游擊隊不需要這些。正規軍需要建立秩序，游擊隊只需要考慮破壞。觀察一下在我們這個時代崛起的「異端」力量，不管是恐怖分子還是創業企業，不管是社交媒體還是新興教會，它們都有一個共同的特點：規模很小，歷史很短，但已經找到了削弱甚至是摧毀各種大型科層制組織的有效辦法。它們的優勢在於，不用像大的權力玩家那樣為規模、資產、資源、集權和等級制度所拖累，也不用在組織的培育與管理上花費太多的時間與精力。

警惕新興的破壞者

　　所以，這就帶來了一個問題：新的力量更關心的是破壞，而不是建設。這裡向大家推薦一本書：《權力的終結》（*The End of Power*）。這本書的作者是莫伊塞斯・納伊姆（Moises Naim），他曾擔任委內瑞拉貿易和工業部部長，並出任過世界銀行執行董事，現在是美國卡內基國際和平基金會的專家、國際知名專欄作家。在納伊姆看來，到了 21 世紀，權力雖更易獲得，但卻更難運用，而且更容易失去。

　　小人物戰勝統治者、大衛戰勝哥利亞的故事，總是很令人興奮。但是，傳統權力的衰退，真的能給我們帶來一個「美麗新世界」嗎？在很多方面，新興的力量成事不足、敗事有餘。你真的相信社交媒體能夠代替傳統的政黨？你真的相信 NGO 能夠代替國家政權？你真的相信網路學校能夠代替哈佛大學和牛津大學？

　　如果全球秩序沒有領導，沒有哪個國家說話算數，大家各行其道，是不是就更加自由、友好了呢？不會的，很可能會出現更多的紛爭和動盪。如果每一個小人物都能夠把大人物拉下馬，是不是這個世界就更加民主、平等了呢？不會的，任何有價值的議題都可能會被輕而易舉地推翻，這個世界反而會限於停滯甚至倒退。如果領導者變得不如以前強勢，他們的權力被大大削弱，是不是人民的力量就能讓這個世界更加理性、更加前瞻呢？不會的，權力變得越不穩定，整個社會就越容易被短期的誘惑和恐懼所控制，越不想制定長遠的計畫。很多重大的問題是沒有辦法在短期內找到一條捷徑的，一定需要堅持不懈、艱難困苦的努力。可是，人們的耐心越來越少，這就為那些蠱惑人心者創造了沃土。這些煽風點火的人利用群眾的憤怒和沮喪獲取權力，許下好聽而且聽起來更為簡單的諾言。事實證明，這些諾言最終都會變成謊言。

　　所以，任何事情都有利有弊。當我們為技術進步歡呼的時候，當我們慶幸現在的世界已經變得越來越扁平化、普通的民眾擁有了越來越多的主動性、看起來不可一世的權威如今變得越來越脆弱的時候，請不要忘記，權力的過度分散和權力的過度集中一樣有害。我們必須謹慎地尋找一個更好的平衡點。在從舊的均衡點到新的均衡點過渡期間，我們很可能會遇到更多的混亂、無序和動盪。

▶ 延伸閱讀：莫伊塞斯‧納伊姆，《*The End of Power: From Boardrooms to Battlefields and Churches to States, Why Being in Charge Isnt What It Used to Be*》。

新的舊思想：100 多年前，馬路上跑的都是電動車

還有人記得 EV1 嗎？

1990 年，通用汽車在洛杉磯車展上發佈了一臺全新的純電動汽車。這款概念車叫 Impact。由於這是新生事物，通用汽車僅僅生產了一小批樣車，他們把這些送給 50 名客戶試乘。經過幾年的改進，到了 1996 年，通用汽車推出了第一款量產的電動汽車。這款車叫 EV1。通用汽車對 EV1 寄予厚望，他們開展了浩大的宣傳活動。EV1 只能租不能買，而且起初只能在南加州和亞利桑那州租得到。當地有很多喜歡新奇事物的名流和土豪，他們對 EV1 讚不絕口。從外觀設計來看，EV1 不算驚豔，甚至看起來有點愣頭愣腦的。但沒有排氣管的車尾、內嵌的頭燈、全車大面積覆蓋的玻璃，以及駕駛座旁邊密密麻麻都是按鍵的操作面板，都給人帶來了新奇感。

遺憾的是，這個專案失敗了。EV1 只生產了 2,000 多輛，由於找不到銷路，通用汽車只好在 2002 年宣佈放棄該專案。大部分 EV1 汽車都被銷毀，你只有到史密森尼學會下屬的國立美國歷史博物館，才能看到陳列的 EV1。

有人不知道特斯拉嗎？

2004 年，EV1 失敗的陰影仍然籠罩著汽車業。這時，有位矽谷的企業家伊隆‧馬斯克（Elon Musk）宣佈，他要投資電動汽車項目。所有人都覺得他瘋了。馬斯克是 PayPal 的聯合創始人，他已經功成名就了，為什麼還要冒這個險呢？很多人直搖頭：有錢人就是太任性了。馬斯克投資了 630 萬美元，並堅持要擔任剛剛成立一年的特斯拉公司的董事長。

2008 年，特斯拉推出了第一款高速公路上的電動汽車，即售價 10.9 萬美元的 Roadster。這款車外觀極其炫酷，是一輛敞篷跑車，車身用的材料是賽車和高檔跑車才用的碳纖維。Roadster 的時速能在不到 4 秒鐘的時間內從 0 加速到 60 英里。這款車一下子成了熱衷環保的富人們的新寵。電影明星喬治‧克隆尼、麥特‧戴蒙，以及矽谷的企業家，比如 Google 的聯合創始人賴瑞‧佩奇（Lawrence Page）和謝爾蓋‧布林（Sergey Brin）都買了這款車。

特斯拉公司乘勝追擊，很快又推出了 Model S。這款車雄心勃勃地想要趕超 BMW5 系列——不，特斯拉公司的野心更大，他們之所以把這款車命名為 S 型車，有一個暗中的含義就是要挑戰福特汽車公司在 20 世紀初推出的 T 型車。T 型車奠定了現代汽車業的基礎，而特斯拉公司想要顛覆它。Model S 也獲得了極大的成功。根據美國高速公路安全局的測試，這是迄今為止最安全的車。Roadster 和 Model S 都是瞄準高消費客戶。2016 年，特斯拉公司推出了 Model 3，這款車是要賣給大眾的。Model 3 的售價為 3.5 萬美元。消息發佈 24 小時之內，特斯拉就接到了70 億美元的預訂訂單。

儘管還有很多這樣那樣的批評意見，但看起來電動汽車已經是銳不

可當了。在不少人看來，電動汽車是一種新生的力量，代表著汽車未來的發展方向。

電動車並不是新事物

然而電動汽車並不是什麼新事物。1873 年，有位化學家羅伯・戴維森（Robert Davidson）發明了第一臺電力汽車。當時，倫敦、巴黎和紐約的街頭跑著很多電動汽車。電動汽車和內燃發動機汽車相比，噪音更小，污染更少，不需要複雜的換檔，也沒有複雜的手動點火操作，比馬車來更時尚、高效。當時，倫敦有很多電動計程車，人們管它們叫「蜂鳥」，因為發動機發出嗡嗡的聲音。倫敦警察局也支持電動計程車，因為電動汽車比馬車更省空間。紐約警察局也很快效仿，組織了一支電動計程車隊。在 19 世紀和 20 世紀之交，大約有 3 萬臺電動汽車。

然而，大約 10 多年之後，電動汽車就衰落了，直到最終銷聲匿跡。一個原因是，倫敦的馬車夫起來抗議，就像今天的計程車司機抗議 Uber 一樣。他們指責電動汽車經常故障，開著開著就拋錨了。電動汽車當然並非完美，但也不像其競爭對手詆毀得那樣不堪；另一個原因是，後來油田大量開採，油價急劇下降，燒汽油的內燃發動機汽車比電動汽車划算。福特生產出來的汽車只有電動汽車價格的一半。於是，燒汽油的內燃發動機汽車一統天下，以至於我們現在說起車子都叫汽車，而用電力的車子卻得叫一個奇怪的名字：電動汽車。

那特斯拉為什麼能夠讓電動汽車捲土重來呢？特斯拉用了一種新的視角去觀察舊的事物。傳統的電動汽車有一個致命的弱點，就是續航能力不行。充一次電只能跑幾十公里。最初，城市的規模不大，汽車主

要是在市區跑的，而城市外面的公路系統不發達，因此跑長途的機會不
多。等到城市不斷擴大，公路系統越來越發達，電動汽車就跟不上了。
就算是通用汽車開發的 EV1，也沒有解決續航里程的問題。EV1 一代車
型的理論單次充電續航里程是 80 至 112 公里，二代鎳氫電池車輛理論單
次充電可以跑 120 至 208 公里。但在現實中，能開 70 至 110 公里就很不
錯了。電池技術是電動汽車的「阿基里斯之踵」[1]。

特斯拉的前身是一家電動汽車公司 AC Propulsion。這家公司的創始
人艾爾‧科科尼（Al Cocconi）是位工程師，曾經參與過 EV1 專案。AC
Propulsion 生產的電動汽車用的是鉛酸電池。後來，特斯拉的創始人之
一，一位來自矽谷的工程師馬丁‧艾伯哈德（Martin Eberhard）建議科科
尼嘗試用鋰電池。他們最初用了數千塊筆記型電腦的鋰電池作為汽車動
力，結果，汽車的行駛里程超過了 480 公里。現在，特斯拉電動車引以
為傲的續航能力，就是由七千多塊電池組成的電池組。特斯拉經過不斷
改進，研製出了一套電池控制系統，即使電池短路也不會著火，個別電
池損壞也不會影響其他電池。

舊思想裡藏著創新的基因

我們把特斯拉電動車的案例複盤一下。這個案例告訴我們：

舊的思想不一定是錯的，其中可能包含著創新的基因。按照我們
習以為常的觀點，知識是不斷進步的，人類是從愚昧逐漸走向開化。這

---

1 阿基里斯之踵：致命的弱點。傳說中希臘第一勇士阿基里斯的母親便捉住其腳踝，將他放入
　冥河裡浸泡，但由於被抓住的腳踝沒有沾水而成為日後的弱點。

就好比一開始到處都是黑暗的，隨著人類知識的發展，亮的地方越來越多，最後就燈火通明了。總體來說是這樣的，但我們不能說，已經亮了的地方就會永遠一直亮下去。人類在知識發展的同時，還會不斷地丟掉看起來沒有用的舊思想，但這些舊思想裡，很可能包含著仍然新穎而有用的創意。人類歷史的發展，更像一個舉著火把的夜行人，火把能夠照亮眼前的路，但身後的道路又陷入了無盡的黑暗。從這個意義來看，創新不完全是拋棄陳舊觀念的過程，相反地，創新時常要重新從舊思想中發現新思想。

著名物理學家費米（Enrico Fermi）曾經心血來潮，去讀 20 世紀初發表的物理學論文。那時候，現代物理學才剛剛成型。費米本來以為會讀到很多幼稚而陳腐的觀點，但讓他很吃驚的是，當時的論文裡提出了很多有趣的想法，而後來的物理學把這些有趣的想法都弄丟了。我有個經濟學家朋友，曾經很得意地跟我吹噓，他的論文引用文獻，從來不引用五年之前發表的論文。我不禁暗暗感慨，正是因為這樣，他可能永遠也不會成為頂級的經濟學家。

▶ 延伸閱讀：史蒂文・波爾（Steven Poole），《*Rethink: The Surprising History of New Ideas*》。

舊的新思想：有能幫你獲得心靈平靜的可穿戴設備嗎？

歷史上大部分時期都沒有進步的觀念

在我們這個時代，人們傾向於認為，凡是舊的思想，一定是在激烈的競爭中被淘汰掉的，是落後的、錯誤的，只有新的思想，才是有生命力的、正確的，是值得去追隨、去學習的。

這個想法的背後是我們所習慣的進步的觀念。我們這個時代的潛臺詞就是社會中的各個方面，比如科技、經濟、文化、道德，以及時尚，都是後浪推前浪，不斷進步的。但是，要是拉長視野，我們就會看到，這只是過去 300 多年才出現的一種很新奇的觀念。劍橋大學學者約翰・伯里（John Bury）寫過一本名著《進步的觀念》（*The Idea of Progress*）。他指出，在人類歷史上的大部分時期，都沒有進步的觀念。古希臘人認為歷史是從黃金時代走向白銀時代，再從白銀時代到青銅時代、黑鐵時代，一代不如一代。中國歷史上更為人接受的是循環的觀念，「盛極而衰，衰極而盛」，周而復始。《聖經》裡的《傳道書》寫道：「已有的事，後必再有。已行的事，後必再行。日光之下並無新事。」在人類歷史的大部分時期，這才是主流的觀點。

什麼是新的新思想？

如果我們認為人類歷史必然進步，這可能是一種過於樂觀的世界觀。不過，凡事不能走極端。如果認為世界上的真理都已經存在，一切新事物都是古已有之，也過於偏狹。日光之下當然有新鮮事。我們說完了新的舊思想，現在，我接著給大家說什麼是確實前無古人的新思想。

著名科學家牛頓有一句名言，他說：「如果我能夠看得更高，那是因為我站在別人的肩膀上。」據說，這句話並不是牛頓發明的，但他確實用這句話表達了對自己的科學成就的謙遜態度。牛頓這句話是錯的。當然，我們可以爭辯，沒有古人發明數字、代數、文字，牛頓是沒有辦法做研究的，但假如我們只論牛頓創立的萬有引力，那麼，不得不承認，在他之前，從來沒有人這麼思考過，他的觀點對同時代人來說猶如石破天驚。

牛頓這麼說，不僅僅是因為謙虛，事實上牛頓可不是個謙虛的人。連他自己都不敢相信，為什麼如此簡潔的理論，能夠如此有力地解釋世間萬物。他對自己的觀點有那麼一點點不自信。於是，他想證明，其實偉大的古希臘哲學家早已經理解重力了。他覺得畢達哥拉斯是知道萬有引力的，只是用了一種很神秘晦澀的方式表達出來。他猜測，畢達哥拉斯知道鐘擺的運動，並從中領悟了重心公式，也知道這一公式適用於其他物體。1690 年代，牛頓在出版其名著《自然哲學的數學原理》的修訂版時，想專門增加一部分，介紹古希臘哲學家的現代物理學觀點。他的幾個朋友覺得這個想法很荒唐。最終，修訂版並未出版，牛頓也沒有再去拜畢達哥拉斯為祖師爺。

矯枉不能過正。我們時常會聽到有些說法，說一些嶄新的觀念，在

很久以前都已經被先哲們說過了。比如，現代物理學不過是受到了《易經》的影響，現代經濟學的基本觀念，在《老子》、《史記‧貨殖列傳》中都能找到等等。這一類的說法混淆了舊思想和新思想。如果確實是新思想，我們就應該老老實實地承認這是新的，沒有什麼巨人的肩膀。

但也有舊的新思想

有「新的舊思想」，有「新的新思想」，那麼，還應該有「舊的新思想」和「舊的舊思想」。接下來，我舉一個「舊的新思想」的案例。

先介紹一個傳說中的「神器」。加拿大有家企業開發出了一款號稱能給大腦做 SPA 的頭帶，叫 Muse。這個頭帶的神奇之處在於，該設備內置了 6 個感測器，能夠監測用戶的腦電波。此外，用戶還能透過一款名叫 Calm 的移動應用，訓練自己變得更加專注和冷靜。

Muse 頭帶有沒有技術進步呢？當然有了。腦電波（EEG）技術能夠對人們的腦部電活動進行測量。正常情況下，人們在進行 EEG 測試時需要將一些感測器貼在腦部，這些感測器透過線纜與電腦相連接，隨後使用者的腦部活動就能在電腦螢幕上顯示出來。Muse 頭帶沒有任何線纜，造型就像一個無線運動耳機，只不過需要戴在使用者的額頭上方，使用起來非常方便快速。

那它如何給大腦做 SPA 呢？據 Muse 的介紹，原理是這樣的：你戴上 Muse，能聽到耳機裡傳來輕柔的波浪和海風的聲音，你要伴隨著這一背景音，把意念集中於呼吸的控制。如果你分心了，Muse 能監測得到，於是，你會聽到一個略為嚴厲的女聲提醒你：「Muse 能夠監測到你分心

了。」波浪的聲音會變得更嘈雜，彷彿是對你的懲罰。

Muse 是一種奇怪的混合。如果以腦電波監測技術來說，或許可以稱之為新事物。但所謂訓練你更加專注，獲得心靈平靜的說法，幾乎可以肯定地說，是在唬弄用戶。如果你戴著 Muse 安靜地看書，你的腦電波平靜指數會非常低，只有在你深呼吸的時候，你的腦電波平靜指數才比較高。如果你分心了，就把波浪的聲音調高，以此懲罰你，這是一種相當陳舊的行為主義心理學的做法。行為主義心理學的風格就是簡單粗暴，如果想讓你做好事就獎勵你，如果覺得你做了壞事就懲罰你。這是一種訓練狗去接飛盤的方法。你真的以為，心靈的平靜能夠這樣簡單粗暴地訓練出來？

或許我的判斷過於武斷了，或許過一些年我們能夠用一種新的角度重新解讀行為主義心理學，不過，我想要告訴大家的是，遇到各種紛繁複雜的思想，新舊本身不是判斷這些思想是否有價值的標準。你要有一個矩陣的思維模式，試著去判斷，這些思想究竟在矩陣的哪個框架裡。它是新的舊思想，還是舊的新思想，會不會是舊的舊思想，還是讓你幸運地碰上了真正的新的新思想？

▶ 延伸閱讀：史蒂文・波爾，《*Rethink: The Surprising History of New Ideas*》。

舊的舊思想：為什麼有人相信地球是平的？

地球是不是圓的？

很久很久以前，人們相信地球是平的。科學家告訴大家，不對，地球是圓的。愚昧的人們哈哈大笑：要是地球是圓的，地球那一面的人不是都該掉下去了？後來，哥倫布發現了新大陸，麥哲倫繞著地球航行了一圈，於是，人們才相信地球是圓的。

這是我們小時候從老師那裡聽到的故事。一個人成長的過程，就是不斷地發現老師和家長過去教你的東西有很多都是錯的，於是，你不得不自己去思考，去判斷。

事實的真相是：很久很久以前，人們就相信地球是圓的。古希臘哲學家畢達哥拉斯和巴門尼德早就知道地球是圓的。亞里士多德注意到，在埃及和賽普勒斯看到的星星，跟在更北的地區看到的星星是不一樣的，在月食的時候，地球在月亮上投射出一個弧形的影子。於是，亞里士多德推斷，地球只可能是個球體。

到了中世紀，有一些固執的基督神學家認為地球是平的，並把古希臘哲學家的觀點視為異端。但到了近代，越來越多的人相信地球是圓的。牧師們可能不相信人類是猴子進化來的，但他們可以毫不費力地接

受地球是圓的這一觀點。

不過，你可能沒有想到，即使是在現在，也還是有很多人真誠地相信地球是平的。2016 年，美國著名說唱歌手小鮑比・雷・西蒙斯（Bobby Ray Simmons, Jr，B.o.B）就在網路上說，不要相信科學家的話，他們都在騙你們，事實的真相是：地球是平的。還有個網路遊戲設計師叫馬克・薩金特（Mark Sargent），他在 YouTube 上有個影片《尋找平坦地球的證據》，居然有數百萬名觀眾。這些人憑什麼認為地球是平的？他們告訴我們：如果地球是圓的，那麼，從南非到南美最快捷的飛行路線就是飛越南極，但是，沒有一個航班飛過南極！那有沒有南極呢？據他們說，南極是有的，不過，南極其實是一堵很高很高的牆，把平坦的地球圍了起來。正因為如此，才沒有飛機飛過南極。

《南極條約》確實禁止各國的飛機飛越南極，但原因很簡單，如果飛南極，按照規定，航空公司需要給機上乘客配備非常複雜的救生裝置。航空公司覺得不划算，所以就繞開南極了。南極洲太大太偏僻，真在南極地區出了事情，距離任何一個機場都太遠，叫天天不應，叫地地不靈，那麻煩就大了。相比之下，北極距離有人居住的地方就近，所以飛機可以飛越北極。

相信地球是平的的人又說，如果地球是圓的，那麼，為什麼從熱氣球上拍照的人，拍出來的地平線看起來都是一條直線呢？其實，他們拍出來的地平線應該是略帶弧度的，但地球太大了，所以肉眼幾乎看不出來。如果站得更高，比如從太空站往下看，拍出來的地平線就是弧形的。

那些相信地球是平的的人連連搖頭：非也非也。那些照片都是假的，是陰謀！那人類登月呢？當然也是假的。就連你用的 GPS 都是假的，那是為了愚弄大家，讓大家以為地球是圓的。

要想說服這些人是很難的。他們會反過來問你：你怎麼知道地球是

圓的？馬克・薩金特說：「有 20 代人都相信地球是圓的，他們唯一的證據就是在小學教室裡看見了一個地球儀。」從某種程度上來說，他說的是對的。我們在聽到老師教我們地球是圓的的時候，確實沒有細究。地球是圓的，這一觀念超越了我們的日常感受，但老師說什麼，我們也就信什麼了。大部分證明地球是圓的的證據，我們都無法親自驗證。我們中的大部分人都沒有去過南極，更沒有去過太空站。要想印證地球是圓的，其實也不難，如果你在海邊，觀察從遠處開過來的船，先看到的是桅杆。不過，就算是這樣的簡單實驗，也不是每個人都親身嘗試過。

錯誤的思想不會自動銷聲匿跡

我舉的是一個非常簡單的例子。地球當然是圓的。可是，還有很多問題我們並不是如此肯定。人類有靈魂嗎？有來生嗎？轉基因農作物有毒嗎？中醫說得有道理嗎？911 是不是美國政府自己製造的？網路上流傳說有姑娘在夜店被人下了迷藥，醒來之後發現自己在賓館的房間裡，腎被人取走了，真的有這樣的事嗎？

很多事情看起來合理，其實荒誕不經。有的事情看起來不合常理，其實無比正確。我們怎麼才能辨別真偽呢？

很難。就算是科學，也不是都能百分之百地被證實。就算是有事實、有證據，對事實和證據的解讀也會不同。人類有輕信的毛病，往往是當第一個符合自己感覺的證據跳出來之後，我們就放心了，就會相信自己發現了真理。人類也有固執的毛病，當出現了和自己的信念不一致的事實或觀點時，我們本能地會捍衛自己的觀點，並想方設法攻擊異己的觀點。所以，我們要時刻記住：思想的市場並非完全有效。假設各種

思想都在一起競爭，最後一定是正確的思想勝出嗎？不一定。即使正確的思想勝出，錯誤的思想就會從此銷聲匿跡嗎？不會的。即使是正確的思想，在任何時候、任何條件下都是正確的嗎？當然不是的。

澳洲經濟學家約翰・奎金（John Quiggin）寫過一本書，叫《僵屍經濟學》（*Zombie Economics: A Guide to Personal Finance*）。他談到，有很多錯誤的經濟學觀念，不僅不會消失，反而經常「借屍還魂」，像僵屍一樣四處遊蕩。有的舊思想確實是陳腐的、錯誤的，甚至是反動的，但它們還會一波一波，不斷地入侵。真的可能是假的，假的可能是真的。那我們該如何更好地辨別真偽呢？秘訣是有的。欲知秘訣是什麼，且聽下文分解。

▶ 延伸閱讀：史蒂文・波爾，《*Rethink: The Surprising History of New Ideas*》。

皮浪主義：做一個積極的懷疑主義者

懷疑主義的鼻祖

皮浪（Pyrrho）出生於西元前 360 年，他的故鄉是希臘城邦伊利斯（Elis），傳說這是最早舉辦奧林匹克運動會的地方。皮浪年輕的時候是個畫畫的，但不是藝術家，而是在牆上畫宣傳畫的那種。後來，他改學哲學，跟著名哲學家德謨克利特的學生阿那克薩圖斯（Anaxarchus）成了好朋友。阿那克薩圖斯對皮浪的影響很大。不知道出於什麼原因，當時叱吒風雲的亞歷山大大帝和阿那克薩圖斯是老朋友，他們的關係有點像光武帝劉秀和嚴子陵。亞歷山大大帝自稱是宙斯的後裔，阿那克薩圖斯卻指著他流血的傷口說：「看，這不是凡人流的血？」亞歷山大大帝以為自己征服了世界，阿那克薩圖斯卻說，有無窮盡個世界，而你就連其中的一個也沒有徹底征服。

阿那克薩圖斯不僅不把皇帝放在眼裡，就連自己的生死也置之度外。他有次在酒席上得罪了賽普勒斯王子奈柯克里昂（Nicocreon）。亞歷山大大帝去世之後，阿那克薩圖斯落在了奈柯克里昂的手裡。奈柯克里昂為報舊仇，派人把阿那克薩圖斯扔進一個巨大的研缽，就是個像搗蒜臼一樣的東西，要用鐵杵把他搗成肉泥。阿那克薩圖斯在臨死前不慌不忙地說，你搗的是裹著阿那克薩圖斯的皮囊，你不可能搗毀阿那克薩圖斯。

皮浪追隨阿那克薩圖斯，一起跟著亞歷山大的軍隊遠征，他們到過印度，遇見了那裡的裸體智者（gymnosophists），就是一群不穿衣服的修行人。阿那克薩圖斯的一生對皮浪觸動很大，他又受到印度修行人的啟發，回到印度之後創立了懷疑主義。

此懷疑主義非彼懷疑主義

我們現在日常生活中所說的懷疑主義，和皮浪所宣導的懷疑主義是不一樣的。當有人說他懷疑全球變暖的時候，他其實是在否定全球變暖。當有人說他懷疑政府干預的時候，他往往是在否定所有的政府干預。他們是悲觀的懷疑主義者。皮浪對我們的教誨是：「不做任何決定，懸置判斷。」懸置判斷的意思是先不要急於肯定，也不要急於否定。他教我們的是做樂觀的懷疑主義者。

世間萬物，大多是不可預測、難以判斷的。我們的感覺，我們的意見，都未必是正確的。皮浪不相信我們感受到的就是本質。他說，蜜是甜的，但它本質上是不是甜的，我們其實並不知道。社會倫理也是如此。什麼是美德，什麼是醜行？什麼是公正，什麼是不公正？這裡面有確定無疑的標準嗎？或許並沒有，或許只是風俗和習慣在指導著人們的行為。食人族吃人肉，他們也不覺得有什麼不妥。著名人類學家馬林諾夫斯基（Malinowski）寫過一篇文章叫〈我們都是食人族〉，意思是說，如果其他文化的人們看我們，如果未來的人們看我們，也許會覺得我們一樣愚昧、奇怪和醜陋。

所以，皮浪說，既然現象是不真實的，我們無權做出關於現象的判斷，那麼最好的辦法就是保持沉默，毫不動搖地堅持不發表任何意見。

為什麼我們強調皮浪是樂觀的懷疑主義者呢？他認為，如果你是一個懷疑主義者，就能達到內心的平靜。這叫「不動心」（ataraxia）。有一次，在海上遇到風浪，其他人都驚慌失措，皮浪卻若無其事。他指著船上一隻埋頭吃東西的豬說，這才是我們學習的榜樣。懸置判斷、保持沉默，是不是就真能給我們帶來心靈的平靜，這很難說。不過，我們的認知模式存在著很多不易察覺的缺陷，為了對抗這種缺陷，鍛鍊自己懸置判斷，是非常有必要的。

即使懸置判斷，也不會立刻告訴我們真理，但這是避免錯誤最好的辦法。那麼，我們該如何發現真相呢？不爭論，先動身去找。著名物理學家理查·費曼（Richard Feynman）有一句名言：「閉上嘴，算數去！」鄧小平也說：「黑貓、白貓，捉到老鼠就是好貓。」知識份子喜歡發表議論，喜歡臧否人物，他們即使說錯了也不會對自己產生影響，所以更容易信口開河。如果你是一個股票操盤手呢？如果你是一個情報部門的主管呢？在判斷股票價格、判斷是否會爆發戰爭的問題上，你個人的觀點重要嗎？所以，閉上嘴，在沒有找到真正的證據之前，不妨保持沉默。

從舊思想裡面能夠提煉出很多嶄新的思想，但要想這麼做，第一步就是懸置判斷、放空自己、心無旁騖、胸中無劍。你要是連這一步都邁不出去，後面的路就更是寸步難行。

▶ 延伸閱讀：史蒂文·波爾，《*Rethink: The Surprising History of New Ideas*》。

第六章

全球化退潮

導讀

你在海平面看到的經濟學

全球化是一個不可逆的過程。全球化將帶來各國福祉的增進。全球化會促進世界和平，也能帶動各國的經濟成長。貿易自由化、金融自由化是經濟全球化的兩個輪子，缺一不可。儘管全球化可能會帶來贏家和輸家，但贏家的所得更多，在補償了輸家之後，整個社會的福利還是會有淨增加。反對經濟全球化的人都是不懂經濟學的，他們試圖阻擋時代的洪流。

你在高海拔看到的經濟學

全球化並不是一個不可逆的過程。在 19 世紀末和 20 世紀初曾經出現過一次波瀾壯闊的經濟全球化，但這場經濟全球化並沒有帶來世界和平，歷史的列車反而掉進了第一次世界大戰的深淵。國際貿易會帶來贏家和輸家，贏家和輸家必然試圖影響政策，由此可能會加劇階級衝突或城鄉衝突。資本自由化會給發展中國家帶來更大的風險。人民幣國際化不可能自動地帶來中國國際地位的提高，相反地，只有當中國的國際地

位提高了，人民幣國際化才能進展得更加順利。我們不能像川普那樣修一道牆，把自己和外部的世界隔絕，但也不能毫無防守，最好的辦法是在牆上開一個門。門是敞開的，但要保留在危機時期關上大門的實力。

本章簡介

　　《全球化的歷史：這些年我們追過的全球化》談到，第一次世界大戰之前，曾經是經濟全球化的鼎盛時期，那時候的勞動力自由流動程度比現在還高。但是，全球化在它最繁榮的時候也種下了自我毀滅的種子。國際貿易、國際投資和國際移民都會帶來贏家和輸家的對立。

　　《貿易收益的分配：經濟學家關於自由貿易的兩套說法》談到，大部分經濟學家都主張自由貿易，但他們也知道貿易會帶來收益分配。正是由於收益的分配是不可避免的，所以我們不能只從經濟學的角度看國際貿易，還要從政治學的角度去看貿易帶來的影響。

　　《貿易與政治：資本、勞動和土地的博弈》談到，當貿易擴張的時候，一國相對豐富的生產要素就會從中獲益，而相對匱乏的生產要素會因此受損；當貿易收縮的時候，一國相對豐富的生產要素會因此受損，而相對匱乏的生產要素會從中受益，這就帶來了各種錯綜複雜的政治博弈。

　　《貿易和平論：對外開放能帶來世界和平嗎？》談到，很多人認為更加緊密的經濟聯繫有助於維護世界和平。這種想法過於天真。貿易失衡常常加劇各國間的摩擦，經濟也可能是潛在的國際衝突的來源。

　　《驚險的一躍：對外開放能帶來經濟成長嗎？》談到，國際貿易確

實有助於改善資源配置的效率，但不一定能夠推動經濟成長，好比能夠補充營養的藥未必能讓人長得更高。只有當貿易能夠帶來技術的溢出效應時，我們才能更有把握地說貿易能帶來經濟成長。

《資本管制：要不要實行資本帳戶自由化？》談到，越來越多的經濟學家認為，對於發展中國家來說，資本帳戶自由化可能弊大於利。盲目開放金融市場，不會直接推動國內金融業改革，反而可能誘發大規模短期資本的流入和流出，給宏觀穩定帶來更大的風險。

《貨幣國際化：人民幣國際化能夠提高中國的國際地位嗎？》談到，一國的金融對外開放應該有個先後順序，先實現匯率市場化，然後再有序地推進貨幣可兌換，最後水到渠成，實現本國的貨幣國際化。在升值期間，人民幣國際化進展很快，但這是不可持續的，一旦遇到貶值壓力，人民幣國際化就會遇挫。

《三難選擇：經濟全球化的政治三難選擇》談到，一個國家面臨著經濟全球化、民主政治和民族國家這三個目標，而且最多只能選擇其中的兩個，並以放棄第三個目標為代價。如果選擇經濟全球化和民族國家，可能就要有鐵腕人物彈壓反對全球化的聲音。如果選擇經濟全球化和民主政治，可能就要讓渡一部分國家主權。如果選擇民主政治和民族國家，可能就要暫時或局部地退出經濟全球化。

《門戶政策：牆及閘》談到，對待經濟全球化的最佳策略不是修一道牆，把外部世界擋在牆外，也不是毫不設防，而是既要有牆，更要有門。門是敞開的，可以監測的，而且，如果遇到緊急情況，應該可以把門關上，這樣才能讓人們有安全感。

全球化的歷史：這些年我們追過的全球化

全球化可能「開倒車」嗎？

全球金融危機之後，經濟全球化遇到了各種阻力。反對全球化的聲音越來越大。美國總統大選中，川普異軍突起，而支持川普的有很多都是對全球化不滿的社會底層人士。

那麼，全球化有可能「開倒車」嗎？當然有可能。歷史從來就不是線性發展的，而是在起伏中發展的。歷史經常會出現停滯，甚至倒退。我們總是以為全球化只是在 20 世紀後期才出現的新現象，其實，早在第一次世界大戰之前，經濟全球化就已經出現了第一次高潮。

著名經濟學家凱因斯在第一次世界大戰之後寫的《和平的經濟後果》（*The Economic Consequences of the Peace*）一書中，曾經無限嘆惋地寫到一戰之前英國人的生活：「當時的倫敦人可以在床上一邊喝著早茶，一邊透過電話訂購世界各地的各種產品，想訂購多少悉聽尊便，他也可以放心地等著這些東西送到家門口；同時，他也可以把自己的財富投資到地球任何角落的自然資源開發和新的冒險事業中……如果他願意，他可以利用廉價和舒適的交通工具，立即動身去任何國家，而不需要護照或填寫各種表格，他可以派自己的僕人到附近的銀行大廈，取出似乎非常方便的貴金屬，然後可以在世界各個地方通行無阻。」

那個時候，貿易已經擴展到了全球。那個時候，大部分國家採用的是金本位制，黃金就是貨幣，貨幣就是黃金，要到國外投資，比現在還容易。更重要的是，當時的人口流動也在很大程度上實現了全球化，不像我們現在，到國外旅遊還需要護照和簽證，更不要說出國移民了。

從第一次全球化到第一次世界大戰

既然已經出現了如此繁榮的經濟全球化，為什麼沒有帶來永久的世界和平，沒有帶來持續的經濟進步呢？為什麼歷史的列車從第一次全球化開出，反而駛入了第一次世界大戰的深淵呢？全球化在它最繁榮的時候，也種下了自我毀滅的種子。國際貿易、國際投資和國際移民都會帶來巨大的收益，但它們也會帶來贏家和輸家之間的尖銳對立。

從 1970 年代開始，歐洲各國就已經從自由貿易政策轉向貿易保護主義。歐洲的農民感受到了北美糧食進口的壓力，所以，歐洲很多國家紛紛實行對農業進口的高關稅。1880 年之前，德國的小麥進口關稅只有 6%，其他穀物的進口關稅是 8%。1887 年，德國將小麥的進口關稅提高到 33%，黑麥的進口關稅提高到 47%。1892 年，法國推出了梅里納關稅法案，對農產品和其他初級產品的進口都徵收懲罰性的關稅。至於在沒有實行有效的農業保護的國家呢？1879 至 1894 年間，愛爾蘭、西班牙、西西里島和羅馬尼亞都曾經發生多起農民暴動。

那麼美國呢？美國當時實行的是保護工業的政策，同時開始限制移民。美國獨立戰爭之後，林肯總統提高了工業品的進口關稅。林肯是個貿易保護主義者，而且他這麼做是有道理的。美國著名國際政治學家羅伯特·基歐漢（Robert Keohane）曾說，自由貿易政策從經濟上來說是

對的，但從政治上來說極其有害。要是美國當年堅持自由貿易政策，會打擊北方的製造業，有利於南方的棉花田主人，因為他們的棉花在國際市場上會賣得更好，結果，南方會變本加厲地維護奴隸制度。1866 年之後美國的進口關稅平均在 45% 以上，而且在第一次世界大戰之前始終沒有降低。美國原本是個移民國家，但新的移民像潮水般湧入，引起了老移民的恐慌。美國最早、最臭名昭著的排外法案是 1882 年的《排華法案》。至少 14,000 名中國勞工，參加了美國太平洋鐵路的修築，美國人不僅沒有感激，反而很快就通過一部法案，規定華工 10 年之內不准去美國。經濟相互依賴並不保障世界和平。從愛爾蘭來的大批天主教信徒同樣受到了歧視，在紐約、麻薩諸塞和馬里蘭等州，經常發生襲擊愛爾蘭人的事件。

到底哪裡出錯了呢？因為經濟全球化的速度太快了，很多人趕不上劇烈的變革。這些在全球化中受損的人會要求停車，他們要下車。不是說經濟全球化的方向不對，但變革的方向和變革的速度共同決定變革。這就是歷史告訴我們的教訓。

▶ 延伸閱讀：凱文・奧弗克（Kevin H. O'Rourke）、傑佛瑞・威廉森（Jeffrey Williamson），《*Globalization and History: The Evolution of a Nineteenth-Century Atlantic Economy*》。

貿易收益的分配：經濟學家關於自由貿易的兩套說法

▌經濟學家的「分裂症」

　　如果你有興趣，我們可以來做個實驗。你先打電話給一位經濟學家，自報家門，說自己是一位記者，想要採訪各國之間是應該實行自由貿易，還是採取保護政策。我們的這位經濟學家馬上會條件反射似的告訴你：「當然要實行自由貿易，實行貿易保護主義是一種愚蠢的做法。」如果他的興致很好，說不定他還會給你上一堂課，教教你什麼是比較優勢。

　　請你換個裝，穿上牛仔褲、T恤，背個後背包，假裝自己是位研究生，到這位教授講國際貿易理論的課堂上，再問他：「自由貿易好不好呢？」

　　教授這次的回答就沒有那麼痛快了。他會略有警覺地看著你，遲疑地說：「這要取決於對誰而言。在自由貿易的條件下，有一部分人的福利會有所提高，但有一部分人的福利會不如以前。」他可能會覺得有些愧疚似的，趕緊再補充一句：「當然啦，從整體來看，自由貿易帶來的福利改善會大於福利損失。所以，如果我們能夠從贏家那裡徵稅，去補償受損的一方，那麼自由貿易最後還是能夠帶來更多的福利的。」

　　你再問他：「自由貿易能夠讓一個國家實現經濟成長嗎？」他會更加警惕，擔心你是要來挑戰他。他會小心翼翼地斟酌自己的措辭，說：「大多數模型中，自由貿易能夠帶來福利的提高，但是，如果你想討論貿易和經濟成長的關係，就要把貿易理論和經濟成長理論聯繫起來，其中的關鍵是貿易能不能促進技術創新。在某些情況下，貿易是能夠促進創新和增長的。當然，如果你考慮的是大國，而不是小國開放經濟，這裡面的機制會更加複雜。」他的嘴唇略有些發乾，他想了一想，又補充說：「如果從各國的資料來看，早期的計量模型大多發現貿易往往會帶來更高的經濟成長，當然，這裡面也有很多不同的意見，事實上，經濟學家還沒有形成一個共識。」

　　很多有名的國際經濟學家，都有這種「分裂症」。比如，很多人都知道克魯曼（Paul Krugman），他的經濟學專欄文章寫得又快又好。在他的專欄文章裡，克魯曼一直是自由貿易的支持者。但是，他在國際貿易領域裡最突出的學術貢獻是什麼？他提出了戰略貿易理論，即在一定條件下，政府介入國際競爭，可能有助於本國企業獲得更多的國際市場份額。舉個簡單的例子，假如美國有波音、歐洲有空客，兩家公司都想研發一款大型客機，但整個國際市場上的需求只能給一家企業提供充足的訂單，如果美國政府先砸錢幫波音研發，波音就有更大的勝算獨占國際市場，美國政府的投資可以安全地收回，波音還能賺得荷包滿滿。國際貿易領域裡還有一位大師級的人物叫賈格迪什・巴格瓦蒂（Jagdish Bhagwati），他是克魯曼的老師。巴格瓦蒂也是自由貿易的旗手，但他在貿易理論中的一個主要貢獻是貧困化增長，大意是說，在一定條件下，一個國家出口越多，這個國家面臨的貿易條件（也就是進口價格和出口價格比）就會惡化，最終反而會讓該國的福利下降。

既要談自由貿易的收益，也要談收益是怎麼分配的

　　這下你就糊塗了。為什麼經濟學家在公眾面前說的和在課堂上說的會不一樣呢？大部分經濟學家，包括我在內，都是相信自由貿易的。所謂戰略貿易，所謂貧困化增長，都是在一些極其特殊的前提條件下才會出現的現象。經濟學家們一向覺得，在公眾場合有必要捍衛自由貿易的理念，因為比較優勢理論能夠帶來更多的分工和交易機會，並讓交易雙方都獲得更大的利益。

　　但是，大部分經濟學家都只談自由貿易帶來的總收益，而不關心自由貿易帶來的相對收益。自由貿易帶來了贏家，也帶來了輸家。儘管從理論上說，把贏家的一部分錢轉移給輸家，大家就能都過著更好的日子，但現實中這種補償機制很難實現。你想對富人徵稅嗎？他馬上就會跑路，把工廠轉移到海外。

　　經濟學家覺得理所當然的事情，在現實中卻與事實完全不相符。按照經濟學的邏輯，所有的商品都應該是一種價格，所有的生產要素也應該是一種價格，這樣才算是市場經濟。你不可能設想在一個市場上，這家店的 iPhone7 賣 5,000 元，另一家賣 6,000 元。但是，在不同的國家，同工從來沒有實現同酬。瑞典司機的工資大約是印度司機的 50 倍，難道這意味著瑞典司機的車技比印度司機好 50 倍？恰恰相反，很可能印度司機的車技比瑞典司機還要好。印度的司機每天要在擁擠嘈雜的馬路上鑽來鑽去，還得躲開牛群，瑞典的司機哪裡見過這麼複雜的路況！但是，為什麼瑞典司機的工資反而比印度司機還要高呢？很簡單，由於有移民的限制，印度的司機去不了瑞典。

　　所以，資本能夠環遊列國，勞動者卻只能困守一隅。這樣的全球

化，其實是不公平的，也是不徹底的。全球化一定會帶來贏家和輸家，如果輸家沒有得到足夠的照顧，他們就會要求停車，半路下車。這才是為什麼會出現反對全球化的聲音。什麼時候反全球化的聲音會更響亮？誰反對全球化？誰支持全球化？這就需要從經濟學進入政治學的領域了。

▶ 延伸閱讀：丹尼‧羅德里克，《全球化矛盾：民主與世界經濟的未來》（*The Globalization Paradox: Democracy and the Future of the World Economy*），衛城出版。

貿易與政治：資本、勞動和土地的博弈

▍自由貿易的贏家和輸家

我們先複習一下經濟學。

首先，你們應該已經了解資源稟賦的概念，也就是說，一個國家有什麼資源。我們主要考慮三種最重要的資源：資本、勞動和土地。如果是發達國家，資本相對更多，如果是落後國家，資本相對匱乏。但是在發達國家中，又有更大的差異，比如日本和歐洲國家相對而言人口密

集、土地匱乏，但像澳洲、加拿大這樣的國家則土地遼闊、人口稀少。落後國家中同樣存在人多地少的國家，比如孟加拉，也有人少地多的國家，比如拉丁美洲國家。

接著，我們讓這些國家參加國際貿易。誰有什麼資源，就能生產什麼樣的產品，資本密集的發達國家生產資本密集型產品，勞動密集型的落後國家生產勞動力密集型產品，土地多的國家往往生產農產品。於是，在發達國家，資本的所有者從國際貿易中獲得的收益更多，落後國家的勞動力獲得的收益更多，而人少地多的國家裡大地主獲得的收益更多。比如，在美國，沃爾瑪更高興，在中國，農民工更高興，在阿根廷，農場主人更高興。

接下來，我們要從經濟學進入政治學的領域。有一個很簡單的道理是，從貿易中獲益的利益集團會支持自由貿易，而受損的利益集團會反對自由貿易。更進一步，我們會看到不同的利益集團形成政治聯盟，由此帶來更複雜的政治鬥爭。

貿易擴張時的階級鬥爭和城鄉衝突

我們從貿易擴張和貿易衰落這兩種情況來具體分析。

假設貿易正在擴張，會在兩種類型的國家引起城鄉矛盾，而在另外兩種類型的國家引起階級矛盾。

如果是在人少地多的發達國家，貿易擴張使得資本家和地主同時受益，但工人卻會受損，這就可能激發階級矛盾。美國就是一個較為典型的代表。美國的工商界是支持自由貿易的，但勞聯—產聯這樣的勞工組

織和全國成衣及紡織品協會等行業協會，會聯手反對自由貿易。在美國加入北美自由貿易同盟，以及圍繞是否給予中國最惠國待遇談判時，都出現了這種政治矛盾，我們現在聽到的反全球化聲浪，只不過是更加喧囂而已。

在人多地少的發達國家，貿易的擴張使資本家和工人從中受益，只有地主從中受損。因此城裡的資本家和工人將一起支持自由貿易，地主階級則反對自由貿易，由此導致了更加尖銳的城鄉矛盾。

19 世紀的英國正是如此。1846 年，英國保守黨首相皮爾（Robert Peel）廢除了《穀物法》，其背後的支持力量就是新興的資本家階層和城裡的工人。資本家想進口更便宜的農產品，這樣可以降低其成本，工人也想進口更多的農產品，這樣其生活水準能得到改善，唯一反對進口國外農產品的就是地主階層。

在地廣人稀的落後國家，貿易擴張同樣會帶來城鄉間的衝突。在這種類型的國家中，資本和勞動力均為匱乏要素，所以貿易的擴張會同時使得資本家和工人的利益受損，但地主和農民能從中受益。因此，在鄉村中會集結起一股力量反對城市。

以拉丁美洲諸國為例。由於這些國家地廣人稀，所以貿易的擴張總是有利於大地主和生產及出口農產品的農戶，但城裡的工人則主張實施保護政策、提高工資。並不奇怪的是，二戰之後，在許多拉美國家上臺的軍政府均大力推行自由貿易、限制工人工資，並壓制工會力量。可以明顯看出，這是符合傳統的大地主階層利益的。

在人多地少的落後國家，貿易的擴張會帶來更激烈的階級鬥爭。在這種類型的國家中，資本和土地均為匱乏要素，所以貿易的擴張會同時損害資本家和地主的利益，工人卻成為支持開放政策的最主要力量。需要指出的是，由於在落後國家中許多勞動力尚留在農村，他們會要求實

施土地革命。19 世紀後半期，全球貿易出現擴張，中國爆發了太平天國運動。太平天國運動正是在土地最為稀少、受到國際貿易影響較多的南方地區爆發的。20 世紀初國際貿易對中國革命也有深遠影響。國民黨政府希望在不改變農村利益格局的前提下提高農村的生產力，他們熱衷於修鐵路和城市公路，但對農村交通設施建設不感興趣。他們寧願開展農村的教育、衛生工作，唯獨不願變更農村的土地所有權。相形之下，中共的土地改革運動獲得了更多農民的支持。

貿易衰退時的階級鬥爭和城鄉衝突

假設貿易正在收縮，同樣會在兩種類型的國家引起城鄉矛盾，而在另外兩種類型的國家引起階級矛盾。我們可以以 1930 年代的大蕭條對各國的影響為例進行分析。

在人少地廣的發達國家，地主和資本家均因貿易收縮而受損，工人卻意外地獲益。這意味著工人的政治地位會提高。在 1930 年代大蕭條時期的美國，確實出現了工會力量的高漲。羅斯福新政通過《瓦格納法》等法律加強了工會的地位。勞工界改變了長久以來與共和黨結盟的傳統，轉而與民主黨打得火熱，而民主黨也改變了其反對保護政策的一貫立場。美國當時非常熱衷於實施貿易保護主義。直到 1939 年，美國的關稅幾乎仍然和 1922 年的水準一樣高。

在人多地少的發達國家，資本和勞動力均為豐富的要素，所以資本家和工人會因貿易收縮而受損，而地主卻因貿易收縮獲益。30 年代大蕭條期間的德國即為一例。在納粹黨上臺之前，右翼和農村勢力便開始抬

頭，農民和地主是納粹黨最早的積極擁護者。總體來說，地主階層在興登堡政權和希特勒政權下的政治地位遠高於其在威瑪共和國時期的政治地位。有關德國和義大利法西斯主義的研究還表明，大工業家向法西斯政權的靠攏總是晚於農村力量，且更加搖擺不定。

在人少地廣的落後國家，只有地主從貿易收縮中受損，工人和資本家從中受益，所以城鄉之間的衝突是最主要的表現。在 1930 年代世界大蕭條的打擊下，拉丁美洲國家的大地主統治地位受到新興力量，即工業資本家和工人的挑戰。儘管大地主階層不甘心失去特權地位，甚至不惜發動軍事政變，但最終還是挽救不了頹局。由於進口競爭壓力減少，這些國家的國內工業力量迅速崛起。

在人多地少的落後國家，只有工人從貿易收縮中受損，其政治力量亦隨之低落，從貿易收縮中獲益的地主和資本家將聯合起來，鎮壓工人階級，階級鬥爭將更加尖銳。1930 年代世界經濟陷入大蕭條，而中國在 20 年代末和 30 年代也正是白色恐怖時期。國共合作受到破壞，共產黨領導的紅軍被迫萬里長征。從某種程度來說，共產黨力量的重新抬頭，與世界貿易的復甦似乎有某種相關關係。

▶ 延伸閱讀：羅納德・羅戈夫斯基（Ronald Rogowski），《*Commerce and Coalitions: How Trade Affects Domestic Political Alignments*》。

貿易和平論：對外開放能帶來世界和平嗎？

金色 M 理論、戴爾危機防範理論和「大幻覺」

　　第一次世界大戰爆發前夕，英國和德國的關係已經很緊張。英國政府想要研究一下戰爭爆發的可能性。於是，他們找到倫敦金融城的金融界人士，想聽聽大家的意見。金融界人士斬釘截鐵地說，德國和英國之間不可能發生戰爭。因為英國和德國有緊密的國際貿易，彼此之間有大量的投資，更重要的是，德國的進出口商人需要的貿易信貸都是由倫敦的金融機構提供的，一旦爆發戰爭，德國的進出口商人將會蒙受巨大的損失。他們告訴英國政府，放心吧，德國不敢惹英國的。話剛說完，第一次世界大戰爆發了。

　　湯馬斯・佛里曼曾經提出「金色 M 理論」和戴爾危機防範理論。金色 M 理論是說，如果一個國家的經濟發展到了一定的程度，中產階級的人數比較多，能夠到麥當勞店去吃速食了，那麼，大家就會珍惜來之不易的吃漢堡的機會。人心思穩，就不會有人願意放棄安逸的生活，去跟別人打仗。戴爾危機防範理論談的是中國的例子。佛里曼談到，隨著全球生產網路的興起，跨國公司在世界各地投資。在臺灣海峽的兩岸，都有戴爾的工廠，組裝生產電腦。如果發生了戰爭，像戴爾這樣的跨國公司就會從中國撤資，那中國就虧大了，所以，戰爭是不可能發生的。

　　這幾個例子表明，認為對外開放就能帶來世界和平的觀點，其實是非常淺薄的。但有意思的是，一直有人對此堅信不疑。在第一次世界大戰之前，有個記者在當時的名氣比佛里曼還大。他叫諾曼·安吉爾（Norman Angell）。他出生在英國，17 歲隻身到美國闖蕩江湖，做過記者，後來投身政治，在英國政壇非常活躍。1910 年，安吉爾出版了一本暢銷書《大幻覺》（*The Great Illusion*）。他的觀點和佛里曼如出一轍。安吉爾認為，由於各國間的經濟依賴程度越來越深，因此戰爭將變得沒有意義、得不償失。他談到，文明國家之間的經濟往來是透過信貸和商業契約為樞紐，如果有一國入侵其他國，占領了別人的領地，沒收了當地人的財產，那麼，當地人就不會積極生產產品，所以侵略者從侵略中得不到任何好處，反而還得倒貼占領的費用，這筆買賣是不划算的。

　　四年之後，第一次世界大戰爆發了。事實證明，安吉爾的觀點才是「大幻覺」。但他仍然堅持自己的看法。令人不可思議的是，1933 年，他的《大幻覺》修訂之後再版，再一次成為暢銷書，比第一版還要成功。這一年，安吉爾還獲得了諾貝爾和平獎。結果，安吉爾再度被重重地打臉。五年之後，第二次世界大戰爆發了。

　　為什麼那麼多人相信對外開放能帶來世界和平呢？

貿易和平論與民主和平論

　　我們可以把這種信仰分解為兩個假說。第一種假說是貿易和平論，第二種假說是民主和平論。

　　所謂貿易和平論，是說從經濟上來看，對外開放能夠讓大家的利益

捆綁在一起，而且能夠帶來更大的收益，所以大家會一起努力賺錢，不再互相爭鬥。這一假說的問題在於，經濟學家只算總帳，只看貿易帶來的總收益，不去細究收益的分配。一旦我們考慮到貿易收益是怎麼分配的，那就把政治因素放進來了，而一旦政治因素進來之後，正如我跟大家說過的，局勢就會變得混亂多了。貿易會帶來世界和平？那為什麼會有鴉片戰爭呢？事實上，國際貿易時時刻刻都會攪動政治因素，不僅會影響到國內的政治鬥爭，也會影響到國際政治鬥爭。

所謂民主和平論，是說從政治上來看，對外開放使得每個國家的決策變得更加公開透明，如果更好一些，每個國家都變成民主國家，那就萬事大吉了。你知道我想做什麼，我也知道你想做什麼，大家有話好好說，怎麼可能有國際衝突呢？這在國際政治理論裡被稱為「積極的透明度」，即越透明越穩定。但是，如果你再細想，就會覺得這一假說有點不對勁。除了有「積極的透明度」，還有「消極的透明度」。我們假設你的房子和你鄰居家的房子都是透明的，你們的一舉一動，彼此都能看得清清楚楚。如果你看到鄰居在屋子裡磨刀，你心裡會怎麼想呢？他可能是要準備殺雞，也可能是想到外面砍人，問題在於，你確實能夠看到他的行動，但你怎麼判斷他的動機呢？或者，他也沒有磨刀，但他一直盯著你，注視著你的一舉一動，你心裡會不會發毛？媒體自由是開放社會的重要特徵，但如果媒體一股勁地鼓吹好戰的沙文主義，這個世界是會變得更加太平，還是更加捉摸不定？

我們並不是說對外開放不好，一個國家必須要閉關鎖國，但是，我們也不能對對外開放有不切實際的幻想。沒有一勞永逸的良策。對外開放能夠促進各國文化的了解和溝通，也同樣能帶來更多的誤解和猜忌；對外開放能夠促進各國經濟的交流和合作，也同樣能帶來更多的競爭和摩擦；對外開放還可能帶來意想不到的副產品，比如人員的流動、宗教

的傳播、疾病的擴散、恐怖分子的滲透，對外開放的程度越高，對一個
國家治理水準的要求也就越高。從某種程度上說，一個國家對外開放的
程度並不自動地提高其治理水準，相反地，我們要記住：一個國家治理
水準越高，它能夠實現的對外開放程度也就越高。

▶ 延伸閱讀：約書亞・雷默（Joshua Ramo），《*The Age of the Unthinkable:
Why the New World Disorder Constantly Surprises Us And What We Can Do
About It*》。

驚險的一躍：對外開放能帶來經濟成長嗎？

▌驚險的一躍

對外開放能帶來經濟成長嗎？

這個問題還需要問嗎？中國不就是對外開放後才實現了經濟成長
的奇蹟嗎？再看看那些沒有實現對外開放的國家，一個比一個落後，這
不是明擺著的嗎？大部分人都相信，對外開放一定能帶來經濟成長。據

說，只要一個國家實行了貿易自由化、金融自由化，加入了世界貿易組織或者國際貨幣基金組織，採用了國際慣例，就能實現高速的經濟成長。

其實，這個問題遠沒有那麼簡單。這裡我們就來談談人們容易忽視的對外開放的代價和風險。

從亞當・史密斯那個年代開始，經濟學家就已經指出，自由貿易能夠使雙方得利。在教科書裡面，經濟學家用更嚴密的模型證明了，自由貿易條件下的一般均衡至少不劣於自給自足狀態下的一般均衡。即使你沒有學過經濟學課程，看看二戰之後的日本、亞洲四小龍和中國吧。這些經濟體系的崛起讓很多發展中國家羨慕不已，大家發現，這些經濟體系大多採取了對外開放、貿易立國的政策，這不是非常有說服力的證據嗎？

遺憾的是，如果我們採用更為嚴格的研究方法，把影響經濟成長的各個因素考慮進來，就會發現，對經濟成長影響更大的是一個國家的投資率和總體經濟穩定程度。一個國家的投資率越高，增長率越高；一個國家的總體經濟失衡程度越深，經濟成長率越低。相比之下，對外開放政策對經濟成長的促進作用不大，資本流動的開放程度對經濟成長也沒有顯著的影響。

這到底是怎麼一回事呢？我們需要澄清的一點是，國際貿易理論說的是，自由貿易能夠改善一個國家的資源配置效率，但並沒有直接證明，貿易能夠促進經濟成長。資源配置是個靜態的概念，而經濟成長是個動態的概念。經濟學家還是非常謹慎的，但政策決策者想要的太多了。從理論到現實，驚險的一躍，結果失足了。嚴格地說，貿易不會自動地帶來經濟成長，除非貿易能夠帶來技術的溢出。也就是說，貿易只有使本國的企業家接觸到了新的技術和管理水準，才能刺激技術進步和創新。我們可以這樣理解：貿易不是經濟成長的發動機，而是經濟成長

的催化劑。

你有點被繞進去了嗎？那麼，我們把經濟學放在一邊，舉個生活中的例子。你可以這麼想，鍛鍊身體會讓肌肉更強健，會改善體質，但是，加強鍛鍊就能長個子嗎？加強鍛鍊能夠長壽嗎？有可能，但不一定。其他因素，比如遺傳，比鍛鍊或者不鍛鍊更重要。同理，自由貿易能夠改善資源配置效率嗎？能。自由貿易能夠促進一國經濟成長嗎？不一定。

對外開放的收益和風險

我們不能只關注對外開放的收益，還要關注對外開放的風險。收益總是和風險並存的，收益越大，風險越高。如果全世界的開瓶器都由一家企業來生產，這家企業當然會賺很多很多的錢。但是，在全世界範圍內，只要有另一家企業在競爭中超過了它，這家企業就會在轉瞬之間全盤皆輸。如果這家企業所在的城市，全靠該企業提供就業和稅收，那麼，垮掉的不僅僅是這家企業，還有整個城市。

所以，要想把潛在的巨大收益變成現實，還需要一個國家能夠具備應有的能力。哈佛大學經濟學家丹尼‧羅德里克談到，在開放條件下，一個國家的經濟成長率會受到三個因素的影響：（1）外部衝擊；（2）社會內部矛盾；（3）能夠緩解社會矛盾的能力。也就是說，一個國家遇到的外部衝擊越大，其經濟成長率受到的負面影響也就越大；一個國家內部的社會矛盾越大，當遇到外部衝擊的時候，就越容易受到負面影響，這就好比是堆放的易燃物質越多，發生火災的時候損失就會越大；一個國家緩解社會矛盾的能力越大，遇到外部衝擊的時候，就越有辦法減少

潛在的損失。

舉個例子來說明吧。我們可以對比泰國、韓國和印尼在東亞金融危機之後的不同反應。泰國和韓國在危機之後均成立了新政府，泰國成立了川・立派（Chuan Leekphai）為首的八黨聯盟。韓國則由有「民主鬥士」之稱的金大中執政。兩個國家的新政府均迅速採取措施，清除官員腐敗、官僚主義等民怨深重的問題，開放管道聽取民眾意見。政府表現出色，民眾也就買帳。兩國公眾表現出來的愛國主義精神以及對新政府的支持令人印象深刻。泰國出現了「泰國人幫助泰國人行動」，大家行動起來，一起幫助在危機中失業的泰國公民。很多人都還記得，在東亞金融危機之後，韓國人紛紛貢獻出家裡的黃金首飾，增加國家的外匯儲備。韓國工會本來計畫舉行大罷工，但大難當頭，患難與共，於是，他們主動推遲了原定的大罷工。儘管泰國和韓國是東亞金融危機受到衝擊最嚴重的國家，但在危機之後，經濟恢復較快，政治較為穩定。

與泰國和韓國的例子相反，印尼在東亞金融危機之後日益走向經濟崩潰和政治動盪。印尼只是被東亞金融危機「颱風」掃到的，但其受到的傷害反而比泰國和韓國更嚴重。金融危機之後，民眾的生活水準降低，尤其是普通工人和窮人，受到的衝擊最大，也最無辜。蘇哈托（Haji-Mohammad Suharto）總統不願意做出任何讓步，不願意放棄極權統治。反蘇哈托的力量迅速轉為暴動。印尼是一個多民族、多宗教的國家。不同族群和宗教之間本來就有矛盾，危機之後，社會衝突和種族仇視進一步惡化。華人成為暴亂分子掠奪、燒殺、強姦的受害者。為了轉移對政府的不滿和反對，印尼總統默許甚至慫恿極端民族主義情緒。結果是事態不斷惡化，蘇哈托被迫下臺，但這時已經太晚了，整個社會上空陰霾沉沉，籠罩在仇視和暴力的氛圍中。

要想建立一套行之有效的緩解衝突的機制，首先，政府需要提高自

己的威望和信譽。這是一項長期的工作。點滴積累起來的制度創新、持之以恆的反腐倡廉、大刀闊斧地提高行政效率、減少官僚主義，都能有效地提高政府的信譽。其次，政府還應該建立依靠制度化的管道，使政府能夠聽到公眾的聲音，也使公眾中的不同人群聽到彼此的聲音。人們之間如果能夠相互理解，如果能有更多互相妥協與合作的機會，就能減少潛在的社會衝突與動盪。公眾若能充分理解政府的處境，則對政府的擁護程度會上升，政府也能有更大的政策騰挪空間。因此，讓社會各界人士，比如企業家、農民、工人都能參與決策討論，是增加政府合法性支持的有效途徑。最後，政府要加緊建立社會安全網和保障制度。有效的社會安全網能夠緩解社會矛盾，保護那些在對外開放過程中受害最深的公民，同時也能維護市場化改革和對外開放的合法性。否則，反對對外開放的聲音會越來越響亮，而社會各個階層之間的相互撕裂和對立也會越來越嚴重，最終，所有的怒氣和怨氣都會撒到政府的頭上。

▶ 延伸閱讀：丹尼·羅德里克，《全球化矛盾：民主與世界經濟的未來》，衛城出版。

資本管制：要不要實行資本帳戶自由化？

支持資本帳戶自由化的理由

　　管不管資本帳戶？這是一個問題。國際經濟學界為此爭論了幾十年，但到目前為止還沒有得到一個能讓多數人滿意的結論。與資本帳戶管制對應的，自然就是實行資本帳戶自由化，也就是某個國家不限制資本的流入流出。哪怕是外國資本剛進入本國就馬上走，也要大開便利之門。

　　為什麼會有學者支持資本帳戶自由化呢？有幾個為人熟知的理由。

　　其一，資本的跨境自由流動可以改善資源配置。缺乏資本的發展中國家可以從資本富裕的發達國家獲得資本，而發達國家則取得較高投資回報。

　　其二，允許資本跨境自由流動對一國政府是很強的約束。這就好比當著親戚朋友的面宣佈自己要戒煙了，大家都會來幫助監督你。允許資本跨境自由流動的國家實際向國際市場表明一種態度：我會執行負責任的經濟政策。如若不然，國際資本可以隨時離開，失職的政府也會受到懲罰。

　　其三，資本的自由流動可以讓國內居民有更多的投資機會。雞蛋不能放在一個籃子裡。一個國家可能出現了經濟衰退，但另一個國家卻

能逆風上揚。如果油價上漲，需要進口石油的國家得付出更多的代價，不過，賣石油的那些國家卻能得到更多的收益。當年，日本的企業就是一邊從澳洲購買鐵礦石，一邊購買澳洲鋼鐵公司的股票。這就是一種對沖。如果澳洲的鐵礦石漲價，日本進口商的成本會增加，但它們能夠從投資澳洲股票中得到補償。試想一下，如果你既能投資中國股市的 A 股，又能投資美國的納斯達克股票，東邊不亮西邊亮，在 A 股下跌的同時，納斯達克市場可能在上漲，這樣投資會更穩健。

其四，有一種流行的解釋是：資本根本就管不住，所以還不如不管。道高一尺，魔高一丈。天下沒有不透風的牆。投資者總能找到各式各樣的方法躲過管制。不光沒用，實施資本管制的成本還很高。對資本流動的管制將導致市場價格扭曲、總體經濟失衡和腐敗。

這些支持資本自由流動的觀點在 20 世紀末非常流行。當時，國際貨幣基金組織到處遊說發展中國家開放本國的金融市場，把資本帳戶自由化的好處說得天花亂墜，但是，1997 年和 1998 年爆發了東亞金融危機，國際貨幣基金組織不僅沒有解救這些國家，反而火上澆油，這動搖了人們對資本帳戶自由化的信心。2008 年全球金融危機爆發之後，學者們更是全面反思資本帳戶自由化的利弊。

反對全面開放資本帳戶的理由

反對全面開放資本帳戶的學者指出：第一，指望資本自由流動改善資本配置效率恐怕不現實。正如我們之前已經說過的，資本不僅沒有從富國源源不斷地流向窮國，相反地，更多資本從窮國流向了富國。

第二，資本自由流動還會加劇本國經濟週期的波動。一般來說，資本的跨境流動有很強的順週期性。「多少人愛慕你的美麗，假意或是真心。」那些到其他國家資本市場上興風作浪的資本，不是為了和東道國白頭偕老，只是想一晌貪歡。國際資本都是「薄情郎」，本國經濟好的時候，它們也想分一杯羹，大量流入的資本會加速經濟過熱；等到本國經濟出現衰退的時候，國際資本比誰跑的都快，加劇本國經濟蕭條。

第三，剛剛說過，資本帳戶自由化之後，國內居民可以到國外購買資產以分散風險，但這也會導致資本外流。對於發展中國家，資本是匱乏性資源。限制資本的跨境流動會使得國內居民不得不把相當多的資產留在國內。這有助於國內融資，避免因資本轉移而導致的國家經濟發展資金短缺。同時，資本管制也有助於一國對流入的資本類型進行選擇，重點吸引符合國家經濟發展需要的長期資本。

最後，雖然資本管制可能會造成腐敗，但也有助於防止來路不明的資金外逃、跨國洗錢以及非法轉移資產。在當下，這恐怕是非常關鍵的理由。

資本管制的作用

總之，是否要放棄資本管制在學界始終沒有共識。但學界有沒有共識並不重要，只需要看一看過去發生的事情，我們就能大概知道資本管制究竟有多重要了。

1980 至 90 年代，泰國經濟正經歷高速增長，為了進一步吸引國際資本參與到國內建設中，泰國政府放開了對資本項目的管制。資本專案的

完全開放意味著失去了控制短期資本跨境流動的屏障。此後，大量國際資本流入泰國。這些資本一開始是會流入實體經濟，但後來逐漸開始炒房炒股。等到泰國經濟出現問題，各類資本突然快速流出泰國，對泰國的金融市場造成巨大衝擊。泰國政府試圖用外匯儲備來對沖資本流出，抵禦投機者的衝擊，但最終宣告失敗，不得已只好允許泰銖大幅貶值。至此，東南亞金融危機拉開序幕。隨後，韓國、馬來西亞、印尼，都步了泰國的後塵，成為國際資本攻擊的目標。反觀當時的中國，由於實施了嚴格資本管制，短期資本不能自由出入，因此躲過了國際熱錢的攻擊。

有了東南亞金融危機的教訓，在 2008 年國際金融危機爆發之初，許多國家紛紛實施了不同程度的資本管制。這些國家既包括發展中國家，如韓國、巴西、印度、墨西哥、南非、俄羅斯、波蘭等，也包括發達國家，如法國和德國。

資本項目開放的最大危險正是在於短期資本的長驅直入或突然流出對一國金融體系的衝擊。一旦出現危機，發展中國家會處於非常被動的境地。發展中國家可以選擇提高國內利率來抑制資本外流，土耳其就曾經這麼做。結果呢？高利率抑制了土耳其的經濟成長，國際市場對土耳其經濟喪失信心，加劇資金外逃，經濟更加一蹶不振。發展中國家還可以動用外匯儲備進行干預，烏克蘭和印尼就曾經這麼做。結果是外匯儲備快速下降，引起了國際市場對該國政府維持匯率能力的懷疑，反而誘發資本流出，最後經濟面臨崩潰的危險。當然，發展中國家還可以泰然處之，不採取任何政策措施。在這種情況之下，結局很可能就是匯率暴跌、貨幣貶值，國際市場對該國的信心喪失殆盡，最後還是經濟崩潰。

中國也在這方面吃過虧。2009 年，中國事實上已經在相當程度上開放了資本專案下的子項目。這些子項目涉及資本市場證券、貨幣市場工具、商業信貸、金融信貸等，大多與短期資本跨境流動有關。大量的投

資者憑藉這些已經開放的專案把美元換成人民幣，然後購買國內金融資產。在取得盈利之後，投資者再把人民幣本金和利潤兌換成美元，繞道香港逃出中國。

　　套利者的所得必是國家之所失。2014 年第三季度之後，中國經歷大規模資本外流，匯率貶值壓力很大。央行為了穩定匯率，動用了大量外匯儲備來抵禦衝擊，外匯儲備一度從最高的 3.94 萬億美元下降到 3.1 萬億美元，降幅達 8,000 億美元。到了 2016 年下半年，中國經濟短期觸底回升，同時政府加強資本管制，這才遏制住了資本外流。

▶ 延伸閱讀：余永定，《最後的屏障：資本項目自由化和人民幣國際化之辯》，東方出版社。

貨幣國際化：人民幣國際化能提高中國的國際地位嗎？

人民幣國際化的好處

　　記得在全球金融危機前後，中國人民銀行關於人民幣國際化的課

題組做過一個預測：如果以美元國際化程度為 100 來衡量，歐元的國際化程度接近 40，日元為 28.2，人民幣則只有 2。姑且不論此評分是否精準，但其對現實的判斷卻是冷靜客觀的。

中國的 GDP 實力已經不亞於美國了，但在貨幣國際化這門課上，人民幣和美元、歐元並不在同一個等級，它其實和巴西、印度、俄羅斯的貨幣在一起，比它高一個等級的是韓元、港幣、新加坡元等。這種情況和中國的經濟實力是極不相稱的。難怪，在全球金融危機之後，中國加快了推動人民幣國際化的步伐。

有人說，人民幣國際化，是為了有一天替代美元。呵呵。要是這樣的話，中國國家足球隊拿到世界盃冠軍也是指日可待的嘍。人民幣國際化突然開始提速，與其說是有稱霸的野心，不如說是形勢所迫。金融危機暴露出以美元為核心的國際貨幣體系的內在缺陷。推動人民幣國際化，無非是希望減少中國對美元的依賴，同時也是一次補課，因為和中國的經濟實力以及中國對世界經濟的影響力相比，人民幣國際化的步伐實在是太落後了。

人民幣國際化能帶來什麼好處呢？最直接地說，如果人民幣被廣泛用於中國的進出口貿易，就能減少匯率波動對國內進出口商的衝擊。2008 年中國進出口外貿依存度已接近 70%，但對外貿易中 90% 以上的交易是以美元結算的。很多出口企業的利潤率本來就已經很薄，如果匯率稍微出現波動，就可能辛辛苦苦白幹了。再來暢想一下，要是人民幣真的能在國外花了，老百姓獲益，進出口企業獲益，金融機構也能獲益。

於是，從 2009 年開始，在政府的鼓勵下，人民幣國際化的速度不斷加速。在貿易結算中使用人民幣的比例大幅度提高，海外的人民幣存款（尤其是在香港）急劇增加，甚至有幾家國外的中央銀行表示，要在自己的外匯儲備中納入人民幣幣種。2017 年 6 月，歐洲央行公告出售部分

美元外匯，換成人民幣儲備，成為首家公開聲明將人民幣作為儲備貨幣的世界主要央行，此舉對人民幣國際化具有里程碑式的意義。

▌「跛足」的人民幣國際化

但是，再仔細去看，我們會發現，在國際結算中，進口貿易更容易使用人民幣，出口貿易中人民幣使用量遠低於進口貿易。這被稱為「跛足」的人民幣國際化。為什麼會出現這種情況呢？

我們必須記住，當時人民幣還處在升值之中，那麼，假如你是一個國外的出口商，要賣東西給中國，你在中國的交易夥伴問你，我付你人民幣行不行，你會怎麼考慮？如果給你人民幣，人民幣又在升值，那麼，何樂而不為呢？但是，如果你是一個國外的進口商，要從中國買東西。你在中國的交易夥伴問你，我付你人民幣行不行，你又會怎麼考慮？首先，你手頭上可能沒有人民幣，因為人民幣還不是一種國際貨幣，不是人人手上都有的。其次，如果你去跟別人借人民幣，別忘了人民幣是在升值，這意味著等你還人民幣的時候，你得花更多的美元去買人民幣，多麼麻煩，多不划算啊。

這種「跛足」的人民幣國際化會帶來什麼影響？首先，我們不是擔心美元陷阱嗎？我們不是不想收太多的美元了嗎？可是，中國還是貿易順差，我們出口的產品比進口的多，如今，在出口的時候還是用美元結算，拿回來的都是美元，進口的時候可以用人民幣結算，於是花出去了一部分人民幣，那最後的結果是我們收進來的美元比原來更多了！美元陷阱不僅沒有躲開，反而陷進去得更深了。從另一個角度來看，「跛足」的人民幣跨境貿易結算與其說降低了中國企業面臨的匯率風險，不如說

降低了外國企業的匯率風險。這是因為，少數中國出口企業減少了人民幣升值的匯率風險，而大多數中國進口企業卻喪失了人民幣升值帶來的獲利機會。

那些聲稱要持有部分人民幣作為外匯儲備的國外央行也不是傻子。當人民幣升值的時候，持有人民幣當然是很划算的。到了人民幣貶值的時候，你看他還是不是繼續持有人民幣？他很可能會把人民幣賣掉。賣給誰呢？只能是賣給中國人民銀行。於是，在人民幣升值期間，升值的好處都被國外的央行拿走了，但有得必有失，吃虧的是我們自己。所以說，如果我們當初推行人民幣國際化的目的是為了減少對美元的依賴，那麼，在最初的人民幣國際化過程中，我們反而積累了更多的美元資產，結果事與願違、南轅北轍。

之所以出現這種情況，最重要的一點是在我們推動人民幣國際化的時候，人民幣正好處於升值，當一種貨幣不斷升值的時候，自然有人願意持有更多，這跟人民幣的國際地位提高，一點關係都沒有。假如印度盧比、越南盾、菲律賓比索，甚至奈及利亞奈拉，一直處於升值，國際市場上想要持有它們的人一樣會多起來。

「烈火見真金」，考驗人民幣國際化是否成功的標誌是，當人民幣貶值之後，大家還是不是會持有。如今，人民幣確實面臨一定的貶值壓力，結果呢？海外人民幣存款大幅度下降，說要持有人民幣的國外央行也「顧左右而言他」了，人民幣倒是還想往外跑，但央行已經開始收緊資本管制，想到國外也不給機會了。

金融開放的順序

我們希望人民幣能夠變成一種國際貨幣，這是一種很好的想法，但不可操之過急。從根本上說，決定一個國家的貨幣能不能變成國際貨幣，要看其國內的金融市場是否強大。原因很簡單，不管是透過什麼管道出去的人民幣，都不會只壓在床鋪下面，持有人民幣的境外投資人希望拿人民幣去買用人民幣計價的金融資產，尤其是債券。從貨幣國際化的歷史經驗來看，高度發達的本國國債市場是貨幣國際化的堅實基礎。當本國國債發行實現市場化之後，才能確定無風險的國債收益率，其他債券發行人才能據此定價。接下來，如果本國國債市場實現了市場化、匯率逐漸走向浮動、資本管制有序放開，才能出現有深度和廣度的外匯交易市場。有了這樣一個外匯交易市場，投資者才能互相匹配其不同的信用風險、匯率風險和利率風險。這才是中國金融對外開放的合理順序：先發展國內的金融市場，再逐步使得本國貨幣的匯率更加靈活，然後才能有序地開放資本市場，最後，水到渠成，人民幣才會變成國際貨幣。

但我們看到的卻是，中國似乎沒有遵循這一順序。2003 年以來我們一直議論的是人民幣匯率改革，2009 年之後卻改為推行人民幣國際化。全球金融危機爆發之後，出於對出口下滑的擔憂，人民幣升值的步伐逐漸放緩，人民幣回歸到了事實上的盯住美元的匯率制度。那麼，我們就遇到一種尷尬的局面：中國一方面擔心大量持有美國國債可能會導致外匯儲備價值縮水，希望透過人民幣國際化和其他改革減少對美元的依賴，另一方面人民幣匯率又緊緊盯住美元，這兩種選擇是自相矛盾的。盯住美元的結果就是和美元一起貶值，但中國經濟的基本面卻要求人民幣升值。這種分裂表明，最艱難的政策取捨尚未做出。

　　話又說回來，即使人民幣成了國際貨幣，故事也沒有結束，因為潛在的風險會隨之而來。一旦放鬆資本管制，允許外國投資者更自由地購買本國證券，國際資本流動可能出現大漲大落的波動。你的經濟形勢好，所有人都想來投資，於是，可能催生出資產價格泡沫；相反，你的經濟形勢不好了，所有人都想跑掉，於是，可能出現大規模資本外逃，觸發金融危機。

　　人民幣國際化聽起來很令人振奮，但說起來容易，做起來難。而且，從根本上來說，不是人民幣實現了國際化，中國的國際地位就能提高，相反地，是中國的國際地位提高了，人民幣國際化推動起來才更順利。這裡的因果關係不能搞顛倒了。

▶ 延伸閱讀：余永定，《最後的屏障：資本項目自由化和人民幣國際化之辯》，東方出版社。

三難選擇：經濟全球化的政治三難選擇

三難選擇

　　這一篇我們介紹哈佛大學經濟學家丹尼‧羅德里克的「全球化的三難選擇」。羅德里克很早就談到經濟全球化可能會遇到阻力，但一直到全球金融危機之後，人們才意識到原來他說的是對的。

　　還記得我們說過的嗎？決策就是選擇。決策者要權衡各種不同方案的利弊得失。之前我們介紹過開放條件下的總體經濟三難選擇。之所以存在三難選擇，無法三者兼顧，只能三選二，是因為政策目標太多，政策工具太少，不得不有所取捨。三難選擇是一種很好的思維工具，我們可以用這種思維框架分析很多問題。怎麼才能一方面呵護經濟全球化，另一方面回應大眾的呼聲，提高政府的民眾支持度？

　　哈佛大學經濟學家丹尼‧羅德里克提出了「全球化的政治三難選擇」，給我們思考對策提供了一種參考思路。依然是三個值得追求的美好目標。羅德里克說，決策者可以選擇世界經濟一體化、民族國家和大眾政治這三個目標。他這麼說聽起來比較拗口，我再給大家解釋一下。這三個目標其實就是：要不要對外開放帶來的好處、要不要由本國政府擁有所有的經濟主權、要不要什麼事情都聽大眾的。

　　如果決策者選擇世界經濟一體化，那就像我們當年敞開懷抱對外開

放一樣，想要的是加入國際市場，盡情地享受商品和資本跨越國界、自由流動帶來的好處。

如果決策者選擇民族國家，那意味著一國政府自己說了算，能夠獨立自主地制定和貫徹法律和政策。

如果決策者選擇大眾政治，那就是通常所說的民主。羅德里克這裡說的民主，不一定是非要採用直接選舉、多黨競爭等西方的政治模式，而是說，在民主政治下，公民有什麼呼聲，政府就要有所回應。

接下來就是痛苦的選擇。

假設一個國家選擇了參與經濟全球化，那麼，要嘛放棄大眾政治，要嘛放棄民族國家。如果要的是民族國家，那麼，在全球市場的競爭壓力下，一個國家並沒有太大的政策選擇空間。

湯馬斯・佛里曼說，在經濟全球化時代，國家好像穿上了瘋人院裡的緊身衣，只不過在經濟全球化的光芒下，這身緊身衣發出美麗的光彩，是一件「金色緊身衣」。佛里曼寫道：「當你的國家穿上了金色緊身衣，它的政策選擇範圍就縮小到：要嘛可口可樂，要嘛百事可樂。」穿上「金色緊身衣」的國家，其實只有一個選擇，那就是「跟國際慣例接軌」。你有沒有注意到，很多推行對外開放的發展中國家政府，其實都是非常強勢的威權政府，比如新加坡的李光耀政府、韓國的朴正熙政府，以及秘魯的藤森政府。轉入防守狀態，只有威權政府才能鎮得住場子、壓得住子民、推得動開放。

但隨著對外開放，各國的政策會越來越趨同，比如都會力爭實行小政府、低稅率、放鬆市場管制、私有化、降低關稅、資本項目自由化、更靈活的勞工福利條例等等，國家成了全球市場上的競爭者。

布雷頓森林妥協

那我們能不能暫時或部分地放棄經濟全球化呢？

其實是完全可以的。我們並不是說，一下子完全退回閉關自守的狀態，而是想告訴大家，在經濟全球化和國內政策發生衝突的時候，政府應該考慮要不要調整一下對外開放的步伐，轉入防守狀態，讓對外開放服從於國內政策。這種模式曾經運作得很好。羅德里克談到，在二戰之後的幾十年裡，國際經濟制度基本上就是這種模式。他稱之為「布雷頓森林妥協」。二戰之後，在美國的帶領下，各國政府建立了以布雷頓森林體系、關稅及貿易總協定為基礎的國際經濟制度。關稅及貿易總協定後來變成了世界貿易組織，負責給國際貿易定規矩，而布雷頓森林體系管的是貨幣政策和金融政策。

這套體系強調的是促進國際貿易，各國承諾降低關稅壁壘和不互相實行貿易歧視。與此同時，各國擁有較大的自主權，可以選擇適合自己的發展道路和經濟政策。比如說，各國可以對資本流動進行限制。即使是在貿易領域，儘管透過歷次關稅談判，世界關稅水準有了顯著的下降，但仍然允許存在例外，比如農業、紡織品等一直沒有納入談判日程。關稅及貿易總協定也允許各國透過反傾銷政策等手段，在面臨嚴峻的進口競爭時對國內產業加以保護。在這種相對寬鬆的國際經濟制度下，各國選擇了很不一樣的發展戰略。

歐洲國家一方面積極實行歐洲的聯合，同時維持著比較高的社會福利水準；日本的資本主義在公司治理結構、銀行和企業關係、產業政策等方面都和歐美資本主義大相逕庭，它的出口極具競爭力，但服務業和農業卻相對缺乏效率；當年亞洲四小龍走的是「出口導向」的發展戰

略，而拉美國家、中東實行「進口替代」，在 1980 年代之前也實現了經濟起飛。

要是我們既要經濟全球化，又想要大眾政治呢？那就得推動全球經濟治理，而且要準備好讓渡民族國家的一部分經濟主權。極端地說，國家之間解決不了的問題，放在一個國家內部，很可能就迎刃而解。

美國的工人抱怨中國人搶走了他們的飯碗，那為什麼東北的工人沒有抱怨在廣東打工的四川民工搶走了他們的飯碗呢？他們可能也抱怨過，但肯定不會覺得那麼理直氣壯。歐洲債務危機的爆發，是因為希臘債務太多，還不起錢了。多大一點事啊。要是德國幫它把錢還了，不就沒有這麼多的麻煩了嗎？但梅克爾敢跟德國人說，我們要省吃儉用幫助希臘人還錢嗎？如果是在一個國家內部呢？假設貴州省借的錢太多還不了，中央政府可以幫它還，中央政府的錢從哪裡來的？是從其他地方，比如上海或者浙江收上來的錢。所以，理論上的最優解是建立全球聯盟，大家都統一到一起，這才是真正的全球治理。建立一個世界政府，專門提供世界範圍內的公共產品，而各國政府，都變成了地方政府，提供本地人的公共產品。在一個國家內部，中央政府負責軍隊、外交、治安和法律，地方政府負責提供教育、醫療衛生，再低一級的基層政府負責倒垃圾，各級政府按照他們的管轄權，分別提供不同層次的公共產品。

談談我自己的學習心得。穿上「金色緊身衣」是過去的選擇。進入防守狀態應該是我們今天的選擇。透過全球治理合作走向世界政府，或許是未來我們努力的方向。隨著全球化退潮，各國內部的社會矛盾更加複雜，國與國之間的關係也更加複雜，一味地強調對外開放可能會進一步激化矛盾。越是在經濟低迷時期，各國間的政策協調就越是困難，能守住底線不出事就已經夠好了。沒有壞消息就是好消息。全球化也需要一段時間「休養生息」。

一則八卦

正文到此為止，接下來八卦一下。

丹尼‧羅德里克的太太叫皮納爾‧多安（Pinar Dogan），他們夫婦兩個都是土耳其人。皮納爾‧多安的父親是切廷‧多安（Çetin Dogan），土耳其的一位退役將軍。2010 年，羅德里克夫婦捲入了一場千里之外的政治風波。土耳其的一家自由派知識份子主辦的報紙聲稱，切廷‧多安涉嫌策劃軍事政變，企圖推翻新當選的土耳其政府。據報導，這個軍事秘密行動的代號是「大錘」，多安將軍計畫炸毀清真寺、擊落民航飛機、逮捕記者。數百名軍官被起訴。羅德里克陷入了兩難困境：他相信自己的岳父是無辜的，這個所謂的「大錘」計畫漏洞百出，純屬捏造，但土耳其知識份子群起而攻之，說羅德里克支持軍國主義，為了救自己的岳父說謊。羅德里克發現了非常確鑿的證據，比如，所謂的政變檔是用 Word2007 寫成的，但這個版本的 Word 在指控多安將軍謀劃政變的時候還沒有被開發出來。

想知道這對哈佛大學夫婦為親人維權的結果嗎？2012 年，土耳其法院宣判 300 多名被告密謀推翻政府。多安將軍被判 20 年徒刑。一年以後，土耳其政局突變，艾爾多安（Recep Tayyip Erdogan）總統反攻倒算，清除了政治異己，為「大錘案」洗刷冤屈。

對這段故事感興趣的讀者可以參閱美國《高等教育紀事報》（*The Chronicle of Higher Education*）2015 年 10 月 30 日的封面故事：「一位土耳其將軍，兩位哈佛經濟學家，一場神秘的政變」（*A Turkish General. 2 Harvard Economists. A Mysterious Coup Plot*）。

▶ 延伸閱讀：丹尼‧羅德里克，《全球化矛盾：民主與世界經濟的未來》，衛城出版。

門戶政策：牆及閘

全球化的劇情大綱

對很多中國人來說，全球化是一件很近的事情。先是鄧小平南行，然後是中國加入 WTO，中國實行了對外開放政策之後，經濟實現了高速增長，這不僅帶來了中國歷史上少有的太平盛世，而且也對全球經濟帶來了深刻的影響。但是，我們只看到了聚光燈下的中國，沒有看到舞臺上的其他演員和背景。我們是在戲快結束的時候才進場的，沒有看到之前的劇情。

如果我們坐在觀眾席看全球化這場戲，故事大綱大致是這樣的：

在 19 世紀，全球化已經達到一個很高的水準。當時，人們普遍非常樂觀，認為技術進步、經濟成長、文明盛開，這就是以後人類的發展路徑了。不料到了 19 世紀後期就出現了矛盾，各國開始提高關稅水準、限制移民，而且開始擴軍備戰。在做這些事情的時候，大家仍然沒有覺得

真的會爆發戰爭。即使在第一次世界大戰已經打起來之後，人們仍然覺得，這不過是一場速戰速決的戰鬥。結果，第一次世界大戰打了四年。

第一次世界大戰之後，各國政府均亂了手腳，昏招迭出，語無倫次。在短暫的戰後復甦之後，爆發了 1929 年股災，以及隨後曠日持久的大蕭條。伴隨著大蕭條的是各國之間的貿易戰、貨幣戰，最後矛盾日益尖銳，在不到 30 年的時間之後，又爆發了第二次世界大戰。

兩次世界大戰、一次最嚴重的經濟危機，徹底把西方世界嚇壞了。再加上當時社會主義國家的計劃經濟實施如日中天，經濟成長速度比西方國家還快，到處都是紅色的海洋，為了拯救資本主義，西方國家不得不改造資本主義。戰後建立的國際經濟秩序是布雷頓森林體系。布雷頓森林體系對國際貿易和國際資本流動都有嚴格的管制。戰後至 1960 年代，各國經濟政策在左翼政黨執政時期表現出國家大幅干預特點，如重要工業和交通部門企業的國有化、實施價格管制、推廣福利政策、限制貧富差距、重新分配土地、加強計畫管理等。取得了較大的成就，經濟成長快速，民生也得到了極大的改善。

到了 1970 年代，由於石油價格的衝擊，引發了發達國家的經濟「滯脹」：通貨膨脹率居高不下，但失業率卻降不下去。經濟成長失去了動力。這裡面可能有城市化和工業化都已經大致完成、新增長動能缺乏的深層次原因。於是，新一代的政策出現了。雷根革命和柴契爾主義強調實行全方位的經濟自由主義，減少政府干預。與此同時，計劃體制國家內在的低效率也表現得日益突出。此外，新的技術進步出現了，以電腦為代表的新一代技術很快蓬勃發展，在很短的時間內改變了人們的生產和生活方式。蘇聯在其看起來仍然強大無比的時候，幾乎在一夜之間土崩瓦解。中國實行改革開放政策，成為全球舞臺上新出場的耀眼明星。

到了 2008 年，全球金融危機爆發，全球化峰迴路轉。即使是在危機

爆發之後，很多人仍然覺得這場危機很快就會過去，我們還會回到原來的美好年代。但是，全球金融危機已經過去將近十年了，我們看到的只有更多的失望和焦慮，沒有看到什麼令人信服的希望。

歷史的轉捩點

我們正站在歷史的轉捩點。

全球經濟高速增長的黃金時代已經一去不復返了。各國人民齊心協力在全球經濟化的浪潮裡專心致志賺錢的和諧世界已經一去不復返了。想要在很快的時間內從無到有，從 0 到 1 個億，已經越來越難了。社會階層的僵化越來越嚴重，僅僅靠努力，已經改變不了命運，家族的社會地位與聲望才是決定命運的最主要因素。

站在海拔三千公尺的地方，你會有不舒適的感覺。我們不歌頌新經濟，也不暢談財富自由，我們說得多是風險、危機、政治對經濟的擾動、人類命運的渺小。這是一種「憂鬱的現實主義」，你要想更為客觀，就要先變得更悲觀，把最糟糕的情況先考慮好。

歡迎來到全球比爛的時代。

我們的悲觀，是為了更加清醒。我們清醒，是為了能夠更好地生存。如果你看不清趨勢，在前一分鐘，你還在岸邊興高采烈地看著潮水到來，下一分鐘，你可能就已經被捲進了浪裡。

為了生存得更好，我們只能尋找一條新的道路，這條道路應該更少人走，更多荊棘。這條道路其實就是中庸之道。在混亂中尋找確定，在矛盾中尋找平衡。

門戶政策

假如我們終於明白了，全球化其實是有風險、有成本的，那麼，我們又該如何應對呢？

一種本能的反應是，那就修一道牆吧。川普就是這麼想的。在這一點上，我對他倒是比較同情。當然，修牆是一種極其愚蠢的做法，把自己和外部的世界隔離，最終只會讓你自己受到更大的損失。但是，如果輕率地把所有的障礙物都清除掉，沒有任何防護，你永遠不知道在邊界的另一邊會出現什麼：蠻族？難民？侵略者大軍？

我們這個時代的中庸之道，應該是修一道牆，但開一扇門。這個門應該天天都開著，人們可以來來往往，進進出出。最好刷一下證件就能過去，不需要繁瑣、無聊、無效的安檢。這個門應該開得夠大，不行就多開幾個門。不能讓所有人在門口排隊。這個門裝有攝影機，也有衛兵把守，但在正常情況下，你看不到衛兵，也沒有路障——你應該幾乎感覺不到門給你帶來的不便。

但是，如果你想越過邊界，只能從門這裡過。你不能爬牆，也不能跳窗戶。誰從這扇門進來了，應該是有監控的。如果一切正常，那就沒有問題。但假如出現了異常，監測系統應該能夠迅速地感知，並做出分析和預判。比如，進來的人突然比正常情況下少了，出去的人突然比正常情況下多了，那背後是什麼原因，就應該有所調查。

在極端的情況下，門是能夠被關上的。當門被關上之後，應該能夠有鎖和門閂，保證外面的入侵無法進入牆的這一邊。如果只是在特殊的情況下關門，應該告訴大家，這只是暫時的，到了警報解除之後，門還會打開。

　　為什麼要有門？因為我們必須保持對外開放，要有人的流動、商品的流動、思想的流動，這個世界才會有生機和活力。為什麼要有牆？因為牆給我們帶來了安全感。正是因為有了牆，我們才能更放心地把門打開，否則，我們會一直處於惶恐不安的狀態。你可以設想，牆越是結實、高大，我們也就會越放心。

　　在牆的裡面，應該是充分開放的。如果在牆的裡面還有牆，一層一層全是牆和障礙物，那麼，牆的裡面也會變得更加不安。牆總是要把人分開的，如果我們把人群分得越細，各個階層之間就會變得更加固化，群體之間的矛盾會更加激化。牆使得我們可以集中力量搞好內部的團結，聽取大家的意見，營造一個更為和諧的共同體，大家有共同的信念，能夠互相協商，彼此願意做出妥協，能夠有對話的機制、交流的機制、制衡的機制。規則應該變得更加明晰，這樣人們才能對未來做出長期的規劃，才能鼓勵長期投資。沒有長期預期，就沒有長期投資。沒有長期投資，就沒有長期的經濟成長。

▶　延伸閱讀：約書亞・雷默，《*The Seventh Sense: Power, Fortune, and Survival in the Age of Networks*》。

第七章

不平等加劇

導讀

▌ 你在海平面看到的經濟學

雖然在經濟成長的過程中會出現收入不平等，但隨著經濟繼續發展，貧富差距就會逐漸縮小。大河漲水，小河也滿。如果從刺激經濟成長的角度來看，收入不平等是一件好事，有能力的人、勤勞的人才能賺更多的錢，這就鼓勵人們個個努力工作。如果讓政府去幫助那些窮人，勢必會帶來更多的懶漢。不管政府如何去做，收入不平等都是不可能被消滅的。

▌ 你在高海拔看到的經濟學

19 世紀是個貧富懸殊的時代。進入 20 世紀之後，收入不平等的程度有所緩和，但到了 1970 年代之後，貧富差距再度擴大。如果這一趨勢繼續下去，21 世紀將會出現嚴重的收入不平等。收入不平等不僅對窮人不利，也對富人不利。適度的收入不平等有助於激勵人們更努力地工作，但嚴重的收入不平等會讓人們感到焦慮、憤恨不平，甚至絕望。單靠市場經濟，無法自發地解決收入不平等的問題，在自由和民主之間，如果要選擇民主，就只能節制資本。

本章簡介

《財富鴻溝：不平等？跟我們有什麼關係？》談到，經濟學有「公平」和「效率」之爭，但這樣的爭論也辯不出對錯。什麼才是公正的規則？著名哲學家提出了「無知之幕」，只有當我們不知道自己未來的運氣如何、是富是貧的時候，才能找到共識。每個人都要有基本的自由權利，但同時，我們還要照顧弱勢群體的利益。

《庫茲涅茨曲線：從長時段看不平等》談到，儘管在 20 世紀中葉出現了收入不平等程度的緩和，但這是受到兩次世界大戰以及 30 年代大蕭條對財富的破壞、二戰之後各國節制資本的相關政策，以及老牌資本主義國家的海外殖民地喪失等重大事件的影響，這段時期的趨勢不是歷史的慣例，只是一種特例。

《1% 和 99%：你站在收入分配的哪一個臺階上？》談到，若以財富來說，收入最低的人群是負財富，他們都沒有見過財富。收入最高的 10% 可能認為自己已經是成功者了，但收入最高的 1% 又比他們高很多。真正的富人在收入分配的頂峰上，高處不勝寒。

《不平等的痛苦：收入不平等傷害了誰？》談到，收入不平等不僅對窮人不利，而且對富人也不利。在一個貧富差距較大的國家，即使是富人，也會過得更加焦慮，並沒有獲得更多的幸福感。

《自由和民主：糾正收入不平等是不是就破壞了市場經濟？》談到，市場交易的自由和一人一票的民主是不協調的。如果堅決捍衛市場交易的自由，就得放棄民主，需要一個強權人物彈壓反對者。如果想保護民主政治，就要適當地節制資本，這是一種更為穩妥的做法。

《窮人的美德：窮人該怎麼辦？》談到，當財富極端不均等的時候，貧窮並不是窮人個人的問題。窮人想要改變自己的命運，窮人的下一代想要改變自己的命運，變得越來越難。國家應該做得更多：提供平等地接受教育的機會，提供更多的社會保障和公共服務。

《富而不驕：富人該怎麼辦？》談到，炫富已經成為越來越不合時宜的行為，富人應該學會低調，學會感恩，更多地參與慈善和公益活動，有空多看看歷史，體會一下當年貧富懸殊、社會震盪的社會群體心理。

《拉斯蒂涅的選擇：拚搏還是靠爸，看你身處什麼時代》談到，收入不平等會影響到年輕一代的士氣。在經濟高速增長時期，年輕人更相信自我拚搏，靠爸是沒有意義的。但是，隨著貧富差距的拉大、社會階層的僵化，年輕人會變得更加迷茫：拚搏反而變得沒有意義了，想要出人頭地只能靠爸。這會帶來巨大的社會風險。

財富鴻溝：不平等？跟我們有什麼關係？

公平與效率之爭

法國著名經濟學家皮凱提（Thomas Piketty）跟我同年，他寫了一本非常暢銷的書，叫《二十一世紀資本論》（*Capital in the Twenty-First Century*）。這本書經常出現在各種非小說類暢銷書榜單上，也擺在書店裡最醒目的位置上。這本書也非常富有爭議。2014 年年底，皮凱提拜訪中國，他在北京的幾場活動，都是由我來主持的。在一場中信出版社主辦的活動中，輪到在場的觀眾提問時，坐在前排的一位中年男子異常激動地奪過麥克風，大聲地說：「你說的都是胡說八道，你這是要讓中國退回到計劃經濟！」

收入不平等是一個很容易讓人激動起來的話題。有人抨擊收入不平等，有人支持收入不平等。這兩派人馬，幾乎勢不兩立。但如果我們仔細想想，就會發現，他們的分歧並不像想像中的那麼大。

你去問問反對收入不平等的學者。你問他們，你們贊成所有人都拿同樣的工資、住同樣的房子、穿同樣的衣服、吃同樣的食物、上同樣的學校、看同樣的電影嗎？我想沒有哪個神志清醒的人會贊成這種極端的收入平等。就算是中國的計劃體制時代，也沒有實現人人平等。有人用全國糧票，有人用地方糧票；有人戴軍帽，有人穿草鞋。供給制下隱藏的不平等，比我們能夠看到的多很多。

　　你去問問支持收入不平等的學者。你問他們，你們贊成世界上的最後一分錢被一個超級富豪拿走，其他的人都必須餓死嗎？你們贊成富人的孩子享受最好的教育，世襲最高貴的位置，而窮人家的孩子永世不得翻身嗎？你們支持有錢的人同樣可以更有權，可以法外開恩，可以控制媒體嗎？你們支持當恐怖襲擊爆發的時候，員警只保護億萬富翁，不需要管其他民眾嗎？我想沒有哪個神志清醒的人會贊成這種極端的收入不平等。

　　那大家到底在爭論什麼呢？很多人說這是公平和效率之爭。那麼，是不是要公平就不能要效率，要效率就不能要公平了呢？顯然不是這樣的。經濟學裡有個「效率工資理論」，大意是說，企業家要是想讓員工更努力工作，最好是付給他們高出市場價格的工資，這樣才能贏得員工們的忠誠。這其實是「公平工資」啊，如果大家覺得更加公平，就會更有歸屬感和安全感。我們常說兼顧效率與公平，聽起來很平庸，但最優的組合應該就在更為中庸的區間內。

機會平等與結果平等

　　什麼叫效率，大家更容易產生共識。最小投入、最大產出，這就是效率。那麼，什麼是公平呢？這就比較複雜了。當我們在談論平等的時候，我們有時候談的是機會平等，有時候談的是結果平等。支持不平等的人，並不是主張機會不平等是天經地義的，他們反對的是過分強調結果不平等，他們認為，強調結果平等會造成機會的不平等，這是不公平的。比如說吧，如果是高考，那就要把規則定得明確，是不是按分數高低錄取呢？如果是按照分數高低錄取，那麼，大家就按照這個遊戲規則

公平競爭，智商高的人可以拚智商，智商低的人可以拚毅力，你認同這種遊戲規則，那就願賭服輸。如果過分強調結果的平等，比如，大學必須招收同樣比例的男生和女生，必須多招少數民族學生，必須照顧貧困家庭的孩子，甚至保證每個地區都有招生的比例，等等，就會弄得大家很鬱悶。為什麼亞裔的孩子比非裔的孩子考分高那麼多，但上個大學那麼難？什麼叫貧困家庭？要是我們家比貧困線下的鄰居家庭更努力，結果我家的收入比貧困線水準高一點，就無法享受優惠了，這公平嗎？

所以說，說起機會平等，大家都不會有太多爭議。兩派人馬的分歧主要集中在這一點：究竟需不需要在一定程度上關注結果平等？注意，我們說的是在一定程度上，而不是完全追求結果平等。盲目追求結果平等，往往適得其反。但要是一點也不照顧結果平等，也有不公平之處。

如果你認為只要有機會平等就行，不需要關注結果平等，那麼，你的假設條件是一個人最終能夠實現的成就，完全取決於其個人的努力。舉最簡單的例子，比如我們要比賽跑步。我們必須假設，如果大家同樣從起跑線出發，那麼，跑得快、耐力好的選手就能勝出，不會受到任何其他因素的干擾，這樣，我們才能相信，只要發令槍響起，我們就不必再操更多的心。就算是比賽這樣的簡單例子，其實也比我們想像中的複雜。如果一個實力很強的選手在比賽當天運氣不好，突然拉肚子了呢？如果一個選手穿的是黑心商人賣的鞋子，一邊跑，鞋子一邊磨腳，因此影響了他的比賽結果呢？如果一個選手在比賽中途遇到一個小孩子掉進了河裡，他去救孩子，結果耽誤了時間呢？也就是說，即使事前的機會完全平等，在發令槍響了之後，也會出現各種意想不到的情況。如果在施粥的時候，要先對排隊的窮人進行資格審查，看他們到底是環境不利，還是努力不足，這在道德上是很難令人接受的。作為一個社會，有必要向陷入困境的人提供援助，在一定程度上，結果的平等也是需要關注的。

如果你熱衷辯論，這種解釋未必能夠說服你。公平與效率之爭也好，機會平等與結果平等之爭也好，都很像是大專辯論賽的題目。這種類型的題目從正方論證也有道理，從反方論證也有道理，但聽完了辯論，很難讓你對這個問題有更深入的理解。作家李敖曾經說過，討論是智慧的交流，辯論是無知的相加。

打牌與「無知之幕」

如果你聽大專辯論賽聽得越來越糊塗，那不如離席去換換腦。我們一起打牌好不好？打牌是不是最需要公平呢？如果規定每個選手手中的牌數目不一樣、出牌的規則不一樣，這樣的遊戲還有什麼意思呢？那麼，怎麼才能保證打牌的時候大家都心甘情願地遵守公平的規則？關鍵在於洗牌。洗牌之後，每個人都不知道自己下一輪能摸到什麼牌，你可能摸到一把好牌，也可能摸到一把爛牌。如果摸到好牌和摸到爛牌的機率是一樣的，那麼，你就會有強烈的動機去維護規則的公平。

按照同樣的思路，你就能從最淺顯的角度理解著名哲學家羅爾斯（John Rawls）所說的「正義」。按照羅爾斯的說法，正義是社會制度的首要價值，正如真理是思想體系的首要價值。沒有對正義的堅持，社會就不是社會了。那麼，我們怎麼才能認同正義呢？羅爾斯說，可以設想有個「無知之幕」。你站在一個布幕的前面，準備投胎了，如果布幕打開，你就能知道自己會變成什麼人。比如，布幕打開之後，你發現自己是世界首富比爾・蓋茨，是不是好棒啊！可是，布幕打開之後，你也可能會變成敘利亞難民，是不是很慘呢？這就像你摸牌一樣，摸到一把好牌和一把爛牌的機率是一樣的。羅爾斯說，如果有這樣的「無知之幕」，

就會迫使我們每個人去設想在最初始的狀態，到底什麼規則才是好的。

首先，我們能夠想到的是，每個人都得有最基本的自由權利，這應該沒有爭議吧。比如，我們得有保障個人財產的權利、保障言論自由的權利、不會隨便就被逮捕的權利，等等。其次，即使有了自由，我們也不能保障結果的平等，有人運氣好，有人運氣差，偶然性的因素是不能排除的，於是，就會有社會和經濟上的不平等。要是有了不平等，我們該怎麼辦？

羅爾斯談到兩點：第一，要照顧到最弱勢群體的最大利益，第二，要保證把所有的職務和地位按照公平、平等的條件下向所有人開放。我們這裡只談第一點。第一點是什麼意思呢，就是要照顧那些最弱勢的人，否則，他們就會感到自己最基本的權利被剝奪了，就會感到自己被整個社會排擠在外，這種社會不會被人們尊重，只會被人們仇視。如果一個社會的共識沒有了，那麼我們每個人的處境不會變得更好，只會變得更壞。海明威在《戰地鐘聲》（*For Whom the Bell Tolls*）裡引用約翰‧多恩（John Donne）的詩：「沒有人是自成一體、與世隔絕的孤島，每個人都是廣輪大陸的一部分。」每一個人的不幸都是我的不幸，每一個人的哀傷都是我的哀傷，因為我們都是社會的一員。

▶ 延伸閱讀：約翰‧羅爾斯，《*A Theory of Justice*》。

庫茲涅茨曲線：從長時段看不平等

▋ 倒 U 型曲線

　　經濟學裡有個庫茲涅茨曲線，這是一條倒 U 型的曲線，說的是隨著經濟發展水準的提高，收入不平等的程度會先上升，然後下降。或者說，有一部分人先富起來，然後先富的帶動其他人，大家就都變得更加富裕了。之所以稱之為庫茲涅茨曲線，是因為這是美國著名經濟學家庫茲涅茨（Simon Smith Kuznets）在 1954 年提出來的。他發現，從 1913 年到 1948 年，美國收入不平等的程度有所下降。收入最高的 10% 人口的收入占國民收入的比例從 45% 至 50% 下降到了 30% 至 35%。庫茲涅茨就是根據這一觀察，提出了他的假說。

　　我們看看中國在過去 30 多年發生的變化，大家會有什麼感受？如果直接地說，在 1980 年代之前，大家都很窮，有些人確實有特權，但我們很難看見。套用一句玩笑話，當時大家是平等地貧困。1980 年代改革開放之後，中國的經濟成長速度很快，大家的收入水準都大幅度提高了。中國經濟奇蹟最大的功績就是讓十幾億人口擺脫了貧困。但是，隨著中國的經濟發展水準越來越高，收入不平等程度逐漸降低了嗎？沒有。中國的收入不平等程度不僅沒有降低，反而越來越高了。

　　這不僅是中國才有的現象，貧富差距越來越大，這是一個全球現象。不僅出現在中國，也出現在俄羅斯，不僅出現在美國，也出現在日

本，甚至出現在北歐國家。所以，庫茲涅茨曲線是不存在的。

那麼，是不是庫茲涅茨在騙我們呢？不是的，如果你觀察 20 世紀上半葉收入分配的變化，不管是用庫茲涅茨的方法，即統計收入最高的 10% 人口的收入在總收入中所占的比重，還是統計收入最高的 1% 人口的收入在總收入中所占的比重，或是用所謂的「吉尼係數」（吉尼係數如果是零，就是完全平等，如果是 1，就是絕對不平等，吉尼係數越大收入分配越不平等），各國幾乎都出現了一個 U 型曲線：19 世紀收入不平等程度很高，20 世紀上半葉收入不平等程度降低，但到了 20 世紀後半葉，收入不平等程度又再度加劇。

劇烈變革的 20 世紀

這是為什麼呢？你先想想在 20 世紀上半葉發生了什麼。1914 年爆發了第一次世界大戰。隨後，世界經濟經歷了短暫的復甦之後，到 30 年代遇到了前所未有的金融危機。到了 30 年代末期，全球政治經濟局勢已經全面轉惡，到了 1939 年，又爆發了第二次世界大戰。這是世界政治經濟經歷的最動盪的一段時間。

最直接地看，戰爭會帶來財富的損失，革命會帶來財富的損失，更不用說規模如此巨大的戰爭與革命了，多少悲歡離合、生生死死，怎能不令人扼腕嘆息。金融危機也會帶來巨大的財富損失，多少富人的投資，在股災中灰飛煙滅。據說，大蕭條期間，你要是在紐約的酒店訂高層的房間，酒店經理就會問：請問你是想住宿呢，還是想跳樓？這一時期還有一個變化就是，老牌資本主義國家忙於互相廝殺，結果殖民地國

家一個一個都獨立了，這讓老牌資本主義國家又失去了大量的海外殖民資產。

當然，這些都是直觀的感受。按照英國經濟學家阿特金森（Anthony Atkinson）的研究，在第一次世界大戰前後，英國最高收入的比重大幅度下降，這主要是因為英國的海外殖民地喪失殆盡。英國收入最高的 0.1% 人口的收入比重從 1914 年的 10.7% 下降到 1918 年的 8.7%。但其他參戰國，比如日本和美國，其最高收入比重沒有出現明顯下降。法國和德國在戰爭中也遭受了慘重的損失，因為它們是主要戰場，但法國收入最高的 1% 人口的收入比重在 1915 年為 18.3%，到了 1920 年則為 17.9%。在丹麥和荷蘭，最高收入的比重在戰爭之後反而上升了，難怪在戰後有很多人大聲疾呼要懲治那些發戰爭財的人。

與第一次世界大戰形成鮮明對比的是，收入不平等程度在二戰前後大幅度下降。而且，出現下降的國家並不只是被占領國或戰敗國，無論是美國還是英國，無論是加拿大還是瑞士，無論是日本還是德國，收入不平等程度均出現了顯著的下降。

福利國家的出現

所以，除了戰爭、經濟危機的因素，政策的轉變也發揮了重大作用。簡單地說，這個重大的變化就是福利國家的出現。

衡量政府規模的一個簡單指標就是看稅收收入占國民收入的比例。從英國、法國、美國和瑞典這四個國家的資料來看，19 世紀末到 20 世紀初，政府的規模很小，基本上屬於「守夜人」政府，到 20 世紀之後，政

府規模急劇膨脹，逐漸演變為「社會政府」，1980 年代之後，政府的規模大致處於穩定狀態，未再出現大幅度的擴張。

1910 年之前，英國、法國、美國和瑞典的政府規模大致相似，稅收收入占國民收入的比例在 10% 以下。這些稅收收入主要用於一些基本的開支：警察、法庭、軍隊、外交和行政管理。換言之，除了維持社會秩序、保護財產權利和保持軍隊力量之外，政府基本上沒剩什麼錢，做不了太多其他的事情。當時，政府對公共教育、醫療衛生的投入很少，大部分人只能接受最基礎的公共教育和公共衛生服務。如今，在絕大多數發達國家，公共教育和醫療衛生方面的支出都占到國民收入的 10% 至 15%。當然，各國的具體政策有所不同，比如，美國的高等教育更市場化，大學學費更貴，基本上靠個人承擔。歐洲國家的高等教育更多靠政府支持，學費較低，高等教育的普及程度較高。歐洲實行了較為普遍的公共衛生體系，而美國的公共醫療保險只覆蓋老年人和低收入階層。但是，無論在歐洲還是美國，教育和醫療衛生支出大部分是由政府支出的。政府支出占教育、醫療衛生經費的比例，在歐洲為四分之三，在美國為二分之一。

此外，政府規模擴大的另一個主要原因是用於收入再分配的支出增加了。其中主要包括養老金、失業救濟，以及對貧困或特殊家庭的救助。在這一部分支出中，占絕大部分的是養老金，約占三分之二到四分之三。歐洲各國的養老金占國民收入的 12% 至 13%，美國則占 6% 至 7%。對於大部分退休的老年人（占三分之二甚至四分之三）來說，公共養老金是他們收入的主要來源。這一舉措在很大程度上解決了老年貧困化的問題。和養老金相比，失業救濟在政府支出中所占的比例很小，一般占國民收入的 1% 至 2%。對貧困或特殊家庭的救助則更少，不到國民收入的 1%。

　　福利國家的出現，在很大程度上改善了收入分配。1950 至 70 年代是福利國家發展最快的時候，對市場經濟的管制程度也相對較高，但當時的經濟成長速度最快、收入不平等程度降低，而且，那是一段難得的幾乎沒有出現金融危機的年代。

　　1980 年代經濟自由主義逐漸盛行，收入不平等程度再度惡化。如果這一趨勢繼續下去，我們又會進入一個像 19 世紀那樣的貧富懸殊、人心思變、社會動盪的年代。

▶ 延伸閱讀：安東尼・阿特金森，《扭轉貧富不均》（*Inequality: What Can be Done?*），天下文化。

1% 和 99%：你站在收入分配的哪一個臺階上？

勞動收入的不平等程度

　　測量收入不平等的時候，人們經常會用一個術語，叫吉尼係數。如果吉尼係數為零，說明一個社會的收入分配完全平等，如果為 1，說明一

個社會的收入分配絕對不平等，吉尼係數越高，一個社會的收入不平等程度越高。但是，單用一個抽象的概念來描述收入不平等，很難讓大家有切身的體會。

人們還經常喜歡用一些簡單的標籤概括貧富差距：比如，把一個社會分為「上層」和「下層」，或是把一個社會分為「精英」和「大眾」。這些標籤儘管容易理解，但含義卻非常模糊。

比較準確的方法，是把一個社會設想成一個一個臺階，每個人都站在自己的臺階上。

我們可以把一個社會劃分為 10 個臺階，即從收入水準最高的 10% 到收入水準最低的 10%。每一個臺階又可以再細分，比如收入最高的 10% 中，還可以區分出收入水準最高的 1% 和其他 9%。只要試想一下自己是站在哪個臺階上，你就會對自己的收入狀況在整個社會中的位置有更準確的理解。

當我們把自己的收入和別人的收入比較的時候，往往首先考慮的是勞動收入的差異。我們想到的是自己薪資條上的數字和別人薪資條上的數字。

勞動收入占國民收入的比例大致在三分之二到四分之三左右，那剩下的是什麼？那是來自資本的收入。我們先來看勞動收入。各國的勞動收入不平等程度相差較大。在發達國家中，較為平等的是北歐斯堪的納維亞半島國家（瑞典、挪威、芬蘭），較不平等的是歐洲西部和中部的國家，如法國和德國，最不平等的國家當屬美國。假設平均工資為每月 2,000 歐元（折合台幣約 70,740 元）。在北歐國家，收入最高的 10% 工資為 4,000 歐元，收入最高的 1% 工資為 10,000 歐元，收入處於中間的 40% 水準的人們工資為每月 2,250 歐元，收入最低的 50% 工資為 1,400 歐元。在美國，收入最高的 10% 工資為 7,000 歐元，收入最高的 1% 工

資為 24,000 歐元，收入處於中間的 40% 水準的人們工資為每月 2,000 歐元，收入最低的 50% 工資為 1,000 歐元。

錢賺錢容易，人賺錢很難

你已經感覺到貧富之間的差距了吧。且慢，勞動收入的不平等程度跟資本收入的不平等程度相比，只能算小巫見大巫。在資本收入相對平等的國家，比如 1970 至 80 年代的北歐國家，收入最高的 10% 就能擁有全社會財富的 50%。如今，在大部分歐洲國家，收入最高的 10% 擁有全社會財富的 60%。更為令人擔憂的是，資本收入最低的 50% 幾乎沒有任何財富。在絕大部分國家，資本收入最低的 50% 人口擁有的財富還不到全社會財富總量的 10%，而且經常會低於 5%。2010 至 2011 年，美國資本收入最高的 10% 擁有全社會財富的 72%，收入最低的 50% 只擁有 2%。

理解這一點很簡單。勞動收入是我們看得到的，我們大部分人都是靠工資生活，不管你是送外賣，還是搞直播，不管你是當保姆，還是當教授，我們賺的都是勞動收入。除了極其各別的例子，比如影視巨星、體育明星，以及明星級的經理人，大部分人的勞動收入再高也高不到哪裡去，人賺錢是一件很辛苦的事情。但資本要想獲得回報就不同了。人賺錢很難，錢賺錢很容易。不管你勤奮不勤奮、聰明不聰明、創新不創新，如果你的資本到了一定的規模，它就會不分晝夜、不斷地為你增值。勞動收入的增長速度很難超過 GDP 的增長速度，大家拿的工資都比整個國家的經濟成長率還快，這事就不對勁了。但資本沒有這個限制，資本可以盡情地增長，把靠勞動獲得收入的人甩在後面，絕塵而去。

▌ 財富分配的臺階

讓我們沿著社會階層的臺階，一步步往上走，看看不同階層人們的財富狀況。

在社會的最底層，是一群淨財富為負的窮人，他們的收入還不夠支出，薪資單上的錢不夠花到月底，銀行帳戶裡不過有萬把來塊錢存款。再往上走，是大多數工薪階層，嚴格地說，他們也沒有財富。按照國民收入核算，你購買的家電、傢俱、汽車都不算財富（它們算消費），但這些其實是大部分工薪階層僅有的「財產」。法國經濟學家皮凱提說：「財富是如此集中，以至於社會中大多數人根本就沒有見識過財富。」

再往上走，到收入最高的10%，他們擁有全社會財富的60%。他們擁有的財富是整個社會平均水準的6倍。在發達國家，大致來說，這意味著每一個收入最高10%的社會成員擁有120萬歐元的財富。他們大多擁有自己的房產，而且也開始注意投資股票、債券，說不定還會有幾件珍愛的收藏品。

但在這10%中，收入最高的1%占有全社會財富的35%，其餘9%占有全社會財富的25%。每一個收入最高1%的社會成員擁有的財富是整個社會平均水準的25倍，大約每人擁有500萬歐元的財富。收入水準越高，房產在個人財富中所占的比例就越低。在收入最高的10%人口中，處於「底層」的9%，也就是人均擁有100萬歐元的這個群體，大約有一半的財富是房產。人均擁有200至500萬歐元的群體，只有不到三分之一的財富是房產。人均財富超過500萬歐元的群體，只有不到20%的財富是房產。人均財富超過1,000萬歐元的群體，只有不到10%的財富是房產，他們的財富主要是股票和股權。他們才是最富有的階層，站

在高高的雲端，冷冷地注視著地上忙忙碌碌討生活的芸芸眾生。

　　把勞動收入和資本收入加起來就是總收入。很自然，總收入的不平等狀況比財富的不平等要好，比勞動收入的不平等要差。大致來說，在北歐國家，收入最高的 10% 得到了總收入的 25%，在居中的歐洲國家，收入最高的 10% 得到了總收入的 30% 至 35%，而在美國，收入最高的 10% 得到了總收入的 50%。相對來說，總收入的不平等狀況更接近於勞動收入的不平等。這也是容易理解的，畢竟，在每年的國民收入中，三分之二到四分之三的收入是勞動收入。但是，資本收入具有自我積累的性質，一年年下來，資本收入的不平等程度會日益加劇。

　　一個社會的收入不平等到什麼程度會出現矛盾和衝突呢？當一個社會收入最高的 10% 拿走了一半以上的總收入時，警鐘就已經敲響了。法國大革命前夕，收入最高的 10% 得到的收入大約占總收入的 50%，甚至 60% 以上。設想一個社會收入最高的 10% 把全社會收入的 90% 都盡收囊中，這個社會一定要透過高壓政策，才可能壓制人們的不滿和反抗，但革命終歸是會爆發的。

▶　延伸閱讀：湯瑪斯・皮凱提，《二十一世紀資本論》（*Capital in the Twenty-First Century*），衛城出版。

不平等的痛苦：收入不平等傷害了誰？

▌金錢買不到幸福

　　一個人生活得幸福不幸福，是不是取決於他有多少權力？不是的。權力能夠討好你的野心，但無法帶給你快樂和充實。亞當・史密斯曾經說過，一個在路邊曬太陽的乞丐，擁有帝王奮鬥終生都難以獲得的安逸。一個人生活得幸福不幸福，是不是取決於他有多少錢？不是的。錢能夠買來各種方便，也能滿足你的虛榮心，但錢無法帶給你內心的平靜。財富可能是值得喜歡的，但不值得狂熱地追求。

　　一個人能不能感到更多的幸福，跟財富的絕對大小是沒有關係的，但卻和財富的相對水準很有關係。英國兩位流行病學專家理查・威金森（Richard Wilkinson）和凱特・皮凱特（Kate Pickett）在 2009 年出版了《社會不平等：為何國家越富裕，社會問題越多？》（*The Spirit Level: Why More Equal Societies Almost Always Do Better*）一書，他們用大量的資料顯示，在一個收入分配相對平均的社會裡，無論是窮人還是富人，都會活得更為快樂、健康。

越不平等，越不健康

他們發現，如果綜合考慮人均壽命、識字率、嬰兒死亡率、殺人犯罪率、進監獄人口比例、青少年懷孕率、過度肥胖率、精神疾病、信任程度、吸毒和嗜酒率、社會流動性等多方面的指標，構造出一個統一的社會健康指數，則社會健康指數和收入不平等程度呈顯著負相關，和人均收入水準不存在顯著的相關關係。

在一個收入分配相對平等的社會裡，人們的預期壽命會更高。比如，人均壽命最高的國家是日本，一個以收入分配平均著稱的國家。美國的人均收入水準很高，但其貧富不均程度太大，美國的人均壽命低於大部分歐洲國家。就連希臘的人均壽命都比美國高。

在一個收入分配相對平等的社會裡，孩子們會生活得更快樂、健康，人們彼此之間會更加信任。在美國各個州裡，收入不平等程度最高的州，人們彼此之間的信任程度最低，比如在阿拉巴馬、密西西比、北卡羅來納、路易斯安那和紐約州，而在收入不平等程度較低的各州，人們更加友好、親密，比如新罕布夏、猶他、北達科他、明尼蘇達、蒙大拿等。美國收入不平等程度較高的各州，學生的退學率也較高。

威金森和皮凱特還發現，收入不平等對富人也不利。就拿嬰兒死亡率來做比較，瑞典的收入分配更為平均，英格蘭和威爾士的收入分配更不平均，無論是低收入階層、中等收入階層，還是高收入階層，拿瑞典的資料和英格蘭與威爾士的資料比，瑞典每一收入階層家庭的嬰兒死亡率都顯著低於英格蘭與威爾士同一收入階層的家庭。

為什麼會這樣呢？人類說到底是一種群居動物。我們不僅和過去的自己比，更常會和現在的別人比。在一個收入更加不平等的社會裡，成

功者會更傲慢無禮，而失敗者會更無地自容。收入不平等帶來了更多的壓力，也帶來了更多的拜金主義和消費主義。富人為了炫耀他們的社會地位而買買買，窮人則因為羨慕富人而跟著買買買。落在後面的人固然很有壓力，看起來成功的人其實也很擔心其社會地位，所有人都有一種深深的不安全感。

人在面對壓力的時候會自然而然地產生壓力激素。這是一種叫作皮質醇的荷爾蒙。腎上腺負責分泌皮質醇。皮質醇能夠幫助我們減少炎症、提高短期的記憶力、幫助肝臟清除毒素，但過多的皮質醇也能帶來很多副作用，其中最大的壞處是導致血壓升高、降低骨密度、減少免疫反應和對葡萄糖血清水準的潛在影響。皮質醇增多症會讓我們體重迅速增加、多汗、容易受傷、形成心理障礙等。皮質醇過高，也會減少給我們帶來平靜和快樂感覺的血清素的數量。這就是收入不平等程度過高，會讓我們感到更多的焦慮、恐懼和憂慮的原因。

如果是溫和的收入不平等，那是一種很和諧的感覺。你開一輛奧迪，鄰居家的青年開一輛 Alto。開 Alto 的人看到開奧迪的人，會感到羨慕，多少有點嫉妒，但沒有恨。他會在自己的車桿上貼上：「今天我是奧拓，明天我就變成奧迪。」能不能變成，真不好說，但至少他會很積極、樂觀。你住別墅，你的鄰居住板樓。住板樓的人看到住別墅的人，會感到羨慕，多少有點嫉妒，但沒有恨。你有的大部分東西他都有，他們家只是不像你們家，還有個花園，能挖個泳池而已。他可能還會說，住那麼大的房子，收拾起來真不方便，我才不願意住大房子呢。多麼美好的其樂融融的畫面啊。

但如果是極端的收入不平等呢？你住在宮殿一般的豪宅裡，但鄰居都是上無片瓦、下無立錐之地的乞丐。你賓利、法拉利交換著開，別人只能騎自行車。你可能覺得自己很牛，但是，史密斯談到，「大多數成

員貧窮悲慘的社會不是一個快樂幸福的社會」，別人那麼窮，而你那麼富有，你不感到慚愧嗎？假如你開著車出去兜風，一時貪歡，到了黃昏時分，不小心迷路了，開進了一條顛簸的鄉間小路，周圍是一群面有菜色、扛著鋤頭的農民。你不感到害怕嗎？

▶ 延伸閱讀：理查・威金森、凱特・皮凱特，《社會不平等：為何國家越富裕，社會問題越多？》（*The Spirit Level: Why More Equal Societies Almost Always Do Better*），時報出版。

自由與民主：糾正收入不平等是不是就破壞了市場經濟？

收入不平等才是金融危機的根源

如果一個國家的收入更加不平等，這個國家的經濟成長是會更快呢，還是會更慢？國際貨幣基金組織的兩位學者安德魯・伯格（Andrew Berg）和強納森・奧斯特里（Jonathan Ostry）在 2011 年發表了一篇論文。他們認為，保持持續穩定的經濟成長要比實現短期的快速增長更

難，而收入不平等程度加深，會縮短經濟快速增長的持續時間。收入較為平等的國家在經濟成長的賽跑中能堅持跑完馬拉松，而收入不平等嚴重的國家卻沒有足夠的耐力。平均而言，拉丁美洲國家的收入差距大於東亞國家。兩位學者認為，如果把拉丁美洲與亞洲之間的不平等差距縮小一半，那麼，拉丁美洲的經濟快速增長時期可以延長一倍。

還有些學者強調，收入不平等程度太嚴重，會導致金融危機的爆發。著名經濟學家、曾任印度央行行長的拉詹（Raghuram Rajan）寫過一本書《斷層線》（*Fault Lines: How Hidden Fractures Still Threaten the World Economy*）。在這本書裡，拉詹說，導致 2008 年全球金融危機的根源要追溯到 1970 年代。從 1970 年代開始，美國受過高等教育和沒有受過高等教育的工人之間的收入差距就開始逐漸拉大。那麼，為什麼金融危機 30 多年之後才爆發了呢？

當底層工人的收入減少之後，政府並不是想辦法幫他們找到更好的工作，增加他們的收入，而是透過放寬貸款條件，讓這些低收入者繼續透過借貸，維持原來的生活水準。這是一種慢性毒藥。英國《金融時報》上有一篇評論文章談到，債務才是資本主義骯髒的秘密。資本主義國家是透過債務的積累，推遲了危機的爆發。

市場經濟無法自動糾正貧富差距

有一種流行的觀點是「涓滴效應」，也就是說，富人的錢會慢慢地轉移到窮人那裡。富人花天酒地地消費，其實給窮人提供了更多的就業機會，窮人的收入就會逐漸提高。這是經濟學家有意或是無心地編造出

來的謊言。真實的情況是，富人相對窮人而言，在收入中用於消費的比例更小，他們把更多的錢都用於投資了。但是，富人的消費會拉動窮人的消費，這主要是因為「攀比效應」：富人喜歡打高爾夫球，窮人也跟著打；富人要去海邊度假，窮人也跟著去。結果，普通家庭花了更多錢，去購買本來是提供給其富有鄰居的奢侈品。在美國最富裕的幾個州裡，普通家庭更有可能出現債務危機，這就是跟風跟出來的問題。為什麼中關村科技園區的碼農對穿衣服更不講究？很可能是因為他們在生活中見到富人的機會不多。而金融街的金融小民工們天天見到超級富豪，一天到晚深受刺激，就把這個世界看成了浮華世界。

市場經濟無法自發地解決收入不平等，而收入不平等的程度日益加深，會傷害市場經濟的正常運轉。不過，有一小部分人聽不得別人說要糾正收入不平等，在他們看來，要是糾正收入不平等，就破壞了市場經濟的原則，而破壞了市場經濟的原則，世界的末日就要到了。

我猜他們之所以這樣想，是覺得所有權是神聖不可侵犯的。他們覺得：我從市場上掙來的每一分錢，政府都不要想拿走。如果政府要徵我的稅，就是侵犯了私人所有權。所有權重要不重要？當然重要了，但是，在現實中，所有權是非常脆弱的。想讓所有權很清晰，不是一件難事，但保護所有權卻很難。魯迅先生在《阿Q正傳》裡寫到，阿Q去偷尼姑庵裡的蘿蔔，被老尼姑發現了。老尼姑說，你怎麼來偷我們的蘿蔔？阿Q說，這是你的嗎？你能叫得它回應你嗎？

所以，所有權無法保護我們，相反地，所有權要靠我們小心地去呵護。如果不願意放棄哪怕一點點所有權，最後的結果會葬送市場經濟。我們不妨這樣來想：如果遇到了強盜，你是想交出自己的錢包呢，還是丟掉自己的性命？如果掉進了河裡，你是會抱著金條，一起沉入水底呢，還是會把金條扔掉，自己趕緊游上岸？

如果我們去看那些市場經濟運轉得更為平穩的國家，比如丹麥、德國、瑞典，它們都對市場經濟帶來的初次收入分配進行了調整，透過徵收累進的所得稅、徵收房地產稅、企業國有化等手段，讓收入不平等程度有所下降。如果不考慮政府的二次分配，德國的收入不平等程度其實比英國更高，但調整之後，德國的收入不平等程度就顯著低於英國。就算是美國，其實也對初次收入分配進行了較大幅度的調整。而那些幾乎沒有做調整的國家，大多是印尼、墨西哥、委內瑞拉等相對落後的國家。發達國家都比較在意透過徵稅的方式調整市場經濟帶來的初次分配，反倒是那些不發達國家不在意，或是沒有辦法透過徵稅減少收入不平等。那麼，哪一組國家算是對所有權保護得更好呢？

要經濟自由，還是要政治民主？

當然，那些堅決反對糾正收入不平等的人說出了現代社會的一個內在的矛盾：你是要經濟自由呢，還是要政治民主？大家要注意，經濟自由和政治民主不是一回事，也並不總是互相促進的。如果你想捍衛自由放任的資本主義，那麼，收入不平等就是不得不接受的代價，而收入不平等很可能會引發激烈的社會衝突。如果你想要民主，就必須讓民主學會控制資本主義。

必須聲明的是，不是所有的收入不平等都會引起社會衝突。如果你生活在一個等級制度森嚴的社會中，比如種姓制度，比如奴隸制度，人分三六九等，賤民自出生之時，就永無出人頭地之日，那麼，人們很可能會聽天由命，接受貴賤之間判若雲泥的現實。如果你相信安‧蘭德（Ayn Rand）的哲學，相信人活在世上就是為了給自己賺錢，自私是一

種美德，貧窮是自己作孽，那麼，即使沒有暴君鎮壓，你照樣會在一個極端不平等的社會裡生活得怡然自得。因此，想要社會穩定，又不肯解決收入不平等問題，就只能要嘛靠壓制，要嘛靠欺騙，很可能，兩手都要抓，兩手都要硬。

▶ 延伸閱讀：拉古拉姆・拉詹，《*Fault Lines: How Hidden Fractures Still Threaten the World Economy*》。

窮人的美德：窮人該怎麼辦？

窮人家的孩子怎麼逆襲？

有一位青年讀者興沖沖地留言給我：老師，我年收入 40 萬元人民幣，算成功人士了吧。我一盆冷水朝著頭頂潑過去：你算剛剛脫貧。我要請這位讀者原諒我的無禮。一個年輕人能夠年收入達到 40 萬元，確實不容易，但是，朋友，我說的也沒有錯，你和我一樣，在那些超級富豪的眼裡，只能算是窮人。

像我這樣生於 70 年代的人，不能抱怨太多。我們沒有經歷過上山下

鄉，一路順順利利地讀書讀到博士。我們用過糧票，但沒有體會過那種天天餓肚子的感受。我們要上學，父母根本不需要去託人找關係。我們要找工作，好像也沒有遇到太多的競爭壓力。只要你勤奮、努力，就能沿著事業的臺階一級級上升。靠爸？聽都沒有聽說過，想都沒有想過。我父母是醫生和教師，他們一分一毛存下來的錢，在經歷了多年通貨膨脹的洗禮之後，已經沒剩下多少購買力了。我們真的是靠自我拚搏的一代。

但現在和以後的年輕人該怎麼辦呢？社會階層變得日益僵化，底層無數有理想、有才華的年輕人，該怎麼樣逆風而行、拾級而上？

過去，透過社會階梯向上爬的最佳管道是靠學習。學習這件事情，靠天分，但更靠毅力和刻苦。我小學四年級之前，是在一個縣城的小學上學，教室的窗戶玻璃破了，就用硬紙板訂上。五年級，我轉學到了省城，而且進了省城裡最好的小學。你猜怎麼著？我在省城的小學的成績排名，比在縣城小學更靠前！

你覺得這樣的事情到現在還能發生嗎？第一，你怎麼從縣城轉學到一線、二線城市呢？第二，就算你轉到了大城市，你怎麼樣才能考入當地最好的小學呢？第三，就算讓你上學，你還能考得過大城市裡的孩子們嗎？教育能改善社會流動性嗎？過去能，現在恐怕不行了。這麼多年了，教育體制沒有太大的起色，我以前很生氣，現在看開了，懶得生氣了，實在看不過去，就自己教孩子唄。當然，教育部門一天到晚改革，忙得也是不亦樂乎。搞個素質教育吧，培養孩子的動手能力吧——這都是在瞎折騰。教育不僅不能提高社會流動性，反而成了固化社會階層的強大力量。加試英語口語，好不好？當然好，但你要是在北京、上海，很容易就能給孩子找到外籍教師，這不是欺負農村的孩子嗎？我要是一個山溝裡的孩子，哪裡見過什麼外教——我只聽過鳥叫。讓孩子們做個

PPT 上臺去說吧。說得輕巧，如果我是貧困地區、貧困家庭的孩子，買不起電腦，怎麼做 PPT ？

那麼，透過通婚，提高自己的社會地位如何？這聽起來有些勢利眼，但在過去，跨社會階層的婚姻是比較常見的。不得不承認，這種「混雜」有助於淡化階層間的邊界。但是，如今的婚姻變得越來越講究門當戶對。配偶間收入水準的相關係數越來越大：有錢人找有錢人，窮人找窮人。

為什麼會出現這種變化呢？原因可能很多。女性的經濟地位相對獨立，有錢的女性越來越多，她們不再需要透過嫁人獲得經濟保障。人們對社會階層的區分更為敏感，更介意與比自己家庭背景差的人談戀愛。不要說談婚論嫁，我有一次在社區裡聽到一個小女孩說：「我爸爸告訴我，不要跟其他門洞[1]的小孩子玩，因為我們門洞的房子都是大戶型，他們的都是小戶型。」

這不是中國獨有的現象，全球同此炎涼。隨著收入不平等程度的提高，社會上升的通道會逐漸關閉。當這些通道關閉之後，窮人想要改變自己的命運，會變得越來越難，比駱駝過針眼還難。所以，你當然要自己努力。努力上學，努力工作，努力讀書，終身學習，不斷尋找機會，但是，所有這些仍然是不夠的。

---

1 門洞：中式大宅建築裡有屋頂、較長的通道。

怎樣才能幫助窮人

你已經夠努力了，你值得擁有更多，你有權利要求得到更多。要是想幫助窮人，一種辦法是從富人那裡徵稅，直接交給窮人，美國就是這種思路，但效果並不理想，而另一種思路則是國家對絕大部分人徵稅，然後為所有人提供公共服務和社會保障，這就是北歐國家採用的對策。

國家應該努力創造讓每一個孩子都能平等地享受教育的權利。國家應該對中小學、學齡前教育投入更多的資源，應該允許教育行業有更多的競爭。國家應該讓更多來自貧困家庭的孩子上得起大學、上得了大學。一個更合理的規則應該是：北京、上海這些教育資源最好的地方，高考的分數線比其他地方更高，而不是更低。

國家需要提供更多的公共服務和社會保障。窮人比富人更需要政府提供的教育、醫療、衛生、交通、醫保、養老金、失業救濟。最好的投資，不是修鐵路、公路和飛機場，而是為自己的人民投資。

國家需要做更多。傳統的社會福利、社會保障已經無法應對未來日益複雜的挑戰，必須透過更多的政策創新，減少不平等帶來的痛苦。比如，耶魯大學金融學教授席勒認為，可以考慮推出與收入掛鉤的貸款。米爾頓·傅利曼很早就提出過這個想法。他說，可以給學生提供教育貸款，提前給他們錢，讓他們接受教育和培訓，然後從其日後的收入中逐漸扣除，直至還清貸款。席勒教授認為，隨著相關資料越來越詳實，完全有可能在更廣的範圍內推廣這種新型的貸款，靈活地根據借款人的新的經濟地位不斷地調整其債務。我們也可以設想出一個機制，即政府通過立法規定一個社會所能容忍的收入不平等的上限，一旦達到這一上限，就會啟動一套相應的稅收制度，稅率會更靈活地調整，形成一種內

在的自動矯正機制。

是的，這些事情做起來都很難。但如果想都不去想呢？

▶ 延伸閱讀：羅伯・席勒，《金融與美好社會：諾貝爾經濟學家帶你認識公平、效率、創新的金融運作》（*Finance and the Good Society*），天下文化。

富而不驕：富人該怎麼辦？

不要譴責為富不仁

我的讀者裡最富有的是哪一位？有多富有？我非常好奇。親愛的土豪讀者，現在這篇文章，是專門寫給你的。

在讀這些關於收入不平等的文章時，你可能會覺得有點不太自在，好像上學的時候被老師不點名地批評了。請你不要有這種誤會。譴責富人為富不仁是極其荒謬的。資本本身並無善惡。我們說富者愈富、貧者愈貧，只是在陳述一個事實。亞里士多德就說過，古希臘語中的「利息」（tocos）同時也是孩子的意思，錢就是要生錢的。不管資本的來源是什麼，是從祖先繼承下來的，還是自己創業掙來的，是做出了重大的

科技創新得到的回報，還是販賣毒品賺來的暴利，都無所謂，到最終，百川到海，萬物歸宗，只要資本的規模達到了一定的程度，它就會不斷地自我繁殖。你只需要側耳傾聽，就能聽到箱子裡金幣不停地掉落的聲音。只要允許市場經濟，就不能阻止資本獲得回報。只要允許資本自由地得到回報，就不能避免收入不平等。

但要提防為富不智

我來幫你出一些貼心的主意。在這個貧富差距日益懸殊的年代，作為一個富人，你該怎麼辦？

你或許感覺到了不安全感。普通民眾會有「仇官」、「仇富」的心態，不問青紅皂白，逮著當官的和有錢的就怒懟。那麼，把資產轉移出去，怎麼樣？我相信，很多比你有錢的人已經把資產轉移出去了，但是，你真的決定洗手不幹了嗎？如果想幹事業，幾乎找不到比中國更好的地方了。這個地方有擴張速度最快的龐大的國內市場，能夠實現「淘金夢」的最好的地方是在中國。

即使你想把資產轉移出去，也要三思而後行：第一，對跨境資本流動的監管隨時有可能收緊，資本管制是中國保衛國內經濟不受外部衝擊的最後屏障，政府是不會輕言放棄的。人民幣在國際市場上變得可兌換相對容易，但讓中國完全開放資本金融帳戶很難。第二，國際稅收監管在不斷加強合作，其中一個重要的指向就是打擊避稅天堂。很多跨國公司註冊在百慕達、開曼群島、巴哈馬這些地方，為的是逃避本國稅收。它們逃掉的稅，本來應該是政府的收入，所以，各國政府早就看不慣避稅天堂了。之所以過去對這些地方睜一隻眼、閉一隻眼，是因為沒有國

家間的共識和協調行動，單個國家做不了什麼。如今，反對避稅天堂已經成為在 20 國峰會上各國熱烈討論的話題，以後，對避稅天堂的打壓會越來越嚴厲，而且，國家間的稅務部門也會加強資訊的分享，你的財富會變得更加透明、更容易追查。第三，如果你想到國外投資，必須做好充分的心理準備。國外的營運環境和國內大不一樣。我們很多企業習慣了搞定政府官員就萬事大吉，但到了國外，你還得跟非政府組織、媒體、工會、部落首領、宗教領袖甚至是游擊隊將領打交道，風險會顯著提高。即使你去了發達國家，他們的監管規則也極其複雜，想要治你，就馬上能治你。

在可預見到的未來，中國也很可能會進一步推行累進的收入所得稅，也就是說，收入最高的人群要交的稅更多。我知道，你的心情很不爽。但是，如果貧富越來越分化，政府又不徵稅，那麼，另外的解決辦法可能是國有化、沒收財產或採取保護主義。國有化對市場經濟的傷害更大，保護主義會破壞經濟全球化，更不用說沒收財產了。相比之下，徵稅是一種相對溫和的政策。

稅收本身並無善惡。政府徵稅之後，大部分收入用於維護社會穩定、保護財產權利、保衛國家安全，另一部分收入用於提供各種公共福利，而公共福利對所有的公民是一視同仁的，你也有份。只有失業救濟、對貧困家庭的補助是從你的口袋中拿出錢，去幫助窮人，但這部分支出在整個政府預算中微不足道，所以徵稅並非是「劫富濟貧」。

其實，徵稅反而可能是件好事。事實上，爭取民主政治的最好辦法就是建設公共財政體制，以公開、透明的財政體制界定政府與市場之間的界限，規範和制約政府的行為，同時提供公眾參與、影響決策的機會。當然，這條路走起來很漫長，我們需要有更多的耐心。

如果你想走得更快，可以考慮參與慈善。曾任中國社會科學院美國

所所長的資中筠女士寫過一本《散財之道》，專門介紹美國公益性基金會的運作機制。資中筠指出，美國在貧富如此懸殊、矛盾如此尖銳的情況下得以平穩發展而沒出現大的社會動盪，得益於諸多因素，其中之一就是規模巨大的社會公益事業。這些公益性基金會在斂財和散財之間保持了一種必要的平衡。很多超級富豪在致富的過程中巧取豪奪，但在辦公益的時候又慷慨大方，究其原因，一是出於減少繳稅的財務考慮，二是願意親力親為的實幹傳統，三是受到清教傳統的影響。還有一個不可忽視的背景就是，20 世紀初期社會矛盾激化，尤其是俄國十月革命之後，大資本家們真切地感受到革命的挑戰，因此，作為一種防守，才開始更為主動地出面緩解社會矛盾。

　　總之，我對你的忠告是：（1）低調，低調，再低調，炫富將成為越來越不合時宜的行為；（2）專注於商業，遠離政治；（3）準備應對稅收的提高，提前籌劃部署；（4）多參與慈善和公益活動；（5）有空多看看歷史，體會一下當年貧富懸殊、社會震盪的社會群體心理。

▶ 延伸閱讀：周立波，《暴風驟雨》，人民文學出版社。

拉斯蒂涅的選擇：拚搏還是靠爸，看你身處什麼時代

衰退中的一代

　　這次「大衰退」和以往的經濟衰退不一樣，就業狀況遲遲沒有好轉。這是全球範圍內的現象，並非只有美國如此。經濟低迷，就業機會自然會減少，更何況很多就業機會受到經濟結構轉型、全球化的影響，從此一去不復返了。這先是發生在美國，比如其製造業的職缺已經大量流失到新興市場。中國目前的就業狀況總體上來說還好，沒有出現大規模失業的苗頭，但是隨著中國的勞動力成本上升，我們的很多就業機會也會陸續流到工資更低的國家。隨著技術進步、機器替代人力，沒有足夠技能的年輕人能夠得到的就業機會會越來越少。

　　這對年輕人有什麼影響呢？影響當然很大。如今，年輕人的失業率遠遠高於成年人，因為年輕人經驗不足，在職場上更容易受到歧視。一批批剛剛步入社會的年輕人，就像諾曼地登陸時的士兵，還沒有來得及爬到岸上，就已經被無情的子彈撂倒了。如果找不到工作，會嚴重地影響到年輕人的士氣。命運對這一代年輕人是極其不公平的，他們是衰退中的一代。衰退時期進入社會的年輕人，像趕上了一班慢車，繁榮時期進入社會的年輕人，像坐上了一班快車。絕大部分坐慢車的乘客，只能眼睜睜地看著自己和別人的差距越來越大。越是落後，就越是悲觀，

越是悲觀，就越發被動，最終的結果就是，越失業、越無能。金融危機對大學畢業生收入的衝擊，大概要到十多年以後才能逐漸抹平，但人的一生中，實際收入的三分之二是在事業的頭十年賺來的。從某種意義上說，這是對挫折和磨難準備得最不足的一代人。

在過去二、三十年，教育的理念越來越寬鬆自由。老師和家長推崇的是快樂教育。這一代孩子從小就在讚美和鼓勵中長大。在這種環境下，他們的自我意識越來越強烈。每個人都認為自己生來就是要做人上人的。

根據 2009 年的一份調查，在美國，74% 的孩子認為自己比別人漂亮，79% 的孩子認為自己比別人聰明。40% 的孩子認為自己到 30 多歲的時候，能一年賺 7.5 萬美元。事實上，那一年 30 歲的就業者能夠拿到的中位數收入只有 2.7 萬美元。靠著虛幻的讚美培養出來的自尊，鼓勵的是懶惰，而非努力工作。很難想像，這些孩子未來要怎麼面對日益黯淡的前途。

拚搏還是靠爸，這是一個問題

對年輕人來說，更為沮喪的事情是財富的兩極化和階層的僵化。拚搏還是靠爸，這是個問題。其實，原來這根本就不是個問題，在經濟高速增長的時候，靠爸是沒有用的，靠個人奮鬥最靠譜。現在呢？

法國經濟學家皮凱提在他的《二十一世紀資本論》裡談到，在 19 世紀末和 20 世紀初，私人財富的總量中大約有 80% 至 90% 是來自繼承的財富，只有 10% 至 20% 是透過個人的奮鬥和努力賺來的財富。19 世紀

是個靠爸的時代。但到了 20 世紀中期，這一趨勢開始逆轉，到 1970 年
代，只有大約 40% 的私人財富來自繼承，這是歷史的最低水準。隨後，
這一比例開始回升，如今已經到了 60% 至 70% 之間。如果這一趨勢繼續
下去，到 2020 年，這一比例將超過 70%，到 2030 年將超過 80%。每一
代人都有自己不同的命運。如果你出生於 1910 至 1920 年間，那麼，假
如你靠靠爸繼承了財富，躋身資本收入最高的 1%，你的收入相當於普通
工人的 5 倍，假如你自強不息，靠個人奮鬥躋身勞動收入最高的 1%，你
的收入相當於普通工人 10 至 12 倍。拚搏還是靠爸？當然是拚搏了。

如果你出生於 1940 至 1950 年，那麼，假設你繼承了財富，躋身資
本收入最高的 1%，你的收入相當於普通工人的 6 至 7 倍，假如你自強不
息，靠個人奮鬥躋身勞動收入最高的 1%，你的收入相當於普通工人的 10
至 12 倍。拚搏還是靠爸？當然還是拚搏了。

如果你出生於 1970 年代或 80 年代，你該怎麼選擇？對於這一代人
來說，如果躋身資本收入最高的 1%，收入相當於普通工人的 12 至 13
倍，如果躋身勞動收入最高的 1%，收入相當於普通工人的 10 至 11 倍。
拚搏還是靠爸？這個嘛，恐怕就要斟酌斟酌了。按照皮凱提的研究，
1970 年代出生的這一代法國人，收入中有四分之一來自財產繼承，到 21
世紀，下一代人的收入中大約會有三分之一到四分之三來自財產繼承。
衰退中的一代，該如何選擇？

說到底，應該做出選擇的不是年輕人，而是我們這個社會。歷史
上，凡是有大量年輕人失業的時候，幾乎都會出現社會動盪。據說馬
丁‧路德發動新教運動的時候，最主要的支持力量就是失業的年輕人。
中國的文化大革命和「上山下鄉」運動，主角都是一批幼稚而充滿激情
的年輕人。1968 年席捲全球的造反運動和社會動盪，就是騷動不安的
年輕人的瘋狂聚會。倫敦街頭騷亂的主力，是年輕人；在巴黎市區燒、

砸、搶商店的是年輕人；挪威槍殺案的冷血殺手是年輕人。當然，現在還看不出什麼迫切的風險。衰退中的年輕人還在百無聊賴地打遊戲、看直播，實在沒有錢，就回家跟爸媽要。他們只是變得越來越冷淡和沉默。沉默啊沉默，不是在沉默中沉淪，就是在沉默中爆發。

▶ 延伸閱讀：湯瑪斯・皮凱提，《二十一世紀資本論》，衛城出版。

第八章

人口慢變數

導讀

你在海平面看到的經濟學

　　經濟學家也承認人口的重要性，只不過他們往往假設人口的增長率為給定的。微觀經濟學在研究家庭行為的時候試圖用成本收益分析來解釋生育率的變化，大致發現養孩子已經越來越不划算了。所以人口生育率會隨著經濟成長而逐漸放慢。但是，在經濟學教科書裡，關於人口變數的長期影響，往往談得不多。

你在高海拔看到的經濟學

　　我們很可能會在 21 世紀經歷人口頂峰，也就是說，全球人口的絕對規模會在達到一個頂峰之後開始下降，而這是過去數百年來從未出現過的。長期看人口變數會決定房地產價格、教育投資的收益、貧富差距等等。人口的結構也非常重要，年輕人占比、男女性別比，以及各個國家、各個種族的生育率差異，都將影響到未來的經濟社會發展。

▌本章簡介

　　《生育決策：你願意生幾個孩子？》談到，生一個孩子，既有成本，又有收益。在不同的時代、不同的經濟發展階段，養育孩子的成本和收益是不同的。在農業社會和工業社會初期，養孩子是划算的，是一種投資。現在養一個孩子的成本越來越貴，孩子不再是投資品，而是消費品，而且是奢侈品。一個有趣的推論是，如果父母更注重教育，那麼，孩子的撫養成本就會更高，於是，人們會生更少的孩子。所以，在普遍注重教育的東亞社會，生育率比同等發展水準的地區低。

　　《計劃生育：假如全面放開計劃生育政策》談到，即使沒有計劃生育政策，中國的人口生育率也會下降，但如果仍然限制生育，生育率會跌得更厲害，中國的人口會出現斷崖式下跌，中國將會跑步進入高齡化社會，而且是「未富先老」。從另一個角度來看，則是擔心一旦放開計劃生育，人口增長就會失控，不過這是杞人憂天。

　　《性別比：男女比例失調有多嚴重？》談到，在正常情況下，同一段時間內每出生 100 個女嬰，大概會有 105 個男嬰出生，也就是說，性別比大致會穩定在 105：100 左右。2014 年，中國的出生人口性別比是 115.88：100，遠遠高於正常值。這意味著到了 2020 年，22 至 34 歲男性人口將比其婚配的女性人口多 2,600 萬。2,600 萬找不到老婆的「光棍」，一定會在各方面帶來嚴重的社會問題。

　　《丈母娘房價假說：性別比與高房價》談到，中國獨特的性別比還會對儲蓄率和房價帶來影響。由於男女比例失調，婚姻市場上男性的競爭壓力變大。所有家裡有男孩的家庭就得存錢，以便給兒子買更大、更好的房子，提高兒子在婚姻市場上的競爭力。於是，這就會導致房價上

升，房價上升之後，家裡有女兒的家庭為了買房也不得不增加儲蓄，於是，導致全社會的儲蓄率提高。在中國，性別比更高的地區不僅房價更高，而且房子的平均面積更大。

《房價的長週期：等我們老了該把房子賣給誰？》談到，家庭消費有生命週期，買房也有生命週期。年輕人先租房，或買小戶型，有了孩子就要換更大的房子。孩子離開家庭之後，父母會考慮購買度假房產。再老一些，老人會搬回離城市近的小房子。最後的歸宿是養老院。當人口年齡結構相對年輕的時候，對住房的需求非常旺盛，房價會上升，但是，當一個社會進入高齡化社會之後，大家都想把房子賣掉，拿換來的錢養老。當所有人都想賣房子的時候，房價自然不會上漲，只會下跌。

《教育投資：讀大學值不值？》談到，上大學確實比不上大學能賺更多錢，但讀大學的「溢價」在不斷下降。1999 年高等院校擴大招生以來，高校畢業生的就業壓力越來越大，與此同時，農民工的增長速度也開始放慢，突然之間出現了民工荒。於是，農民工的工資開始快速增長，大學生的工資反而停滯不漲。

《自主學習：打開大學生活的正確方式》談到，不能相信賈伯斯的「退學神話」，該上大學還是要上的，儘管在大學裡其實學不到太多有用的東西。我的建議是，進了大學，先給自己列一個任務清單，學會自主學習，全面鍛鍊自己的能力，豐富人生經驗。這比拿個好成績更重要，在未來的職業發展中也更有用。

《高齡化：高齡化與經濟成長》談到，當一個國家進入人口高齡化之後，勞動力供給會減少，經濟成長會放慢。政府支出可能更偏向老年人，比如更多用於醫療護理，但對年輕人的支出，比如教育經費可能會減少。在年輕人多的社會裡更容易形成改革的共識，一旦進入高齡化社會就失去了改革的動力。高齡化還會進一步加劇收入不平等。

　　《人口格局：未來的全球人口》談到，不同國家的人口出生率差異很大，一個國家內部不同民族、不同宗教信仰之間的人口出生率也有差異，這會對各國的國內政治，以及國際政治格局帶來深遠的影響。歐美和日本等東亞國家和地區的人口增長都在下降，未來人口增長最快的是南亞、非洲這些相對落後的地區。

生育決策：你願意生幾個孩子？

▌過去，孩子是投資品

　　從 2016 年 1 月 1 日起，二胎政策正式全面實施。過去 30 年，中國一直實行的是「一個家庭只生一個孩子」的計劃生育政策，現在，這個政策終於出現了鬆動。廣大人民喜聞樂見。飯桌上的話題一定會有二胎。對於 70 後與 80 後來說，與親朋好友聚會時，被問到「你會生二胎嗎？」大概就像「今天你吃了嗎？」一樣平常。要不要生二胎呢？這是你自己的決定，但經濟學能幫你理清思路。經濟學是做什麼的？經濟學就是成本收益分析。生一個孩子，既有成本，又有收益，我們這裡就來幫你算算這筆帳。

　　養育一個孩子的成本有哪些呢？一是撫養成本，這是我們看得見、數得清的。比如，孩子一生下來就得買奶粉和尿布，上了學得交學費、送他上補習班，一直到他考上了大學，還得給他交大學學費。另一塊是機會成本，也就是父母在養育孩子上耗費的時間和精力的價值。現在孩子上學，家長得作陪，家裡幾乎得有一個人全職帶孩子。如果媽媽為了照顧孩子，放棄了在事業上打拚，這個貢獻，孩子是要領情的：媽媽付出的是機會成本。

　　養育一個孩子的收益有哪些呢？一是現金收益，這個很簡單，是孩子長大後賺了錢，給父母的贍養費。另一部分是非現金收益，比如孩子

探望父母，到父母年老了之後照顧父母，用經濟學的術語來說，這是孩子為父母提供的各種服務的價值。

在不同的時代、不同的經濟發展階段，養育孩子的成本和收益是不同的。在農業社會，養孩子是划算的。我們來算算這筆帳。在農業社會養育一個孩子的成本相對較低，能把孩子養大就可以了。農村裡的孩子到四、五歲，就能幫父母幹點農活了。打豬草、放牛、撿牛糞，這都是孩子們幹的活。說起來你們可能不信，在美國「西進運動」時期，大家都到西部拓荒，急需勞動力，當時，帶著孩子的寡婦是最搶手的。為什麼？買一送一啊，多個孩子就多了個勞動力！

在工業社會初期，養育一個孩子的成本仍然較低。把孩子養到十幾歲，就可以去工廠裡幹活了，或是給作坊的師傅當學徒。很多時候，孩子成年之前，當學徒賺的錢（如果有錢可賺的話），是要給父母的。所以，養孩子仍然是筆很划算的買賣。用經濟學的術語來說，在農業社會和工業社會初期，孩子是投資品，也就是說，養孩子的收益大於成本。

現在，孩子是奢侈品

俱往矣。如果我們現在再來算筆帳，養孩子肯定是不划算的。養孩子的成本越來越高。你能讓孩子讀完小學，或是讀完中學就去上班？那你算什麼父母，大家都要說你。怎麼也得把孩子送到大學吧。要是他想出國讀書，你還得勒緊褲腰帶把他送出國。大學畢業了，他的工資買不起房，你幫忙不幫忙？你要是不幫他，他連老婆都娶不了，你怎麼抱孫子啊。

　　所以說，中國的高房價都是計劃生育委員會害的。計生委的朋友肯定很委屈：跟我們有什麼關係啊？你想想，中國的年輕人買房，都不是一個人在買房，而是年輕的小夫妻，以及小夫妻各自的父母，一起來買一間房。六個有收入能力的人買一間房，中國的房價不漲才怪。為什麼只有在中國，父母要幫孩子買房呢？因為只有一個孩子啊。就這一個寶貝，到了人生最重要的時候，要買房要結婚，你都不幫忙，你算什麼親爹親娘啊。可是你想，要是沒有計劃生育政策呢？要是每個中國家庭想生幾個就能生幾個呢？要是跟過去那樣，一個家庭有七、八個孩子，每個孩子結婚，父母都能送一間房？送你一個 iPad 就不錯了，那中國的房價怎麼可能會漲呢。

　　按照成本收益分析，現在養育一個孩子不是為了投資。誰生個孩子是想在未來獲得投資收益，找個角落先去哭一會兒吧，你會賠得很慘的。那我們生孩子是為了做什麼？現在的孩子是消費品，不是投資品。我們生孩子不是為了獲得回報，而是為了圖個樂——以苦為樂。

　　現在的孩子不僅是消費品，而且是奢侈品。中國的奢侈品既不是路易威登皮包，也不是法拉利跑車，而是我們每個家庭裡的孩子。美聯儲前任主席柏南奇（Ben Bernanke）曾經是普林斯頓大學經濟系主任。他有個金融家朋友，也是普林斯頓校友，家裡幾個孩子，都上了普林斯頓大學。柏南奇跟他道喜。他的朋友說，這有什麼值得祝賀的？我相當於每年把幾輛凱迪拉克轎車推下了懸崖。普林斯頓大學學費不菲，連金融家都搖頭興嘆。如果孩子是奢侈品，那你還敢生很多孩子嗎？

越重視教育的社會，生育率越低

諾貝爾經濟學獎獲得者蓋瑞・貝克（Gary Becker）提出了一個關於養育孩子的數量品質替代假說。蓋瑞・貝克認為，孩子具有耐用消費品的性質，它的數量收入彈性比品質收入彈性小。這是什麼意思？比如說，你的收入提高了，你是想多買幾輛五菱宏光，還是想入手一輛賓利？如果你更偏好品質，很可能會考慮買一輛更好的車，而不是更多的廉價車。同樣，隨著收入的提高，我們更希望提高孩子的品質，即增加對孩子教育、健康等方面的投入，而非增加孩子的數量。我們想要一個能去讀哈佛的好孩子，而不是一堆不爭氣的熊孩子。當然，如果家庭的收入增幅較高，就能既提高品質又增加數量。貝克的假說可以同時解釋兩種現象：隨著經濟發展水準的提高，人們傾向於養育更少的孩子，但是在發達國家，富人的子女數多於窮人。按照同樣的分析思路，我們還可以得出一些有意思的結論：如果父母更注重教育，那麼，孩子的撫養成本就會更高，於是，人們會生更少的孩子。所以，在普遍注重教育的東亞社會，生育率比同等發展水準的地區低。

如果婦女的社會地位較高，能夠從事更高收入的工作，那麼，母親撫養孩子的機會成本就會提高。如果養育孩子的決策更常是由女性來決定的，那麼，家庭想要撫養的孩子會更少。用經濟學的話語來說，這使得孩子的「相對價格」提高了，從而降低家庭對孩子的需求。如果沒有社會保障制度，人們只能「養兒防老」，這會導致家庭普遍想要更多的孩子。隨著社會保障制度的建立，在一定程度上減輕了孩子贍養父母的壓力，於是，家庭想要的孩子數量也會減少。

我們以前說過，個體理性不會自動地導致集體理性。對於單個家庭來說，隨著經濟發展水準的提高，減少養育孩子的數量，是理性的選

擇，但如果每一個家庭都這樣做，整個社會的人口就會出現負增長，高齡化負擔會更重，各種社會矛盾會更加突出。有些學者呼籲，中國應該鼓勵生育，而不只是允許生二胎。但集體記憶對決策的影響非常大，很多人仍然堅信：中國人太多了。還有人擔心，一旦全面放開計劃生育政策，中國人就會拚命地生，人口壓力會很大。真的會是這樣嗎？

▶　延伸閱讀：蓋瑞・貝克，《家庭論》（*A Treatise on the Family*），立緒。

計劃生育：假如全面放開計劃生育政策

▋ 總和生育率和更替率

　　從總體上看，中等發達以上國家的經驗證明，隨著經濟發展水準的提高，一個社會的生育率會逐漸下降。歐洲國家的生育率在 1970 和 80 年代就已經陷入了低水準陷阱。亞洲國家經歷了高速經濟成長之後，生育率的下降更加迅速。日本和韓國都屬於生育率最低的國家。中國也不例外。在實行計劃生育政策之前，也就是在 1970 年代，中國的總和生育率大概在 2.2 和 2.8 之間，也就是說，每個育齡婦女平均生 2.2 到 2.8 個

孩子。按照第六次人口普查的資料，到了 2010 年，中國的總和生育率只有 1.18。其中上海戶籍人口的生育率只有 0.7，即每對夫婦只生 0.7 個小孩，為全球最低水準。到了 2015 年，根據全國 1% 人口抽樣調查的資料，中國育齡婦女的總和生育率僅為 1.047。

我們還得介紹一個重要的概念，即更替率。更替率是指一對夫婦平均要生多少孩子，才能保證子女一代的人口數量和父母一代的人口數量持平。最簡單來說，一對夫婦是兩個人，要生兩個孩子，才能保證人口總數不會下降。如果更準確一些，那麼中國生育率的更替水準大概是 2.2，即每對夫婦平均要生 2.2 個孩子。無論如何，如果每對夫婦只生一個孩子，那麼，中國的人口數量一定會出現斷崖式下滑。很多人批評計劃生育政策，認為計劃生育政策導致中國家庭生育率的下降。這是不公平的。事實上，有的經濟學家做過估算，即使沒有一胎化政策，中國的生育率也會降到 1.5 左右。

假如放開計劃生育政策

如果我們現在的政策更大膽一些，從全面二胎到全面放開計劃生育，所有中國家庭，想生幾個孩子就能生幾個孩子，那麼，結果會有多大不同？

這其實是很容易估算出來的。人口學家會對中國家庭進行生育意願的調查，根據這些調查的結果，我們大致能判斷出未來的人口變化趨勢。根據這些生育調查的結果，我們能夠看到，從 1980 年以來，中國夫妻的理想子女數呈下降趨勢，2000 年以後平均理想子女數基本穩定在 1.6

至 1.8 之間。2013 年全國生育意願調查顯示，城鄉居民的理想子女數為 1.93，基本印證了中國人「兒女雙全」的生育理想。要注意的是，想生不代表著能生，實際上的生育率會比意願生育子女數更低。我們還可以找到一個有力論據，證明全面放開計劃生育不會導致生育率大幅上升。1980 年代之後，中國全面實行了一胎化政策，但有四個試點地區除外。這四個試點地區分別是甘肅酒泉、山西翼城、河北承德、湖北恩施。這四個地區成了中國一胎化政策「實驗」的「對照組」。這些沒有實行一胎化政策的地區，生育率發生了什麼變化呢？這些地區的生育率也在下降。如今，這些地區的生育率在 1.8 左右。如果 1.8 就是中國全面放開生育限制之後的生育率，那麼完全不必擔心從全面二胎到全面放開會出現出生人口太多了的情況。更何況，這四個試點地區都是中國的欠發達地區，如果計算全國範圍內的數字，只會比 1.8 更低，不會比 1.8 更高。

因此，我們可以合理地推測，即使解除對三胎、四胎的限制，中國的低生育率也不會有太大的改變。中國的人口規模會在 21 世紀的某個時點達到頂峰，然後就會下降。既然放開計劃生育政策也改變不了生育率的下降，那麼，為什麼我們還呼籲儘快放開計劃生育政策呢？因為這關係到我們的未來會有多麼黯淡。總和生育率的細微差異，也會在未來帶來巨大的不同。如果總和生育率是 1.8，意味著下代人會比前一代減少 14%；如果總和生育率是 1.4，意味著下代人會比前一代減少 33%。在幾代人之後，兩者就顯示出巨大的差異。比起 1.8，1.4 的生育率會使中國的高齡化進程加快一倍。

根據聯合國的預測報告，若保持生育水準不足 1.5 的情況，100 年後中國的人口將降至 5 億人，15 歲以下人口比例將不足 10%，65 歲以上的人口將超過 40%。還有更為悲觀的預測。攜程創始人梁建章與學者李建新、黃文政在他們合著的《中國人可以多生》裡認為，到 2030 年，中國的生育率會降到 1.2 左右，與日本和韓國同等發展程度時的生育水準相

當。而他們最悲觀的預測是，按照 70% 的城市化率和 0.7 的城市家庭生育率（假設上海是其他城市的未來水準）以及 1.8 的農村家庭生育率（假設四個試點地區是農村地區的未來水準）來估算，中國未來的生育率最壞可能只有 1.03。這將是一場巨大的災難。

▶ 延伸閱讀：梁建章、李建新、黃文政，《中國人可以多生》，社科文獻出版社。

性別比：男女比例失調有多嚴重？

▌男嬰要比女嬰多一些

　　一胎化政策帶來了諸多問題。上一篇我們談了低生育率問題。隨著經濟發展水準的提高，一個社會的生育率會逐漸下降。計劃生育政策會加劇生育率的下降。除了低生育率，一胎化政策還帶來了另一個嚴重的社會問題，即男女性別比例失調。我們首先介紹一個基本概念，即人口出生性別比。人口出生性別比指的是在一定時期內出生的嬰兒中，男嬰與女嬰的比例。在生物學的意義上，出生性別比大致會穩定在 105：100 左右。換言之，一般來說，同一段時間內每出生 100 個女嬰，大概會有

105 個男嬰出生。為什麼男嬰比女嬰多一些呢？

按照《美國國家科學院院刊》上一篇論文的報告，受孕的時候，男嬰和女嬰的比例還是比較一致的。在懷孕第一週，男嬰胚胎死亡數量更多，這可能是嚴重的染色體畸變所致。之後，女嬰胎兒的死亡率高於男嬰胎兒。到了妊娠後期，男嬰胎兒的死亡率再次提高。綜合起來，在懷孕期間，女嬰胎兒的死亡率超過了男嬰胎兒，結果，男嬰數量會超過女嬰。

▌2,600 萬找不到老婆的「光棍」

中國的現實情況如何呢？在 1980 年代中期以前，中國的出生人口性別比大致在 103：100 到 107：100 之間，這基本上處於正常範圍。80 年代中後期，性別比開始持續偏離正常值，90 年代以後，男嬰和女嬰比例一直超過 110：100，甚至有好幾年超過了 120：100。按照國家統計局公佈的資料，2014 年中國的出生人口性別比是 115.88：100，這跟正常值 105：100 的差別有多大呢？

為方便計算起見，我們假設全社會生一個小孩、兩個小孩、三個小孩的家庭各占三分之一，不考慮其他因素，平均來說 3 對夫妻生 6 個孩子，出生率為 2。但下一代的這 6 個孩子可以組成多少對夫妻呢？如果男女比例恰好是 100：100，那麼這 6 個孩子恰好能組成三對夫妻。如果男女比例是 200：100，也就是說，有 4 個男孩，2 個女孩，那麼只能組成兩對夫妻。依此推算，如果男女比例是 105：100，可以組成大約 2.93 對夫妻（計算公式是 6／〔1.05+1.00〕，即 600／〔105+100〕），比上一代減少了 2.3%；而如果男女比例是 116：100，只能組成 2.78 對夫妻，比

上一代減少了 7.3%。中國人口基數這麼大，這 5% 的差距意味著將有數千萬男性無法找到匹配的女性。按照學者李建新推算，到 2020 年，22 至 34 歲男性人口將比適合其婚配的女性人口多 2,600 萬。

2,600 萬找不到老婆的光棍。不知道大家看到這個數字做何感想。婚姻是個匹配市場，也就是說，婚姻講究門當戶對。一般情況下，上流階層的男子去找上流階層的女子，中產階級的男子去找中產階級的女子，社會底層的男子去找社會底層的女子。如果男女比例失調，我們可以想像得到，上流階層的男子會「屈尊」，去找中產階級的女子，中產階級的男子會找社會底層的女子，匹配到最後的結果，剩下來的是誰？

剩下來的是 2,600 萬沒有工作、沒有住房、沒有老婆的絕望的單身漢。

你不害怕？

韓起祥的酸段子

男女比例失調會給婚姻市場帶來巨大的衝擊，可能引發道德危機，威脅傳統家庭穩定。而這 2,600 萬絕望的單身漢，可能是引爆中國社會危機的一顆定時炸彈，會帶來各種社會不穩定因素。

我講個韓起祥的故事。韓起祥是個民間盲藝人，攻打榆林的時候，韓起祥也跟著部隊去了。戰士們纏著他讓他講個酸段子。韓起祥拗不過戰士們，拿起三弦，隨口編了一段：

麥葉子黃來竹葉子青

八路軍要打榆林城

> 長槍短槍馬拐子槍
>
> 胸前還掛個望遠鏡
>
> 一舉打下榆林城
>
> 一人領一個女學生

結果，師政委騎馬路過，聽到了這一段，大怒，把韓起祥給趕走了。

放在一個宏大的歷史中去聽韓起祥，他想說的是，當存在著大批絕望的單身漢的時候，可能蘊含著巨大的革命的動能。

要是中國真的有 2,600 萬單身漢，我們該怎麼消化這批人？打仗？跟誰打？少林寺上市？那得建多少分院，才能容納這麼多光棍？當然，這麼說有些危言聳聽。問題或許沒有這麼嚴重，因為我們還有時間做出調整。但解決問題的第一步是要高度重視這個問題，而且要深刻反思出生人口性別比例居高不下的原因是什麼。

官方的主流觀點是說，這是因為中國有「重男輕女」的傳統觀念、「養兒防老」的經濟考慮。這一解釋是難以令人信服的。畢竟，文化和傳統觀念的因素一直以來就存在，為什麼只有在 1980 年代中後期才開始出現性別比上升？真正的原因是，計劃生育政策從 80 年代之後開始收緊，而 80 年代中後期超音波性別鑒定技術被廣泛應用。由於一胎化的生育政策使得人們無法透過多生來滿足生育男孩的願望，所以出現了大規模運用超音波技術和墮胎手術人為選擇性別的行為，從而導致了性別比升高。學界的研究還給出兩個非常有說服力的證據，一是在採取「一胎半」政策（第一胎是女兒即可在間隔幾年後生第二胎）的廣大農村地區，資料顯示第二、第三胎的出生性別比極度失衡，男嬰與女嬰比例高達 150：100，甚至達到 180：100。二是 1997 年廣東農村地區的生育政策由「兩胎」收縮到「一胎半」，短短幾年，出生性別比急劇攀升。

從 2010 年開始，直到 2030 年之後，中國很可能會經歷男女比例失

調的最高點。這將帶來中國經濟、社會的一系列變化,我們是否做好了準備?

▶ 延伸閱讀:梁建章、李建新、黃文政,《中國人可以多生》,社科文獻出版社。

丈母娘房價假說:性別比與高房價

決定房價的長期因素

近年來,房價一直是牽動著億萬中國人神經的話題。所有人都覺得房價高得不像話,所有人都相信房價還會繼續漲。為什麼房價會如此瘋狂呢?這背後的原因,有人說是土地供應,有人說是流動性過剩。其實,從長期來看,人口才是決定房價的主要因素。當中國進入高齡化時代之後,房子就會變得不值錢了。

這裡,我們從另一個角度談談人口因素對房價的影響,即人口出生性別比如何影響了中國的房價。

我們要介紹的是華人經濟學家魏尚進和張曉波的研究成果。魏尚進

是哥倫比亞大學經濟學教授，曾經擔任過亞洲開發銀行首席經濟學家。他是國際影響力最大的華人經濟學家之一。他們的論文發表在頂尖經濟學期刊《政治經濟學雜誌》（*Journal of Political Economy*）上。

故事要先從儲蓄率說起。中國的家庭儲蓄率非常高。1990 年，中國家庭的儲蓄率大約為 16%，也就是說，在家庭的可支配收入中，有 16% 都存起來了，捨不得花。到了 2007 年，中國家庭的儲蓄率上升到 30%。儲蓄率應該是比較穩定的，為什麼中國的儲蓄率在這段時間內上升的幅度如此之快？

當然，你可以說，這是因為中國人過慣了窮日子，捨不得花錢。但你看看中國的消費者，他們買起來可一點不像會省錢的樣子。你也可以說，這是因為中國的社會保障制度不發達，人們預期未來會有更多的不確定性，所以不得不存更多的錢。這些因素或許都有貢獻，但魏尚進和張曉波的研究表明，這些因素無法完全解釋中國家庭的高儲蓄率。

按照他們的解釋，還有一個重要的原因，就是人口出生的性別比。由於男女比例失調，婚姻市場上男性的競爭壓力加大。所有家裡有男孩的家庭都坐不住了。在中國，結婚可不是你一個人的事，而是你們全家的事。為了給兒子增加競爭力，所有家裡有男孩的家庭就得存錢，以便給兒子買更大、更好的房子。

於是，這些家庭的儲蓄率就會提高，而房價也會被推高。所謂生個男孩是「建設銀行」，生個女孩是「招商銀行」，調侃的就是這件事情。

你可能恍然大悟了：哦，這說的不就是「丈母娘推高房價」論嗎？在婚姻市場上，女方家長要求男方有房，沒房就別想娶走自己的女兒，於是，買房成了結婚的前提條件，房價怎麼可能不漲呢？

性別比導致全社會的儲蓄率提高

先別著急。經濟學家喜歡用一般均衡的思路，也就是說，經濟學家喜歡觀察一個變化引起的另一個變化，最後看到對全域的影響。處於儲蓄競爭中的家庭為了謀求兒子在婚姻市場上更有利的地位，爭相購買面積更大、價格更高的房子，由此推高了當地的房價。但是，那些只有女兒的家庭也有買房的需求，不是所有的女方家庭都有勢利眼的丈母娘，為了女兒的幸福，這些家裡有女孩的家庭只好也增加儲蓄，以便趕得上飛漲的房價，最終導致了全社會的高儲蓄率。這說起來也是一種「囚徒困境」：大家一起推高了房價，但娶不到媳婦的男人還是娶不到媳婦。

魏尚進和張曉波的計算表明，中國家庭儲蓄率在 1990 年至 2007 年間的上升，有一半能被失衡的性別比所解釋。他們還用 2000 年的城鄉資料核對男女比例與房價的關係，發現性別比更高的地區不僅房價更高，而且房子的平均面積更大。這一作用在城市地區更為明顯，當地的性別比每升高 0.1%，房子的單位價格就會增加 3.7%，面積增大 3.7%，從而使房子總價上升 7.4%。

總結一下，這個故事的邏輯鏈大致如下：男女比例失調→婚姻市場上男性競爭壓力加大→養育兒子的家庭增加儲蓄→當地房價升高→養育女兒的家庭增加儲蓄→全社會高儲蓄率。

當然，有利亦有弊。魏尚進和張曉波在另一篇合作論文中談到，男女比例失調可能會激發男人們的企業家精神和努力程度，這對中國經濟可能會有積極的影響呢。

我在本文的結尾把提到的這兩篇論文列了出來，供有興趣的朋友深入鑽研。

　　這兩篇文章能夠預測未來的房價嗎？不能。魏尚進和張曉波的研究僅僅考慮了影響房價的需求方面的因素，沒有考慮影響房價的供給方面的因素。對於像北京、上海這樣的一線城市而言，房市更為複雜、扭曲，並非一個性別比就能解釋清楚的。

房價的歷史拐點

　　但是，這篇文章的意義在於，它給我們提供了一個重要的啟示：長期來看，人口才是決定房價的主要因素。要預測房價的長期走勢，人口數量、人口的流動、人口性別結構和年齡結構都是不可忽略的指標。

　　從年齡結構的角度看，房地產的需求主體是 25 至 44 歲的年輕人和中年人，有調查結果顯示，中國這一年齡層的購房群體占總購房人數的 75% 左右。從國際經驗來看，隨著 25 至 44 歲年齡層的人口數量見頂，對房地產的需求也到達了頂峰，隨後房地產銷量會出現歷史性拐點。其中，日本的經驗最為怵目驚心。日本在 1980 年代就出現人口高齡化，25 至 44 歲年齡層的人口數在 1981 年至 1991 年期間下降了 21%，房地產泡沫也最終在 1991 年破裂。感謝偉大的計劃生育政策，中國將提前進入人口高齡化。中國在 2015 年就已經迎來了 25 至 44 歲人口總量的最高點，接下來將是加速的高齡化進程。

　　如果國際經驗適用於中國，那麼，未來幾年，中國將出現房價的下跌。想要準確地預測中國的房價是不可能的。影響房價的因素太多了，尤其是非市場的因素對中國的房價有著很深的影響。然而，我們需要牢記英格蘭銀行前任行長莫文·金恩（Mervyn King）的名言。莫文·金恩談到，金融危機的第一規律是：你認為不可能持續的事情，持續的時間

會比你想像的長。金融危機的第二規律是：當危機爆發的時候，爆發的速度會比你想像的快。

▶ 延伸閱讀：

Wei, S. J., & Zhang, X. (2011a). The competitive saving motive: Evidence from rising sex ratios and savings rates in China. Journal of Political Economy,119 (3), 511-564.

Wei, S. J., & Zhang, X. (2011b). Sex ratios, entrepreneurship, and economic growth in the People's Republic of China (No. w16800). National Bureau of Economic Research.

房價的長週期：等我們老了該把房子賣給誰？

快變數和慢變數

　　未來是不可預測的，像房價什麼時候會跌這樣的問題，沒有人能回答。但是，不可預測並不代表著不可知，我們還是可以逼近真理的。為了逼近真理，我們必須改變思維方式。

　　大多數時候，我們關注的都是快變數。什麼是快變數？你每天在新聞中看到的消息，比如美聯儲會不會加息啦，誰又舉牌萬科啦，都是快變數。快變數有用沒有用？當然有用。但是，僅知道快變數是不夠的，我們還要關注慢變數。

　　什麼是慢變數？我們舉個例子。你站在海邊，海上有波浪。如果我問你，海上為什麼有波浪，你會怎麼回答？如果你關注的是快變數，你會說，因為天氣預報今天有風唄，無風不起浪嘛。海上究竟為什麼有波浪呢？答案是，因為有月球（以及太陽）。有了月球，才會有潮汐現象，海水表面才會出現週期性的漲落。月球離我們很遠，月球和我們沒有直接的聯繫，月球不會出現在新聞裡，但月球才是決定海水有波浪的真正原因。這就是慢變數。

　　識大局，不能只看快變數，還要看慢變數。這裡，我就跟大家說一個非常重要的慢變數。這個變數就是人口。我們之前說過，想要預測未來一兩年的總體經濟形勢很難，但要想預測未來二三十年的人口變化，其實會相當精確。人口的變化，會對經濟週期帶來深刻的影響。人生有週期，從少年、中年、壯年到老年，在不同的人生階段，消費支出有很大的不同，知道人口年齡結構的變化，就能相當準確地預知未來的經濟前景。

不同年齡階段的消費結構

　　首先，我們要了解人在不同年齡階段的消費結構。美國勞工統計局專門做過消費者支出調查。他們根據消費者的年齡劃分，對 600 餘項消費支出進行了測評。美國人一生的消費變化大概是：年輕的時候沒有收

入，主要靠爸媽養活。20 歲左右開始有收入，開始了自己的消費。組建了家庭之後，消費支出主要以家庭為單位。家庭的主要消費支出是買房、買車、教育、醫療和養老。消費者到了 33 歲左右，子女們上小學，家庭支出裡的兒童看護支出達到頂峰。42 歲左右時，食品與孩子的養育開支最高。消費支出在消費者 46 歲左右達到頂峰，你買了很多亂七八糟的東西，把家裡塞得滿滿的。孩子的大學學費支出頂峰出現在父母 51 歲左右。孩子上大學之後，父母們會考慮為自己買一輛豪華轎車，有些人會買拉風的跑車。人們在 55 到 60 歲時體重達到最高峰，因此減肥產品方面的支出也最多。消費者在 58 到 60 歲時，醫院與醫療支出達到頂峰，人壽保險與財務計畫同時登頂。

人們從 63 歲開始進入退休階段。健康保險在人們 68 歲時達到頂峰。剛退休的老年人會到處旅遊，酒店與度假需求在消費者 54 歲時進入高峰期，並一直持續到他們 60 歲。60 歲是酒店需求的頂峰年齡。年歲增長之後，老年人開始對國際旅行厭倦，這時候，人們會更喜歡搭郵輪度假。醫療保險支付在消費者 74 歲時達到頂峰，喪葬費用則在人們 78 到 79 歲（平均死亡年齡）時達到頂峰，對於男性來說更是如此。處方藥物的支出在人們 77 到 78 歲時登頂。

不同年齡階段的購房需求

我們再具體看看房地產。家庭買房，也有個生命週期。

大部分美國人在 27 歲之後才開始租房或買房。孩子大了之後要考慮換更大的房子，換房的高峰出現在消費者 37 到 41 歲之間。50 歲左右，孩子離開家庭，父母會考慮購買度假房產，一個目的是為了吸引孩子們

回家看看父母。接下來，會出現第二輪度假與養老房的購買高潮。孩子們成家了，而且有了自己的孩子，為了和兒孫住得近一些，享受天倫之樂，老人會搬回離城市比較近的小房子，這裡各類服務和娛樂都比較方便。隨著年齡增長，他們也會願意租房子住。最後的歸宿是養老院，需求頂峰出現在人們大約 84 歲的時候。

在一生中，人們先租 60 多平方公尺的蝸居，然後換成 120 平方公尺的三居室，有了錢換成 200、300 平方公尺的豪宅，再換成 100 多平方公尺的兩居室，然後搬進一間不足 30 平方公尺的養老院房間裡，到離開人世的時候，能占去的最多不過是一小塊一兩平方公尺的墓地。這就是人奮鬥的一生。

這對房價會有什麼影響呢？當人口年齡結構相對年輕的時候，對住房的需求非常旺盛，房價會上升，但是，當一個社會進入高齡化社會之後，大家都想把房子賣掉，拿換來的錢養老。當所有人都想賣房子的時候，房價自然不會上漲，只會下跌。

我們可以看看日本。日本在 1942 年首次達到人口出生高峰。二戰結束了，老兵都回家了，日本出現了一個明顯的人口出生頂峰，這個頂峰一直持續到 1949 年。日本的支出頂峰大約出現在人口出生高峰 47 年之後。進入 1990 年代，日本的股市和房市雙雙出現暴跌，股市下跌了80%，房市下跌了 60%。日本的房地產價格在 1991 年達到頂峰，總體經濟在 1996 年沖頂，從那之後，開始掉頭朝下。日本進入了「失落的十年」。十年過去了，日本經濟仍然沒有起色，於是，日本進入了「失落的二十年」。

中國呢？中國的勞動力增長也會在 2015 至 2025 年達到頂峰，然後，中國的人口增長將無限期地放緩。跟別的國家不一樣的是，我們很可能會加速進入高齡化。中國經濟當然還有非常大的潛力，還能保持較

為穩定的經濟成長，但是，中國將是第一個跌落人口懸崖的新興國家。

　　你有沒有想過，到那時候，我們該把房子賣給誰呢？是的，中國的城鎮化還沒有結束，還有很多農民等著進城。這些農民工是中國房地產市場接力賽的最後一棒。但是，進城的農民工，能買得起城裡人手上的房子嗎？在中國的房地產市場上，結局最慘的不是跑倒數第一棒的，而是那個跑倒數第二棒的。

▶ 延伸閱讀：哈利・鄧特二世（Harry S. Dent），《人口峭壁》（*The Demographic Cliff: How to Survive and Prosper During the Great Deflation of 2014-2019*），商周出版。

教育投資：讀大學值不值？

彼得·提爾勸你不要上大學

　　相信很多人都讀過彼得·提爾（Peter Thiel）的《從 0 到 1：打開世界運作的未知祕密，在意想不到之處發現價值》（*Zero to One: Notes on Startups, or How to Build the Future*）。彼得·提爾被譽為矽谷的思想家。他是 PayPal 的創始人，在 Facebook 初創的時候提供了 50 萬美元的啟動基金，後來投資了很多科技創新企業。

　　2010 年，彼得·提爾說了一段令人震驚的話。他說，我們正在經歷一個教育泡沫。這場教育泡沫和 1990 年代的高科技泡沫，以及 21 世紀初期的房地產泡沫一樣嚴重。據提爾說，他在 PayPal 的時候，一開始總是招聘常春藤名校的畢業生，後來發現這些名校的畢業生也不怎麼樣。這引起了他的思考。他發現，在矽谷有很多沒有上過大學的人，一樣才華橫溢，而且似乎更有創新精神，更能腳踏實地。既然如此，為什麼要讓孩子們把大好青春浪費在大學校園裡呢？ 2011 年，提爾成立了「20 — 20 獎金」，專門獎勵 20 個 20 歲以下的孩子，給他們每人 10 萬美元，支持他們不上大學，自己創業。

　　如果你是個高中生，或者是高中生的父母，你會聽從提爾的勸告，不讓孩子上大學嗎？

上大學值不值，要看大學教育的回報，這是人力資本研究的一個經典問題。前面介紹家庭的生育決策時，我曾提到過一名經濟學家蓋瑞・貝克。他是人力資本理論的開創性人物，1992 年被授予諾貝爾經濟學獎。所謂人力資本，就是與物質資本相對應的，人的知識、技能、健康水準，等等。之所以稱之為「人力資本」，乃是因為隨著人的「品質」的提高，勞動生產率會提高，經濟成長速度會更快。

▌上大學到底值不值得？

上大學值不值得，一個最直觀的演算法是看你上學花了多少錢，畢業之後能賺多少錢。但這是很難算清楚的。即使我不上大學，高中之後就去打工，一樣是能賺到錢的，哪些錢才是必須要讀個大學，才能賺到的錢呢？這就要看大學生的工資溢價，也就是說，大學畢業生的工資比高中畢業生多出來的比例。如果不讀大學直接工作，能賺 1,000 元，而讀完大學能賺 1,500 元，那麼大學生的工資溢價就是 50%，而如果讀完大學能賺 2,000 元，那麼大學生的工資溢價就是 100%。

在 1970 年代，經濟學家發現，美國大學生的溢價從 60 年代的 60% 一路下跌，降到了低於 50%。教育投資的回報下降了。有的經濟學家就問：美國人是不是「過度受教育」了？

其實，這是因為當時美國經濟成長速度較快，而且還處於工業化時期，所以就業機會較多，有個高中文憑就有很多工作隨便挑，所以，儘管當時大學學費很低，還是有很多學生不願意讀大學。那個年代，如果去讀公立大學，學雜費、住宿費和餐費加起來平均是 950 美元，讀私立

大學平均花 2,000 美元。這筆錢學生在暑假打個零工，基本上就能賺到。為了鼓勵大家上大學，1965 年美國通過了《高等教育法》，美國國會建立了聯邦家庭教育貸款計畫，為教育貸款提供政府擔保。為什麼政府願意花錢讓學生上大學呢？說來有意思，這是因為在冷戰的背景下，美國政府有緊迫感，想要增加全國的「人力資本存量」，也就是說，希望美國人在競爭中不輸給蘇聯人。從 1965 年到 1975 年，美國大學入學的學生翻了一倍，這是一筆巨大的投資，美國經濟成長從中獲得了巨大的紅利。

隨著美國經濟進入後工業時代，越來越多的工作需要大學以上的文憑，藍領工人的就業機會越來越少。美國大學生的工資溢價逐漸提高，到 1980 年代再度升至 65%，到 90 年代已經超過 75%。當大家談到美國的收入差距時，很多人會關注最富有的 1%，其實，還有一個逐漸擴大的鴻溝，就是上過大學的人和沒有上過大學的人之間的收入差距。很多支持川普的選民，是沒有上過大學的白人藍領工人，他們覺得被這個時代拋棄，受到了社會的冷遇，幻想能夠回到自己熟悉的那個過去的時代。

農民工的工資在漲，大學生的工資卻沒有漲

所以，至少從統計數字來看，提爾鼓吹的「讀書無用論」並不成立。那麼，為什麼提爾的說法引起了很多共鳴呢？

隨著大學生數量的提高，就業市場競爭更加激烈。全球化使得藍領工人的工作，甚至一部分白領工人的工作都被轉移到了國外。技術替代勞動的速度更是咄咄逼人。大學畢業生的就業前景日益黯淡，收入增長速度大幅放慢。從 1986 年到 2013 年，美國大學畢業生的實際年均收入僅僅增加了 800 美元。但是，沒有大學文憑，日子過得更加艱難。在同

一時期，沒有大學文憑的美國勞動者實際年均收入下降了 2,525 美元。

全球同此炎涼。1999 年高等院校擴大招生以來，中國每年的畢業生數從 90 萬人猛增到 2010 年的 614 萬人，但中國的經濟結構卻沒有轉變，教育結構和產業結構之間出現了嚴重的失衡。大量的畢業生期待能夠在政府部門、科研單位、金融機構和大企業找到一份滿意的工作，這些工作大多屬於高端的現代服務業，但中國的經濟結構則是以製造業為主。在製造業狂飆突進的時代，大量農民工流入工廠。直到 21 世紀初期，農民工的工資一直受到壓制，增長速度很慢。然而，人口的拐點很快到來，農民工的增長速度也開始放慢，突然之間出現了民工荒。於是，農民工的工資開始快速增長，大學生的工資反而停滯不漲。

這可如何是好？

這是必然的趨勢。剛剛畢業的大學生，以後在就業市場上會受到更嚴重的擠壓。大學生被視為「天之驕子」，但如今，滿大街都是大學生。有張大學文憑不能保證你過著小康生活，但沒有大學文憑你可能會掉到貧困線下。

那麼，像提爾的「20 － 20 獎金」，我們到底要不要申請呢？政府鼓勵大眾創新、萬眾創業，是不是鼓勵學生都退學去辦企業呢？

17 歲高中畢業，21 歲大學畢業。人的一生是很長的，難道創業只能在這四年的時間？只要有希望，你還是要去考大學，只要有希望，你一定要爭取考一個好的大學。但是，你不能再像父兄輩一樣去讀大學了。下一篇，我們來談談打開大學生活的正確方式。

自主學習：打開大學生活的正確方式

誰的工資還會繼續上漲？

大家可能注意到，民工荒的現象到現在還是沒有緩解。按道理來說，中國經濟進入新常態，增長放緩了，對勞動力的需求會下降，很可能發生的事情是，勞動力的供給下降得更快，所以才會出現招工難。

那麼，以後是不是沒有文憑就找不到工作了呢？那要看你希望找什麼樣的工作。有些不需要太多技能、主要靠辛苦賺錢的工作，工資會越來越高。比如說，保姆的工資會越來越高，煤礦工人的工資會越來越高，外賣小哥的工資會越來越高。這是因為，隨著收入水準的提高，人們會越來越不願意做髒活、累活。第二代農民工和第一代農民工就很不一樣。第一代農民工拿的錢少，做的活多，而且有上進心，不怕髒，不怕累。到第二代農民工，想法就多了。招工的時候，他們會問：工資多少？獎金怎麼發？有沒有 Wi-Fi？——要是沒有 Wi-Fi，他們就不去！

那些需要長期積累技能，而且這些技能很難被機器替代的熟練工種，工資會更加高。比如說，以後修理電器的技師，工資會越來越高。我們這一代中國人的動手能力普遍較差，就是因為過去人力很便宜，電器出了故障，打個電話，廠家就派人過來修理。如果你去了發達國家，就會頗有感觸：能自己動手就自己動手吧，不管是電工、水管工還是修車的，價格都太貴了，請不起。

　　哪些人的工資可能漲不上去呢？恰恰可能是剛剛畢業的大學生。著名經濟學家克魯曼就曾經提醒過我們：技術進步不僅會減少對低端工作的需求，而且會減少對高端工作的需求。美國人曾經非常擔心自己的飯碗被中國人、印度人搶走。製造業的工作都轉移到了中國，服務業的工作會外包給印度。你要是打個電話到美聯航訂票，或是表示抗議，接電話的服務生很可能是個印度人。人工智慧也會逐漸替代原來的辦公室工作，常規的會計、法律，甚至證券分析，都會被人工智慧替代。機器人會寫新聞稿，會做翻譯，還會寫歌詞。它們現在可能還寫不出巴布·狄倫的歌詞，但寫出來汪峰的歌詞，應該並不難。

大學文憑不過是一張入場券

　　所以，我們應該拋棄幻想，如果你認為只要讀了大學，就能找到一份穩定的工作，那就太天真了。你之所以要讀大學，只是因為大學能給你一張入場券。諾貝爾經濟學獎得主麥可·史賓斯對教育有個非常另類的解釋。他談到，即使教育沒有提高勞動者的技能，勞動者也會有積極性去接受更高的教育。何以如此呢？回想一下我說過的，當一個女孩有一群追求者的時候，她該如何辨別誰才是最愛她的人？女孩子的選擇就是提高追求者的門檻，迫使他們都「放大招」，放不出大招的就自動退場了。

　　假設你是一個雇主，你也不知道哪個求職者的水準更高，怎麼辦？你可以透過看他們的簡歷，間接地推斷他們的水準。如果這個求職者上過北大、清華，那麼，你大概可以判斷，他或她的水準不會太差。考上北大和清華，也是一種「放大招」的方法，潛在的雇員向雇主釋放信

號，以便讓雇主篩選出來能力最強的人。

當然，這一招未必管用。在這一點上，我同意提爾的看法，名校的畢業生未必個個出色，草莽之間才有真正的豪傑。但現實就是現實，大學生的競爭越來越激烈，僅僅考上大學已經無法將自己辨別出來，只有考上最好的大學，才能占據更大的優勢。這其實也是一種「囚徒困境」，帶來了資源的浪費。

制定你自己的大學計畫

我們改變不了現實，只能改變自己。每到要高考的時候，很多家長朋友問我，該給孩子們選什麼學校、什麼專業。我和大家談談自己的一些想法，供家長朋友和學生朋友們參考。

第一個建議就是不要被提爾和「雙創」唬弄，該準備高考還是要準備高考，盡可能考一個好的大學。如果能考上常春藤，就去常春藤讀書。第二選擇是美國排名前 50 的大學，以及英國、加拿大等水準相近的大學，還有中國的常春藤：北大、清華、復旦、上海交大等。國外的大學學生素質未必有中國頂級大學的學生素質高，但中國的常春藤競爭太激烈了，性價比不高。如果考美國前 100 名，其實不必太在意排名，美國人都不在乎的。要了解每個高校的優勢學科，以及各自的特色。第三選擇就是中國的重點大學，以及美國排名前 100 至 150 名的高校，這一批的選擇面更大，要注意做好功課。如果你考不上好的大學，只能找一些野雞大學上，那就哪個便宜上哪個吧，反正都是收不回來的投資，其實上不上沒什麼差別。

在選校優先的基礎上，要注意專業的選擇。不要太過功利和短視。熱門專業未必是最佳的選擇。教育對經濟、技術的反應是較為遲緩的。你考大學的時候覺得是個好專業，讀了四年，等到畢業的時候，風水輪流轉，好專業可能不再吃香了。如果孩子對某個學科非常感興趣，就以孩子的興趣為主，行行出狀元，到了最後，所有行業裡的頂級人才是一起站在山巔的。大部分情況下，孩子和家長對各個專業都沒有感覺，不知道自己喜歡什麼。這種情況下，可以按大類來選，側重更為基礎的學科，比如想好了要學經濟學，那就老老實實學經濟學，先不必把自己放在一個很窄的專業裡，比如，不要一上來就學互聯網經濟學，什麼是互聯網經濟學，教授都沒有搞懂呢。與其去學大數據，不如先去學統計學。打好基礎，才能慢慢地培養興趣。

我最想跟學生們提的建議是，進了大學，先給自己列一個任務清單，把自己青春年少想要做的事情都列下來。比如：你想要寫一本小說、騎自行車去趟西藏、跑馬拉松、搞個搖滾樂隊、到歐洲旅行一趟、做公益活動、學會電腦程式設計、申請一項專利等等。你只有在大學這幾年，才有無限充沛的精力，才有敢想敢做的勇氣，想嘗試的事情趕緊去嘗試，能犯的錯誤在進入社會之前先犯。大學裡的教學大綱不能保證你熟悉社會、激發熱情，你只要做到不被當就行，能考 90 分最好，千萬不要都考 100 分，你浪費不起那麼多時間。學會自我設計、自我管理，從自己的錯誤中學習，不斷試錯、不斷反覆運算、不斷改正，才是真正的成長之道。

祝你們在大學裡都能有一段值得回憶的青春。

▶ 延伸閱讀：大衛・柏金斯（David Perkins），《*Future Wise: Educating Our Children for a Changing World*》。

高齡化：高齡化與經濟成長

高齡化可能導致經濟成長放緩

　　高齡化是個熱門話題。在全球範圍內人口高齡化現象逐漸蔓延。一開始是發達國家，然後是新興國家，中國也很快要步入「未富先老」的社會。高齡化是怎麼出現的？這是由於幾個因素的共同作用。第一，隨著醫療水準的提高，人們能活得更久。在和平富裕的年代，死亡率大大下降。第二，人口生育率下降，這導致老年人在整個人口中的比例上升。

　　年輕人和老年人在很多方面存在差異。年輕人儲蓄少，老年人儲蓄多；年輕人願意創新，老年人願意守成；老年人更有經驗，年輕人缺少歷練。一個社會的人口年齡結構會對其主要總體經濟變數，比如經濟成長率、實際利率、通貨膨脹等帶來深遠影響。我們這裡只談高齡化和經濟成長之間的關係。我為大家梳理一下經濟學家的觀點。

　　最直接地說，一個國家進入高齡化社會之後，勞動人口就會減少。幹活的人少了，實際產出自然減少，經濟成長就會放慢。如果一個社會裡，退休的老年人比上班的年輕人還多，那麼年輕人養活這些老年人的負擔就會加重。醫療支出、養老支出會越來越高，除了私人部門，政府總還是要多少提供一些醫療服務和退休金的，於是，政府的支出就會增加。政府支出增加之後，就得徵更多的稅，向誰徵稅呢？自然是向年輕人徵稅。年輕人就不樂意了。更高的稅收使得年輕人工作的積極性下

降,也會使得企業投資的積極性下降。

按照著名經濟學家莫迪利安尼(Franco Modigliani)的假設,一個人一生的收入是有不同的階段的,在工作賺錢之前,你是花別人的錢的,自己沒有儲蓄。剛開始工作的時候,你的收入不高,支出很多,所以年輕人的消費率更高,儲蓄率偏低;人過中年,你會考慮退休之後的生活,於是,儲蓄率增加,消費率相對下降。等你到了退休之後,會依靠以前存下來的錢過日子,於是,老年人又變成了負儲蓄。按照這種生命週期理論,當一個社會逐漸進入高齡化社會之後,儲蓄率會提高,消費率會下降,這對經濟成長不利,因為沒有那麼多的消費,就沒有足夠的需求。

高齡化導致世代間的矛盾加劇

一個社會的資源是有限的,在決定資源配置的時候,人口年齡結構會有很重要的影響。比如,政府手裡有 1,000 萬元,這 1,000 萬元是拿來改善教育呢,還是用來改善養老院呢?如果老年人居多,就會導致社會資源更多地配置到醫療和養老。我們不是說醫療和養老不重要,但經濟學是要計算成本收益的。越來越多的醫療資源其實是用在臨終之前的治療,這筆錢花起來經常不計成本,但仔細想想,收益並不大。如果我們把錢都用於照顧老年人,那麼,用於年輕人的教育支出就會減少。教育下降,會影響到未來的增長潛力。這樣的兩難選擇讓人聽起來很不舒服,老人、孩子,我們都想要照顧,但資源總是有限的,總要被迫做出艱難的選擇。

　　高齡化社會對經濟成長的不利影響還體現在，進入高齡化社會之後，改革會變得越來越難。一個經濟發展到一定階段，會產生各種既得利益集團，體制可能會變得更加僵化。要想推動經濟成長，改革是必不可少的，但改革最難的地方就是打碎既得利益。如果在一個年輕人居多的社會，你鼓吹改革，聽你的人會更多。你可以跟年輕人說，我們一起改革吧，當然，改革是有陣痛的，但苦盡甘來，再過五年，我們一定能比現在更好。對年輕人來說，五年不算什麼，為了長期利益付出短期的代價是值得的。如果一個社會老年人居多，你怎麼勸說大家改革呢？你好意思告訴七十、八十歲的老人，再受五年的罪，我們會好起來的？五年之後我在不在都不一定，為什麼還要折騰我？

高齡化導致貧富差距擴大

　　當然，也有學者認為，高齡化可能在一定程度上有利於經濟成長。我們介紹過人力資本這個概念。隨著年歲漸長，一個勞動者的「人力資本」會提高，也就是說，他受過的教育程度會更高，工作經驗更多，做人更加成熟，為社會做出的貢獻更大。而且，要是一個社會裡的老年人更多，說不定能夠更好地幫助年輕人。老年人可以傳幫帶，讓年輕人成長得更快。老年人可以幫年輕人照顧後代，所以說，「家有老人是個寶」。

　　也有學者說，考慮問題不能太僵化。我們現在擔心的「勞工荒」，都是建立在勞動者到了 60 歲就退休的現行制度上，以後，人的預期壽命更長了，就不能延遲退休嗎？可以考慮 65 歲退休啊。要是人的預期壽命進一步延長，我們就進一步推遲退休，以後工作到 70 歲再退休。假設現在的勞動力都能再多做五年，甚至十年，哪裡還有什麼「勞工荒」呢，一

下子能夠增加一大批經驗豐富的勞動力。

　　這話聽起來沒錯，但實行起來就很麻煩了。如果你讓大學教授推遲退休，他會很高興。一個大學教授，可能要到 30 歲才拿到博士文憑，退休的時候，身體健康、頭腦清醒、幹勁十足，他當然願意繼續工作了。如果你讓一個農民工推遲退休呢？他很早就進了工廠，工廠的工作強度大、時間長，又累又危險，到了 40 歲、50 歲，就得了一身病，好不容易熬到退休，想好好休息一下，你又讓他們再工作五年、十年才能領到退休金？

　　因此，人口高齡化影響到的不僅僅是經濟成長，還有收入分配。隨著人口高齡化的到來，收入不平等可能會變得更加嚴重。

▶ 延伸閱讀：泰德・費雪曼（Ted C. Fishman），《*Shock of Gray: The Aging of the World's Population and How it Pits Young Against Old, Child Against Parent, Worker Against Boss, Company Against Rival, and Nation Against Nation*》。

人口格局：未來的全球人口

文明的衝突

　　哈佛大學政治學家杭亭頓有一本書引起了極大的爭議，這本書叫《文明衝突與世界秩序的重建》（*The Clash of Civilizations and the Remaking of World Order*）。按照杭亭頓的預言，在冷戰之後，世界政治的衝突不是源於意識形態，而是不同的文明之間的矛盾。坦率地說，杭亭頓的邏輯不夠嚴密，觀點也很粗糙，尤其是在西方自由派知識份子看來，有「政治不正確」的嫌疑。想批評杭亭頓是件很容易的事情。什麼是文明？杭亭頓把文明分成七種，西方文明和伊斯蘭文明之間的衝突是他最關心的。那麼，遜尼派和什葉派之間你死我活的鬥爭，是文明之間的衝突，還是文明內部的衝突呢？

　　911恐怖攻擊之後，很多人贊成杭亭頓的看法，或許，不同文明之間的衝突真的到來了。到底發生了什麼呢？有一個因素隱藏在杭亭頓所說的「文明的衝突」的背後，那就是人口的漲落。不同國家的人口出生率差異很大，一個國家內部不同民族、不同宗教之間的人口出生率也有差異，這會對各國的國內政治以及國際政治格局帶來深遠的影響。

世界人口格局展望

　　根據聯合國經濟與社會事務部 2015 年修訂的《世界人口展望報告》，截至 2015 年年中，世界總人口是 73.49 億，其中中國有 13.8 億人口，印度有 13.1 億，分別占世界人口的 19% 和 18% 左右。這兩個國家的人口都會超過 14 億，但過了這個關口之後就開始分道揚鑣。中國的人口數量預計在 2028 年達到頂峰，然後穩定在 14 億左右，到了 2030 年代開始逐年下降，到 2100 年預計將降至 10 億左右，占世界總人口的比例不到 9%。與中國相比，印度人口會在突破 14 億關口之後繼續增加，不到 2030 年就會超過中國，成為世界人口第一大國。到 2050 年，印度人口會比中國人口多 4 億。2100 年，印度人口預計為 16.6 億，占世界人口 15% 左右。南亞其他國家的人口增長速度也非常迅速。巴基斯坦的人口將由今天的 1.58 億增長到 2050 年的 3.05 億。

　　21 世紀歐洲人口會持續萎縮。2015 年年中，歐洲總人口是 7.4 億，據聯合國預測，2050 年歐洲人口會比 2015 年減少 3,000 萬，2,100 年又比 2050 年減少 5,000 萬。在歐洲內部，人口趨勢出現分化。人們印象裡西歐的人口早已出現衰退，而南歐國家、東歐國家似乎人丁更加興旺。根據聯合國的預測，東歐和南歐的人口縮減比西歐更加嚴重。到 2100 年，東歐人口將比 2015 年減少近 29%，南歐會衰減 22%。相比之下，西歐的人口數量將比較平穩，從現在到 2100 年將保持在 1.9 至 1.96 億之間。北歐的人口變化趨勢較為樂觀，到 2100 年會比現在增加 3000 萬，總人口達到 1.3 億。

　　當然，人口出生最多的地方是在非洲。從現在到 2050 年，世界人口增長的一半來自非洲。從 2015 到 2100 年，非洲人口將從 1.2 億增至 4.4 億。2015 年，24 歲以下年齡層的非洲人口占非洲總人口的 60%，其中 15

歲以下的比例是 41%。當世界上其他地方都在擔心高齡化的時候，非洲
將迎來一場年輕人口的高潮。

人口的漲落會影響到國家的興衰。以美國為例，未來美國仍然將占
據優勢。根據聯合國的預測，美國的人口生育水準將一直保持在 1.9 以
上，日本在 2020 年以前生育率會始終低於 1.5，之後緩慢升高至 2050 年
的 1.7 左右。俄羅斯也是一個低生育率的國家，2010 年其總和生育率只
有 1.44，但聯合國預測俄羅斯的人口生育水準會在 2050 年回升至 1.87。
據預測，日本人口到 2050 年會降至 1 億左右，2100 年更是減少到 8,300
萬，退出 1 億人口大國的行列。俄羅斯的人口到 21 世紀末將降至 1.2
億，而美國將保持慣性增長，2050 年人口總量將增至 3.9 億，2100 年繼
續增長到 4.5 億。

人口漲落，國家興衰

人口因素對全球政治經濟的影響不僅僅體現在各國的人口總數。
2008 年爆發的美國金融危機引起全球化退潮，人口高齡化又帶來發達國
家在移民政策上舉棋不定，國際政治中的文明衝突滲透到國內政治的分
歧分化，這會從根本上動搖發達國家賴以立國的社會契約。這才是讓杭
亭頓憂心忡忡的事情。

如果發達國家變成了高齡化社會，誰來為這些老年人打工，誰來服
兵役？進入高齡化的發達國家必須補充更多的移民。美國吸引了大量的
墨西哥移民。據估計，到 2020 年，西班牙裔美國人將占美國總人數的
20%。有一個笑話說，有個外國遊客在靠近墨西哥邊境的美國小城買東
西，跟小店的老闆說英語，小店的老闆馬上很不高興地說：「說西班牙

語！這裡是美國！」我們可以大膽地預測，未來 20 年之內，在美國出現一位拉丁裔總統的機率非常高。如果你想學一門第二外語，可以考慮學西班牙語，到時候能用家鄉話和美國總統對話，多有範兒。

　　歐洲吸引了大量的非洲和阿拉伯移民。我們不必過度擔憂歐洲的「伊斯蘭化」。但是，即使歐洲不會被「伊斯蘭化」，也會被「非洲化」。移民的湧入從經濟上給西方國家增加了新鮮血液，但是在政治上埋下了內部衝突的地雷。種族之間的隔閡是很難用政策消融的，即使在美國這樣號稱「大熔爐」的國家，即使共同生活了兩百多年的時間，白人和黑人之間的猜忌乃至敵意都難以化解。對歐洲的前景，也不能過度樂觀。

▶ 延伸閱讀：山謬‧杭亭頓，《文明衝突與世界秩序的重建》，聯經出版。

第九章

金融危機

導讀

你在海平面看到的經濟學

　　金融市場是有效的。所有的相關資訊都會在價格中得到反映。當政府放鬆了金融管制之後，出現了各種金融創新。這些金融創新能夠提供更複雜的避險工具，也能夠滿足不同人群的各種需要，因此利於金融系統的穩定。像 2008 年那樣的全球金融危機，大約數十億年才可能出現一次。全球金融危機爆發之後，政府採取的一系列補救措施和刺激政策都是錯誤的，還不如不救，讓市場經濟自我恢復。

你在高海拔看到的經濟學

　　一部金融史，在很大程度上就是金融危機的歷史。人們從歷史中學到的教訓就是沒有人會認真地吸取歷史的教訓。每一次，當投資者認為「這一次不一樣」的時候，距離犯一個重大的錯誤就不遠了。全球金融危機之後，政府官員們確實吸取了 1930 年代大蕭條的教訓，避免了再次出現金融體系崩盤，但他們同時犯了一些新的錯誤。比如，他們過分地關注傳統的銀行體系，而忽視了影子銀行以及新興的金融衍生品市場所

帶來的風險。

本章簡介

《房地產危機：美國經歷的第一次房地產泡沫》談到，美國在 1920
年代經歷了一場不大不小的房地產泡沫。這場房地產泡沫主要出現在佛
羅里達州。引發房地產泡沫的主要原因是住房需求突然暴漲，貨幣市場
寬鬆，金融投機猖獗。泡沫的崩潰總是非常迅速的，而且很可能是由一
些偶然的因素觸發。

《金本位制：為什麼凱因斯說金本位是一種野蠻的制度？》談到，
黃金並非天然是貨幣，貨幣也並非天然是黃金。傳統的金本位制比我們
想像中的脆弱。金本位制更多地保護了大資本家的利益。由於金本位制
使得國家失去了貨幣政策自主性，當出現經濟衰退的時候，衰退的程度
會更深，這就損害了普通民眾的利益。

《銀行危機：任何一家銀行都可以被擠垮》談到，1930 年紐約一家
銀行倒閉，幾乎釀成全國性的金融危機。這個案例告訴我們，由於銀行
採取的是部分準備金制度，不可能把所有的存款都放在金庫裡，等著大
家來取，一旦所有的儲戶在同一時間擠兌銀行，銀行肯定得破產。當出
現銀行擠兌風波的時候，政府必須挺身而出，出手要快，力道要重。

《羅斯福新政：羅斯福新政裡到底賣什麼藥？》談到，美國在 1930
年代推出的羅斯福新政包含了各種不同的政策，有的政策是臨時抱佛
腳，要趕緊救市，防止銀行業出現多米諾骨牌式的倒閉；有的政策是要
刺激經濟成長；有的政策是結構性的，限制大企業的力量，加強政府的

作用。這些政策之間有時候會互相衝突，但羅斯福將它們融為一體，貼上「新政」的標籤，成功地將其推銷了出去。

《歷史的教訓：活學活用歷史篇》主要談到，在全球金融危機之後，包括鮑爾森（Henry Paulson）、柏南奇、蓋特納（Timothy Geithner）等人採取了一系列政策，成功地避免了最糟糕的結局，但也「成功」地犯下了一系列的新的錯誤。決策者之所以會犯下這些新的錯誤，恰恰是因為決策者自認為他們在應對這次金融危機的時候非常成功。他們過分聚焦於 1930 年代大蕭條的教訓，忽視了身邊出現的新變化。

《廣場協議：告訴你 1985 年廣場協議的真相》談到，很多人認為，日本在 1980 年代迫於美國的壓力讓日元升值，日元升值之後，日本的出口急劇下降，導致日本經濟一蹶不振。事實的真相是：日元升值是日本主動提出來的，因為日本擔心如果不採取升值措施，美國會對日本的出口採取更嚴厲的制裁。日元升值之後，日本銀行又採取了寬鬆的貨幣政策，導致房價和股價急劇飆升，形成資產價格泡沫，到最後，資產價格泡沫崩潰，才使得日本經濟進入了長期蕭條。

《美元霸權：美元是我們的貨幣，卻是你們的問題》談到，美元本位制度是一種非常不合理的制度，即使從長期看美元是不斷貶值的，各國投資者甚至各國政府仍然不得不持有美元資產。對於中國來說，這種格局尤其不利，中國靠出口賺來的大量的外匯儲備都買了低收益的美國國債，這是一種巨大的資源錯配和福利損失。

《金錢政治：從歷史和政治的角度認識貨幣和金融》是一份書單，為大家介紹了幾本跟金融有關的書，讓大家能夠更了解神秘的金融世界。

房地產危機：美國經歷的第一次房地產泡沫

龐氏來到佛羅里達

1920 年代，美國經歷了第一次真正的房地產泡沫。房地產泡沫只有在城市化進程中才能出現。在此之前，美國也曾經有過地價上漲，但那大多是農村的土地。這是美國第一次經歷城市地區的房地產價格上漲。

美國在 1920 年代經歷的房地產泡沫主要集中在佛羅里達州。無數騙子和冒險家不約而同地來到佛羅里達州做生意，而當時佛羅里達州唯一的生意就是賣房子。

來到佛羅里達的騙子裡就有赫赫有名的查爾斯·龐茲（Charles Ponzi）。他 21 歲的時候從義大利來到美國，英語都說不流利，個子不高。1919 年，龐茲發現，可以在國際回郵券（international postal reply coupon）市場套利，這是他搞起來的第一次「龐氏騙局」。所謂國際回郵券，就是一張類似於郵票的票據，寄信人可以將這一票據寄到國外，而收信人則可以用這一票據到當地郵局兌換郵票，寄出回信。當時，受到第一次世界大戰的衝擊，美國是唯一一個能夠保持貨幣穩定，而且仍然實行金本位制的國家，歐洲各國的貨幣大幅度貶值。結果是，如果你把回郵券寄到歐洲，用歐洲貨幣買回的郵票要比在美國能買到的郵票更多。

　　龐茲想從投資者那裡騙錢投機，他許諾能在 90 天內將投資者的資金翻倍。第一批投資者確實拿到了高額的回報，但這些錢是從後面跟進的新投資者那裡挪用的。龐茲的這一騙局在 1920 年最終敗露。他被關進了麻薩諸塞州監獄。1925 年，剛剛交了保釋金從監獄出來的龐茲，逃到了陽光燦爛的佛羅里達，用化名做起了房地產生意。

　　龐氏搖身一變，成了傑克遜維爾市（Jacksonville）附近一塊土地的發起人。他把一塊荒涼的土地分成很多小塊，賣給小的投資者。他許諾投資者只要投入 10 美元，在 60 天內就能獲得 30 美元的回報，這比他早期的回郵券投資計畫還要誘人。這還是一個金字塔騙局。沒過多久，這個騙局就被戳破了，他的身份也暴露了。龐茲再度鋃鐺入獄。

　　和龐茲一樣，前後來到佛羅里達的還有很多其他各路英雄，大家都是為了一個共同的革命目標，走到一起來的。1910 年，費雪車身製造公司的創始人卡爾・費雪（Carl Fischer）帶著年僅 15 歲的新娘在邁阿密蜜月旅行，他一眼就相中了這塊風水寶地。費雪在佛羅里達州推動當地政府修築了四通八達的公路，公路沿線的房價立馬飆升。著名的美國政治家威廉・詹寧斯・布萊恩（William Jennings Bryan）為了讓自己患有關節炎的妻子過得舒服一些，也搬到了佛羅里達州。當地著名的房地產大亨喬治・梅里克（George Merrick）找到布萊恩，讓他給自己的「西班牙別墅」項目站臺。布萊恩曾經參加過總統競選，差一點就當上美國總統。他在競選總統的時候為貧苦農民代言，反對金本位制，如今則為房地產商吶喊，讚美「黃金海岸」。梅里克每年付給布萊恩 10 萬美金的酬勞，一半以現金支付，另一本以土地支付。

　　在 1925 年和 1926 年期間，佛羅里達州的房地產泡沫進入了鼎盛狀態。開發商聘請樂隊和馬戲團吸引顧客。人行道根本無法通行，因為招攬生意的房地產經紀人實在太多了。打開報紙，看到的全是房地產

廣告。佛羅里達出現了很多「保證書小夥子」（binder boys），他們個個都是健美年輕的「小鮮肉」，穿著白色西裝，鼓動客戶購買「保證書」（binder）。這個保證書相當於訂金，買了它的投資者並不真的是為了買房，他們會轉手賣出，賺取差價。1925 年夏天，在房地產繁榮的鼎盛時期，保證書一天就可能被轉手倒賣 8 次。保證書收據還能像貨幣一樣流通，酒店、夜總會和妓院都接受這些收據。

為什麼會有房地產泡沫？

為什麼 1920 年代的佛羅里達會出現房地產泡沫呢？

首先，是地產需求出現了急劇變化。房地產從來都沒有所謂的「剛性需求」。住多大的房子才算夠？是不是非要買房才能安居？但在某些特定的階段，地產需求可能會出現一些前所未有的變化。1920 年代佛羅里達的房地產泡沫和汽車的普及息息相關。隨著福特汽車公司著名的 T 型車問世，越來越多的美國人可以買到廉價汽車，他們駕著車來到氣候溫暖、土地便宜的佛羅里達。當地人把這些駕車南下的北方佬稱作「錫罐觀光客」（tin can tourists）。

當時，在紐約、芝加哥、底特律等地也出現了房價的急劇上漲，那是因為商業地產成為一種新的投資模式。1920 年代是屬於摩天大樓的 10 年。在這 10 年破土動工的高樓大廈，比 20 世紀的任何一個 10 年都要多。新建的摩天大樓，不再只是給一家公司做總部辦公室，多出的房間還可以出租給其他客戶，賺取租金。

這些新出現的需求並非都是虛幻的，但由於這是新的需求，往往

使得人們難以判斷哪裡是合理的區間，更容易相信未來的房價將一路飛漲。2007 年美國次級房地產貸款危機的出現，源於一批低收入家庭突然開始貸款買房，這是一種全新的現象。21 世紀之後中國的房價開始上漲，源於 1990 年代的住房制度改革，突然從單位分房變為拿錢買房，這也是我們從未有過的一種經歷。

其次，房地產泡沫往往得益於極其寬鬆的貨幣政策。貨幣政策要不要關注包括房價和股價在內的資產價格？這個問題至今仍無標準答案。但寬鬆的貨幣政策往往可能導致流動性過多，這些流動性就會流入房地產市場或股市，推高資產價格。1924 年，美聯儲將其貼現率，亦即其貸款給商業銀行時的利率從 4.5% 調低至 3%，目的是幫助大英帝國回歸金本位制。這一低利率政策導致市場上的流動性增加，而很多流動性流入了房地產市場。2007 年美國次級房地產貸款危機的出現，也發生在央行不斷降息、全球處於超低利率的時期。中國實施住房制度改革之後房價開始上漲，但最初房價上漲的速度並不快，真正加速上漲，是在實施了寬鬆的貨幣政策之後。

最後，金融投機使得房地產泡沫火上澆油。如果沒有金融機構推波助瀾，房地產價格不會急劇膨脹。在過於寬鬆的金融監管制度下，金融投機很快就會一浪高過一浪。在 1920 年代佛羅里達房地產泡沫中，參與投機的還有各種金融機構。相對而言，傳統的銀行更為保守，最激進的是建築和貸款協會（building and loan associations）。這些機構就像互助儲蓄銀行一樣，主要借款給自己的成員。負責監管建築和貸款協會的主要是地方政府，而地方監管者認為這些機構並不吸納公眾存款，所有的貸款都有房地產為抵押，因此不會出現問題，所以對這些機構睜一隻眼閉一隻眼。很多建築和貸款協會是房地產商建立的，他們透過降低首付比例、發放二次抵押貸款等方式刺激人們貸款買房。儘管建築和貸款協會

不會像銀行那樣出現擠兌，但如果貸款合約違約率提高，同樣會出現資不抵債問題。

當時已經出現了證券化。在 1920 年代期間，開發商發行了大約 100 億美元的房地產債券。大約有三分之一房地產債是以住宅按揭利息為基礎，其餘的房地產債則以商業地產項目的未來租賃收入為基礎。為了吸引投資者購買，發行人保證債券持有人能夠獲得 5% 的利息率。當然，這也就意味著，如果潛在投資的收益不足，該項目或保險公司就承擔了很大風險——導致 2007 年美國次級貸款危機的那些令人眼花繚亂的「金融創新」，其實根本就不是創新，80 年前，佛羅里達的房地產商就已經熟知這些伎倆了。

房地產泡沫是如何破滅的

所有的泡沫都是在一夜之間崩潰的。可能導致房地產泡沫的原因很多，當整個市場已經處於癲狂狀態的時候，任何一點小小的傳言，都可能觸發大規模的恐慌。到底是什麼原因導致了佛羅里達房地產泡沫的破裂，一直很有爭議。

有人說是股市下跌。1926 年 2 月到 5 月間，標準普爾綜合指數下跌了 11%。有人說是氣候異常。1926 年冬天佛羅里達異常寒冷，之後的夏天又赤日炎炎。1926 年，一場颶風襲擊了邁阿密，城區有 100 多人死亡。其他的州，尤其是鄰近的州擔心資金都被佛羅里達吸走，它們透過立法限制資金外流，還到處造謠，說在佛羅里達買不到肉，鬧區會有巨型蜥蜴咬人。

　　佛羅里達的房地產泡沫來得快，去得也快。先是交易量下跌，過了一段時間之後價格隨之下跌。在佛羅里達州和臨近的喬治亞州，有 155 家銀行破產。這些銀行大多由詹姆士・R・安東尼（James R. Anthony）和衛斯理・D・曼利（Wesley D. Manley）這兩個銀行家擁有或控股。曼利被逮捕。他的律師為他辯護時，聲稱曼利精神錯亂。

　　和 2007 年美國房地產泡沫相比，1920 年代佛羅里達的房地產危機影響相對較小，受到衝擊最大的是佛羅里達州及其鄰近的喬治亞州，但房地產泡沫的幾乎所有症狀都能在當時找到。將近 80 年之後，由於歲月遙遠，記憶黯淡，很多人忘記了當年的佛羅里達房地產泡沫。健忘的結果是，危機只能再來一次，而且來得更為猛烈。

▶ 延伸閱讀：巴里・艾肯格林（Barry Eichengreen），《*Hall of Mirrors*》。

金本位制：為什麼凱因斯說金本位是野蠻的制度？

　　在 19 世紀末和 20 世紀初，曾經出現過國際金本位制。世界各國大多實行了金本位制。黃金就是貨幣，貨幣就是黃金。在倫敦如此，到了布宜諾艾利斯也一樣。那個時代的人們相信，金本位制是神聖的自然法

則。隔著歷史的迷霧，很多人仍然認為當年的金本位制有著一種朦朧的美感。他們覺得，金本位制不需要政府干預，一切都由市場經濟自己搞定，那是多麼美好的年代。

那麼我來告訴你關於金本位制的幾個真相。

真相一：國際金本位制的出現具有很大的偶然性

稍微扯得遠一些。我們在政治經濟學課本裡學過：貨幣天然是黃金，黃金天然是貨幣。遺憾的是，經濟史並沒有為這一著名的判斷提供太多的支援。做過貨幣的東西很多，從貝殼、牲畜、農具、絲綢，到煙草、石頭、金屬、陶瓷，五花八門，琳琅滿目。黃金也不是一登場就做了貨幣。

古典經濟學家認為黃金能夠成為貨幣的原因是其容易儲藏、容易分割，更容易鑒定真偽。但事實並非如此。原始金屬的價值很難估計，所以在交易中使用黃金的成本非常高。相比之下，評估一袋鹽或一頭牛比評估一塊金屬的價值更容易。

黃金成為貨幣，不是借助市場的自發力量，而是由於國家的支持。國家需要收稅，就不喜歡易貨貿易，只有在交易中採用了統一的貨幣，才能方便政府收稅。政府在鑄造貨幣的時候，會抑制不住偷工減料的衝動，一塊金幣的價值大於鑄造這塊金幣的黃金的價值，這中間的差價叫「鑄幣稅」，又被政府輕易地拿走了。

19 世紀末出現的國際金本位制，首先是因為當時的霸主英國採用了金本位制。英國為什麼會實行金本位制呢？從某種程度上說，這跟著名

科學家牛頓有關。牛頓曾經當過英國皇家鑄幣局的局長，當時英國實行
的是黃金和白銀並用的「複本位制」。牛頓在計算黃金和白銀的比價時估
算有誤，結果導致白銀退出了流通，只剩下黃金。

到了 19 世紀，英國成為世界霸主。由於英國實行的是金本位制，
所以其他國家也群起效尤。1870 年普法戰爭爆發。法國輸掉了戰爭，被
迫向德國支付 50 億法郎的戰爭賠款。德國馬上用這筆收入積累了大量黃
金，也開始實行金本位制。同時，德國大量賣出白銀，這導致國際上的
銀價暴跌，引起了其他國家的通貨膨脹。實行複本位制的國家被迫改弦
易轍，也逐漸加入了金本位制的陣營。到 20 世紀初的時候，除了中國、
印度，世界上大部分大國都實行了金本位制，這就是所謂的國際金本位
制。

真相二：沒有純粹的金本位

即使是在 19 世紀末和 20 世紀初實行的金本位制，也不是我們想像
中的純粹的金本位制。如果是純粹的金本位制，那就沒有政府的干預，
一切都靠市場的力量擺平。這就要談到大衛・休謨提出的「休謨機制」。
簡單地說，要是一個國家的進口比出口多，貿易商就得去換更多的外幣
付款，於是，外幣就會升值，要是外幣升值得太離譜，比黃金的價格還
高，那貿易商就會直接拿黃金付款，於是，黃金就會大量流出。

當時，一國能發多少貨幣，是要看你有多少黃金的，黃金少了，發
的貨幣就少，發的貨幣少了，物價就會下跌，於是，一國的出口就會更
有競爭力，出口就會增加，這就自動地恢復了貿易平衡。這個「休謨機
制」離我們的現實世界很遙遠，理解起來可能有些燒腦，大家不妨當成

一個智力訓練。不管怎麼說，這是經濟學裡的第一個一般均衡機制，各種力量交織在一起，自動達成均衡。

儘管休謨的邏輯非常清晰，但在現實中，國際金本位制並不是這樣運作的。如各國之間出現大規模的跨境黃金流動，但在現實中並沒有發生這種情況。實行金本位制的國家的黃金儲備也並不都十分充足。

很多週邊國家因為缺少黃金，實際上實行的是黃金匯兌制度，也就是說，它們只有很少的黃金，剩下的儲備資產是跟黃金掛鉤的英鎊。英鎊匯票成為其他國家的替代貨幣，倫敦作為世界金融中心牢牢決定著英鎊的利率，也左右著那些遙遠小國的命運。

▌ 真相三：國際金本位制保護的是大資本家的利益

金本位制是一種經濟哲學。按照金本位制的想法，政府不應該干預經濟。由於發行多少貨幣，需要根據黃金儲備的多少而定，中央銀行就沒有什麼可做的事情。好處是什麼？好處是這種金本位制能夠推動全球貿易和全球投資，但不好的事情是，一旦國內經濟出現衰退，政府沒有什麼可以救助的辦法。

在 19 世紀，政府的規模很小，功能也很少。政府不會費心費力地做公共衛生，也不管公共教育。政府不提供養老保險，如果你老無所依、老無所養，那是你自己的事情。政府不提供失業救濟，事實上，當時根本就沒有失業的概念，你要是沒有工作，那只能證明你不夠努力，太笨太懶。這樣的社會哲學為什麼能夠被大家接受呢？因為當時並沒有實施真正的民主制度。普通人沒有平等的投票權。政治仍然是權貴和精英的

事情，跟普羅大眾沒有關係。

第一次世界大戰改變了這樣的政治格局。大量的青壯男子在戰爭中陣亡，或是因為負傷失去了勞動能力。勞動力一下子變得匱乏。當這些退伍軍人回國之後，政府也很難拒絕他們的投票權。

普選制度在第一次世界大戰之後變得日益流行。這帶來了一個重大的變化。在匯率穩定和國內經濟政策自主性之間，政府得首先選擇國內經濟政策自主性，匯率穩定就會成為次要的政策目標。

回首國際金本位制時期，經濟全球化的確發展速度較快，但很多國家不得不經歷漫長的衰退和大規模失業。如果經濟學家都有一顆冷酷的心，或許也能達成一個共識，也就是說，衰退就衰退，失業就失業，不管經濟危機多麼嚴重，只要耐心等待，經濟總能起死回生。

當然，這種觀點不能算錯。大亂之後或有大治。不要說經濟危機，就是瘟疫來了，我們什麼也不做，等死掉一大批人之後，瘟疫也總會過去的。而且，說不定瘟疫也能帶來意想不到的好作用。

歐洲之所以能夠從封建制度演進到資本主義制度，就是由於在「黑死病」之後，大量勞動力死亡，勞動力變得更為搶手，封建主不得不放鬆對農民的控制，農民才能變成可以自由出賣自己勞動力的工人階級。

問題是，我們忍心這樣做嗎？至少，著名經濟學家凱因斯是不忍心的。他把金本位制稱為「野蠻的遺跡」，就是因為不打破金本位制，就無法更好地管理總體經濟。

▶ 延伸閱讀：巴里‧艾肯格林，《*Globalizing Capital: A History of the International Monetary System - Second Edition*》。

銀行危機：任何一家銀行都可以被擠垮

囚徒困境

　　從理論上來說，任何一家銀行隨時都可以被擠垮。銀行是做什麼的？銀行是從儲戶那裡吸收存款，然後再找機會把貸款放出去的。因此，銀行不可能把所有的儲戶的錢都原封不動地放在自己的金庫裡，絕大多數的錢是要貸出去的。那麼，假設有謠言傳出，說某家銀行不行了，儲戶們信以為真，都去排隊取走自己的存款，最後的結局是什麼？這家銀行肯定要被擠垮的。

　　假設這家銀行的經營其實並沒有那麼差，為什麼大家還要去排隊呢？這就是一個囚徒困境。如果謠言傳來，你不信邪，不傳謠，巍然不動，最後，別人一樣會把銀行擠垮，你的存款就會血本無歸。如果你趕緊跑去取錢，說不定還能拿回一部分錢。這個囚徒困境的最理想的結果是大家都不去擠兌，銀行也不倒閉，儲戶其實沒有損失，但這種需要大家精誠合作的結果是不可信的，如果大家相信別人都會「背叛」，還不如自己先「背叛」為好。

合眾國銀行破產了

這裡，我就給大家說一個金融史上活生生的銀行擠兌案例。1930年，在美國紐約有一家合眾國銀行（Bank of United States）出事了。大家注意，這家銀行的名字是合眾國銀行，不是美利堅合眾國銀行（Bank of the United States）。歷史上有美利堅合眾國銀行，那是 1791 年至 1836 年間存在的美國央行的雛形。合眾國銀行只是一家普普通通的商業銀行。

它為什麼能起這個名字呢？當然是為了拉大旗扯虎皮，提高聲譽嚇唬人。1926 年，美國通過了一項立法，規定銀行在起名的時候不能再用「聯邦」、「合眾國」、「儲備」等詞語，但已經用了這些名字的不予追究。合眾國銀行是一位叫約瑟夫・馬庫斯（Joseph Marcus）的製衣廠老闆在 1913 年創建的，這個名字就一直沿用下來。

馬庫斯 1928 年去世。合眾國銀行由其兒子伯納德（Bernard Marcus）繼承。伯納德成了全美國最年輕的銀行總裁之一。馬庫斯父子都急於擴張業務，兒子尤其激進。他們將銀行的資本金提高到 2,500 萬美元，有 61 家分行，顧客多達 40 萬，在當時的銀行界首屈一指。他們設立子公司，負責發行和交易證券。他們建立了投資信託公司，把證券賣給儲戶。後來人們才察覺，他們賣得最多的證券是銀行自己的股份。他們也為商業地產項目提供貸款，包括曼哈頓幾個主要街區的公寓大樓專案。紐約市的銀行與房地產有關的貸款平均占貸款總額的 12%，但合眾國銀行與房地產有關的貸款占其貸款總額的 40%。合眾國銀行還有個子公司，直接購買土地，開發建造公寓大樓。

1929 年 4 月，還沒有爆發美國股災的時候，合眾國銀行的股價已經開始下跌。伯納德和他的執行副總裁索爾・辛格（Saul Singer）一起透過

其他關聯公司，購買自己的股票，抬升股票價格。這種做法引起了美聯儲和州銀行檢察官的注意，他們批評馬庫斯和辛格在「草率經營銀行」。合眾國銀行的風險管理漏洞百出，銀行資產過度集中於流動性較差的房地產投資。監管者要求合眾國銀行儘快提出補救措施。

監管者心裡也明白，最好是給合眾國銀行找個婆家，讓一家實力雄厚的企業收購它。本來已經找好了下家，合併之後的企業董事會主席都找好了，但隨後出現了股災，兼併計畫泡了湯。之後，監管者一直在幫合眾國銀行尋找潛在的買家，但始終不順利。1930 年 12 月 8 日，市場上翹首以待的兼併計畫宣告失敗，這一消息導致了擠兌。接下來的兩天，2,500 名驚慌的儲戶從合眾國銀行提走了 200 多萬美元存款。儲戶們排了好幾個小時的隊，等待把他們的帳戶清空。大批員警趕來維持治安。

1930 年 12 月 10 日，紐約聯邦儲備銀行緊急召集通宵會議商討對策。通宵會議聚集了當時金融界有頭有臉的人物：紐約聯邦儲備銀行行長哈里森（George Harrison）、J.P. 摩根的合夥人湯瑪斯·拉蒙特（Thomas Lamont）、紐約聯邦儲備銀行理事歐文·揚（Owen Young），以及紐約州副州長赫伯特·雷曼（Herbert Lehman）。12 月 11 日淩晨 4 點，在通宵會議快結束的時候，代表其他紐約銀行界同行的紐約銀行清算協會拒絕為合眾國銀行提供擔保。通宵會議沒有拿出任何解決方案。週四早晨，合眾國銀行被迫關門。這是當時美國最大的銀行破產案。

著名經濟學家米爾頓·傅利曼在《自由選擇》中專門談到了合眾國銀行的破產。他談到，合眾國銀行在破產清算之後，還是為儲戶的每一美元存款償付了 82.5 美分。也就是說，這家銀行的家底還算殷實，如果沒有出現擠兌，儲戶的錢本來是一分錢也不會損失的。

傅利曼認為，紐約銀行界之所以不願意救助合眾國銀行，是因為這家銀行是猶太人開的，而紐約金融圈子裡有很強烈的反猶情緒。他的這

一說法或許是有道理的，但紐約銀行清算協會拒絕提供擔保，主要還是因為他們也不知道合眾國銀行的虧損到底有多大。紐約的銀行業沒有幫助合眾國銀行，那麼，為什麼紐約聯邦儲備銀行也不肯出手呢？可能是因為它覺得合眾國銀行已經資不抵債了。

不管是出於什麼考慮，這都是一個錯誤的決策。當人們聽到合眾國銀行破產的消息，很多人誤以為美國的央行破產了。恐慌情緒很快擴散，其他的紐約銀行也岌岌可危。所幸的是，紐約聯邦儲備銀行很快清醒過來，立刻採取措施，向紐約市的其他銀行提供現金和流動資產。他們在接下來的三天之內，從紐約市的各家銀行手中購買了 4,000 萬美元政府證券。在之後的一週之內，紐約聯邦儲備銀行透過貼現和購買票據，提供了 1 億美元的資金。他們成功地阻止了一家主要銀行的破產引發恐慌性的擠兌和流動性危機。

合眾國銀行呢？最後還是被紐約銀行接管。紐約銀行清算協會同意以其存單為抵押，向合眾國銀行的儲戶提供不超過其存款額 50% 的貸款。

傅利曼認為，合眾國銀行的破產是大蕭條的序幕。其實，1930 年美國銀行危機的破壞性並沒有那麼大。原因之一是相比其他地區的聯邦儲備銀行，紐約聯邦儲備銀行位於美國金融系統的中心，應對金融危機的經驗相對豐富，知道該出手時就要出手。

如何應對銀行擠兌？

從合眾國銀行破產案例中，我們能夠得到的啟示是，大部分銀行危機都是流動性危機，而非資不抵債危機。如果真的是資不抵債，或許破

產清算是最好的解決方案，但在出現流動性危機的時候，政府應該果斷出手。

1873 年，《經濟學人》雜誌的主編白芝浩（Walter Bagehot）寫了著名的《倫巴德街》（*Lombard Street*），他在書中提出了應對銀行擠兌危機的基本原則。第一，政府應該及時地、慷慨地放貸，在第一時間穩住陣腳，遏制恐慌情緒；第二，政府的貸款應該只給那些經營穩健、擁有優質抵押品的金融機構，也就是說，要確保它們出現的是流動性危機，而非資不抵債危機；第三，政府的緊急貸款的利率應該足夠高，否則大家都會來抱政府的大腿，只有足夠高的利率，才能把那些並非著急用錢的人嚇走。

▶ 延伸閱讀：巴里・艾肯格林（Barry Eichengreen），《*Hall of Mirrors*》。

羅斯福新政：羅斯福新政裡到底賣什麼藥？

1931 年 3 月 4 日，富蘭克林・羅斯福就任美國第 32 任總統。華盛頓仍然春寒料峭，從白宮到國會山莊，沿途站著荷槍實彈的士兵，聯邦大樓的門口還架起了機關槍。就在三週之前，羅斯福差一點被一名失業

工人暗殺。這位槍手說：「我會先殺掉國王和總統，再殺掉所有的資本家。」就在華盛頓的街頭，有大約 3,000 名失業者安營紮寨，計畫在賓夕法尼亞大街發動全國饑餓大遊行。

這是美國經濟最黑暗的時刻。金融體系到了崩潰的邊緣，美國 50 個州裡，已經有 27 個州出現了銀行破產。就在總統宣誓就職當天凌晨，紐約州州長赫伯特·雷曼關閉了紐約的銀行。股票交易所也關門了，上一次關門是在第一次世界大戰爆發之後。1931 年工業生產與 1929 年大蕭條之前的水準相比下跌了三分之一。失業的愁雲籠罩著美國社會。

羅斯福該怎麼樣拯救美國經濟？

羅斯福總統上臺之後採取的一系列措施，被稱為「新政」。所謂的新政，其實是幾種不同的政策的混雜。這裡面有解救金融危機的政策，有刺激經濟成長的宏觀政策，也有修正資本主義的「結構性改革」。

解救金融危機的政策

羅斯福解救金融危機的政策幾乎完全繼承了他的前任胡佛總統的衣缽。羅斯福總統要求新的財政部部長候選人伍丁（William Hartman Woodin）儘快提出一套重整銀行的計畫，伍丁和即將離任的財政部部長米爾斯（Ogden Livingston Mears）見了面。幾天之後，伍丁向羅斯福總統提交了銀行重整計畫，幾乎完全照搬了米爾斯已有的方案。

解救銀行的措施中，最重要的一條是「銀行休假」（bank holiday）。3 月 5 日，羅斯福上任第一日，立刻援引《1917 年與敵對國家貿易法案》

宣佈實行為期四天的銀行休假。國會很快通過了羅斯福提交的《緊急銀行法案》。按照《緊急銀行法案》的規定，所有的銀行都要經受全面審查，通過審查的銀行才能重新開業，沒有通過審查的銀行就要關門整頓。

在短短幾天時間內，政府就要把所有銀行的帳本全部清查一遍，而且要判斷哪些銀行經營狀況良好，哪些財務出現了麻煩，這基本上是不可能完成的任務。費城聯邦儲備銀行行長喬治・諾里斯（George Norris）接到伍丁的指令，要求其審查所在地區的銀行後，立刻被銀行家們的來訪和電話包圍，頭都要大了。怎麼可能在一個週末就查清七八百家銀行的帳！他想出了一條金蟬脫殼之計，任命他的董事會主席、首席國民銀行審查員和考核部門負責人希爾組成一個三人委員會，接過這個燙手的山芋。可憐的希爾先生因此精神崩潰。

明明是敷衍了事、做做樣子的應付之策，神奇的是，效果居然非常好。星期一，有 12 個城市的銀行重新開門營業。一週之前，人們還在慌忙排隊，從銀行把錢取出來。過了一個週末，人們又開始慌忙排隊，把錢再存回銀行。羅斯福總統拯救金融危機，只用了 8 天時間和一次談話！

▍刺激經濟成長的宏觀政策

很多人認為，羅斯福總統採取了凱因斯式的擴張性財政政策。其實，羅斯福是傳統的平衡財政預算的忠實信徒。為了平衡財政預算，他甚至採取了一些匪夷所思的昏著[1]。

---

1 昏著：圍棋或象棋術語，意思是棋手因為疏忽，而在關鍵時刻下錯了一步棋。

1933 年，日本已經入侵中國，德國的納粹勢力迅速崛起，羅斯福反而把國防開支的預算削減 8%，甚至裁減了軍人的工資。政府提出了一項新規定：如果退伍軍人的殘疾不是因為服役而造成的，就沒法領到養老金。殘疾的退伍軍人在總統競選時是羅斯福最堅定的支持者，而且他們是大蕭條期間受到衝擊最大的人群，羅斯福居然會削減他們的退休金。

羅斯福在經濟學上基本是個白癡，他並不了解凱因斯當時提出的總體經濟學革命。凱因斯的確見過羅斯福，並且試圖跟總統解釋什麼是「乘數」的概念。遺憾的是，羅斯福根本聽不懂。事後，他跟手下抱怨，說凱因斯是個數學家。與其說羅斯福採用了擴張性的財政政策，不如說他用的是擴張性的貨幣政策。羅斯福之所以會採用擴張性的貨幣政策，也不是由於他深思熟慮，只是因為他膽子比前任胡佛更大，賭了一把，賭贏了。

羅斯福首先下令禁止黃金出口。接著，他放棄了被金融界視為神聖不可侵犯的金本位制。1933 年 6 月，世界貨幣和經濟會議在倫敦召開。這相當於當時的 G20 峰會。與會代表草擬了一個宣言，呼籲回歸國際黃金本位制。7 月 3 日，從華盛頓發給倫敦的一份電報帶來了爆炸性的消息：羅斯福總統拒絕承認大會宣言。他把金本位制稱為「全世界的銀行家們的過時信條」。可以說，羅斯福的攪局徹底毀滅了全球總體經濟政策協調的希望。但是，羅斯福是對的。歐洲各國政府認為穩定匯率比穩定國內的價格水準更重要，只有羅斯福旗幟鮮明地談到，穩定價格水準才是一國貨幣政策最重要的目標。

羅斯福總統的冒險成功了。紐約股票市場不跌反漲，放棄金本位制會摧毀市場信心的看法看來並不準確。《紐約時報》的報導寫道：「在經歷了多年的通貨緊縮之後，整個金融市場滿懷熱情地擁抱通脹預期。」

結構性改革

羅斯福的經濟顧問中有一批進步主義者，是布蘭迪斯（Louis Brandeis）的信徒。路易斯・布蘭迪斯是美國最高法院大法官，痛恨強盜大亨們的胡作非為。進步主義者主張對大企業加強監管，反對壟斷，認為小企業更有活力。哈佛大學法學教授菲力克斯・法蘭克福特（Felix Frankfurter）是這群人的首領。進步主義者對刺激經濟成長不感興趣，他們感興趣的是改革。資本主義有了毛病，要開刀，要動手術。他們認為，危機能喚醒改革意識，大蕭條為反壟斷提供了絕佳的時機。

羅斯福總統要求企業給工人支付更高的工資，並對企業的經營實行了更為嚴苛的監管。為鼓勵企業積極配合，政府會給遵紀守法的企業發放藍鷹標誌。遺憾的是，這些改革至少在短期內是會拉低經濟成長的。

經濟學家凱因斯在給羅斯福的一封公開信裡，批評這些做法是以犧牲經濟復甦為代價而實施改革的經典案例。由於推高了價格，實際上限制了供給，而這些措施沒有刺激任何需求。無論是信奉凱因斯主義的經濟學家，還是信奉新古典主義的經濟學家，一致認為羅斯福推出的《全國工業復興法》阻礙了經濟復甦。

總結

不要以為政策必須是完美的，事實上，政策總是不完美的；不要以為政策總是深思熟慮的，事實上，政策總是不高明的經濟學兌進去大量

政治之後的劣質酒。不要低估經濟體系對政策失誤的容錯空間，政府經常會對經濟問題誤診，但真要把經濟治死，倒也不是一件容易的事情；不要以為市場會比政府高明，事實上市場有時候會像一個涉世未深的少女，輕易地相信政府的甜言蜜語。

羅斯福新政並沒有真正地導致美國經濟走出困境。尤其是，當經濟剛剛有了起色之後，羅斯福急於回到平衡財政預算的老路上，導致美國經濟二次探底，而且，跌得更慘。真正給美國經濟帶來轉機的是第二次世界大戰，而不是羅斯福新政。

但是，羅斯福新政成功地遏制了一場經濟危機。沒有羅斯福新政，美國經濟將會陷入更大的恐慌。羅斯福做的，其實和胡佛做的相差不大。那麼，為什麼羅斯福新政做到了，胡佛卻沒有做到呢？

新政裡面包括了各種不同的政策，有些政策之間的作用力其實是相反的。羅斯福的巧妙之處就在於把不同的政策打包，用一個品牌對外銷售。決定政策效果的，不僅在於政策的設計，甚至不僅在於政策的執行，政策的包裝和推銷同樣重要。新政的成功秘訣，就在於有羅斯福這樣一個出色的推銷高手。他的性格和胡佛完全不同，胡佛固執，羅斯福隨和；胡佛拘謹，羅斯福自信；胡佛的演講蒼白乏味，羅斯福的演講深深地打動人心。「唯一值得恐懼的就是恐懼本身」，說得多好啊。有時候，差別就在於換了一個人。

▶ 延伸閱讀：巴里・艾肯格林，《*Hall of Mirrors*》。

歷史的教訓：活學活用歷史篇

　　馬克・吐溫說：「歷史是不會重複的，但總押著同樣的韻腳。」當我們遇到嚴峻挑戰、需要做出重大決策的時候，歷史經驗就變得格外有用。決策猶如在迷霧中摸索，猶如在驚險中一躍，除了歷史經驗，我們還能依靠什麼呢？理論往往是難以令人信服的。預測經常是不準確的。各種不同的利益會給決策過程帶來牽制。相比之下，歷史經驗往往最具有說服力。

　　應對全球金融危機的時候，人們經常會把 1930 年代的歷史事例拿出來對比。全球金融危機已經過去 8 年了，如果我們做一個總結，30 年代的大蕭條，真的對應對全球金融危機有幫助嗎？

　　答案並不是簡單的是或非。我們不妨把所有的可能性都考慮進來。當人們試圖總結歷史經驗的時候，他們可能會總結得對，也可能會總結得錯。當人們試圖根據歷史經驗做出現實決策的時候，他們可能做出正確的決策，也可能做出錯誤的決策。因此，我們會有四種可能性，如果做出座標圖，這四種可能性將分別處於四個不同的象限。第一象限是：對歷史的認識是正確的，現實決策也是正確的。第二象限是：對歷史的認識是正確的，但現實決策卻錯了。第三象限是：對歷史的認識是錯誤的，現實決策也是錯誤的。第四象限是：對歷史的認識是錯誤的，但現實決策反而是正確的。

　　我們分別來考察一下這四種可能性。

第一種可能性是：對歷史的認識是正確的，現實決策也是正確的。

2008 年全球金融危機爆發之後，各國決策者迅速地行動起來，避免了再次出現像 1930 年代大蕭條那樣的悲劇。是的，在 2008 年全球金融危機之後，還是出現了曠日持久的衰退，發達國家增長乏力，失業率居高不下，但美國失業率在 2010 年達到這一時期的最高值 10%，這大大低於大蕭條時期的 25%。大蕭條之後，金融體系幾乎完全崩潰，而全球金融危機之後，儘管金融機構遭受重創，但依然過得非常瀟灑。不得不承認，由於應對政策更為得當，產出下降、失業高升、社會紊亂和民眾痛苦的程度都較上一次大危機時期更低。

這說明經濟史學家對大蕭條的研究發揮了作用。大蕭條時期，受到錯誤的經濟教條的影響，政府在最需要刺激經濟的時候，卻害怕財政赤字太多，忙著重建財政平衡。這種做法使得經濟局勢更加惡化，財政平衡也變成了泡影。在本該臥床休息的時候，偏偏要到戶外頂著寒風跑馬拉松，這才叫不作不死。

大蕭條時期，中央銀行家都是真實票據論的奴僕。他們的信條是，中央銀行只應該提供與經濟活動所需相匹配的信貸量。經濟繁榮的時候，央行需要提供更多的信貸，經濟衰退的時候，央行就要減少信貸的供給。這一教條帶來的危害是巨大的。於是，繁榮的時候，經濟出現了過熱，衰退的時候，經濟出現了危機。

大蕭條時期，各國政府對於救助出了問題的金融機構並沒有經驗，要嘛作壁上觀，要嘛想幫卻束手無策。於是，金融機構像多米諾骨牌一樣一張張地倒掉了。

反觀 2008 年全球金融危機爆發之後，各國幾乎不約而同地都採取了擴張性的財政政策和貨幣政策，敞開向金融市場注入流動性，避免了銀行間的恐慌進一步蔓延。各國政府還採取了非常規的手段救助出了問題

的金融機構，甚至直接向一些金融機構注資，把它們「國有化」了。

我們能從這裡得到什麼啟發？從歷史的失敗案例吸取教訓也容易，也不容易。容易在於，你只要避免犯同樣的錯誤，朝反方向調整就行。不容易在於，改弦易轍談何容易？總會有各種反對的聲音。什麼時候更可能成功呢？那就是當危機來得太快太猛的時候。這時候，決策者不得不當機立斷、力挽狂瀾。這種危機感有助於幫助決策者擺脫陳腐偏見的束縛，大膽地嘗試新的方案。任何一種政策都可能帶來副作用，但只要方向是對的，到最後，副作用其實都不會太大。

第二種可能性是：對歷史的認識是正確的，但現實決策卻錯了。

從歷史經驗來看，1930 年代大蕭條的主要根源是出現了銀行業危機。不難發現，在處理 2008 年全球金融危機的時候，決策者也把主要精力集中於商業銀行。這使得他們忽視了影子銀行、衍生產品等新生事物。正是由於這一忽視，才釀成了本次危機中最大的錯誤，即允許雷曼兄弟倒臺。

雷曼兄弟不是商業銀行，不吸收存款。決策者們誤以為，它的倒閉不會引發對其他銀行的擠兌，他們忽視了雷曼兄弟對貨幣市場的影響。在正常時期，貨幣市場是企業，尤其是大企業融通短期資金的主要管道。雷曼兄弟在貨幣市場上發行了大量短期票據，過去，投資者認為這些短期票據幾乎是沒有風險的。雷曼兄弟倒閉之後，投資者才發現，兄弟是靠不住的，貨幣市場是有風險的。貨幣市場上的資金幾乎在一夜之間蒸發得無影無蹤。正是因為雷曼兄弟的倒閉，才使得金融危機擴散成為經濟危機。

從歷史吸取教訓，還可能會出現另一種問題。一朝被蛇咬，十年怕井繩。過分地拘泥於歷史經驗，反而會讓人縮手縮腳。

在 1920 年代，德國曾經出現過惡性通貨膨脹。有些學者認為，正是由於惡性通貨膨脹，才使得希特勒最終透過民主選舉的方式上臺，隨後迅速推行納粹專制。這使得德國比任何一個國家都害怕通貨膨脹。鑒於德意志聯邦銀行在歐洲中央銀行中的影響力，再加上身為歐洲央行主席的法國人尚·克勞德·特里謝（Jean — Claude Trichet）急於表現出他和德國人一樣，是一個反通脹鬥士，德國人的恐懼最終變成了歐洲的政策。在歐洲遭受債務危機衝擊之後，歐盟和歐洲中央銀行反而要求希臘等國家大幅削減預算赤字。2010 年，歐洲央行貿然下結論，認為復甦可期，可以逐步退出其非常規政策。2011 年春季和夏季歐洲央行更是兩次升息。這使得歐洲不僅沒有迎來復甦，反而陷入了第二次衰退。

第三種可能性是：對歷史的認識是錯誤的，現實決策也跟著錯了。

1930 年代的大蕭條，可追溯到《凡爾賽條約》。一戰之後，戰勝國認為能夠從歷史中吸取的最寶貴的教訓就是削弱德國的力量，以免讓德國東山再起。《凡爾賽條約》規定了非常苛刻的條件，要求德國賠償。德國破罐破摔，乾脆搞個惡性通貨膨脹。一戰之後，歐美各國還錯誤地想恢復金本位制，以為只要恢復金本位制，就能回到一戰之前的黃金時代。金本位制束縛了各國的手腳，成了凱因斯所說的「黃金鐐銬」。

我們現在能夠看得更為清楚，第一次世界大戰之後，各國對為什麼戰前的黃金時代會突然結束，為什麼會出現殘酷的戰爭，並沒有清醒的反思。他們的認識仍然停留在第一次世界大戰之前。那個時代見證了科技的巨大進步、財富的湧流、社會的進步，以及難得的世界和平，大多數人只是本能地懷念過去的好時光，徒勞地想要修復破碎的鏡子。第一次世界大戰之後，國際政治、國內政治、國際經濟和國內經濟都有了巨大的變化，但各國仍然幻想著能夠回到過去。這是當時的決策者犯的最大的錯誤。

歷史不會自動地把謎底揭開，清清楚楚地展示給世人。各種頭緒盤根錯節，各種力量鉤心鬥角，各種資訊撲朔迷離，能夠做到準確地鑒別真偽，並對歷史的趨勢做出可信的判斷，是一件很難的事情。

我們能從這裡得到什麼啟發？歷史首先是觀念的歷史，如果我們仍然抱著陳舊的觀念，就無法對歷史做出合理的解釋。在解讀歷史的時候，要把各種先入為主的成見放在一邊，隨時準備修正自己已有的認知。

第四種可能性是：對歷史的認識是錯誤的，但陰差陽錯，現實決策居然對了。

最經典的案例是《斯穆特—霍利關稅法》。這是 1930 年美國國會通過的一個臭名昭著的貿易保護主義法案。經濟學教科書告訴我們，這個貿易保護主義法案給世界經濟帶來了極大衝擊。但是，經濟學教科書說的是錯的。

《斯穆特—霍利關稅法》是由眾議院議員威利斯・霍利（Willis Hawley）和參議院議員里德・斯穆特（Reed Smoot）共同提出的。1930 年 6 月 17 日，胡佛總統批准了這一法案。在簽署法案的時候，胡佛總統耀武揚威地用了六枝純金水筆。《斯穆特—霍利關稅法》將可徵稅的進口品稅率從 38% 提高到 45%。

這一法案對美國經濟的影響有多大呢？一位經濟學家道格拉斯・艾爾文（Douglas Irwin）的研究結果是，《斯穆特—霍利關稅法》使美國 1929 年的 GDP 最多減少了 1.16 億美元，或相當於當年美國 GDP 的 0.1%，這和大蕭條帶來的衝擊相比，不過是滄海一粟。有人說，提高關稅帶來了更多的不確定性，因此影響了投資。是的，1929 年的投資確實較為疲軟，但到 1930 年就已經企穩，並沒有發現《斯穆特—霍利關稅法》對投資有顯著的負面影響。

　　《斯穆特—霍利關稅法》帶來最大的衝擊是破壞了國際合作的氣氛。美國的貿易保護政策引發了其他國家的貿易保護政策。用摩根的合夥人湯瑪斯・拉蒙特的說法，它「刺激了全世界的民族主義情緒」。義大利因其草帽和橄欖油對美出口的關稅被提高而抗議。瑞士的手錶製造商義憤填膺。西班牙對美國的葡萄、柑橘、洋蔥出口均受到影響。拉丁美洲國家抱怨美國給予其農戶的貿易保護。在拉丁美洲和其他地區，初級產品價格本來就已經疲軟，美國的貿易保護主義政策讓它們雪上加霜。它激發了其他國家的報復，並導致國際聯盟舉辦的一次關稅削減會議破產。

　　單純從經濟學的角度來看，教科書裡關於《斯穆特—霍利關稅法》使得美國深陷大蕭條的說法是誇大其詞的，但這一誤讀早已深入人心，使得人們對貿易保護主義心存警惕。2008 年全球金融危機之後，各國政府總體來說對實施貿易保護主義非常克制，這種克制的態度又使得其他國際政策協調變得更加容易。這可以算是一個有趣的案例。

廣場協議：告訴你 1985 年廣場協議的真相

你們可能聽說過廣場協議，據說美國當年施壓日本，讓日元升值。日元升值之後，日本經濟就完蛋了。這是一種流傳甚廣的陰謀論。我來告訴你廣場協議的真相。

謠言：

1985 年，美國召集其他幾個國家在紐約的廣場餐廳開了一個會，通過了廣場協議。廣場協議的主要目的是為了逼迫日元升值。日本迫於美國的淫威，不得不讓日元升值。本來，日本經濟發展得很好，出口產品很有競爭力，就是因為上了美國的當，讓日元升值，從此一蹶不振，日本經濟由盛轉衰，進入了「失落的十年」。

真相：

1985 年在廣場會議上，讓美國人吃驚的是，日本人主動提出的升值幅度，比美國想讓日元升值的幅度還要大。日元升值之後，當然對日本的出口帶來了一定的衝擊，但日本企業很快就改變了經營策略，更注重品質而非價格，競爭力反而更強了。即使日元不斷升值，日本的出口還是比進口多，保持了較大的貿易順差。日本企業也是在日元升值之後才開始「走出去」，變成了真正的跨國公司。

日本進入「失落的十年」是在 1990 年之後，那是因為日本在廣場協

議的背後錯誤地採取了擴張性的貨幣政策，帶來了史無前例的資產價格泡沫，最後泡沫崩潰，日本經濟遭受重創。

解釋：

1985 年，雷根經濟學已經窮途末路。雷根經濟學始於 1981 年，主要包括四個部分：

一是削減聯邦政府的開支；

二是減稅，即削減個人所得稅，並實施投資優惠政策；

三是放鬆管制，尤其是對金融行業的管制；

四是反通貨膨脹。雷根經濟學的效果並不理想。跟一開始的許諾相反，雷根政府非但沒有減少聯邦開支，反而導致聯邦政府的財政赤字越來越大。美國從一個債權國變成了債務國，不得不從外國人那裡借錢。

1979 至 1981 年期間，美聯儲主席保羅·沃克（Paul Volcker）兩次把美元利率提到 20%，以鐵腕手段遏制了持續多年的通貨膨脹，但這一政策也使得美元強勁升值。美元升值影響了美國的出口。1984 年，美國的貿易逆差第一次超過 1,000 億美元。很快，貿易保護主義情緒在美國抬頭。僅僅在 1985 年，美國國會就提出了 400 多項保護美國產品的議案，比如，民主黨提出的徵收進口附加稅議案。當時，日本對美國的貿易順差最大，因此首當其衝，被美國不斷敲打。1985 年 9 月，雷根總統根據《貿易法》中的 301 條款，對日本的出口進行報復。這個 301 條款是美國最有名的貿易保護手段，根據這一條款，如果美國認為其他國家存在對美國不公平、損害了美國利益的行為，就可以單邊採取制裁行為。1985 年，美國財政部換了領導。詹姆士·貝克（James Baker）成為新的財政部部長。之前，他是白宮辦公室主任。他的助手理查·達曼（Richard Daman）成為財政部副部長。貝克和達曼對總體經濟和國際金融並不在行，但他們都是華盛頓的老手，具有敏銳的政治直覺和本能。

他們很快意識到，要是採取些行動制止美元升值，會在政治上得分。

說做就做，貝克和其他幾個主要的發達國家商量，能不能聯手干預外匯市場。大部分國家都支持美國的倡議。隨著全球資金源源不斷地流向美國，其他國家也深受其害。拉丁美洲在 1980 年代出現的債務危機，雖然有其自身的原因，但很大程度上是強勢美元帶來的資本外流觸發的。歐洲國家的貨幣急劇貶值，它們也在討論要不要聯合干預。德國曾於 1984 年單邊行動，賣出 13 億美元，試圖打壓美元匯率，卻無濟於事。英鎊跌到了歷史低位，柴契爾夫人曾向雷根總統求援，希望美國干預匯市。

1985 年 9 月 22 日，在紐約中央公園對面的廣場餐廳召開了五國集團的財政部部長和央行行長會議。美、日、德、法、英五國用了不到 20 分鐘的時間，就通過並公佈了聯合聲明。為什麼這個會議會如此有成效呢？因為美國已經事先做了充分的溝通。美國官員在 6 月份就已經把聯合干預的方案透露給了日方。

美國在談判的過程中，採取的是「分而治之」的策略，先和日本達成原則上的一致，然後到歐洲，告訴歐洲各國，日本已經答應了我們。當歐洲各國也表示同意之後，美國再回到日本，用歐洲的合作敲打日本，要求日本接受更苛刻的條件。其實，美國對日本過慮了。美國得到的，比他們想要的還更多。

保羅‧沃克在回憶錄《時運變遷》（*Changing Fortunes*）一書中寫到，在廣場會議上，讓美國人吃驚的是，日本的大藏大臣（即財政部部長）竹下登主動提出，日本可以承受 10% 至 20% 的日元升值，美國原來想的是日元能升值 10% 就謝天謝地了。為什麼日本會如此積極呢？這主要是因為日本政府非常擔心，如果日元升值的幅度不夠大，美國就會對日本的出口實行嚴厲的制裁。日元升值固然會影響到日本的出口競爭

力，但總比激怒了美國、讓美國把市場的大門徹底關上好。

廣場協議之後的七天之內，G5 集團一共拋售了 27 億美元，其中日本最為賣力，賣出了 12.5 億美元。廣場協議之後，美元迅速貶值。1986年 1 月，美元已經比一年前的最高點下跌了 25%。

為什麼廣場協議如此成功？各國政府當然會吹噓這是他們團結一心、政策協調的結果，但實際上，就在廣場協議之前，美元已經是強弩之末，開始由強轉弱。比如說，美元兌日元匯率在 1985 年 2 月份達到最高點，即 1 美元兌換 263 日元，而到廣場協議的前一天，1 美元兌換 238日元，美元已經下跌超過 10%。有一種流行的說法是，廣場協議之後的日元升值，導致了日本經濟的崩潰。這種觀點在 1985 年和 1986 年較為流行，但到 1988 年左右就逐漸消失了。

大家發現，日元升值之後，日本的貿易順差還是很大。1986 年，日本貿易順差占 GDP 的比例達到了最高值 4.4%，到 1987 年還高達 3.6%。提起貿易順差，日本人自己都不知道該怎麼降下去。田中角榮首相出於善意，想透過訂購美國的飛機，把貿易順差降下來，結果反而惹了一身腥。國內公眾指責他在這單生意中拿了回扣。

中曾根康弘首相高調號召日本人多買美國貨。他甚至在電視攝製組的陪同下，到了一家美國的商店，以身作則，購買了兩條漂亮的領帶。遺憾的是，這兩條領帶是法國生產的。大多數日本的官員和學者都認為，真正造成日本經濟崩潰的原因，不是廣場協議之後日元升值，而是在隨後的羅浮宮協議之後，日本過度放鬆貨幣政策，導致房地產價格和股票價格瘋狂上漲，到了 1989 年，日本銀行又突然加息，一下子戳破了泡沫，這才導致日本經濟一蹶不振。

▶ 延伸閱讀：保羅・沃克、行天豐雄，《*Changing Fortunes*》。

美元霸權：美元是我們的貨幣，卻是你們的問題

令人鬱悶的美元

　　1970 年代，在尼克森總統時期當過美國財政部長的約翰‧康納利（John Connally）大言不慚地說：「美元是我們的貨幣，卻是你們的問題。」什麼叫霸道？這就叫霸道。弱國無外交。其實，強國也沒有外交，大多數時候只要學會仗勢欺人就行。大家可以想想，作為世界上唯一一種霸權貨幣，美元更傾向於升值呢，還是更傾向於貶值？

　　雷根總統喜歡說：「強勢的美元，強大的美國。」看起來，既然是霸權貨幣，那就得非常堅挺。不過，要是一種貨幣在升值的時候才能受到別人的追捧，那就不叫霸權貨幣了。任何一種貨幣，只要有升值的預期，自然會有更多的人願意持有。只有霸權貨幣是在它不斷貶值的時候，你還不得不持有。作為一種霸權貨幣，美元的長期趨勢是不斷貶值。更為令人鬱悶的是，當危機爆發的時候，美元往往是最大的受益者。也就是說，美元在平日裡會緩慢貶值，到了危機關口反而不跌反升。

　　我們把時光倒放到 2007 年。當時，美國的經常帳戶赤字已經超過GDP 的 5%，這早已超過了預警線。很多經濟學家、政府官員、金融家和媒體記者紛紛發出美元即將崩盤的預警。我們後來熟悉的「末日博士」魯比尼（Nouriei Roubini），是為數不多的預言了美國金融危機的經濟學

家，但他也說錯了，他當時預言的是美元危機，不是來自房地產市場的危機。據稱，著名經濟學家克魯曼成功地預言了東亞金融危機。他說，美國的經常帳戶赤字已經到了不可持續的地步。

哈佛大學的羅格夫（Kenneth Rogoff）教授是國際金融學界數一數二的人物，他後來做過國際貨幣基金組織的首席經濟學家。羅格夫教授說，我們即將面臨一場巨大的金融海嘯，因為美元很可能會出現劇烈的貶值。號稱「日元先生」的日本前任財政部部長榊原英資說，美元將在2008年大幅度貶值。

跟索羅斯（George Soros）齊名的著名金融家羅傑斯（Jim Rogers）也說，很快就要出現一場嚴重的經濟衰退，美元必將崩盤，債券市場也會崩潰。所有人都猜錯了。全球金融危機的導火索不是美元，而是美國房地產市場上專門貸款給窮人的「次級貸款」。奇怪的事情發生了。美國明明是個重災區，是地震的震央，但大批資金反而湧入美國。這些流入的資金當中，有一部分是美國的資金。美國的投資者沒有錢了，不得不從海外抽回資金，補窟窿，這是可以理解的，但流入美國的還有其他國家的資金。

當時，德國和日本都出現了資本外流，只有美國出現了大量的資本流入。於是，美元本來是應該貶值的，結果不僅不貶值，反而還升值了。這真正是不講道理。當然，這些錢流入美國，不是為了買美國的房地產，也不是為了買美國的股票，大量的資本湧入了美國國債市場。於是，美國國債的價格持續攀升。美國經濟已經不行了，美國政府制定了大規模的政府支出計畫，可是，美國自己沒有錢啊，怎麼辦，只好跟大家借錢。

如果政府為了增加支出而大舉借債，利率本來是要提高的。你有急事跟我借錢，我還不收更高的利息？但實際上，美國國債的利率一直

沒有上升。2008 年 9 月之後，3 月期的美國國庫券的收益率居然出現了負數，也就是說，你要是借錢給美國，不僅沒有利息收入，反而要倒貼錢。這真是不講道理。

還有更不講道理的。2011 年 8 月 5 日，國際評級機構標準普爾做了一件出乎意料的舉動，將美國政府債券的信用等級從最高的「AAA」級，下調到「AA+」。這表明市場上對美國的債務問題是非常擔心的。這下子總算有個孩子站出來，大聲地說，皇帝是沒有穿衣服的。結果如何？皇帝應該灰溜溜地下臺才對。我們又猜錯了。當出現恐慌之後，投資者不僅沒有減少對美國國債的購買，反而買得更多了。當然，他們也做了一些調整，少買長期國債，多買短期國債。美國經濟越爛，美元越受到投資者追捧。美國的債務越多，願意借錢給美國的人反而越多。這個世界真的是瘋狂了。為什麼會是這樣呢？因為在危機時期，全球金融市場上非常缺乏安全性金融資產。

所謂安全性金融資產需要滿足三個特徵：一是可以保護投資者的本金，二是可以很容易地轉換為其他貨幣，三是具有充足的流動性，也就是說，想要現錢的時候隨時可以變現。

可憐的全世界的投資者，心中的悲苦，更與何人說。

中國與「美元陷阱」

我們舉一個例子。中國最多的時候有 4 萬億美元的外匯儲備，現在少了一些，也有大約 3.5 萬億美元。這些外匯儲備大多是由國家外匯管理局管的。你要是在國家外匯管理局，手裡拿著這麼多的美元，你該怎麼辦？

你也知道，美國國債的收益率是極低的。那，要不然，我們買美國的房地產，或是買美國的股票？少量地買一些是可以的，但沒有辦法都買成房地產或股票。不管是房地產還是股票，都是有可能賠錢的，但外管局最重要的任務不是賺錢，而是不虧錢，要保本。要是不買美國的國債，那我們去買歐元國債，或是日元國債？歐洲國家裡發行債券最多的國家是義大利。你去買義大利的國債，還不如買美國國債靠譜。買日元國債？日本的債務壓力比美國還大，日元匯率的波動性遠高於美元。買黃金？可以啊。但是，黃金不會給你帶來任何利息收入。而且，只要國際市場上聽說中國要買黃金，一定會把黃金炒到天價，中國就會成功地在歷史最高點買入黃金，被結結實實地套牢。

再說，不管我們想買歐元、日元還是黃金，首先得把手中持有的美國國債賣了，才能有錢買其他的資產。如果中國拋售美國國債，一定會觸發市場上的恐慌，美元將會急劇下跌，我們又不可能在一夜之間賣掉所有的美國國債，所以，如果中國拋售美國國債，就會迅速地賠錢。那算了，不賣了，我們繼續持有美國國債。可以啊，但是，不要忘了，從長期趨勢來看，美元是要貶值的。現在大家都在談美元升值，這一波美元升值能夠持續多久呢？川普不是口口聲聲要重振美國的製造業嗎？要是重振美國的製造業，美元就得走弱，否則美國根本競爭不過其他國家。於是，中國繼續持有美國國債的結果是，我們會慢慢地賠錢。這就是「美元陷阱」。為什麼我們會掉進「美元陷阱」？

一是因為現存的以美元為基礎的國際貨幣體系存在著重大的缺陷。

二是因為中國過去的發展戰略是出口導向型的，這一戰略曾經非常成功，但已經走到了盡頭。

那麼，現存的美元本位的國際貨幣體系是不是會出現重大的危機呢？這是一定的。什麼時候會出現危機呢？沒有人能夠預測。

▶ 延伸閱讀：巴里・艾肯格林，《*Exorbitant Privilege: The Rise and Fall of the Dollar and the Future of the International Monetary System*》。

金錢政治：從歷史和政治的角度認識貨幣和金融

前面我介紹了金本位制、銀本位制，也討論了人民幣和美元的匯率。很多朋友對貨幣、金融都很感興趣，但對《貨幣戰爭》又半信半疑。有沒有靠譜的介紹貨幣和金融的歷史讀物呢？

當然有了。我先給大家介紹一位多產的歷史學家：尼爾・弗格森（Niall Ferguson）。他已經寫了十幾本書，而且寫的都是宏大的主題。他的一個主題是金融史，這方面的書包括：《貨幣崛起》（*The Ascent of Money*）、《金錢關係》、《紙與鐵》（*Paper and Iron*）、《羅思柴爾德家族》（*The House of Rothschild*）等。他的第二個主題是帝國，這方面的書有：《文明》（*Civilization*）、《帝國》（*Empire*）、《巨人》（*Colossus*）、《西方文明的 4 個黑盒子》（*The Great Degeneration*）等。他的第三個主題是戰爭，這方面的書有《第一次世界大戰，1914-1918 戰爭的悲憐》（*The Pity Of War*）等。

《貨幣崛起》（*The Ascent of Money*）也有電視紀錄片，如果你不願意讀書，可以下載這部紀錄片看。《貨幣崛起》首先講述了貨幣的起源，然後沿著時間的長河順流而下，講述了銀行、股票市場、保險、房地產的起源和發展，最後是對全球貨幣體系的鳥瞰，他提出了「中美國」的概念，即中國和美國已經緊密地結合在一起：中國出口到美國，又用換回來的美元購買美國國債。

《金錢關係》試圖從政治經濟學的角度審視貨幣與金融。戰爭需要錢，誰能堅持到最後一塊金幣，誰就能勝出。即使在不打仗的時候，政府也要收稅，怎麼收稅、向誰徵稅，會影響到政治制度的變化。《金錢關係》中談到了債務。國家能借多少債？國家能不能用印鈔票的方式還債？在歷史上始終存在著靠放貸為生的食利者，他們都是邪惡的罪人嗎？金錢會怎麼樣操縱政治運作？金錢又如何游走於全球市場？

《紙與鐵》寫的是貨幣史上的一段著名的故事，即 1920 年代德國在威瑪時期的惡性通貨膨脹。我在以前的數篇文章中都談到了這段歷史。這段歷史給德國人留下了深刻的記憶，就如同 1960 年代的大饑荒給中國人留下的深刻記憶一樣，這種「集體記憶」直到現在還在影響著政府的決策。

《貨幣戰爭》中一個流傳最廣的故事就是羅斯柴爾德家族如何在幕後統治了整個世界。這純屬瞎扯。弗格森寫過三卷本的《羅斯柴爾德家族》，比《貨幣戰爭》靠譜多了。當然，肯定還有很多人只相信陰謀論。那就讓他們相信好了。在這個偉大的時代，每個人都有選擇不相信真相的權利，你說是不是呢？

弗格森不是職業經濟學家，如果推薦經濟學家寫的書，我建議大家讀讀巴里・艾肯格林的《囂張的美元》。這本書寫的是貨幣國際化的歷史。什麼是「囂張的特權」？這是法國人指責美國的，說美元有「囂張

的特權」，美國人拿一張綠色的小紙片，就能換走別人的資源和產品。《囂張的美元》主要談的是美元成為國際貨幣的歷史，但也談到了人民幣國際化。艾肯格林對人民幣國際化倒是很樂觀，他覺得人民幣很快就能成為國際貨幣體系中的重要支柱。艾肯格林還寫過一本關於國際金本位制的書，叫《*Golden Fetters*》，但簡體中文譯本把書名翻譯成《金色的羈絆》，簡直莫名其妙，而且譯本錯誤很多，建議大家直接讀原文。

想要了解金融的朋友，還可以閱讀芝加哥大學經濟學教授拉詹和津加萊斯（Luigi Zingales）合著的《從資本家手中拯救資本主義》（*Saving Capitalism from the Capitalists*）。拉詹曾經擔任過印度央行的行長，剛剛卸任。這本書談了一個有趣的現象，金融發展本來是對弱勢群體最有利，但弱勢群體反而對金融最恨之入骨。何以如此呢？拉詹和津加萊斯說，如果說資本主義就是自由市場經濟的話，大資本家其實會在資本主義中失利，因為競爭會損害到他們的既得利益，於是，他們會變成資本主義的最大的敵人，而且，他們會鼓動吃瓜群眾起來反對自由市場經濟。聽起來是不是有點拗口呢？那你看看川普都選了什麼人進內閣，你覺得他們代表的是誰的利益呢？同樣，在這個偉大的時代，每個人都有選擇被別人愚弄的權利，你說是不是呢？

所以說，多讀書是一件多麼重要的事情啊。金融聽起來很複雜（實際上也很複雜），但你其實是可以理解金融的。在全球金融危機之後，出現了一大批非常優秀的寫金融危機的書。頗具諷刺意義的是，了解金融運作的最好的辦法，就是讀讀這些關於金融危機的書。這裡有幾本值得推薦的：

1. 安德魯・羅斯・索爾金（Andrew Ross Sorkin），《大到不能倒：金融海嘯內幕真相始末》（*Too Big to Fail: The Inside Story of How Wall Street and Washington Fought to Save the Financial System - and Themselves*）。這是《紐約時報》首席記者寫的關於美國金融

危機的深度報導，還有同名的電影。書很厚，但故事讀起來扣人
心弦。

2. 莫文・金恩（Mervyn King），《金融煉金術的終結：貨幣、銀行
體系與全球經濟的未來》（*The End of Alchemy: Money, Banking
and the Future of the Global Economy*）。作者是英格蘭銀行前任行
長，這本書是他對金融體系之內在缺陷的深入反思。

3. 艾倫・布蘭德（Alan Blinder），《當音樂停止之後》（*After the
Music Stopped: The Financial Crisis, the Response, and the Work
Ahead*）。作者是普林斯頓大學著名經濟學教授，書出得有些晚，
被很多同類著作淹沒了，但這本書對政策決策的經濟學分析最為
精闢。

4. 亨利・鮑爾森，《峭壁邊緣》（*On the Brink: Inside the Race to Stop
the Collapse of the Global Financial System*）。鮑爾森是美國金融危
機的親歷者，書中有對自己的辯護，有些地方把自己寫得太高大
上了，但有助於我們了解當時的決策內幕。

5. 麥可・路易士（Michael Lewis），《自食惡果》（*Boomerang:Travels
in the New Third World*）。路易士是著名的財經作家，本書讀起來
很輕鬆，主要寫了歐洲是如何一步步陷入金融危機的。

第十章

地緣政治

導讀

你在海平面看到的經濟學

　　地緣政治？什麼地緣政治？隨著交通技術、互聯網和大數據技術的發展，全球經濟已經融為一體。外包和離岸生產越來越流行，區域生產網路和全球生產網路逐漸形成。地理因素已經變得越來越不重要了。未來的世界經濟將是沒有國界、不受地理條件限制的經濟。

你在高海拔看到的經濟學

　　即使在一個互聯互通的時代，地理仍然非常重要。特定的人群居住在特定的地域，生於斯，長於斯，歌哭於斯，慢慢地沉澱出了群體的性格。地理位置很重要，本地的自然資源稟賦很重要，特定的地形、氣候也很重要，甚至有什麼樣的鄰居都很重要。歷史的演進有路徑依賴性，有長期的記憶性。地緣政治因素不僅沒有變得過時，反而更加重要。

本章簡介

《西伐利亞體系：假如你是一位聖馬利諾公民》談到，現有的國際政治體系是以西伐利亞體系為基礎的。在西伐利亞體系中，民族國家是最基本的政治單位，沒有比主權更高的權力，各國不分大小、一律平等。這是歐洲國家在數百年戰火紛爭之後，痛定思痛，達成的妥協。但西伐利亞體系也存在很多不合理之處。比如小國和大國很難做到平等，強求平等未必有利於全球治理。大國應當承擔更多的義務，也應該有更多的權利。

《犬牙交錯：為什麼河南和河北不是沿黃河劃界？》談到，在劃分各個地方的疆界時，中國古代統治者首先考慮的是政治穩定，而非經濟效率。沒有哪兩個省是隔江而治、隔河而治的。這種犬牙交錯的劃界方法是為了防止地方割據，但在一定程度上會損害地方經濟的發展。

《以攻為守：俄羅斯為什麼一定要對外擴張？》談到，俄羅斯天生具有進攻性。這是由於從地理形勢來看，俄羅斯的東邊腹地廣闊、不用擔心外敵入侵。南邊有高加索山脈作為屏障，但其軟肋來自西方。俄羅斯的西邊是一片平地，無險可守，所以必須把邊界盡可能朝外推進，試圖「以空間換時間」，贏得更多的軍事動員時間，這樣它才會感到安全。

《地理的囚徒：巴基斯坦是不是塔利班的好朋友？》談到，巴基斯坦和印度分治之後，始終處於動盪和落後的局面。巴基斯坦和阿富汗唇齒相依，對塔利班的支持原本是出於安全考慮，而非支持其恐怖主義活動。但在西方強權的干涉下，局面變得越來越複雜、越來越動盪。

《海防與疆防：中國能不能同時打贏兩場戰爭？》談到，中國的「疆防」和「海防」是同等重要的。中國在南海的優勢日益突顯，但

是，中國之所以能夠發展「海防」，是因為內陸防線較為穩定，沒有潛在的威脅。如果中國不得不在東西兩條戰線上作戰，將會處於非常被動不利的局面。

《進攻性與防禦性武器假說：矛和盾的軍備競賽》談到，有進攻性武器和防禦性武器之分。當進攻性武器占上風的時候，求戰的情緒更加高漲，但當防禦性武器占上風的時候，會處於相對的和平時期。第一次世界大戰爆發的時候，各國軍事將領錯誤地把機關槍當成了進攻性武器，以為戰爭會速戰速決，結果卻陷入了漫長而殘酷的「壕溝戰」。核武器是防禦性武器，所以才會出現核威懾下的和平。

《展望未來：新的地緣政治遊戲》，隨著冷戰結束、全球金融危機爆發和氣候變化，地緣政治風險會不斷上升。過去的國際政治主要是在國與國之間，而未來各國政府將不得不面臨一些全新的挑戰者：恐怖分子、聖戰組織、網路駭客、氣候災害、全球範圍內爆發的傳染病。

西伐利亞體系：假如你是一位聖馬利諾公民

聖馬利諾之旅

2016 年夏天，我到義大利出差，順道訪問了一個小國：聖馬利諾。聖馬利諾位於義大利半島的東部，整個國家被義大利包圍，是一個國中之國。聖馬利諾的面積大約有 60 平方公里，2.7 萬左右的人口。7 個聖馬利諾，才能頂上一個北京市海淀區；僅兩個南街村，就能超過聖馬利諾。海淀區的人口是聖馬利諾的 100 多倍，華西村的人口甚至都比聖馬利諾的多。

我拜訪了聖馬利諾的一家銀行。他們號稱是聖馬利諾的三大銀行之一，總部坐落在一棟兩層小樓裡。我問同行的義大利朋友，這家銀行能不能在義大利開分行。他詭異地一笑，說開分行當然可以，但如果在聖馬利諾以外開分行，就要接受歐盟監管，如果只在聖馬利諾，怎麼做生意自己說了算。啊哈，原來如此。

在這家銀行做完學術報告，一位當地的計程車司機帶我去參觀聖馬利諾城堡。在聖馬利諾東部的一座小山上，有三個城堡，城堡之間有城牆相連。這三個城堡修築在懸崖上，上山的路崎嶇陡峭。司機的車技出神入化，狹窄的小巷僅容一輛小車通過，而且坡度幾乎有 30 度之陡，他居然能輕鬆地開到山頂。更讓我驚訝的是，他似乎認識所有的人。街道

兩邊的小店店主跟他打招呼，過路的員警跟他打招呼，一位花甲老人跟他打招呼，一個十幾歲的小男孩也跑來跟他打招呼。我跟他說，你真是這裡的明星啊。他說，在我們這裡，所有的人都互相認識。

傍晚，他送我回義大利。一下山，剛開出去不到十分鐘，他忽然跟我說，我們已經過了國界，現在在義大利的境內了。

做一個聖馬利諾人，該是一種什麼感覺？

我有種感覺，好像聖馬利諾人是在玩一個角色扮演遊戲。他們沒有自己的貨幣，不需要國防，說的是義大利語，四周被主張「主權至上」原則的義大利所環抱。聖馬利諾人為什麼能這麼理直氣壯地認為自己是個獨立的國家呢？

西伐利亞體系

聖馬利諾之所以能夠如此理直氣壯，是因為 17 世紀中期以來，世界政治秩序是建立在西伐利亞和約確立的基礎上的。17 世紀上半葉，歐洲各個邦國在宗教信仰上各執一端，都認為自己是正確的，別人是異端和魔鬼，這導致了一場持續 30 年的戰爭。這場戰爭史稱「三十年戰爭」，幾乎把歐洲變成了地獄。德國那時候還沒有統一，大約在現在的德意志境內，25% 至 40% 的日爾曼各邦國人都死於這場戰爭。戰爭結束之後，歐洲各國坐下來談判，同意各國不分大小，都有自己的主權，能夠決定自己的宗教信仰。這是在國際法上第一次確認國家主權至上的原則。從此之後，在國家之上，不再有更高的權威。所有的國家，不分大小，不管是中國還是聖馬利諾，一律平等。

最早，主權國家主要都是歐美國家。1945 年成立的聯合國共有 51 個會員國。

在 1947 年印度和巴基斯坦獨立之前，世界上只有 67 個主權國家。印度獨立之後，殖民地獨立浪潮席捲亞洲，緬甸、印尼和馬來西亞先後獨立。隨後，這股浪潮又蔓延到非洲。1957 年，迦納獨立。5 年之後，又有 24 個非洲國家獲得獨立。直到 1980 年代初，在非洲、加勒比海或太平洋地區，幾乎每年都有至少一個新的國家誕生。

最近的一次獨立浪潮出現在 1989 年柏林牆倒塌之後。蘇聯、捷克斯洛伐克和南斯拉夫開始解體。從 1990 年到 1994 年，在短短 4 年間，聯合國增加了 25 個會員國。此後，國家獨立的浪潮雖然減弱，卻從未完全停止。2002 年和 2006 年，東帝汶和蒙特內哥羅先後加入聯合國。2011 年 7 月 9 日，南蘇丹成為世界上最年輕的主權國家。

下一個主權國家會在哪裡？大家可以猜一猜。

小國與大國

我想要提醒大家的是，如果你仔細想一想，就不得不承認，這種世界秩序不是自古以來就有的，也不一定適合世界上所有的地方。一旦大家接受這樣的規則，就會根據規則調整各自的行為。建立在西伐利亞體系基礎上的世界秩序或許更能保護小國的利益，但也容易導致國家的談判和合作更加困難，尤其是在需要各國一致同意的時候。

WTO 的談判原則就是各國一致同意，只要有一個國家反對，就無法向前推進，這就是 WTO 的杜哈回合談判無疾而終的重要原因。

　　2009 年在哥本哈根舉行的聯合國氣候變化大會要討論溫室氣體的排放問題，這個會議被人們寄予厚望，有人說這是「拯救地球的最後一次機會」，但這次會議最終甚至連一份不具約束力的協定文本都沒能提出。反對協定文本最激烈的國家不是美國或中國這樣的大國，而是委內瑞拉、玻利維亞、蘇丹和太平洋小島國吐瓦魯。蘇丹代表將富國提出的議案比喻為「大屠殺」，而委內瑞拉代表竟然切破自己的手指，質問是否只有流血才能表達自己的呼聲。吐瓦魯只有 26 平方公里，聖馬利諾跟它比都能算是個大國。

　　這並不是一個孤立的例子。在 2011 年 12 月聯合國德班世界氣候大會上，歐盟成功推進了一項協議。但 3 個月後，波蘭否決了歐盟自己制定的氣候變化政策，因為波蘭對煤有著嚴重的依賴。在國際談判中，一個或少數幾個國家，通常是相對比較小的國家，終止整個談判進程，是常有的事情。

　　怎麼辦？在現有的國際政治規則下，我們並沒有更好的辦法。有些時候，大國和小國確實是不一樣的，比如聯合國有安理會常任理事國，像 G20，即二十國集團，包括了主要的發達大國和發展中大國，這都是對大國地位的承認。但這是遠遠不夠的。誰能當安理會常任理事國？為什麼大國集團是 20 個國家，而不是 19 個或 21 個國家？比如說，非洲為什麼只有南非，沒有奈及利亞？為什麼 G20 裡一個東歐國家都沒有？

犬牙交錯：為什麼河南和河北不是沿黃河劃界？

犬牙交錯與山川形便

　　如果你拿一張中國自然地理地圖，再拿一張行政地理地圖，互相比較，你會發現一個有趣的現象。很多中國的地名，比如說，河南河北、山東山西、湖南湖北，聽起來好像都是按照山川湖泊來劃分邊界的，其實不然。以河南河北為例，聽起來應該是黃河以南歸河南，黃河以北歸河北。其實，黃河北邊有一大塊地方劃給了河南。最早河南確實是以黃河為界，把黃河以北的部分地方劃給河南，這一做法源自唐朝。唐朝以洛陽為東都，因此拓寬了河南的轄境。元朝的時候，恢復到以黃河為界，但到了明朝又改了回去，把黃河以北的彰德府、衛輝府和懷慶府劃歸河南。新中國建國之後，曾經考慮過以這塊地為基礎，建立一個中原省。

　　另一個例子是漢中。漢中在秦嶺以南，無論氣候、地理，還是人文、風俗，都和巴蜀相近。但元朝之後，就把漢中盆地劃歸陝西。四川盆地四面環山，腹地開闊，土壤肥沃，物產豐富，人口眾多。李白在《蜀道難》中感慨：「一夫當關，萬夫莫開。」這裡很容易成為地方割據的基地，所以有「天下未亂蜀先亂」之說。

　　將秦嶺以南的漢中劃歸陝西，就使四川失去了北方的天然屏障，不

易形成一個完整的割據區。這樣做的代價就是增加了行政成本，而且不利於地方經濟的發展。這種劃界的思路叫「犬牙交錯」。和「犬牙交錯」相對的劃界思路是「山川形便」。所謂「山川形便」，是指行政區劃按照山川的自然地理劃分界線，比如太行山分隔了河北、山西，武夷山分隔了江西、福建等。「山川形便」這種原則有利有弊。利的一面是可以更好地利用自然地理的條件，因地制宜地發展地方經濟；弊端在於，如果政區的幅員足夠大，地方官權力又過大的話，就可能利用自然天險，形成地方割據。

犬牙交錯的原則早在漢朝就已經出現。漢文帝登基之後，寫了一封信給南越王趙陀，希望漢朝和南越休兵罷戰，和平相處。趙陀之前給漢朝皇帝寫過一封信，要求按照自然地理區域重新劃分邊界。漢文帝和朝中大臣商量，用了一個托詞，拒絕了趙陀的要求。他說，「犬牙交錯」這個原則是漢高祖早就定下來的，祖宗之法，不可擅改。到宋元之後，犬牙交錯的原則更為突出，元代行省的劃分方法，幾乎刻意地忽視了中國幾條最重要的山川邊界，如秦嶺、淮河、南嶺、太行山。

眾建諸侯而少其力

中國地方行政區劃還有一個有趣的現象，就是王朝初期的時候，地方勢力較大，到了中期就開始「削藩」，試圖縮小地方的力量。如果「削藩」不成功，就可能到王朝末期引發軍閥割據、天下大亂。

漢朝初期分封諸王，諸侯國的勢力很大。大的諸侯國「連城數十，地方千里」，對中央政權構成了威脅。漢文帝時期出現了淮南王、濟北王

的叛亂，當時的名臣賈誼給皇上寫了一道奏摺，提出：「欲天下之治安，莫若眾建諸侯而少其力。」意思是說，要想讓天下太平，就要把諸侯國的數量增加，這樣，各利益集團的力量就能減少。漢景帝的時候，又爆發了七國之亂，有吳、楚等七個諸侯國起來造反。

漢武帝上臺之後實行了「推恩令」。漢朝初期封王，實行的是長子繼承制，原來的封地、爵位都由長子原封不動地繼承下來。漢武帝的「推恩令」則是要求諸侯們把封地分給所有的兒子。這一招真是又陰又狠。你想，要是諸侯有五六個孩子，個個都想過著錦衣玉食的生活，皇上都發話了，要求老爸把地產分給大家，老爸卻死摳著封地不分，那幾個孩子不把老爸撕了才怪。

我們前面說過曼瑟‧奧森的思想。奧森顛覆了人們原來的想法。按照大家慣常的想法，人多力量才大。奧森談到，人越多，越難以達成一致意見，人多嘴雜，人多心不齊，所以，只有當人數少的時候，才更容易團結起來，形成利益集團。利益集團會阻礙經濟成長，因為它們都想切走更大一塊蛋糕。

兩千年前，賈誼的想法，恰好契合了奧森的思想。眾建諸侯而少其力，就是一種有效地遏制利益集團的做法。

以攻為守：俄羅斯為什麼一定要對外擴張？

俄羅斯的對外擴張史

打開一張俄羅斯地圖，一眼望去，你的第一感受是什麼？大，真大，真是太大了。俄羅斯國土面積 1700 萬平方公里，是中國、美國國土面積的近 2 倍，印度的 5 倍，英國的 70 倍。俄羅斯地廣人稀，人口為 1.44 億，比奈及利亞和巴基斯坦的人口還少。

這麼少的人，占據了這麼大的面積，還有那麼多的資源，很難說這是一件好事，還是件不好的事情。俄羅斯人從內心深處有一種不安全感，這種不安全感使得俄羅斯天生具有對外的擴張性。在擴張的過程中，俄羅斯人還多多少少帶上了一種對暴力和暴政的迷戀。

俄羅斯起源於今天的烏克蘭境內。西元 882 年，諾夫哥羅德王公奧列格征服了基輔及附近的部落，建立了基輔羅斯，地域大致在聶伯河到伊爾門湖之間。蒙古人崛起之後，基輔羅斯陷入分裂，13 世紀初臣服於蒙古欽察汗國。一部分流亡的羅斯人來到了莫斯科，建立了莫斯科公國。

16 世紀後期，伊凡三世（或稱伊凡大帝）開始對外擴張。他朝北打到北極圈，朝東北打到烏拉山脈。他的孫子伊凡四世（或稱伊凡雷帝）繼續對外擴張，他朝南打到高加索山脈和裏海，朝東跨越了烏拉河。18

世紀，在彼得大帝和葉卡捷琳娜時期，俄羅斯主要朝西擴張，終於得到了波羅的海出海口。到 19 世紀末和 20 世紀初，尼古拉二世覬覦的是中國的東北，他幻想能夠建立俄羅斯的遠東帝國。義和團事件之後，俄國一方面參加八國聯軍入侵關內，另一方面分兵六路占領東北三省。1903年，日本偷襲旅順口，對俄國不宣而戰，日俄戰爭爆發了。這場戰役，俄國輸給了日本，其遠東擴張計畫也不得不終止。

俄羅斯的軟肋

俄羅斯的北邊是北極海，很難設想有入侵者會從極北之地出現。俄羅斯的東邊是廣闊無垠的西伯利亞。這是一片苦寒之地，從俄羅斯的遠東坐火車到莫斯科，需要六天的時間，很難設想有入侵者會選擇這樣一條費時費力的入侵路線。俄羅斯的南邊是高加索山脈，早在伊凡雷帝時期，俄羅斯就在車臣建造堡壘，防範南方的入侵者。俄羅斯也曾經想過越過高加索山脈南下，1979 年蘇聯入侵阿富汗，就有這樣的打算，要是能夠占領阿富汗，俄羅斯就能一直聯通印度洋。可惜，阿富汗戰爭失敗了，最後蘇聯帝國都被拖死了。阿富汗因此有了「帝國墓地」的美名。

俄羅斯的軟肋在其西部。從地緣政治的角度來看，俄羅斯最大的特點是在西部無險可守。莫斯科的周圍，沒有海洋，沒有高山，沒有沙漠，沒有沼澤，甚至就連一條像樣一點的河流都沒有。從莫斯科往西，大致是一個喇叭形的平原，越往西越收窄。到了波蘭，從北邊的波羅的海到南邊的喀爾巴阡山脈，南北跨度只有不到 800 公里。從這條狹窄的波蘭走廊往東走，地勢越來越開闊，到了俄羅斯境內，這個平原的南北跨度已經超過了 3,000 公里。

　　就是從這條通道，俄羅斯不斷地遇到來自西方的入侵者。17 世紀初，波蘭從這條通道入侵俄羅斯；1708 年，年輕氣盛的瑞典國王查理十二世從這條通道入侵俄羅斯；1812 年，拿破崙率領大軍從這條通道入侵俄羅斯；1914 年，第一次世界大戰爆發，德國從這條通道入侵俄羅斯；1941 年，第二次世界大戰期間，希特勒再次從這條通道入侵俄羅斯。要是從 1812 年拿破崙入侵算起，到 1945 年第二次世界大戰結束，在這段時期，俄羅斯每隔三十多年就會遇到一次來自西邊的入侵。

　　俄羅斯該怎麼辦？最好的策略就是「以空間換時間」。只要俄羅斯能夠把國境線向外部擴張，就能得到更多的時間動員兵力、資源。哪怕是敵人已經深入俄羅斯的腹地，如果其腹地足夠廣闊，那麼，俄羅斯還可以透過破壞敵人的補給線、分散敵人的兵力等辦法，耐心等待轉敗為勝。

俄羅斯、烏克蘭、歐盟和美國

　　從這個角度，我們也可以理解，為什麼俄羅斯在烏克蘭問題上會如此強硬。俄羅斯絕不可能讓西方國家逼到自己的家門口。二戰期間，納粹德國的南線就是從烏克蘭進攻俄羅斯的。1942 年的史達林格勒會戰，假如蘇軍失利，很可能整個蘇聯就會覆滅，歷史將被改寫。是的，現在沒有哪個國家會有進攻俄羅斯的計畫，但是，當年希特勒也許諾過和平，結果如何呢？在俄羅斯的眼中，烏克蘭就是一個緩衝地帶，西方國家想在烏克蘭扶植一個親西方的政府，就是在直接向俄羅斯挑釁。

　　當然，從烏克蘭的角度來說，俄羅斯想把烏克蘭變成一個緩衝國，就意味著烏克蘭要永遠生活在俄羅斯的陰影之下。烏克蘭在歷史上長期

受到俄羅斯的壓迫，如今好不容易有了自己的國家，它迫不及待地想掙脫俄羅斯的牢籠。獨立、自由，難道這種要求，有什麼不對的地方嗎？

不對的地方在哪裡？不對的地方在於對地緣政治的忽視。烏克蘭想要在俄羅斯和北大西洋公約組織之間兩頭占盡優勢，但到最後很可能會成為大國政治的犧牲品。所有的東歐國家都知道這一點：華盛頓很遠，莫斯科很近。學習地緣政治，會讓我們對現實更為清醒一些：你改變不了地理，也改變不了歷史，你決定不了自然資源的分佈，也無法決定自己的身份。一個國家決定不了自己的鄰國是誰，甚至，從某種程度上說，也決定不了自己的朋友和敵人是誰。你唯一能夠改變的，就是自己的認知。如果能夠更加克制和理智，或許，我們還是能找到更好的生存之道的。

再回到美國和俄羅斯的關係。歐巴馬政府對俄羅斯施加了各種壓力，美國和俄羅斯的關係已經降到了冷戰之後的最低點。希拉蕊·柯林頓從內心深處厭惡普丁，她說：「必須要採取行動，讓普丁知道，他已經走得太遠，而我們不會袖手旁觀。」美國還對歐洲施加壓力，迫使歐洲決定到底站在哪一邊。歐洲如同風箱裡的老鼠，左右為難。歐洲之所以猶豫不決，不僅僅是因為需要俄羅斯的石油和天然氣，也不僅僅是因為歐洲國家，比如奧地利、德國和法國，和俄羅斯有大量的金融往來，而是如果發動對俄羅斯的制裁，歐洲自己的金融體系也會遭受重創，最重要的是，歐洲至今還對戰爭心有餘悸。

川普當選之後，美俄關係會出現較大的變化。從川普的言論，以及從其內閣成員的組成來看，大致來說，美國會試圖改善和俄羅斯的關係，烏克蘭和敘利亞的局勢發展會和以前大有不同。那麼，美國為什麼要和俄羅斯改善關係呢？是為了打擊中國嗎？目前為止，我們還看不清楚。川普外交政策中最不明確的就是他的東亞政策。

　　但美國在其他地區的外交佈局是大致清楚的。美國需要俄羅斯的幫助，才能儘快解決 ISIS 等恐怖主義的威脅。美國無意插手中東事務，尤其是頁岩氣革命之後，中東對美國的重要性在下降。美國希望的是，早點把 ISIS 除掉，然後班師回朝，開慶功大會。

　　這個策略調整會帶來新的地緣政治風險。權力最害怕的是真空。設想，如果美國已經打定主意，要從中東撤出，那麼，俄羅斯在中東的勢力一定會擴張。而且，蠢蠢欲動的不只是俄羅斯，土耳其、伊朗等都會聞風而動。各種力量會重新組合、選邊站，在這個轉型的過程中，我們將會目睹更多的動盪與衝突。

▶ 延伸閱讀：羅伯・卡普蘭（Robert D. Kaplan），《地理的復仇：一觸即發的區域衝突、劃疆為界的地緣戰爭，剖析地理與全球布局終極關鍵》（*The Revenge of Geography : What the Map Tells Us About Coming Conflicts and the Battle Against Fate*），麥田。

地理的囚徒：巴基斯坦是不是塔利班的好朋友？

印巴分治

由印度、巴基斯坦、孟加拉、尼泊爾、不丹等國家組成的南亞次大陸，是一塊古老又神秘的土地。

從地緣政治來看，南亞次大陸三面環山，一面背水。北面的喜馬拉雅山脈像一道牆，把中國和印度分隔在兩邊。東邊的山區是一片茂密的原始森林，號稱「野人山」，隔斷了印度和緬甸。西邊是興都庫什山脈，崇山峻嶺之中，有一些重要的山口，這是外來入侵者進入南亞次大陸的重要通道。

印度文明已經有五千年的歷史，但自古以來，這裡來來去去，經歷過很多外族的統治。大約在西元前 1500 年，雅利安人入侵印度，帶來了吠陀文明。種姓制度就是雅利安人帶來的。西元前 6 世紀末，波斯國王大流士一世征服了印度河平原一帶。西元前 326 年，亞歷山大大帝為了尋找「世界的盡頭」入侵印度。匈奴和蒙古人經常南下侵擾。從 11 世紀起，穆斯林開始入侵印度，到了 17 世紀，英國人開始征服印度。幾千年來，當地人見識了各式各樣的統治者，已經見怪不怪了。

英國人在統治印度期間，有意地挑撥印度教徒和穆斯林之間的矛

盾。比如，1909 年的莫萊—明托改革法案，規定印度教徒和穆斯林在立法機構改選中分別選舉，這進一步加劇了印度教徒和穆斯林之間的分裂。第一次世界大戰之後，印度的民族解放運動高漲，到了第二次世界大戰之後，英國的實力急劇衰落，已經無法再維持昔日稱霸全球的大英帝國。英國人原本希望印度教徒、穆斯林和其他的土邦聯合起來，成立一個國家，但印度穆斯林要求建立獨立國家的呼聲很高。1947 年，印度和巴基斯坦幾乎同時宣佈獨立。

這是人類歷史上最悲慘的場景之一。數百萬住在印度的穆斯林匆匆忙忙地逃奔巴基斯坦，數百萬住在巴基斯坦的印度教徒和錫克教徒匆匆忙忙地逃奔印度。人們不是一家一家地逃難，而是一個個村莊、一個個城鎮被連根拔起，打得粉碎。到處都是暴亂，到處都是搶劫，印度和巴基斯坦請求還沒有離開的英國軍隊幫忙維持秩序，被英國人冷漠地拒絕了。至少有一百多萬人口在這場浩劫中死於非命，至少有 1,500 萬人口背井離鄉。

▎巴基斯坦的鄰居

獨立之後的巴基斯坦是一個異常脆弱的國家。分家的時候，巴基斯坦只得到了原殖民地政府 17% 的金融儲備、一片落後的農村土地、一條充滿了兇險的西部邊境。在巴基斯坦的西邊，是動盪不安的阿富汗和伊朗。巴基斯坦的含義有兩個，第一個含義是「純潔之地」。Pak 在巴基斯坦的官方語言烏爾都語中是純潔的意思，stan 是土地的意思。第二個含義代表了巴基斯坦的幾個主要地區。P 代表旁遮普（Punjab），A 代表阿富汗（Afghanistan，即指巴基斯坦和阿富汗交界的普什圖尼斯坦，

Pashtunistan)，K 代表喀什米爾（Kashmir，這個地區的歸屬至今仍有爭議），S 代表信德（Sindh），T 代表巴魯支斯坦（Balochistan），巴基斯坦的行政區劃包括巴魯支斯坦、開伯爾—普什圖、旁遮普、信德四個省，兩個喀什米爾特區，以及兩個聯邦直轄區（首都伊斯蘭馬巴德，以及聯邦直轄部落地區）。

巴基斯坦的各個地區儼然是獨立王國，它們各有各的語言，各有各的風俗習慣。旁遮普人不會和巴魯支斯坦人結婚，信德人也不會跟普什圖人結婚。宗教矛盾也很複雜，這不僅存在於占人口多數的穆斯林和占人口少數的基督徒、印度教徒之間，即使在穆斯林之間，也有什葉派和遜尼派的衝突。官方語言烏爾都語主要是在旁遮普省說，信德人一直覺得自己被旁遮普人壓得抬不起頭。巴魯支斯坦省多次出現獨立運動。西北邊界的普什圖人更是從來不服從本族之外的權威。喀什米爾事實上被印度和巴基斯坦分而治之，但大部分喀什米爾人心裡還在想著有朝一日能夠獨立。

能夠把這個四分五裂的國家凝聚在一起的最大的力量就是對印度的仇恨。在短短的半個世紀裡，巴基斯坦和印度之間爆發了五次戰爭。1947 年，兩個國家剛剛分家，就為喀什米爾的歸屬問題打了一仗。1962 年中印之間打了一仗，印度軍隊沒有想到中國軍隊從天而降，這麼能打，結果印度以慘敗告終。巴基斯坦在旁邊看了，覺得技癢，以為印度真的不行了，想試試自己的手氣，結果，1965 年被印度擊敗。

1984 年，印度和巴基斯坦在喀什米爾的錫亞琴冰川開戰，雙方各有兩個師參戰，大約 1 萬名士兵死亡。錫亞琴冰川平均海拔 5,000 公尺以上，這次交鋒創下了世界上海拔最高的戰爭紀錄。之後，兩國不斷在喀什米爾地區出現摩擦，直到 1999 年再次爆發戰爭。巴基斯坦 1998 年擁有核武，印度在這之前就已經擁有核武了。這是兩個核大國之間的戰

爭，要不是美國急忙跑來調停，真的有可能會升級到核戰。好不容易把兩邊的火氣都勸下來，2001 年，兩國再次爆發戰爭。

假如巴基斯坦和印度之間爆發了全面戰爭，巴基斯坦該怎麼辦？印巴之間有 3,000 多公里的邊界線，南部是塔爾沙漠，北部是山區，都很難用兵。印度要想占領巴基斯坦，最方便的辦法就是直接出兵旁遮普省。從印度邊界，到達巴基斯坦的首都伊斯蘭馬巴德，只有 400 公里的距離，而且一馬平川。印度要是派兵，只要幾天時間就可以攻打伊斯蘭馬巴德。

為什麼巴基斯坦會支持塔利班？

巴基斯坦該怎麼辦？第一個辦法是以攻為守，先下手為強，切斷印度的 1A 高速公路，這是印度軍隊的主要補給線。第二個辦法是一旦失手，就撤退到阿富汗邊界，尋找反攻的機會。

如果想要讓第二個計畫成功，巴基斯坦必須在阿富汗有堅強的盟友。過去，巴基斯坦確實有個阿富汗盟友，那就是塔利班。

塔利班的意思是「學生兵」，最早的成員都是伊斯蘭學校裡的學生。1994 年，他們看不慣當地的土匪和軍閥橫行霸道，才揭竿而起。由於紀律嚴明、作戰勇敢，塔利班的勢力迅速壯大，而且很快就占領了首都喀布爾。

塔利班和巴基斯坦保持了極為親密的關係。世人最早知道塔利班，就是在 1994 年 11 月，塔利班護送一支巴基斯坦車隊，通過阿富汗南部到達中亞，打通了貿易通道。塔利班在阿富汗建立政權之後，只有巴基

斯坦、沙烏地阿拉伯和阿拉伯聯合大公國承認他們是阿富汗的合法政府。塔利班作戰的時候，是不帶戰地醫生的，有傷病員，要送到巴基斯坦境內護理。

　　如果不是塔利班庇護了賓‧拉登，友誼的小船也不會翻掉。就算是美國，在 911 之前，也是支持塔利班政權的。就在 911 事件發生前夕，美國政府還給塔利班政權提供了 4,300 萬美元的援助。911 之後，巴基斯坦不得不在美國和塔利班之間選邊站。當時，美國的國務卿鮑爾（Colin Powell）打電話給巴基斯坦總統穆沙拉夫（Pervez Musharraf），鮑爾把穆沙拉夫從會議中叫出來接聽電話，而且在電話裡毫不客氣地說：「你要不就跟我們，要不就跟他們。」鮑爾的副手阿米塔基（Richard Armitage）更是赤裸裸地威脅巴基斯坦，如果巴基斯坦敢再跟恐怖分子合作，就要把巴基斯坦炸回石器時代。

　　巴基斯坦只能屈服，但不得不付出慘痛的代價。巴基斯坦的「背叛」惹怒了塔利班和蓋達組織。穆沙拉夫遇到了三次暗殺，所幸都沒有成功。2007 年 10 月，穆沙拉夫特赦巴基斯坦政治明星班娜姬‧布托（Benazir Bhutto）回國。回國次日，她就遇到了一次自殺式爆炸襲擊。兩個月後，在參加完伊斯蘭馬巴德附近的一次集會後，班娜姬‧布托在車上遭遇槍擊及自殺式炸彈襲擊後，不治身亡。

　　那麼，巴基斯坦真的已經和塔利班劃清界限了嗎？

　　有一件事情，塔利班知道，巴基斯坦知道，但美國不一定知道。美國打完了伊拉克可以再打阿富汗，打完了阿富汗還可以再去打敘利亞，打完了敘利亞可以再去打朝鮮，只要他們願意打，可以到處動手。蓋達組織被美國連鍋端了之後，也作鳥獸散，蓋達組織的恐怖分子有的去了阿拉伯，有的去了車臣，有的可能去了西方世界。塔利班哪裡也去不了，他們只能待在阿富汗。他們可能什麼都沒有，但他們有耐心。塔利

班對西方人說：「是的，你們有手錶，但我們有時間。」

　　再過幾年，我們就能看清局勢。塔利班並沒有被打垮，它只是從哪裡來的又到哪裡去了。塔利班融入了阿富汗的普什圖人中間，只要機會成熟，他們還會以其他的形式再度出現。塔利班就像是《魔鬼終結者》中的液體機器人 T — 1000，能隨意變形，能自我癒合，能自我學習，中彈之後還能奔跑，被打成了碎片還能找到彼此，重新拼裝起來。

　　你要是巴基斯坦，你會怎麼辦？華盛頓很遠，塔利班很近。你無法選擇誰是自己的鄰居，就只能想辦法和鄰居們搞好平衡。巴基斯坦再不喜歡塔利班，也不會輕易和塔利班交惡的。

　　和我們想像中的恰恰相反，越是小國，越講政治，小國哪怕有一點點小的疏忽，都可能犯下致命的錯誤。越是大國，越魯莽和無知。美國打韓戰、越南戰爭、伊拉克戰爭，回頭看看，哪一場戰爭是對的？一個大國在外交政策上犯錯誤的空間非常大。「貓有九條命」，美國也有不只一條命。美國犯了幾十年的錯誤，仍然可以自以為是，自行其是。這說明，犯錯誤是大國外交的奢侈品，像巴基斯坦這樣的國家，看起來強硬，看起來莽撞，其實，都是小心謹慎的現實主義者。

▶ 延伸閱讀：艾赫梅得‧拉辛德（Ahmed Rashid），《*Taliban: Militant Islam, Oil and Fundamentalism in Central Asia*》。

海防與疆防：中國能不能同時打贏兩場戰爭？

南海角逐

　　我不是軍事專家，無從判斷中美兩國的軍事實力，我跟中美的一些軍事專家聊過，他們的判斷也千差萬別，不過，總體來說，似乎可以做一個判斷：如果中美在東海或南海出現軍事衝突，美國不一定勝券在握。

　　故事大概是這樣的。1991 年，美國帶領多國部隊對伊拉克發動突然襲擊，用了不到 20 天時間就結束了海灣戰爭。海珊集結了 50 萬大軍，卻被美軍的高科技武器和絕對占優的空中打擊能力打得落花流水。這場戰爭讓中國軍方大為震撼。也就從這個時候起，中國開始不聲不響地提升軍事技術。在過去 20 多年裡，中國的軍事技術有了突飛猛進的發展。

　　從綜合軍事實力來看，中國當然不能和美國相比，基礎本來就不一樣，而且美國的軍備開支遠遠超過中國。不過，中國的遠端導彈、核潛艇，以及新型戰機，都已經相當先進，一亮相，讓各國都吃了一驚。有了這些殺手鐧，再加上主場作戰的優勢，在東海或南海這些中國重點防守的領域，假設真的出現了中美軍事對抗，美軍的優勢會在一定程度上被抵消，誰能打贏，還真不好說。

　　因此，初步的判斷是，東海和南海，未來是站在中國這一邊的，中

國正在不斷地擴張海軍和空軍的力量，造船艦跟下餃子一樣快。美國的一些軍事觀察家也認為，中國在這一地區的優勢將會越來越多。中國已經擁有現代化的驅逐艦隊，並製造出了自己的航空母艦，而且，中國的潛艇部隊很快就能超過美國海軍的潛艇部隊。中國的海軍打擊海上移動目標的能力已經大大提高。假以時日，中國海軍逐漸站穩，美國海軍逐步退卻，可能是個大趨勢。

美國五角大廈 2010 年的一份報告也指出，美國的戰略是加強和其亞太軍事同盟的關係，同時再部署第二道「圍堵」中國的防線，即太平洋上的關島、帛琉、北馬里亞納、所羅門群島、馬紹爾群島、加羅林群島等。這些島嶼或為美國領土，或與美國簽訂了防禦協定，面積大到可以建立海軍基地，同時又小到不會太引人注目。地理位置離中國較遠，可躲避中國的導彈襲擊，但同時又近到可隨時開拔到朝鮮、臺灣等地。我非軍事方面的專家，無法判斷其觀點的真偽，但這些新的動向或許值得我們更加關注。

西線無戰事

但如果爆發的不是一場戰爭，而是兩場戰爭呢？假如，中國一方面在東海、南海和美國作戰，另一方面，還不得不應付來自西部的入侵呢？假如美國從中亞地區出兵，進攻中國的新疆，印度部隊越過喜馬拉雅山脈進攻中國的西藏，中國腹背受敵，勝算又有幾何？

幾乎可以肯定地說，中國的勝算很小。這些年中國之所以能夠集中力量發展海軍，最主要的原因就是西部和北部相對穩定，沒有巨大的威脅。中國和俄羅斯的關係總體來說還算不錯，美國要打壓俄羅斯，使俄

羅斯不得不加強和中國的合作。中國和中亞國家也在加強合作。中國和
印度的關係算是可以，巴基斯坦又是中國的全天候朋友，阿富汗那個爛
攤子有美國人在收拾，所以，中國可以騰出手來，向遼闊的海洋進軍。

　　假如西部也出現了戰事，中國就會暴露出一個致命的弱點，即遠距
離投放兵力的能力不足。各兵種如何協同作戰，後勤如何保障補給，這
是中國軍方不得不惡補的一門課。

疆防與海防

　　也只有在這個時候，我們才能從地緣政治的角度發現新疆和西藏對
中國有多麼重要。

　　1874 年，日本侵略臺灣，中國東南沿海告急，李鴻章主張，乾脆放
棄新疆，把塞防的錢省下來，支持海防建設。照李鴻章的看法，新疆相
當於四肢，沿海則是腹心，沒有手腳，人還能活，但沒有腹心，就沒了
生命。他覺得新疆遠離中原，遲早會被其他國家占領，不如放棄新疆，
讓別人來搶奪這根肉骨頭。

　　左宗棠堅決不同意李鴻章的看法。他寫了一道奏摺，陳述新疆的
戰略重要性。左宗棠談到，只有保住新疆，才能保住蒙古，只有保住蒙
古，才能拱衛京師，才能保住大清帝國的龍脈。這一番話說服了慈禧太
后，慈禧隨即任命左宗棠為欽差大臣，督辦新疆軍務。

　　我們找一張中國地圖看一看。如果中國失去了新疆，那麼國防前線
就在嘉峪關，但如果中國的國防前線在嘉峪關，實際的邊界就在蘭州，
甚至是在西安。因為出了西安，一路到蘭州，就進入了河西走廊。河西

走廊長約 900 公里，最狹窄的地方僅有幾公里，是一條細細的「脖子」。如果中國失去了西藏，也就失去了戰略制高點，別人可以從青藏高原居高臨下，圍堵中國。當年，蒙古人滅南宋，就是先包抄後路，占領四川、雲貴，再向東進犯中原，一步步把南宋逼到無路可逃，到了崖山，陸秀夫不得不背著小皇帝跳海自盡。

我們先不用討論軍事技術、尖端武器和戰術，暫時還不用談論這些。你是興高采烈地想要上戰場，還是憂心忡忡地祈禱和平，也不重要，你的願望，你的意志，算不得什麼。你是不是愛國，喜歡不喜歡自由民主，也沒有任何意義。一張地圖，就能告訴你最簡單的政治計算。

▶ 延伸閱讀：羅伯·卡普蘭，《南中國海：下一世紀的亞洲是誰的？》（*The South China Sea and the End of a Stable Pacific*），麥田。

進攻性與防禦性武器假說：矛和盾的軍備競賽

進攻─防守武器假說

我們先從一個人人都聽說過的故事講起。古時候，有一個人在街上賣矛和盾。他先誇自己的盾：「世界上沒有長矛能戳破我的盾。」然後，他又誇自己的矛：「世界上沒有盾牌能抵擋住我的矛。」有人就問他：「要是用你的矛去戳你的盾，會怎麼樣呢？」這個人回答不上來了。

等等，這個故事還沒有講完。從理論上說，最後的結果無非兩種：第一種情況是，他的矛能夠戳破他的盾；第二種情況是，他的盾能夠擋住他的矛。二者必居其一。我們再進一步聯想一下，矛是一種進攻型的武器，盾是一種防守型的武器。如果世界上最銳利的矛能夠戳破世界上最堅固的盾，會怎麼樣呢？很可能，大家都會去買長矛，拿著長矛去戳別人的盾。這個世界上就會有更多的暴力衝突。如果這個世界上最堅固的盾能夠抵擋世界上最銳利的矛會怎麼樣呢？很可能，大家都會去買盾，誰來進攻了，大家就拿盾牌擋回去，進攻者折騰半天，結果無功而返。於是，這個世界上就會有一段比較消停的日子。

這種矛和盾的軍事競賽，就是國際政治學中著名的「進攻─防守武器假說」。按照這種假說，當進攻性武器占優勢的時候，戰爭爆發的頻率更高。

哥倫比亞大學政治學教授賈維茲（Robert Jervis）在 1978 年發表了一篇論文，對「進攻－防守武器假說」進行了系統的分析。他談到，進攻性武器占上風的時候，發動進攻更有利可圖。但如果稍有遲疑，讓對方首先動手，代價就會很大。防守性武器占上風的時候，誰先開火，誰的傷亡就會比較大，誰能沉住氣，誰的勝算就會更多。所以，戰爭爆發的可能性也就減少了。進一步引申，我們可以推測：進攻帶來戰爭和帝國，防守支持獨立與和平。

馬鐙出現之後，騎兵的攻擊力大增。騎兵的機動性強，借助烈馬奔跑帶來的衝擊力，可以沖到敵人面前，對敵人橫劈豎斬。馬上的弓箭手更是能夠增加遠距離的攻擊能力。在很長一段歷史中，來自中亞大草原的遊牧民族騎兵能夠南下西進，如入無人之境。騎兵打法，逐漸也傳入了歐洲。十字軍東征，主要就是依靠沒落貴族組成的騎士團。

十字軍東征，所到之處都有劫掠。頻繁的十字軍東征，使得各國都加緊修築城堡和要塞。結果攻城變得越來越難，攻下一座城池耗費的時間也越來越長。到了中世紀晚期，防守性武器占了上風。久攻不下，補給就會成問題，到時候進攻方自然要灰溜溜地撤軍。此外，在這一時期，騎士的鎧甲從板甲變成了更為沉重的鎖子甲，這大大降低了騎士的機動性。防守方可以擺出長矛方陣，無數長矛像刺蝟的刺一樣密密麻麻，專等騎兵收不住馬，撞到槍頭上。英國在這一時期採用了長弓，射程更遠，使得敵人難以接近，這也是抵禦騎兵進攻的利器。總體上說，在 12 到 13 世紀，堡壘和要塞的防守越來越嚴密，防守性武器戰勝了進攻性武器，歐洲出現了相對的和平。

15 世紀中期，大炮變成了戰場上的主力。重型火炮的發展使得進攻性武器重振雄風。1453 年君士坦丁堡的淪陷是這個時期進攻－防守力量轉變的重要轉捩點。君士坦丁堡號稱「中世紀最堅固的城堡」，但不到兩個月的時間就被土耳其攻陷。土耳其的秘密武器是匈牙利籍的火炮設計

師烏爾班為其製造的威力空前的巨炮。中世紀巍峨高聳的城堡，在新型火炮的轟擊下幾乎不堪一擊。

1419 年，捷克爆發了爭取民族獨立的胡斯戰爭（Hussite Wars）。胡斯軍採用了戰車和火炮相結合的戰術。戰車保護火炮，火炮發動進攻，極大地提高了進攻的威力。在大約兩個世紀的時間之內，進攻的優勢不斷提高。防守方的長槍兵、戟兵和重甲騎兵都慢慢退出了歷史舞臺。進攻性武器再度占據上風，於是，歐洲進入了連年征戰的時代。在這一時期，威尼斯多次發動對土耳其的戰爭，英國和法國之間也出現了百年戰爭。

到了 16 世紀，修築城堡的技術又得到了提高。為了避開炮彈，城堡不再修築得高聳入雲，而是盡可能地貼近地面。這一時期出現了菱堡，即把城堡修成五角形，躲在城堡裡面的槍炮手可以對接近的敵人交叉開火。當時法國著名的軍事工程師沃邦（Vauban）設計並建造了數百座要塞，其精細的施工和複雜的結構至今仍令人嘆服。16 世紀的城堡和 13 世紀的城堡已經不可同日而語。攻下一座城池的時間從幾天延長到幾個月，甚至幾年。只要食物和彈藥儲備充足，像威尼斯或梅斯這樣的城市，幾乎是堅不可摧的。正如「進攻—防守武器假說」預測的那樣：在這一時期，戰爭的次數明顯減少。

最近一百年的攻守之勢

18 世紀早期，進攻方又占了優勢。大炮的機動作戰能力提高，炮筒長度被縮短，這能提高炮彈的速度，使其能夠炸開城牆，火炮的機動性也大大增加。普魯士的腓特烈大帝和法國的拿破崙之所以能夠在歐洲開

疆拓土，所向披靡，在很大程度上是因為借助了進攻性武器的威力，當然，這也和他們對作戰策略進行了大刀闊斧的改革有關。於是，這一時期，歐洲又一次陷入了戰亂。

到 19 世紀晚期，防守的力量東山再起。最初，這個新的變化出現在美國內戰期間。戰爭開始的時候，南北雙方還都能靈活地發動進攻，但到戰爭後期，基本上就轉變成了壕溝戰。這一時期的步槍射程是拿破崙時期滑膛槍射程的兩倍，能夠在 1,000 公尺之外射殺敵人。1874 年發明的鐵絲網能夠有效地減緩敵人的進攻速度，躲在戰壕中的機槍手和步槍手可以更從容地消滅敵人。如果在進攻方和防守方之間有大片的開闊地帶，敵人要想穿越過來，必定付出慘重的傷亡代價。

遺憾的是，第一次世界大戰剛剛爆發的時候，大部分將領都相信，機關槍是一種進攻性武器。在英國和祖魯人的戰爭中，美國與西班牙的戰爭中，以及日俄戰爭中，機關槍都大展神威。在機關槍的掃射下，戰爭變成了血腥的屠殺。

為什麼會爆發第一次世界大戰呢？有一種解釋就是，當時的歐洲將軍們認為，這將是一場速戰速決的戰爭，最多半年時間就能結束，正好趕到耶誕節前回家。結果，這一仗打了整整四年，雙方都困守在折磨人的戰壕裡面。整整四年時間過去了，歐洲的將軍們才想清楚，機關槍其實是防守性武器。

真正的進攻性武器出現在第一次世界大戰快要結束的時候，那就是剛剛問世的坦克。第二次世界大戰拉開帷幕的是一支德國的裝甲坦克部隊，它向騎在馬背上的波蘭騎兵發起了閃電戰。德國軍隊在二戰初期同時在東西兩翼和非洲戰場上進行迅速突進，靠的就是能夠快速發起進攻的機械化裝甲部隊。交戰雙方的坦克爭先恐後地不斷升級換代，潛艇、轟炸機和火炮都是進攻性武器，雷達、地雷等則是用得比較多的防守性

武器。整個二戰期間，進攻性武器和防守性武器你高我一尺，我高你一丈，但整體來看還是進攻性武器更占上風。

二戰之後，核武的出現使得防守力量占據上風。核武不是為了進攻，而是為了防守。只要不被敵人全面摧毀，能夠在敵人的第一波打擊之後，具備二次打擊的能力，就能和敵人同歸於盡。這使得擁有核武的國家都不得不三思而後行：在核時代，進攻的成本將是全面的核毀滅。因此，幾乎不可能再發動全面戰爭了。

21 世紀的攻守之勢

到 21 世紀，攻守之勢發生了什麼變化呢？ 911 事件中恐怖分子大約花了 100 萬美元，就完成了襲擊美國的計畫。僅僅在美國一個國家，為了防止這樣的襲擊再次發生，在員警、機場安檢和其他系統花費的代價大約是每小時 100 萬美元。

2006 年，在黎巴嫩戰爭期間，真主黨向以色列海軍裝備有導彈防禦系統的輕型護衛艦哈尼特號發射了一枚精確制導的巡航導彈，導彈擊中了目標，差點擊沉哈尼特號。以色列軍艦的損失為 2.6 億美元，而真主黨使用的導彈的成本僅為 6 萬美元。

美國士兵在伊拉克、阿富汗和敘利亞等地最頭疼的就是簡易爆炸裝置。製作這些簡易爆炸裝置並不需要鈽或複雜的合金，只要有普通的日用品、農業原料或消費品就夠了，這讓美國士兵防不勝防。索馬利亞海盜們乘著小船，手持廉價的 AK-47 步槍和火箭彈，就能劫持價值數百萬美元的大型船隻，而各國艦隊居然都束手無策。

攻守之勢易矣，進攻的力量再度壓倒了防守的力量。你甚至都不知道自己的敵人是誰，也不知道他們什麼時候，會在哪裡，會用何種方式進攻。這個世界將不可避免地遇到更多的風險和衝突。

▶ 延伸閱讀：約書亞‧雷默，《*The Age of the Unthinkable: Why the New World Disorder Constantly Surprises Us And What We Can Do About It*》。

展望未來：新的地緣政治遊戲

▊ 地緣政治「全新世」

地球大約於 46 億年前形成。大約於 38 億年前，地球上出現了簡單生命的跡象。直到 6 億年前，複雜的生命才開始形成。從長期來看，地球上的氣候一直在冰河時代和溫暖時期之間來回擺動。地質學家把地球的歷史分為不同的地質年代，我們現在處於新生代第四紀。第四紀又可以分為更新世和全新世。在大約 258.8 萬年前到 1.17 萬年前是更新世，更新世的大部分時間氣溫非常寒冷，被稱為「偉大的冰河時代」。全新世只有大約 1 萬年的時間，在地球的漫長歷史中，這只是非常短暫的一瞬間。但就在這「短短」1 萬年間，出現了一個從未有過的氣溫適宜的空窗

期。有的科學家認為，這是唯一能夠支持現代人類社會的氣候狀態。這是人類的氣候「伊甸園」。

從第二次世界大戰結束，到大約 20 世紀和 21 世紀之交，是經濟和政治上的「全新世」。從經濟角度來說，二戰之後，全球經濟一直保持著穩定的增長趨勢。這段時期不僅是西方資本主義的「黃金時代」，也是社會主義經濟高速增長的時期。更為重要的是，當時正處於一個極其獨特的冷戰時期，全球地緣政治環境相對穩定。

當時的超級大國只有兩個，一個是美國，一個是蘇聯。美國和蘇聯雖然互相敵視，但卻極其默契。在白宮和克里姆林宮之間甚至維持了一條「熱線」，避免由於誤解發生直接衝突。雙方軍事力量旗鼓相當，都有大量的核武，不僅能夠發動首次襲擊，還具備發動二次襲擊、實施報復性還擊的能力。這就形成了一個完美的「核威懾」，被稱為「確保相互毀滅」的系統（英文簡稱 MAD，瘋狂的意思）。

更重要的是，當時兩個超級大國為了拉攏盟友，展開了激烈的競爭，不斷地為各自的小夥伴提供各種援助及支持。我們都熟悉「亞洲四小龍」的經濟崛起。你有沒有注意到「亞洲四小龍」獨特的地緣政治重要性？它們都在封鎖中蘇的「第一島鏈」。有些政治學者把「亞洲四小龍」的經濟奇蹟叫作「受邀請的發展」，也就是說，想要參加舞會的人很多，但能拿到邀請券的卻寥寥無幾。當然，這一說法也不完全正確。菲律賓肯定也拿到了邀請券，但始終沒有發展起來。

不管怎麼說，我們不得不承認的是，在冷戰時期，有很多國家，尤其是二戰之後獨立的國家，其實不具備獨立實現經濟發展的能力，甚至維持政權穩定都很難，但卻有兩個超級大國暗中輸送各種支援，為各自的盟友提供資金修建基礎設施，給予它們技術援助，為它們開放本國的市場，幫它們建造體育場，提供留學機會。一旦出現緊急情況，兩個超

級大國會立刻出手干預，即使到了要出兵的時候，也會毫不猶豫。

從「歷史的終結」到「歷史的混亂」

　　柏林牆倒塌之後，西方世界一片歡騰。他們認為「歷史已經終結」，未來的世界裡所有的國家都將學習西方世界的自由市場和民主政治制度。美國突然成了世界上唯一一個超級大國，它顯得很不習慣。其實，美國的風格並不適合當全球領袖。美國有點像個還在青春期的小夥子，力氣很大，體格健壯，但有時候做事非常莽撞，遇到挫折又會情緒低落。美國在伊拉克和阿富汗陷入了未曾預料到的泥潭，加上 2008 年爆發的金融危機，美國領導世界的雄心受挫，突然想甩手不管。

　　可是，美國是世界上唯一的超級大國，如果很多事情作壁上觀，局勢只會進一步惡化。如果美國直接插手，又會難以自拔，付出沉痛的代價。誰是盟友，誰是敵人，變得更加複雜。比如，希臘是美國的盟友，但是，希臘的債務危機給美國帶來了極大的麻煩。小小的希臘，觸發了多米諾骨牌的倒塌，歐洲的危機到現在還在繼續惡化，要是有一天歐盟分崩離析，美國的全球戰略都要改寫。

　　越南不是美國傳統的盟友，可是在南海問題、TPP 談判等方面，越南可算是幫了美國很大的忙。中國要是變得更加強大，美國當然不爽。中國會在南海占據更多的島嶼，周邊的國家可能會更聽中國的話。但是，如果中國垮了呢？全球經濟體系都會崩潰，美國怎麼可能獨善其身？美國一定會陷入極其嚴重的經濟衰退，甚至觸發更大的危機。

　　所以，冷戰時期可能是讓全世界各國政治家都非常懷念的「地緣政

治全新世」，但那個時代已經一去不復返了。2015 年 1 月 29 日，亨利‧季辛吉（Henry Kissinger）在美國參議院作證時說：「自二戰結束以來，美國從未面臨過如此多樣化的危機。」他接著說：「在歷史上，若和平遇到問題，都是因為權力的聚集，潛在的強勢國家會對鄰國的安全構成威脅。在我們所處的時代，和平遭遇更多權力瓦解的威脅。有些國家陷入混亂，成為一片一片無管轄的區域，暴力活動擴散並蔓延至國境之外和地區之外。」季辛吉指出，這在中東尤其嚴重。他說：「幾種不同的動盪正在同時出現：國家內部有權力鬥爭，國家之間在相互較量，種族與宗教群體之間爆發了衝突，國家間的世界政治體系受到衝擊。其結果就是，很多重要的地緣政治區域變得無法管控，或至少是未能管控。」

加速時代的地緣政治遊戲

加速時代的地緣政治新遊戲，角色和規則都會和過去不同。過去的國際政治主要是在國與國之間，而未來各國政府將不得不面臨一些全新的挑戰：恐怖分子、聖戰組織、網路駭客、氣候災害、全球範圍內爆發的傳染病。正如華倫‧巴菲特（Warren Buffett）所說：「只有在退潮的時候，才能看出來誰沒有穿泳褲。」如今，「地緣政治全新世」已經結束，回頭一看，原來很多國家都沒有穿泳褲。在經濟形勢好的時候，很多新興市場國家是多麼的風光啊。想想油價上漲時期，委內瑞拉的查維茲、俄羅斯的普丁，多麼意氣風發，可當油價下跌之後，這些國家又是何等的困窘艱難。

氣候變化讓許多發展中國家陷入窘境，特別是中東和非洲的國家，其農業生產遭到了嚴重破壞。南亞地區會因全球變暖遇到更多的挑戰，

尤其是水資源，會變得越來越匱乏。印度和巴基斯坦如果再次爆發戰爭，不一定是因為領土問題，而可能是因為爭奪水資源的問題。在非洲及部分阿拉伯國家，人口的持續高增長率放大了各方面的壓力。未來全球人口的增長主要來自非洲。這麼多貧困而絕望的年輕人，在一個全球互相連通、互相依存的世界，會給我們帶來各種意想不到的衝擊。

過去，地緣政治看起來離我們很遠，現在，地緣政治風險仍然可能會出現在遙遠的地方，但它們就像傳染病一樣，能迅速擴散到我們身邊。

▶ 延伸閱讀：湯馬斯・佛里曼，《謝謝你遲到了：一個樂觀主義者在加速時代的繁榮指引》，天下文化。

找到一個學習的榜樣（代後記）

　　每個人都有自己的學習風格。在加速變革的時代，一個終身學習者的學習風格應該是怎麼樣的？我想，班傑明‧富蘭克林可以算得上我們的學習榜樣。

　　班傑明‧富蘭克林是美國的開國之父之一。他參與了《獨立宣言》的起草，也出席過 1787 年修改美國憲法的會議。獨立戰爭期間，富蘭克林被派往法國，他在法國受到上至貴族王公、下至街頭百姓的歡迎，並說服了法國出兵支持美國。你們以為真的是華盛頓的大陸軍打敗了英國軍隊？如果沒有法國的軍艦趕走前來救援的英國艦隊，切斷了英軍的海上補給線和退路，英國人是不會走投無路、不得不向美國人投降的。在接受英軍司令康華利的投降儀式上，前來看熱鬧的法國士兵比美國士兵還要多。這很像離開了中國人民志願軍，金日成根本打不贏韓戰。

　　富蘭克林還是一位科學家、發明家、作家、企業家和音樂家。大家可能聽說過富蘭克林在下雨天放風箏的故事，那個故事是瞎扯的，但富蘭克林確實發明了避雷針；他創造了「正電」「負電」的概念，後人根據他的思想發現了電荷守恆定律；他最早繪製出暴風雨的運動軌跡，推進了天氣預報的發展；他發現了墨西哥灣的海流；他發明了顆粒肥料，設計了最早的泳鏡和蛙鞋；他出版了美國第一部醫學著作和第一部小說；他寫的《窮理查年鑑》和《富蘭克林自傳》流傳至今；他最早組織了消防廳，創立了近代的郵政制度；他是美國廢奴運動的先驅；他發明了一

種樂器：玻璃琴；他懂好幾門外語，包括法語、義大利語、西班牙語和拉丁語等。

但是，富蘭克林終其一生只在學校裡學習過兩年。由於家境清寒，他十歲就輟學回家，幫助父親做蠟燭。他的成就，都是靠自學獲得的。終生努力，便成天才。這是對富蘭克林的最好刻劃。

富蘭克林和我們有什麼關係呢？我們可能沒有富蘭克林的成就，但我們的基礎肯定都比他好。我們和富蘭克林最大的相同之處是：都相信知識並不僅僅是從學校裡學來的。但是，我們和富蘭克林最大的差距是：還沒有練就那種強大的自我升級和自我完善的能力。

像富蘭克林這樣的人，可以稱之為「自我造就者」。他具有極其強大的自學能力，他不僅從書本中學習，也在社會實踐中學習。

做一個自我造就者看起來很酷，其實卻很累。如果不是在學校裡按部就班地學習，而是直接跳入知識和實踐的海洋，接受風浪的考驗，難免會有更多的危險。若想成為像富蘭克林那樣的自我造就者，就得學會磨礪自己的學習方法。

首先，你必須付出十倍的艱辛。富蘭克林在學校受的教育還不足以讓他寫出完整的句子，但他透過刻苦練習，成了一名出色的作家。他在16歲的時候，透過模仿英國期刊《旁觀者》上面的文章練習寫作。他先是把文章的大意記下來，然後嘗試用自己的語言寫出來，再把自己寫的和原文進行對比，找出差距。他還把雜誌上的散文改寫成詩歌，再把詩歌改寫成散文，以此提高自己的詞彙量，錘鍊遣詞造句的能力。他還會把原文打亂，嘗試重新組織文章的結構，然後再和原文對比，看看自己的思路是否足夠清晰。

僅舉這一個例子，你就能看出，富蘭克林付出了多少努力。各位

讀者朋友，你們有沒有產生過想抄近路、走捷徑的心理？是否以為只要每天花很少的時間，聽聽專欄文章，就能代替自己去做讀書、思考和寫作這些更為艱辛的事情？很遺憾，在這個世界上是沒有捷徑的。你們要走窄門，不要走寬門。「因為引到死亡，那門是寬的、路是大的、進去的人也多；引到永生，那門是窄的、路是小的、找到的人也少。」其次，你必須有不可饜足的好奇心。在學校裡照本宣科學習的人，可能更容易學到更系統的知識，但他們不一定會熱愛學習，也不會有足夠的好奇心。富蘭克林似乎對任何事情都感興趣，他尤其對事物運作背後的道理著迷。假如你想成為一個自我造就的人，就要有這種在荒野裡探險的興趣。在學校裡的學習看似有系統、有教學大綱、有教學單元、有中心思想、有預習複習，整整齊齊、乾乾淨淨，但這不是探求真理的正確路徑。真理不會像擺在貨架上的商品一樣明明白白地展示給你。

為了親近真理，你要學會懷疑，見識錯誤，親自追隨大師，習慣不斷地背叛過去的自己，忘記曾經相信過的道理；你要做好四渡赤水、六出祁山的準備。在你出發之前，是不會有地圖，也不可能知道目的地，沿路也不會有路標的。真正的學習是在路途中，而不是在終點站。

最後，你得有很高的情商。一方面，你會感到很孤獨，因為別人走的路跟你不一樣。你需要找到一群志同道合者。富蘭克林 21 歲時曾創建了一個「互助俱樂部」，其成員多是像富蘭克林一樣的平民百姓。俱樂部成員們在一起寫作、朗讀散文、辯論時事政治，甚至為好的投資項目集資。富蘭克林的目的是讓「普通工人、農民可以和紳士們一樣有智慧」。另一方面，你要善於處理好和對你有敵意、藐視你的人的關係。富蘭克林從小在哥哥的作坊裡做印刷工，他和哥哥的關係並不好，但卻能巧妙地處理和哥哥的關係，不會搞得太僵。

富蘭克林有一個政治上的競爭對手，經常說他的壞話。他是怎麼

處理的？他給這位紳士寫了一封信，信中說聽說那個人的私人圖書館裡有一本很罕見的書，請求借閱。對方收到信，馬上借給富蘭克林所要的書，兩個人從此盡釋前嫌。這就是著名的「富蘭克林法則」：為了讓別人支持你，不要為他做一件事，而是讓他為你做一件事。得有多高的情商，才能悟出這一道理！

富蘭克林的一生，看起來瀟灑逍遙，其實充滿了兇險和動盪。每一個想要笑傲江湖的朋友，都要捫心自問，你的內心中是否有一個強大的自我，這個強大的自我，應該是克制而謙卑的。

高寶書版集團
gobooks.com.tw

RI 337
大局觀：真實世界中的經濟學思維

作　　者　何帆
責任編輯　林子鈺
封面設計　林政嘉
內文編排　賴姵均
企　　劃　何嘉雯

發 行 人　朱凱蕾
出　　版　英屬維京群島商高寶國際有限公司台灣分公司
　　　　　Global Group Holdings, Ltd.
地　　址　台北市內湖區洲子街 88 號 3 樓
網　　址　gobooks.com.tw
電　　話　（02）27992788
電　　郵　readers@gobooks.com.tw（讀者服務部）
　　　　　pr@gobooks.com.tw（公關諮詢部）
傳　　真　出版部（02）27990909　行銷部（02）27993088
郵政劃撥　19394552
戶　　名　英屬維京群島商高寶國際有限公司台灣分公司
發　　行　英屬維京群島商高寶國際有限公司台灣分公司
初版日期　2019 年 9 月

Original title: 大局观：真实世界中的经济学思维 By 何帆
由中南博集天卷文化传媒有限公司授权出版
All rights reserved.

國家圖書館出版品預行編目（CIP）資料

大局觀：真實世界中的經濟學思維 / 何帆 著 . -- 初版 . --
臺北市：高寶國際出版：高寶國際發行，2019.09
　　面；　　公分 . --（致富館；RI 337）

ISBN 978-986-361-731-0（平裝）

1. 經濟學　2. 文集

550.7　　　　　　　　　　　　　　　108013048